PAGE 30

SUR LA ROUTE

RÉGIONS, VILLES, VILLAGES
Visites, activités et bonnes adresses

Hébergement 201

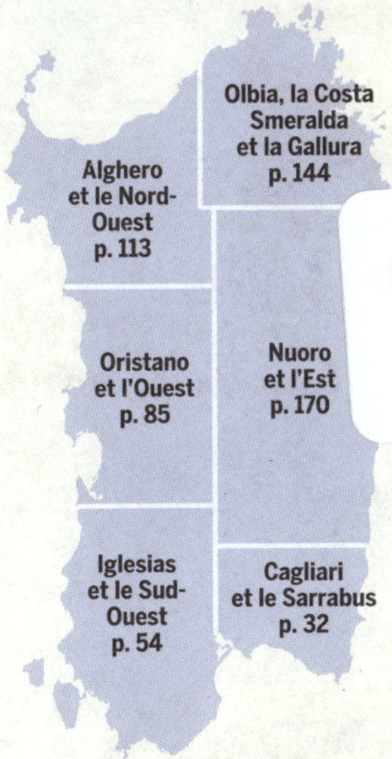

PAGE 249

SARDAIGNE PRATIQUE

TOUT POUR S'ORGANISER
Location de voiture, lignes de train, organismes à connaître

ÉDITION ÉCRITE ET ACTUALISÉE PAR

Kerry Christiani,
Vesna Maric

Bienvenue en Sardaigne

Splendeur du littoral

Beaucoup pensent que les photos des brochures sur papier glacé affichent un bleu trop bleu pour être vrai. Le battage touristique qui classe les plages de Sardaigne parmi les plus somptueuses d'Europe correspond pourtant bel et bien à une réalité. Imaginez-vous jeter l'ancre dans une baie de la Costa Smeralda, en forme de coquille, où s'ébattent vedettes de cinéma et top-models, jouer les naufragés volontaires dans une crique du Golfo di Orosei, à l'abri de falaises à pic, ou voguer vers les îles granitiques de La Maddalena. Que vous cherchiez l'isolement au milieu des dunes de la Costa Verde, battue par les vagues, ou le farniente sur la douce Costa del Sud, il vous suffira d'étendre votre serviette de bain pour ne plus vouloir repartir.

Activités de plein air

Mais, à côté des plages magnifiques, montagnes, forêts, gorges, grottes et sentiers conspirent pour vous attirer à l'intérieur de l'île. Vous découvrirez ainsi, entre autres trésors, au gré de randonnées, de sombres et silencieux *nuraghi*, des falaises vertigineuses coiffées de genévriers et de myrte odorants, ou encore des forêts de chênes verts, notamment celles menant à la Gola Su Gorropu, sorte de Grand Canyon européen. Pour plus d'action, sachez que vous pourrez pratiquer l'escalade sur les parois calcaires de Cala Gonone, face à la mer,

DALLAS STRIBLEY / LONELY PLANET IMAGES ©

Voici une île dont le littoral éblouit, les mystérieux vestiges préhistoriques fascinent, et les moutons (ils sont 4 millions) investissent les routes quand bon leur semble. La Sardaigne captive par son arrière-pays sauvage, ses plages de rêve et ses spécificités culturelles attachantes.

(à gauche) Les eaux scintillantes de la Cala Mariolu sont une invitation à la détente (p. 193)
(ci-dessous) Restaurant en terrasse à Bosa (p. 96)

ROCCO FASANO / LONELY PLANET IMAGES ©

monter à cheval dans les pinèdes d'Arborea, ou dévaler en VTT les chemins muletiers séculaires d'Ogliastra. La côte nord se prête merveilleusement à la planche à voile, tandis que les épaves au large de Cagliari, la grotte sous-marine de Nereo et les ruines romaines immergées de Nora enthousiasment les plongeurs.

Terre de contrastes

La Sardaigne possède une identité forte et contrastée. Cela se traduit en premier lieu dans le paysage et vous pourrez passer, en l'espace d'une journée, d'une forêt quasi alpine à des grottes impressionnantes, de vignobles ondulants à d'anciennes bourgades de bandits. L'île compte aussi quelque 7 000 *nuraghi,* étranges tours coniques datant de l'âge du bronze. Côté curiosités culinaires, vous pourrez vous régaler d'oursins, d'anémones, de saucisson d'âne et, pour les plus audacieux, de *casu marzu,* un fromage de brebis infesté de larves vivantes. La Sardaigne est également le refuge d'animaux singuliers, comme les *asini bianchi* (ânes albinos) de l'Isola dell'Asinara et les chevaux sauvages qui vagabondent sur le haut plateau basaltique de la Giara di Gesturi. Et que dire des fêtes traditionnelles extravagantes, à l'image du carnaval de Mamoiada, dans la Barbagia, où défilent d'effrayants *mamuthones* censés exorciser les démons de l'hiver, ou de la course de chevaux de S'Ardia, à Sedilo, dont les cavaliers risquent leur vie.

Sardaigne

Les incontournables

DISTANCES ROUTIÈRES (km)

NB : les distances indiquées sont approximatives

	Alghero	Cagliari	Iglesias	Nuoro	Olbia	Oristano
Cagliari	247					
Iglesias	255	58				
Nuoro	155	180	193			
Olbia	138	265	285	105		
Oristano	155	94	110	90	173	
Sassari	37	217	220	123	106	126

15 FAÇONS DE VOIR LA SARDAIGNE

Golfo di Orosei

1 Les eaux bleu-vert étincelantes, le sable blanc comme neige et les falaises calcaires abruptes du Golfo di Orosei (p. 187) prêtent aux envolées lyriques. Point de rencontre spectaculaire entre la montagne et la mer, cet immense golfe forme la partie maritime du Parco Nazionale del Golfo di Orosei e del Gennargentu. Randonnée le long des sentiers de crête, exploration des grottes marines en kayak ou cabotage le long des criques cachées, chaque site est d'une beauté plus époustouflante que le précédent. Ci-dessus : Cala Goloritzè, Golfo di Orosei

ANDY CHRISTIANI / LONELY PLANET IMAGES ©

Gola Su Gorropu

2 Sur le bel itinéraire de randonnée qui descend du col de Genna 'e Silana, la Gola Su Gorropu (p. 191) fascine au premier coup d'œil. Surnommée le "Grand Canyon d'Europe", cette gorge imposante, encadrée de parois rocheuses hautes de 400 m et semée d'énormes rochers arrondis, parle aux esprits aventureux. À son point le plus étroit (4 m), elle semble comme engloutir les visiteurs dans ses entrailles. En dehors des quelques marcheurs et grimpeurs occasionnels, vous aurez l'impression féerique d'être perdu dans un interstice spatiotemporel.

HOLGER LEUE / LONELY PLANET IMAGES ©

Costa Smeralda

3 Croyez-en les agences de voyages, la Costa Smeralda (p. 152) est superbe. À cet endroit, les monts granitiques de la Gallura, balayés par les vents, descendent dans des anses aux allures de fjords et des baies couleur émeraude qui émaillent la côte, comme Capriccioli, la Cala di Volpe et la Spiaggia del Principe, prisée de l'Aga Khan. Là, vous aurez le choix entre Porto Cervo (p. 152), repaire des milliardaires, ou de superbes criques isolées. Ci-dessus : Porto Cervo

Castello di Cagliari

4 Perchée au sommet d'un piton rocheux, la citadelle de Cagliari (p. 35) se montre sous son plus beau jour l'été, au crépuscule. Tandis que la lumière déclinante teinte le ciel de nuances roses et mauves, les remparts, palais et tours pisanes de l'édifice brillent comme de l'or. Profitez de l'instant en sirotant un apéritif sur la terrasse du Caffè degli Spiriti (p. 47) ou du Caffè Librarium Nostrum (p. 47), qui jouissent d'une vue imprenable sur la ville illuminée.

ANDY CHRISTIANI / LONELY PLANET IMAGES ©

WAYNE WALTON / LONELY PLANET IMAGES ©

Nuraghi et *tombe dei giganti*

5 Tours de guet défensives, lieux rituels, villages préhistoriques ? La fonction exacte des 7 000 *nuraghi* de Sardaigne demeure inconnue. Remontant à l'âge du bronze, ces ouvrages fortifiés aux murs de pierre semi-circulaires n'en sont pas moins très évocateurs. Le plus célèbre, le Nuraghe Su Nuraxi (p. 79), figure au patrimoine mondial de l'Unesco. Les *tombe dei giganti*, des sépultures mégalithiques obturées par une haute stèle de pierre, sont tout aussi mystérieuses. Celle de Coddu Ecchju (p. 156) constitue un bel exemple.

Orgosolo

6 Commentaires de la vie sociale ou politique et, même, prophéties de la fin du monde, figurent en gros caractères sur les façades défraîchies des maisons et cafés d'Orgosolo (p. 181). Longtemps synonyme de banditisme, le bourg est devenu un lieu d'expression à ciel ouvert ponctué de peintures murales chargées d'émotion. Le long du Corso Repubblica, ces œuvres illustrent de grands événements des XXe et XXIe siècles, de l'invention de la bombe atomique à la chute de Bagdad, qui se sont pourtant produits bien loin des austères montagnes de la Barbagia.

ANDY CHRISTIANI / LONELY PLANET IMAGES ©

Alghero

7 Pour découvrir Alghero (p. 115) sous son visage le plus pittoresque, venez en début de soirée, quand la foule envahit son lacis de sombres ruelles médiévales et que les terrasses des grands cafés de la Piazza Civica servent de postes d'observation. Des tables installées au pied des remparts couleur miel permettent de dîner à la lueur des lanternes, sous le ciel étoilé, en regardant la mer. Qu'importe la dépense, il faut absolument goûter la fameuse *aragosta alla catalana* (langouste à la tomate et aux oignons), héritée du passé catalan de la ville.

Bosa

8 Comme beaucoup d'œuvres d'art, Bosa (p. 96) s'apprécie mieux de loin. De cette façon, vous aurez une vue d'ensemble, qui englobe ses gracieuses maisons aux tons pastel, ses bateaux de pêche dansant sur le Temo et son château médiéval agrippé au flanc d'une colline abrupte. En vous attardant jusqu'au soir, vous profiterez de l'une des plus jolies villes de Sardaigne, sans le flot des touristes. Au détour des venelles, des restaurants familiaux servent l'un des meilleurs poissons de la côte occidentale de l'île.

Villages perchés

9 Vous roulez sur une route de montagne en épingles à cheveux qui ne mène apparemment nulle part et où cartes et GPS ne sont d'aucun secours, quand un village typique surgit tout à coup sur les hauteurs, cerné d'impressionnantes montagnes et de forêts. Dans les provinces sauvages de la Barbagia et d'Ogliastra, ce genre d'épisode survient sans arrêt. Pour une aventure originale, prenez le volant jusqu'aux localités reculées d'Ulassai (p. 199), d'Aritzo (p. 184) et de Fonni (p. 184). Photo ci-dessous : village d'Ulassai

PSF / IMAGEBROKER ©

Oristano

10 Capitale de la province sarde d'Arborea au XIVe siècle, la belle cité médiévale d'Oristano (p. 87) est chargée d'histoire. Au cœur de la ville, l'élégante cathédrale coiffée d'une coupole domine les ruelles et les places baroques. Suivez les passants qui convergent vers la Piazza Eleonora d'Arborea, bordée de majestueux *palazzi*, et prenez vos quartiers ici pour partir à la découverte des ruines punico-romaines de Tharros (p. 94), des plages d'un blanc immaculé et des lagunes remplies d'oiseaux de la péninsule du Sinis (p. 92). Photo de gauche : statue d'Eleonora d'Arborea sur la place éponyme d'Oristano

Tiscali

11 Prisonnier de la pénombre d'une grotte calcaire effondrée, le site archéologique de Tiscali (p. 191) reste une énigme. Bien qu'il soit réduit à l'état de ruine, il suffit d'un peu d'imagination pour visualiser ce village nuragique tel qu'il devait être à l'âge du bronze. Le sentier qui y conduit, à travers une vallée verdoyante, présente autant d'attrait que l'endroit lui-même – d'intimidantes parois rocheuses se dressent devant vous, des rapaces tournoient dans le ciel et seul le bruit de vos pas vient rompre le calme qui enveloppe les lieux.

Parco Nazionale dell'Asinara

12 Isolé au large de la pointe nord-ouest de l'île, le Parco Nazionale dell'Asinara (p. 132) fait partie des étendues sauvages dont la Sardaigne s'enorgueillit. Il tire son nom d'une espèce unique, l'*asino bianco* (âne blanc), qui côtoie faucons pèlerins, mouflons, sangliers et tortues caouannes. Pour voir la faune et la flore de plus près, joignez-vous à l'un des circuits guidés qui explorent les coins reculés de l'île. Il est possible aussi de pratiquer la plongée dans des eaux limpides bordées de falaises et de plages enchanteresses. Photo ci-dessous : vue de la Cala Sant'Andrea

RENATO VALTERZA / CUBOIMAGES SRL / ALAMY ©

Grotta di Nettuno

13 Que vous veniez en bateau d'Alghero ou empruntiez le vertigineux escalier de 656 marches qui descend en zigzag le long de la falaise à pic de 110 m, l'arrivée dans la Grotta di Nettuno (p. 128) fait toujours un choc. Face à cette immense cathédrale naturelle, on croirait voir à l'œuvre les forces de Neptune, dieu de la mer. À l'intérieur de la grotte, une forêt de stalactites et de stalagmites aux formes étranges se reflètent dans des bassins d'eau immobile. Rien – pas même les touristes – ne peut briser la magie qui émane de ce monde souterrain féerique.

ANDY CHRISTIANI / LONELY PLANET IMAGES ©

Sardaigne gourmande

14 Les exploitations agricoles de l'arrière-pays vendent du *pecorino*, de la charcuterie et du Cannonau, un vin rouge corsé de fabrication artisanale. À Cagliari (p. 34) et à Nuoro (p. 171), achetez des pains décorés et des pâtisseries aux amandes (photo de gauche). Quant aux amateurs de fruits de mer, ils seront aux anges. Les *agriturismi* (gîtes ruraux, p. 204) sont un bon moyen de goûter les spécialités du terroir, tels les *culurgiones* (gros raviolis) farcis à la ricotta, le cochon de lait rôti et les *sebadas* (beignets au fromage) nappées de miel.

Sardaigne festive

15 La Sardaigne célèbre des fêtes hautes en couleur, à l'image de la course de chevaux de S'Ardia à Sedilo (p. 101) ou des *mamuthones* revêtus de peaux de mouton qui défilent, lors du carnaval de Mamoiada (p. 182). Tâchez de faire coïncider votre visite avec le tournoi de Sa Sartiglia (p. 89), en février à Oristano, la Festa di Sant'Efisio (p. 45), en mai à Cagliari, ou la Sagra del Redentore (p. 171), en août à Nuoro. Renseignez-vous aussi sur les foires (p. 248) mettant à l'honneur les produits locaux, des châtaignes aux oursins. Photo ci-dessus : S'Ardia

L'essentiel

Monnaie

» Euro (€)

Langues

» Sarde (*sardo*), italien

Quand partir

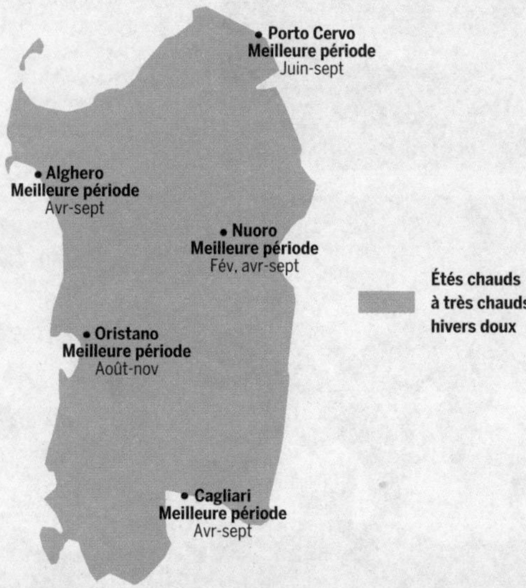

Haute saison
(juil-août)

» Les touristes envahissent la côte et les tarifs hôteliers montent en flèche.

» Les prix augmentent aussi à Pâques et durant les vacances scolaires.

» La circulation automobile atteint son paroxysme.

» Température idéale pour la plage.

Saison intermédiaire
(avr-juin et mi-sep-oct)

» Les tarifs hôteliers baissent.

» Temps changeant et mer fraîche.

» Conditions propices à la randonnée, au vélo et à l'escalade.

» Moindre affluence.

Basse saison
(nov-mars)

» Les jours sont plus courts, le temps plus froid et humide.

» Nombre de sites, hôtels et restaurants ferment.

» Les prix baissent de 50% par rapport à la haute saison.

» Le carnaval justifie un séjour en février.

Budget quotidien

Moins de

150 €

» Lit en dortoir 20-25 €

» Chambre double dans un hôtel petit budget 60-100 €

» Évitez la haute saison (juil-août) et privilégiez les régions peu touristiques

» Menu déjeuner 15-20 €

150-250 €

» Chambre double dans un hôtel de catégorie moyenne 100-200 €

» Repas dans un restaurant correct 25-45 €

Plus de

250 €

» Double dans une ville ou station balnéaire majeure

» Repas dans un restaurant haut de gamme incluant les meilleurs vins locaux

Argent

» Les DAB sont répandus dans les villes et les cités balnéaires. Hôtels et restaurants, sauf les plus modestes, acceptent les cartes de crédit.

Visa

» Français,Belges et Suisses n'ont pas besoin de visa. Pour les Canadiens, il n'est pas nécessaire si le séjour n'excède pas 90 jours.

Téléphones portables

» Les téléphones fonctionnent sous le système GSM 900/1800, compatible avec le reste de l'Europe.

Hébergement

» Des *agriturismi* aux hôtels de charme en bord de mer, il y a des d'hébergement pour toutes les bourses. Réservez à l'avance en haute saison. Voir p. 201.

Sites Web

» **ARST** (www.arst.sardegna.it, en italien). Transports régionaux.

» **ENIT** (www.enit.it). Agence nationale italienne pour le tourisme.

» **Lonely Planet** (www.lonelyplanet.fr). Infos, réservations, forum de voyageurs...

» **Sardaigne online** (www.sardaigne-online.com). Des informations pratiques et culturelles en français.

» **Sardegna Turismo** (www.sardegnaturismo.it). Le portail de référence.

Taux de change

Canada	1 $C	0,71 €
Suisse	1 FS	0,80 €

Pour connaître les derniers taux de change : www.xe.com

Numéros utiles

Indicatif de l'Italie	✆39
Code d'accès international	✆00
Numéro d'urgence européen	✆112
Ambulances	✆118
Pompiers	✆115
Police	✆113

Arriver en Sardaigne

» **Aéroport Elmas de Cagliari**
Bus ARST pour la Piazza Matteotti toutes les 30 minutes, de 5h20 à 22h30 (moins fréquents avant 9h). Le trajet en taxi jusqu'au centre de Cagliari dure 10-15 minutes et coûte 25 €. (p. 50)

» **Aéroport Olbia Costa Smeralda**
Bus locaux pour le centre d'Olbia toutes les 30 minutes, de 6h15 à 22h40. Le trajet en taxi prend 10-15 minutes et coûte 15 €. (p. 149)

Conduire en Sardaigne

En dehors des grandes villes comme Cagliari, Sassari et Olbia, conduire en Sardaigne est d'ordinaire assez reposant, mais la chaleur et les embouteillages de l'été peuvent taper sur les nerfs. La vitesse est limitée à 110 km/h sur voie rapide, 90 km/h hors agglomération et 50 km/h en ville. La nationale nord-sud SS131 Carlo Felice permet une circulation rapide entre Cagliari et Sassari et bifurque vers l'est pour rejoindre Olbia via Nuoro. Les routes côtières et de montagne sont souvent étroites et en épingles à cheveux, mais les automobilistes se montrent généralement courtois, exception faite des manœuvres douteuses pour doubler. Les troupeaux de moutons et, au crépuscule, les animaux sauvages qui provoquent des éboulis, constituent les principaux obstacles. Certains lieux – plages, sites préhistoriques et *agriturismi* – sont uniquement accessibles par des chemins de terre, parfois criblés de nids-de-poule. La SS292 Alghero-Bosa (p. 126) et la SS125 Dorgali-Santa Maria Navarrese (p. 189) traversent de splendides paysages littoraux et montagneux. Voir détails p. 265.

Envie de...

Îles et plages

En Sardaigne, les îles, plages et paysages maritimes éblouissent à coup sûr. Le long des 1 800 km de littoral, libre à vous de plonger dans des eaux peuplées de barracudas, de jeter l'ancre dans une baie cachée ou de dénicher un coin de sable blanc.

Parco Nazionale dell'Arcipelago di La Maddalena Un parc national marin émaillée d'îles de granit rose (p. 162)

Spiaggia di Piscinas Une plage isolée pour admirer un coucher de soleil sur fond de hautes dunes (p. 64)

Isola dell'Asinara Une île riche en faune, à découvrir à pied ou à vélo (p. 132)

Cala Mariolu Une baie enclavée aux galets blancs et aux eaux bleu-vert (p. 193)

Isola di San Pietro Une île rocheuse, au sud, et sa colonie de faucons d'Éléonore (p. 68)

Spiaggia del Principe Une superbe plage en forme de croissant (p. 152)

Spiaggia della Pelosa Une étendue de sable blanc dominée par une tour de guet (p. 132)

Is Aruttas Sable de quartz blanc, mer turquoise, calme absolu (p. 93)

Sites archéologiques

Disséminés dans les forêts de chênes et les oliveraies se cachent 7 000 *nuraghi*, tours et villages fortifiés datant de l'âge du bronze, ainsi que des *pozzi sacri* (puits sacrés) et des *tombe dei giganti* (tombes des géants), sépultures formées de mégalithes.

Nuraghe Su Nuraxi Le plus célèbre *nuraghe* de l'île, classé au patrimoine mondial de l'Unesco (p. 79)

Tiscali Un mystérieux village nuragique dissimulé dans une grotte de Supramonte (p. 191)

Tharros Un port punico-romain qui compose un tableau saisissant (p. 94)

Serra Orrios Un ensemble nuragique constitué de maisons et de temples (p. 190)

Nuraghe di Palmavera Un *nuraghe* vieux de 3 500 ans (p. 127)

Necropoli di Montessu Un cimetière préhistorique sis dans un amphithéâtre rocheux (p. 67)

Coddu Ecchju Un bel exemple de "tombe des géants", fermée par une stèle de pierre (p. 156)

Nuraghe Is Paras Un *nuraghe* qui se distingue par sa *tholos* de 11,8 m de haut (p. 186)

Activités de plein air

Qu'il s'agisse d'escalader les falaises littorales, d'affronter les vagues de la Méditerranée sur une planche ou de randonner dans les montagnes boisées, la Sardaigne se prête à de multiples activités en communion avec la nature.

Gola Su Gorropu Le "Grand Canyon d'Europe", gorge d'une beauté sauvage jonchée de rochers arrondis (p. 191)

Golfo di Orosei Un golfe scintillant à explorer en kayak, pour découvrir des baies et grottes méconnus (p. 187)

Porto Pollo Une station balnéaire de la côte nord où les vents sont propices à la pratique de la planche à voile (p. 160)

Cala Gonone Les rochers à pic et les surplombs au-dessus de la mer se prêtent à l'escalade (p. 192)

Parco Nazionale del Golfo di Orosei e del Gennargentu Randonnées dans les canyons, vélo, kayak, plongée, visite de grottes, escalade... dans le plus grand parc national de Sardaigne (p. 187).

Grotta di Nereo La grotte sous-marine la plus vaste de Méditerranée, où les plongeurs viennent admirer les coraux rouges d'Alghero (p. 117)

ANDY CHRISTIANI / LONELY PLANET IMAGES ©

» L'imposant Nuraghe Is Paras (p. 186)

Campagne authentique

Sur la route, au milieu de nulle part, apparaissent çà et là des fermes en pierre entourées de chênaies et d'oliveraies. Certaines reconverties en *agriturismo* (gîte rural) permettent de goûter à un cadre paisible à peine troublé par le bêlement des moutons.

Agriturismo Guthiddai Une retraite rustique posée au milieu d'arbres fruitiers et d'oliviers dans l'un des plus beaux coins de l'île, au pied de montagnes escarpées (p. 215)

Agriturismo Su Pranu Une vraie ferme en activité, dont le restaurant sert un festin de produits du cru (p. 208)

Agriturismo Rena Un bâtiment délabré, où l'on mange comme un roi et dort comme une bûche (p. 213)

Agriturismo Su Boschettu Un *agriturismo* tranquille, dans le cœur agricole de l'île (p. 208)

Agriturismo Ca' La Somara Suivez les ânes jusqu'à cette ferme dont le jardin réserve des moments d'absolue sérénité (p. 213)

Li Licci Un cadre naturel et une cuisine formidables sont les atouts de ce gîte rural caché parmi les chênes, dans l'arrière-pays de la Gallura (p. 214)

Promenades côtières

Hautes falaises, gorges sauvages et baies en croissant sont à explorer à pied ou à vélo. Après avoir crapahuté ou pédalé, la baignade vous semblera d'autant plus douce. Au sujet des plus belles plages de l'île, voir p. 82.

Selvaggio Blu Un itinéraire-phare, randonnée épique de 7 jours englobant les rivages les plus spectaculaires (p. 199)

Riviera del Corallo Le parcours à vélo le long des étonnantes falaises littorales, entre Alghero et Bosa, dévoile des vues de carte postale (p. 126)

Cala Goloritzè Un circuit pédestre conduit du haut plateau du Golgo à la Cala Goloritzè, une petite plage splendide (p. 198)

De Funtanamare à la Costa Verde Périple destiné aux cyclistes sur fond de mer limpide et de falaises (p. 61)

Cala Luna De Cala Fuili, un itinéraire de randonnée au sommet des crêtes et à travers le maquis odorant mène jusqu'à cette magnifique baie en demi-lune (p. 193)

Du Golgo à Cala Sisine Une descente à vélo difficile, par des sentiers muletiers, pour rejoindre une plage aux eaux d'un bleu inégalable (p. 197)

Bourgs et villages perchés

Ces localités typiques donnent l'occasion de rencontrer la population sarde, de déguster des spécialités du cru et d'être ébloui par les panoramas. L'intérieur des terres est parcouru de routes sinueuses et peuplé de moutons.

Castelsardo Une jolie bourgade médiévale trônant au-dessus de la mer (p. 133)

Ulassai Une route zigzague jusqu'à ce village tapi à l'ombre des montagnes (p. 199)

Montiferru Un massif volcanique verdoyant ponctué de villages réputés pour leur viande de bœuf et leur huile d'olive (p. 100)

Orgosolo On trouve ici des peintures murales évoquant les grands événements contemporains (p. 181)

San Pantaleo Un ravissant village, à mille lieues du luxe de la Costa Smeralda (p. 155)

Laconi Le calme règne dans ce bourg montagnard aux ruelles pavées (p. 185)

Tempio Pausania Une charmante ville de granit gris ceinte d'une dense forêt de chênes-lièges, au cœur de la région de la Gallura (p. 165)

Envie d'observer une faune unique ? Direction la Giara di Gesturi (p. 79), haut plateau où évoluent des chevaux sauvages, et le Parco Nazionale dell'Asinara (p. 132), peuplé d'ânes blancs.

Merveilles de la nature

Littoral battu par le vent et criblé de grottes colossales, rochers de forme curieuse qui se dressent dans la mer et arrière-pays montagneux aux gorges impressionnantes : ici, la nature a fait des prodiges.

Grotta di Nettuno Une grotte marine aux allures de cathédrale, accessible par un escalier de 656 marches (p. 128)

Scoglio Pan di Zucchero Le "rocher en pain de sucre" est le plus gros des *faraglioni* (aiguilles) qui émergent des eaux transparentes de la côte sarde (p. 61)

Grotta di Ispinigoli Une forêt de stalagmites, dont une de 38 m, hérisse les entrailles de cette grotte immense (p. 190)

Roccia dell'Elefante Sur la SS134 près de Castelsardo, ce rocher bizarre, évoquant un éléphant, cache deux tombes du néolithique (p. 133)

Il Golgo Sonder les profondeurs obscures de ce gouffre de 270 m donne le vertige (p. 198)

Roccia dell'Orso Un rocher granitique sculpté par les éléments, qui ressemble, vu sous certains angles, à un ours ou à un dragon (p. 161)

Produits du terroir

Produits sardes riment avec plaisirs simples. Parcourez les vignobles à la recherche de caves familiales, arrêtez-vous dans les fermes pour acheter *pecorino*, miel ou charcuterie, et profitez de l'abondance des foires gastronomiques de chaque saison (voir p. 248).

Cantine Surrau Un domaine viticole ultra-chic, proche de la Costa Smeralda, réputé pour ses blancs Vermentino souples et ses rouges Cannonau corsés (p. 154)

Cortile del Formaggio Cette petite maison sur cour d'Orgosolo vend du *fiore sardo*, un fromage de brebis maturé pendant au moins trois mois, frais, fumé ou rôti (p. 182)

Cabras Goûtez le *muggine affumicato* (mulet fumé) et la *bottarga* (poutargue) dans la capitale sarde de la pêche au mulet (p. 93)

Durke Une farandole de pâtisseries traditionnelles (p. 48)

Azienda Agricola Mossa Alessandro Une ferme qui propose saucisson, ricotta et *fiore sardo* (p. 156)

Alghero Le haut lieu de l'*aragosta* (langouste) et des *ricci* (oursins), en direct de la grande bleue (p. 115)

Cités historiques

Carthaginois, Romains, Aragonais et Pisans ont laissé dans les villes sardes des traces de leur passage. Remparts, citadelles, places au pied des églises et autres vestiges composent un livre d'histoire.

Alghero Le *centro storico* forme un labyrinthe de palais ocre jaune à l'abri des fortifications, sous lesquelles les terrasses fleurissent en été (p. 115)

Cagliari Attardez-vous dans les ruelles tortueuses de la citadelle médiévale à l'heure où le soleil couchant illumine son enceinte, ses tours et ses palais (p. 34)

Oristano Sa vieille ville, charmante, abrite de bons restaurants et des bars où l'on s'amuse (p. 87)

Iglesias Une atmosphère espagnole et moult églises, comme son nom l'indique (p. 55)

Olbia Son musée archéologique donne à voir, entre autres, d'impressionnants vestiges de navires romains (p. 145)

Nuoro Serrée au pied du Monte Ortobene, la ville de montagne qui a vu naître le Prix Nobel de littérature 1926, Grazia Deledda, a connu une renaissance culturelle au XIXe siècle et au début du XXe siècle (p. 171)

Mois par mois

Le top 5

1 **Carnaval**, février

2 **Pâques (Pasqua)**, mars/avril

3 **Festa di Sant'Efisio**, mai

4 **S'Ardia**, juillet

5 **Festa del Redentore**, août

Janvier

Le solstice d'hiver étant passé, des villages de la province de Nuoro célèbrent l'arrivée du printemps par des feux de joie. Beaucoup d'hôtels sont fermés.

Festa di Sant'Antonio Abate

Les feux de joie culminent à Orosei, Orgosolo, Sedilo et Paulilatino les 16 et 17 janvier. Quant aux *mamuthones*, ils défilent dans les rues de Mamoiada (p. 182).

Février

La célébration du carnaval réchauffe les jours froids et humides de février. Les ornithologues amateurs se rendent sur les lagunes proches d'Oristano et de Cagliari pour observer flamants, hérons et spatules.

Carnevale

Lors du carnaval, l'effigie d'un soldat français est brûlée à Alghero ; les *mamuthones* paradent à Mamoiada ; on défile en costume à Ottana, tandis qu'à Bosa, les processions se succèdent.

Sa Sartiglia

Depuis l'an 1200, Oristano organise un tournoi équestre accompagné d'épreuves chevaleresques qui culminent le jour de Mardi gras (p. 89).

Mars

Les premiers bourgeons annoncent le retour de la chaleur. Hors vacances de Pâques, les tarifs hôteliers sont plus bas et il y a peu de monde.

Pasqua

La Semaine sainte est célébrée en grande pompe. Les processions d'Alghero, Castelsardo, Cagliari, Iglesias et Tempio Pausania se distinguent tout particulièrement.

Sagra del Torrone

À Tonara, dans la Barbagia di Belvi, on se régale le lundi de Pâques de délicieux *torrone* (nougat) (www.comunetonara.org).

Avril

La douceur printanière se prête parfaitement à la randonnée, à l'escalade et au cyclotourisme, mais des averses surviennent de temps à autre.

Sagra degli Agrumi

La fête des Agrumes de Muravera met à l'honneur oranges et citrons à la mi-avril (p. 53 ; www.sagra degliagrumi it).

Festa di Sant'Antioco

Parades costumées, danses, concerts et feux d'artifice se déroulent durant 4 jours à Sant'Antioco pour célébrer le saint patron (p. 72).

Mai

Le verdoyant massif du Gennargentu et la hausse des températures invitent aux activités de plein air. Tarifs hôteliers et fréquentation touristique sont bas.

Festa di Sant'Efisio

Le 1er mai, une statue de saint Éphise est transportée dans tout Cagliari au milieu d'une procession (p. 45). On emmène le saint jusqu'à Nora, où il fut tué. Son retour à Cagliari, le 4 mai, donne lieu à de nouvelles fêtes de rue.

Cavalcata Sarda

L'avant-dernier dimanche de mai, nombre de Sardes en costume traditionnel se rassemblent à Sassari pour célébrer leur victoire sur les sarrasins. Des cavaliers miment une charge guerrière, à la fin du défilé (p. 138).

Juin

Un mois fort agréable avant l'affluence touristique, sauf lors des vacances scolaires, où les hébergements affichent complet et facturent des prix élevés.

Girotonno

La célèbre *mattanza* (abattage traditionnel des thons ; p. 68) de Carloforte donne lieu à des concours de cuisine, dégustations, manifestations nautiques.

Juillet

Tandis que l'augmentation des températures fait mûrir les premières pêches, les festivals en plein air battent leur plein et les adorateurs du soleil déferlent sur la côte. Pensez à réserver.

S'Ardia

Lors de cette course de chevaux (p. 101), encore plus folle que le Palio de Sienne, des cavaliers galopent autour de la chapelle de Sedilo.

L'Isola delle Storie, Festival Letterario della Sardegna

Lectures, rencontre d'écrivains et concerts se déroulent à Gavoi et alentour durant 3 jours (p. 183).

Festa della Madonna del Naufrago

À la mi-juillet, une procession a lieu au large des côtes de Villasimius, où des fleurs sont lancées à une statue de la Vierge Marie reposant par le fond.

Août

Les vacanciers se ruent vers la côte et prennent les plages d'assaut. Comme les températures, les prix montent en flèche.

Festa di Santa Maria del Mare

Le premier week-end d'août, les pêcheurs de Bosa célèbrent la Vierge Marie en organisant une procession sur les eaux du Temo (p. 98).

Matrimonio Maureddino

Sur la place centrale de Santadi, les villageois rejouent un mariage maure (p. 67), le premier dimanche d'août.

I Candelieri

Grande fête de Sassari le 14 août (p. 138). Point d'orgue, le défilé des représentants des neuf guildes de la ville au son des tambours et des pipeaux.

Festa del Redentore

Retraite aux flambeaux dans Nuoro le soir du 28 août. Le lendemain, pèlerinage jusqu'à la statue du Christ Rédempteur, sur le Monte Ortobene (p. 176).

Festa dell'Assunta

À Orgosolo, processions de confréries, de cavaliers et de femmes en costume traditionnel pour l'Assomption (14 août) (p. 182).

Time in Jazz

Durant la deuxième semaine d'août, grande fête du jazz de Berchidda (p. 169).

Septembre

Un mois propice à des vacances balnéaires tranquilles, des balades dans les vignobles et des activités de plein air.

Autunno in Barbagia

De septembre à décembre, les villages de la Barbagia accueillent manifestations gastronomiques et foires artisanales (p. 180).

LUCA PICCIAU / PHOTOLIBRARY ©

(Ci-dessus) Costumes traditionnels colorés de la Festa di Sant'Efisio, à Cagliari (p. 45)

(Ci-dessous) Les mystérieux cavaliers masqués qui prennent part aux festivités de Sa Sartiglia, à Oristano (p. 89)

CLAUDIO CIABOCHI / MARKA / ALAMY ©

Festa di San Salvatore

La Corsa degli Scalzi ("course des déchaussés") mène de Cabras au hameau et sanctuaire de San Salvatore (p. 93).

Octobre

Une bonne période pour randonner et se faire choyer dans un gîte rural.

Sagra delle Castagne

Fin octobre, musique et spectacles animent Aritzo à l'occasion de la fête des Châtaignes (p. 184).

Novembre

L'activité se réduit. Les visiteurs peuvent toutefois déguster le vin nouveau et des coquillages à Cagliari.

Rassegna del Vino Novello

Venez goûter le vin nouveau sur les places de Milis, début novembre (p. 100).

Décembre

Temps parfois morose... Heureusement Noël crée un intermède joyeux.

Natale

Au cours des semaines précédant Noël ont lieu un peu partout des fêtes religieuses. Dans les églises, on peut admirer des crèches. Des feux d'artifice sont tirés et des concerts sont donnés pour le Nouvel An à Alghero.

Itinéraires

Que vous disposiez de dix jours ou d'un mois complet, ces circuits dessinent les grandes lignes d'un voyage inoubliable. Pour d'autres sources d'inspiration, rejoignez la communauté de voyageurs sur le forum de lonelyplanet.fr.

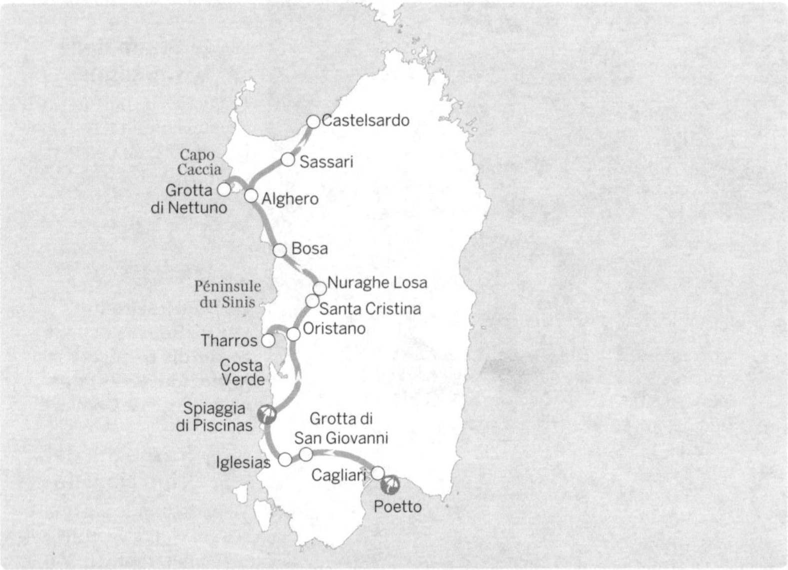

Deux semaines

Côte occidentale

Passez deux jours à **Cagliari**, la capitale insulaire, à parcourir le dédale de la citadelle, lézarder sur la plage de **Poetto** et vous régaler de fruits de mer dans les restaurants du quartier de Marina.

Le troisième jour, rendez-vous à **Iglesias**, cœur minier de la Sardaigne, en faisant halte à la **Grotta di San Giovanni**. Détendez-vous une journée ou deux sur les splendides plages de la **Costa Verde** – marcher pieds nus dans les dunes de la **Spaggia di Piscinas** n'a pas son pareil. Consacrez les jours suivants à la cité médiévale d'**Oristano** et aux ruines punico-romaines de **Tharros**, à courte distance de la **péninsule du Sinis**.

Rejoignez, au nord, le **Nuraghe Santa Cristina** et le **Nuraghe Losa**. Le huitième jour, flânez dans les ruelles de **Bosa**, et grimpez jusqu'au château pour jouir d'une vue sensationnelle. Réservez deux jours à la découverte du centre historique d'**Alghero**, des falaises de **Capo Caccia** et de la **Grotta di Nettuno**, une merveilleuse grotte marine.

Dédiez vos derniers jours à la dynamique ville universitaire de **Sassari** et à la paisible **Castelsardo**, juchée sur un promontoire rocheux surplombant la mer.

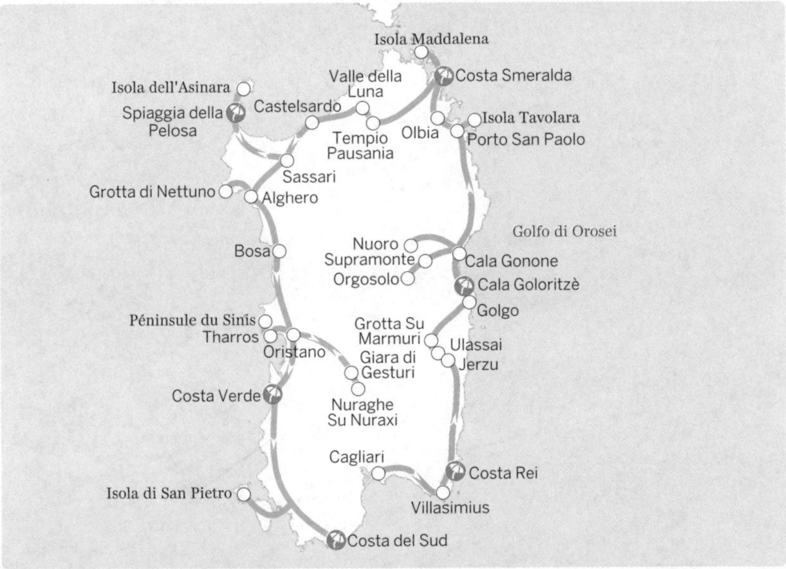

Un mois

Grand tour de Sardaigne

Un mois en Sardaigne ? Le bonheur ! Jours 1 et 2 : profitez de **Cagliari**. Jour 3 : prenez la SP17 qui serpente vers l'est, avec une pause plage à **Villasimius** ou sur la **Costa Rei**. Jour 4 et 5 : cap au nord pour des dégustations de vin dans les vignobles de **Jerzu**, suivies d'une ascension, en voiture, jusqu'au village perché d'**Ulassai**, où vous attarder une journée pour faire de la marche, de la varappe ou explorer la **Grotta Su Marmuri**. Jour 6 : cap à l'est pour un détour par le haut plateau de **Golgo** et une descente à pied jusqu'à la belle **Cala Goloritzè**. Jours 7, 8 et 9 : restez à **Cala Gonone**, base idéale pour randonner ou pratiquer l'escalade dans le massif calcaire de **Supramonte** et rallier les grottes et baies du **Golfo di Orosei**. Jour 10 : aventurez-vous à l'ouest, dans la région accidentée de la Barbagia, en faisant une halte à **Nuoro** et une autre à **Orgosolo**.

Jour 11 : continuez au nord sur la SS131 et passez la nuit à **Porto San Paolo**. Jour 12 : embarquez à destination de l'**Isola Tavolara**, dont les eaux azur tenteront les plongeurs. Jour 13 : gagnez **Olbia**, au nord, pour déambuler dans le centre historique et goûter la cuisine de la Gallura. Jours 14, 15 et 16 : profitez de la mer émeraude, des criques isolées et du luxe de la **Costa Smeralda**. Si vous avez le temps, rejoignez l'**Isola Maddalena**.

Jour 17 : filez vers l'ouest à travers les forêts de chênes et les oliveraies jusqu'à la ville perchée de **Tempio Pausania** et la **Valle della Luna**, jonchée de rochers, avant de grimper jusqu'à **Castelsardo**, cité couronnée d'un château, sur la côte nord. Jour 18 : découvrez le centre médiéval et les charmants cafés de **Sassari**. Jour 19 : effectuez le court trajet vers le nord jusqu'à la blanche **Spiaggia della Pelosa** et la sauvage **Isola dell'Asinar**. Jours 20, 21 et 22 : descendez vers le sud en vous arrêtant à **Alghero**, puis à la magnifique **Grotta di Nettuno** et, enfin, à **Bosa**, une ravissante bourgade. Jours 23 et 24 : depuis la charmante **Oristano**, explorez les ruines punico-romaines de **Tharros**, ainsi que les lagunes et les plages désertes de la **péninsule du Sinis**. Jours 25 et 26 : choisissez entre le farniente sur les plages de la **Costa Verde** ou les chevaux sauvages de la **Giara di Gesturi**. Dans le second cas, gardez du temps pour le **Nuraghe Su Nuraxi**, une merveille préhistorique.

Utilisez la fin de votre séjour pour vous reposer et manger du thon frais dans le décor enchanteur de l'**Isola di San Pietro** ou vous détendre sur les splendides plages de la **Costa del Sud**.

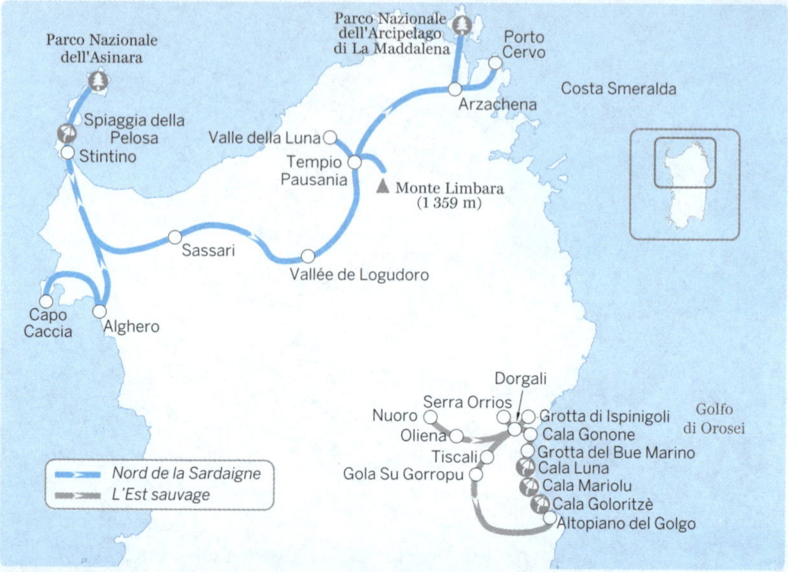

Dix jours
Le Nord

Profitez d'abord des incroyables vues sur la mer et des places animées à **Alghero**. Effectuez une excursion vers les falaises de **Capo Caccia** et dégustez la langouste locale dans l'un des restaurants les plus chics de l'île.

Le troisième jour, suivez la route qui serpente vers le nord jusqu'à **Stintino**, pour paresser sur la **Spiaggia della Pelosa**, sa plage de rêve. Sinon, rejoignez l'île sauvage du **Parco Nazionale dell'Asinara**, où vit une espèce unique d'ânes blancs. Consacrez le lendemain à la ville universitaire de **Sassari**, avant de vous diriger à l'est vers les montagnes de granite rose, les vignobles et les églises de la **vallée de Logudoro.**

Le cinquième jour, suivez la SS127 en direction du nord-est jusqu'à **Tempio Pausania**, pittoresque bourgade sur les hauteurs. Après une balade à pied dans la **Valle della Luna**, une route en zigzag vous conduira au **Monte Limbara** (1 359 m).

Au nord-est, des *nuraghi* se dressent autour d'**Arzachena**, et l'on peut naviguer d'île en île dans le **Parco Nazionale dell'Arcipelago di La Maddalena**. Pour finir, rien ne vaut la **Costa Smeralda**, en vous mêlant aux célébrités de **Porto Cervo** ou en recherchant des criques désertes.

Deux semaines
L'Est sauvage

En suivant cet itinéraire, à travers les paysages du Parco Nazionale del Golfo di Orosei e del Gennargentu, l'île ne pourra que vous séduire.

De **Nuoro**, capitale de la rude région montagneuse de la Barbagia et lieu de naissance de l'écrivaine Grazia Deledda, ralliez **Oliena**, réputée pour son Cannonau, un vin rouge rubis. Le deuxième jour, direction l'est et **Dorgali**, d'où vous visiterez la **Grotta di Ispinigoli** et le village nuragique de **Serra Orrios**.

De Dorgali, une route en lacets mène à **Cala Gonone**, une vaste baie où vous pourrez, une semaine durant, faire de l'escalade et de la plongée, ou explorer le **Golfo di Orosei**, à pied ou en kayak. Des bateaux desservent des baies splendides, comme **Cala Luna** et **Cala Mariolu**, ainsi que la **Grotta del Bue Marino**.

Employez les jours restants à crapahuter dans la nature. Vos buts de randonnées ? Le village nuragique de **Tiscali** et la **Gola Su Gorropu**, une gorge qualifiée de "Grand Canyon d'Europe". Depuis l'**Altopiano del Golgo**, un étrange haut plateau plus au nord, des chemins muletiers descendent jusqu'à la superbe **Cala Goloritzè**, aux eaux d'un bleu stupéfiant.

La Sardaigne avec des enfants

Le top des régions

Alghero et le Nord-Ouest
Plages fantastiques pour tous les âges, parcs naturels, grottes, observation de la faune, activités nautiques pour les plus grands et les adolescents.

Cagliari
Tours à gravir dans le centre historique, boutiques amusantes et parcours dans la campagne à bord du *trenino verde* (petit train vert).

Olbia et la Gallura
Excellentes plages avec divertissements, excursions nature, randonnées faciles et sorties en mer à la rencontre des dauphins.

Oristano et l'Ouest
Superbe avifaune, plages riches en activités nautiques pour les adolescents et plages de sable sauvages pour les tout-petits.

Nuoro et l'Est
Visites de grottes, escalade et autres activités pour les plus grands, campings adaptés aux familles.

Iglesias et le Nord-Ouest
Petits chevaux de la Giara di Gesturi, belles plages de la côte sud et grottes magnifiques.

À faire avec des enfants

À l'instar du reste de l'Italie, la Sardaigne se prête parfaitement à des vacances en famille. Les bébés et les petits qui commencent juste à marcher sont partout chouchoutés, tandis que les enfants plus âgés et les adolescents peuvent pratiquer un tas d'activités – équitation, initiation à la plongée et au snorkeling, observation de la faune, randonnée dans les montagnes verdoyantes et sur les sentiers du littoral. Côté alimentation, les pâtes et les glaces font l'unanimité.

Sites et villes

Le soleil, le sable et la mer devraient suffire à occuper agréablement petits et grands, mais il y a également sur l'île un excellent choix d'activités familiales.

Bien que les églises, palais et autres monuments ne soient pas toujours du goût des plus jeunes et que les musées ne possèdent pas d'animations spécialement destinées aux enfants, rien n'empêche de visiter ces lieux de manière ludique.

La balade à travers les étroites ruelles de Cagliari peut être rendue plus amusante en s'arrêtant, par exemple, dans des boutiques comme Bob Art, où des artistes dessinent des personnages de dessin animé. Toujours dans la capitale sarde, l'ascension de la Torre dell'Elefante (et la découverte de son histoire sanglante) et de la Torre di San Pancrazio, pour contempler la ville d'en haut, excitera à coup sûr votre progéniture.

À Alghero, des calèches et le *trenino catalano* (petit train catalan) font le tour du centre historique.

Les mines les plus accessibles de la région d'Iglesias présentent également un intérêt pour les plus grands, surtout ceux qui aiment se faire peur.

Les adolescents apprécieront sans doute les nombreuses peintures murales de la bourgade de San Sperate, près de Cagliari, qui donnent à voir des scènes de toutes sortes. Également dans les environs, le village de Barumini est connu pour le Parco Sardegna in Miniatura, où découvrir les monuments et sites de l'île en modèle réduit. Une aire de jeux en plein air et des tables de pique-nique jouxtent le parc.

Plages, réserves naturelles, vie sauvage

La Sardaigne s'enorgueillit de plages parmi les plus longues et d'eaux parmi les plus chaudes et limpides de Méditerranée. Vous aurez le choix entre des coins de littoral sablonneux ou recouverts de galets, isolés ou pleins d'animation. Les enfants plus âgés pourront s'essayer aux sports nautiques, notamment dans les secteurs d'Alghero, de la Costa Smeralda, d'Olbia et de la Gallura, et de la péninsule du Sinis.

Les nombreux parcs naturels qui émaillent toutes les régions de l'île – Olbia et Alghero au nord, Oristano à l'ouest, la Gallura à l'est et Cagliari au sud – se prêtent idéalement à la randonnée et à l'observation de la faune. On peut effectuer d'intéressantes excursions en famille, dont des sorties en mer pour voir les grands dauphins du Golfo Aranci, près d'Olbia, et une balade à pied le long de la côte jusqu'au phare abandonné du Capo Figaro. La Costa Smeralda invite à monter en bateau pour voir des baleines et à enfiler masque et tuba à la découverte de l'abondante vie sous-marine. Enfin, le Parco Nazionale Dell'Asinara, au nord-ouest, est le refuge d'une espèce endémique d'âne blanc.

Activités de plein air

Côté sports aquatiques – snorkeling, plongée, kitesurf et canoë-kayak – la plupart des infrastructures s'adressent aussi aux enfants et adolescents.

Les occasions de pratiquer l'équitation ne manquent pas dans la province d'Oristano. Quant à la Giara di Gesturi, dans la province de La Marmilla, elle est le domaine d'une race unique de petits chevaux sauvages, et les surprendre quand ils s'abreuvent le matin au bord des lacs est un spectacle inoubliable.

Les grottes ne manqueront pas d'impressionner les plus âgés, qu'il s'agisse de grottes marines spectaculaires, telle la Grotta di Nettuno, proche d'Alghero, ou la Grotta del Bue Marino de Cala Gonone (à condition que le mal de mer ne soit pas un problème), ou bien de grottes terrestres hérissées de stalactites et de stalagmites, à l'image de la Grotta di Santa Barbara et de la Grotta di Su Mannau, non loin d'Iglesias.

À table avec des enfants

Manger au restaurant avec des enfants ne pose pas de problème, notamment dans les hôtels de la côte où les familles sont plus que bienvenues. Si les menus enfant ne sont pas courants, les cuisiniers seront toutefois ravis de préparer une *mezza porzione* (demi-portion) du choix de votre bout de chou.

Très peu de restaurants mettent des *seggioloni* (chaises hautes) à disposition, aussi mieux vaut apporter un coussin, ou prendre votre enfant sur vos genoux – en espérant que tout se passera bien. De même, peu d'endroits comportent un espace prévu pour changer les bébés. Néanmoins, le personnel fera généralement de son mieux pour vous trouver un coin plus ou moins approprié .

Question nourriture, pas d'inquiétude. Les pâtes sont de tous les menus et les *spaghetti alla napolitana* (à la sauce tomate) remportent tous les suffrages. Souvent, la viande et le poisson sont cuisinés de façon simple, sans sauce qui masque le goût, ce qui risque d'en rebuter certains. Il y a toujours du bon pain à table et les fromages sont répandus. On sert souvent des fruits frais en dessert, ainsi que des glaces et des pâtisseries.

Le palmarès
Plages et stations balnéaires

» Péninsule du Sinis : longues plages de sable ou de petits galets, parfaites pour les enfants qui commencent à marcher.

» Cannigione et Cala Gonone : cités balnéaires qui s'adressent à une clientèle familiale.

» Costa del Sud, côte sud-ouest : étendues sablonneuses et eaux claires peu profondes.

» Cala Battistoni, Costa Smeralda : routes en épingles à cheveux et longues plages de sable.

» Riviera del Corallo, à Alghero : verdure, parasols, chaises longues et jeux sur la plage.

» Cala Gonone : promenade du front de mer, camping ombragé et terrains de jeu.

PRATIQUE

- Les enfants ont droit à une réduction dans les transports en commun et sur le prix d'entrée des sites à visiter.
- Sur les trains et les ferries, les enfants de moins de 4 ans peuvent voyager gratuitement, mais n'ont pas de couchette ou de siège attitré. Les enfants entre 4 et 12 ans ont la plupart du temps droit au demi-tarif.
- Bien que les trains en Sardaigne soient rarement complets, mieux vaut réserver en haute saison. Pensez à réserver un siège-auto si vous comptez louer une voiture.
- Sachez que les routes côtières et de montagne sont parfois très sinueuses. Attention donc au mal des transports.
- Le lait maternisé, liquide ou en poudre, ainsi que les solutions de stérilisation, sont en vente dans les pharmacies (*farmacie*).
- Des couches jetables (*pannolini*) sont en vente en *farmacia* et en supermarché, où vous trouverez un large choix. Souvenez-vous que les horaires d'ouverture des magasins ne sont peut-être pas les mêmes que chez vous ; si vous êtes à court de couches un samedi soir, préparez-vous à un dimanche difficile.
- Le lait frais est en vente en brique de 1 litre dans les supermarchés, les magasins d'alimentation (*alimentari*) et dans certains bars. Il est toujours pratique d'avoir en réserve une brique de lait pasteurisé (*lungo conservazione*).
- Les hôtels du littoral ont tout prévu pour les familles, et les enfants seront bien accueillis. Toutefois, les lieux moins touristiques, les grandes villes et les régions de montagne sont moins bien équipés pour recevoir les enfants, surtout en bas âge.
- Le guide Lonely Planet *Voyager avec ses enfants* est une mine d'informations pratiques sur le sujet.

Activités

- Sorties en canoë et snorkeling facile, Laguna di Nora.
- Kayak de mer et camping “nautique”, Cardedu.
- Initiation à l'escalade à Domusnovas, Iglesias.
- Randonnée tranquille d'une demi-journée pour rejoindre une baie, Golfo di Orosei.
- Canoë-kayak et plaisirs balnéaires, plage de Poetto.
- Eaux peu profondes et plages de sable propices au jeu et au snorkeling, Villasimius et Capo Carbonara.
- Sports aquatiques autour de Porto Pollo, cités balnéaire familiales de Cannigione et de Cala Gonone.
- Équitation dans la province d'Oristano.
- Canoë-kayak, vélo, spéléo, plongée et canyoning adaptés aux adolescents, dans le Golfo di Orosei.

Nature et faune

- Lagunes et flamants roses, péninsule du Sinis.
- Zones humides bordées de roseaux et riche avifaune, Parco Naturale Regionale Molentargius.
- Flamants, hérons, foulques et balbuzards pêcheurs du Stagno S'Ena Arrubia, à la périphérie d'Oristano.
- Excursions en bateau vers les îles de la réserve marine du Capo Carbonara, à Villasimius et Capo Carbonara.
- Croisières d'une demi-journée à la découverte des grands requins du Golfo Aranci.
- Le *trenino verde* (petit train vert), qui traverse des paysages spectaculaires et inaccessibles.
- Sangliers, martres, chats sauvages, belettes et oiseaux de proie de la Riserva Naturale di Monte Arcosu, une réserve du WWF.

Grottes et rochers

- La Roccia dell'Elefante et la Roccia dell'Orso aux formes évocatrices, respectivement près de Castelsardo et de Palau.
- La Grotta di Nettuno, à Capo Caccia.
- La Grotta di Santa Barbara, aux environs d'Iglesias, recouverte de cristaux brun foncé et hérissée d'une forêt de stalactites et de stalagmites.
- La Grotta di Su Mannau, proche d'Iglesias, avec lacs souterrains, vestiges archéologiques relatifs à un culte de l'eau et colonne de 8 m de haut résultant de la fusion d'une stalactite et d'une stalagmite.

Les régions en un clin d'œil

La Sardaigne est certes une île, mais de grande dimension. Même en voiture, vous risquez d'être surpris par le temps qu'il faut parfois pour aller d'un point A à un point B. Lisez ce qui suit pour bien choisir votre destination.

Cagliari, la capitale, offre un bon équilibre entre culture et activités balnéaires. Au sud-ouest vous attendent la magnifique Costa del Sud, la Costa Verde et ses dunes, ainsi qu'une campagne verdoyante riche en produits du terroir et en *nuraghi* (constructions fortifiées de l'âge du bronze). Le Nord-Ouest séduit par l'âme espagnole d'Alghero, des plages éblouissantes et une faune unique. Au nord-est, la Costa Smeralda et ses criques pour milliardaires contrastent avec le cœur granitique de la Gallura, dans l'arrière-pays. À l'est, là où les montagnes et la côte se rejoignent, les falaises, les sommets et la mer d'un bleu intense sont propices aux sports de plein air – escalade, randonnée, cyclotourisme, kayak...

Cagliari et le Sarrabus

Culture ✓✓✓
Cuisine ✓✓
Randonnées côtières ✓✓

Culture

Rien n'incarne davantage Cagliari que sa citadelle médiévale, avec ses tours pisanes, ses palais et sa vue imprenable. les églises rococo, l'amphithéâtre romain et le musée archéologique témoignent également du passé de la ville.

Cuisine

Vous apprécierez le poisson des restaurants animés de Marina, les coquillages à déguster sur la plage de Poetto, les douceurs servies aux terrasses et les vins de Serdiana.

Promenades côtières

Une route littorale dessert la plage de sable de Poetto, longue de 6 km et bordée de lagunes. Plus à l'est, de jolies plages, des eaux claires et des sites de plongée valent aussi le détour.

p. 32

Iglesias et le Sud-Ouest

Histoire ✓✓✓
Plages ✓✓✓
Îles ✓✓

Histoire

Visitez le Nuraghe Su Nuraxi de l'âge du bronze, classé au patrimoine mondial de l'Unesco, les ruines punico-romaines englouties de Nora et les tombes *domus de janas* (maisons de fée) de la Necropoli di Montessu.

Plages

Des hautes dunes de la Costa Verde aux douces plages de la Costa del Sud, cette portion de côte affiche une beauté sauvage.

Îles

Sur l'Isola di San Pietro, vous pourrez voir des faucons d'Éléonore à Cala Fico, admirer Carloforte et ses palais, et goûter le thon le meilleur. L'Isola di Sant'Antioco, parsemée de ruines puniques, évoque quant à elle le glorieux passé marin de la Sardaigne.

p. 54

Oristano et l'Ouest

Plages ✓✓✓
Cuisine ✓✓
Plein air ✓✓

Plages
Des plages blanches comme neige et une mer d'un bleu intense : les rivages de la péninsule du Sinis sont splendides. Pour échapper à la civilisation, rendez-vous sur le sable d'Is Aruttas ou d'Isola di Mal di.

Cuisine
Direction Cabras pour goûter la meilleure *bottarga* (poutargue), Seneghe pour son huile d'olive et sa viande de bœuf, Milis pour ses oranges, les vignobles pour leur Vernaccia…

Plein air
Envie d'exercice ? Gravissez les pentes volcaniques du Monti Ferru, surfez sur les vagues de Putzu Idu ou parcourez à cheval la plaine près d'Arborea. Les lagunes de la région abrite des hérons et des flamants roses.
p. 85

Alghero et le Nord-Est

Histoire ✓✓✓
Littoral ✓✓
Faune ✓✓

Histoire
Une atmosphère espagnole émane des ruelles pavées et des palais d'Alghero, qui fut longtemps une possession catalane. Au soleil couchant, sacrifiez à la traditionnelle *passeggiatta* sur le front de mer.

Littoral
La route côtière mène à de larges baies et au Capo Caccia, où les falaises plongent vers la Grotta di Nettuno. Au nord s'étendent les eaux de la Spiaggia della Pelosa.

Faune
Cap sur l'Isola dell'Asinara pour voir les fameux ânes blancs. Dans le Bosco di Monte Lerno, vous observerez des chevaux sauvages. Quant à la réserve naturelle Le Prigionette, elles hébergent une véritable arche de Noé.
p. 113

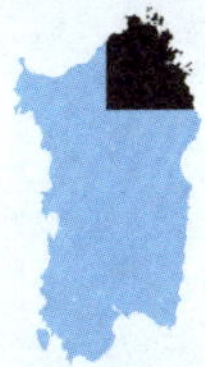

Olbia, la Costa Smeralda et la Gallura

Jet-set ✓✓✓
Littoral ✓✓✓
Arrière-pays ✓✓

Jet-set
Luxueuses villas et yachts de milliardaires sur la Costa Smeralda. Porto Cervo et Porto Rotondo notamment sont les lieux de rendez-vous des célébrités.

Littoral
Des criques splendides et des anses aux allures de fjords ponctuent la Costa Smeralda. Les eaux qui entourent les plages de San Teodoro, au sud, et l'Arcipelago di La Maddalena, au nord, sont parmi les plus limpides de Méditerranée.

Arrière-pays
L'intérieur de la Gallura, granitique et accidenté, offre un contraste saisissant avec la côte. Des villes perchées, telles San Pantaleo, Tempio Pausania et Aggius, dominent un paysage de vignobles et de forêts.
p. 144

Nuoro et l'Est

Plein air ✓✓✓
Littoral ✓✓✓
Montagnes ✓✓

Plein air
Le paradis des randonneurs et des grimpeurs ! Les premiers ne manqueront pas la Gola Su Gorropu, et les ruines nuragiques de Tiscali. Les seconds s'attaqueront sans hésiter aux falaises de Cala Gonone.

Littoral
La Cala Luna en demi-lune, la Cala Mariolu nacrée et l'époustouflante Cala Goloritzè se classent en tête des criques du Golfo di Orosei. Découvrez-les à pied, en bateau ou en kayak.

Montagnes
Dans l'arrière-pays, les montagnes s'élèvent au-dessus de vallées profondes, de forêts et de villages hors du temps. Les routes sinuent au milieu de la nature sauvage de la Barbagia vers le Gennargentu.
p. 170

Les pictos pour se repérer :

♥ Les coups de cœur de l'auteur

Les adresses écoresponsables

GRATUIT Accès / Entrée libre

Voir aussi l'index où figurent toutes les localités couvertes dans ce guide.

Sur la route

Cagliari et le Sarrabus

Dans ce chapitre »

Le top des restaurants

» Il Fantasma (p. 45)
» Ristorante Ammentos (p. 45)
» Monica e Ahmed (p. 45)
» Lapola (p. 45)
» Ristorante Le Anforè (p. 52)

Le top des hébergements

» Il Cagliarese (p. 203)
» La Peonia (p. 203)
» Hostel Marina (p. 203)
» T Hotel (p. 203)
» Hotel Mariposas (p. 205)

Pourquoi y aller

Construite en hauteur autour d'une imposante citadelle coiffant un promontoire rocheux, Cagliari domine les eaux scintillantes de la Méditerranée, se dore au soleil du Sud, et contemple fièrement ses quelque 3 000 ans d'histoire. Alliant richesse culturelle et ouverture d'esprit, la capitale sarde fera une base idéale pour qui cherche davantage que la classique formule soleil et mer, car elle abrite des musées, des églises baroques et des fortifications qui n'attendent que d'être explorées.

Port débordant d'activité, Cagliari n'a pas été embellie pour plaire aux touristes, et c'est ce qui fait tout son intérêt. Outre les sites à visiter, cette ville concentre les plaisirs simples : poissons et fruits de mer frais à déguster dans une trattoria de la Marina, farniente à la terrasse des cafés et balades dans les ruelles médiévales du Castello.

À quelques encablures à l'est de la ville, on change radicalement de monde. La région montagneuse du Sarrabus est un territoire vierge et paisible, tandis que les magnifiques plages de sable blanc de Villasimius et de Costa Rei vous appartiendront quasiment en dehors du pic estival.

Quand partir

Le carême débute après les défilés du carnaval et se termine par d'impressionnantes processions pascales, mais pour les vrais pèlerins, rien ne vaut les réjouissances de la Festa di Sant'Efisio, début mai. Le printemps est la saison idéale pour randonner en forêt et sur les pics de granit du Monte dei Sette Fratelli. Avec l'été, les vacanciers bronzés venus faire la fête investissent Poetto, les plages superbes de Villasimius et la Costa Rei, plus à l'est. En hiver, joignez-vous aux passionnés d'ornithologie pour admirer les flamants roses qui peuplent les marais salants de Cagliari.

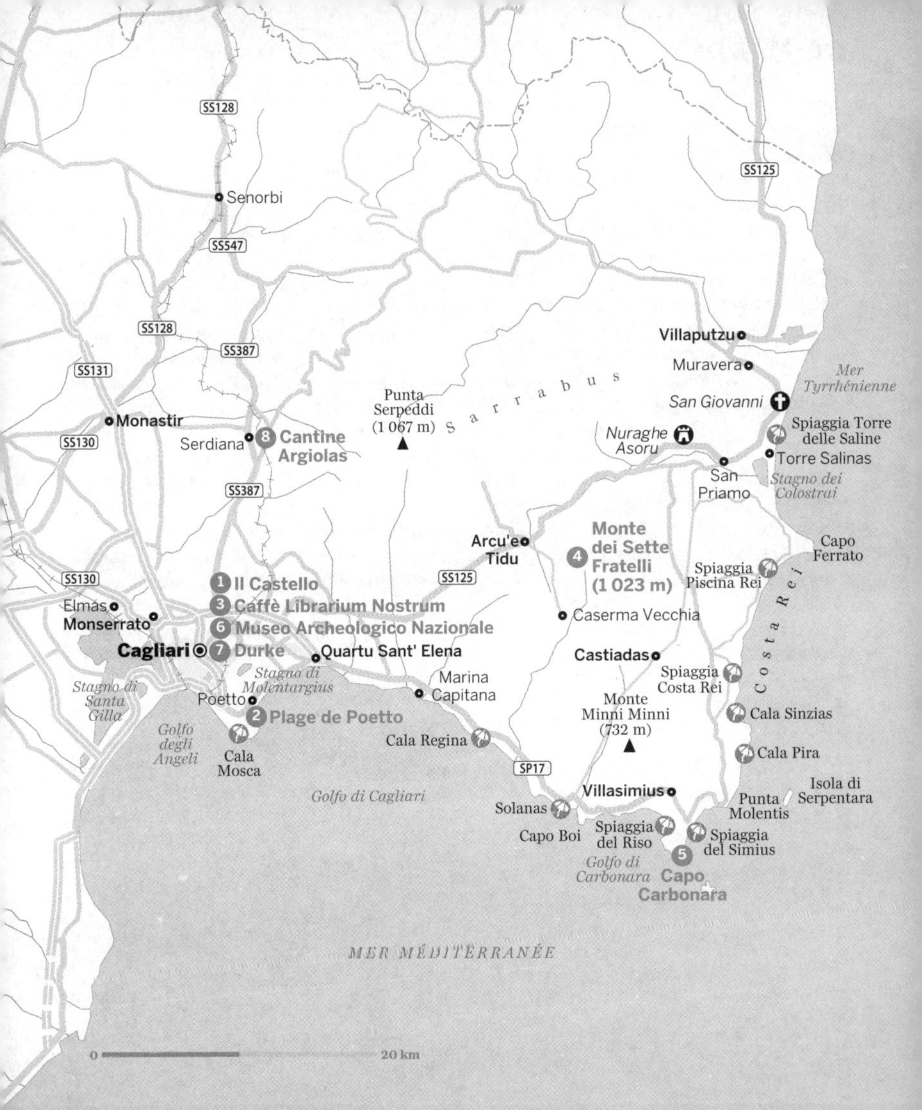

À ne pas manquer

1 La découverte des coins et recoins d'**Il Castello** (p. 35), la citadelle médiévale de Cagliari

2 Farniente au soleil et fête jusqu'au bout de la nuit à la **plage de Poetto** (p. 37)

3 Un apéritif au **Caffè Librarium Nostrum** (p. 37), pour contempler les lumières de la ville

4 Une randonnée dans les collines du **Monte dei Sete Fratelli** (voir l'encadré p. 53)

5 Une plongée dans les eaux limpides de la réserve marine du **Capo Carbonara** (voir l'encadré p. 52)

6 L'histoire sarde au **Museo Archeologico Nazionale** (p. 37)

7 Un moment de gourmandise chez **Durke** (p. 48), rempli de douceurs sardes.

8 Une dégustation de vins régionaux ou un cours de cuisine à la **Cantine Argiolas** (voir l'encadré p. 37), à Serdiana

CAGLIARI

157 000 HABITANTS

Oubliez l'avion : c'est par la mer qu'il faut gagner Cagliari. Alors que le ferry pénètre dans le port, la cité tout entière se dresse devant vous, étonnant ensemble disparate de *palazzi* dorés, de dômes et de façades qui s'élève jusqu'à sa pièce maîtresse, dressée sur un piton rocheux, le Castello.

Cagliari est la plus italienne des villes sardes. Les vespas vrombissent sur les boulevards bordés d'arbres, et des cafés animés se nichent sous les jolies arcades du quartier de la Marina, sur le front de mer. Du Castello, le spectacle est saisissant au soleil couchant, lorsque s'illuminent les façades pastel des édifices et les remparts ocre de la forteresse. Les quelque 2 000 ans d'histoire de Cagliari ont laissé des traces partout dans la ville : ruines romaines, musées, églises et galeries d'art.

À l'est de la ville, la plage de Poetto forme le cœur du tourisme estival, avec ses bars de plage animés et ses eaux d'un bleu limpide.

Histoire

Les Phéniciens s'établirent dans les environs au VIIIe siècle av. J.-C., mais la ville ne prit réellement son essor qu'avec les Carthaginois, qui s'emparèrent de celle qu'on appelait alors Karel ou Karalis (la "terre rocailleuse") vers 520 av. J.-C. Plus tard, les Romains lui attachèrent une importance particulière et Jules César lui accorda le statut de cité romaine en 46 av. J.-C. Pendant des siècles, le port prospéra grâce au commerce du grain avec le continent, mais la chute de Rome entraîna une certaine instabilité.

Les Vandales, qui avaient envahi l'Afrique du Nord, s'emparèrent de la cité en 455, avant d'en être chassés par les Byzantins en 533. À partir du XIe siècle, l'Empire byzantin s'affaiblit et les raids arabes se multiplièrent.

Cagliari

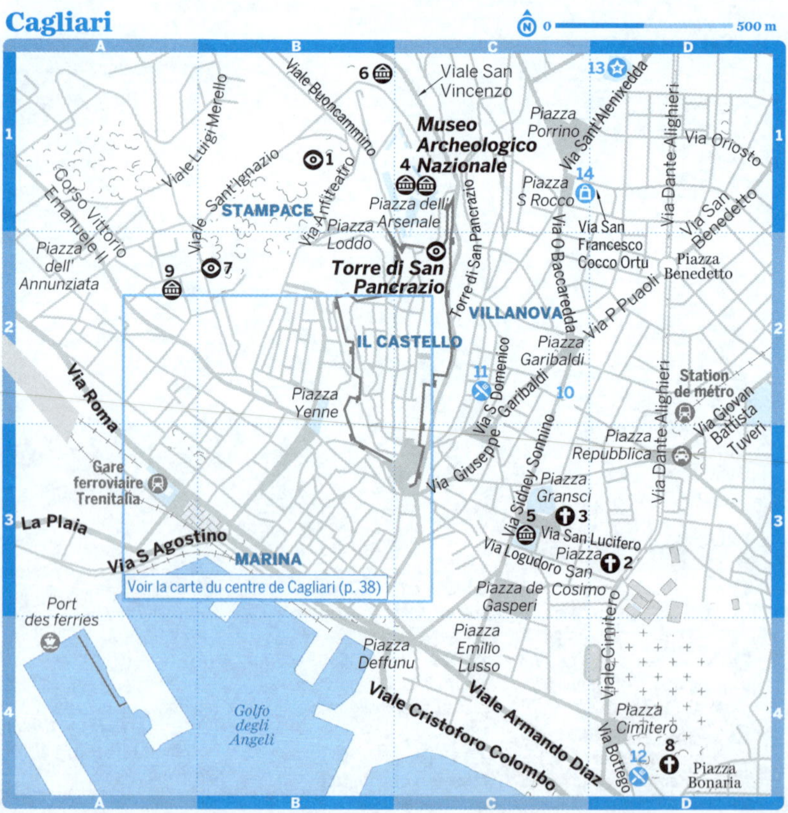

Cagliari et les autres *provinces sardes* acquirent alors une relative autonomie.

En 1258, les Pisans se rendirent maîtres de la ville (les fortifications datent de cette époque). Ils furent supplantés en 1326 par les Catalano-Aragonais. Les décennies suivantes furent marquées par plusieurs épidémies de peste dont la première éclata en 1348.

Après l'unification de l'Espagne à la fin du XVe siècle, les Catalans furent à leur tour soumis aux Espagnols. Cagliari sut mieux que les autres villes sardes tirer partie de l'inertie du pouvoir espagnol. L'université ouvrit ses portes en 1620.

Les ducs de Savoie (qui prirent le titre de rois de Sardaigne en 1720) suivirent l'exemple de leurs prédécesseurs et choisirent Cagliari pour y établir la vice-royauté, mais ils subirent quelques revers, comme la révolte de 1794. De 1799 à 1814, la famille royale, chassée du Piémont par Napoléon, se réfugia dans la ville sous la protection de la marine britannique.

Cagliari continua à se développer lentement tout au long des XIXe et XXe siècles. Une partie des fortifications fut détruite pour permettre à la ville de s'étendre. Durement touchée par les bombardements pendant la Seconde Guerre mondiale, elle fut récompensée pour sa bravoure en recevant en 1948 la Medaglia d'oro al Valore Militare.

La reconstruction, qui débuta dès la fin du conflit, était quasi achevée lorsque la ville fut désignée, en 1949, capitale de la région semi-autonome de Sardaigne dans la nouvelle République italienne. Une industrie moderne et dynamique, notamment pétrochimique, s'implanta près des lagunes et sur le littoral jusqu'à Sarroch, au sud-ouest de Cagliari.

Cagliari

Les incontournables

À voir

Activités

Où se restaurer

Où sortir

Achats

À voir

Les principaux centres d'intérêt de Cagliari sont rassemblés dans quatre quartiers du centre : Castello, Stampace, Marina et Villanova. Le point de départ s'impose de lui-même : le quartier du Castello, au sommet d'une colline, regroupe de beaux musées à la Citadella dei Musei et offre un somptueux panorama sur la ville.

À l'ouest, tout en haut de la colline, voici le quartier de Stampace, où la Piazza Yenne concentre l'essentiel de l'animation. Il abrite aussi plusieurs églises d'importance, un jardin botanique et l'amphithéâtre romain de Cagliari, taillé dans la roche.

Entre le Largo Carlo Felice, à l'ouest, et la Via Roma, qui longe la mer, vous flânerez à pied avec bonheur dans le pittoresque quartier de la Marina, moins pour les sites à voir (il y en a peu) que pour l'atmosphère qui règne dans ses ruelles étroites et sombres, remplies de boutiques d'artisans, de cafés et de trattorias.

Au XIXe siècle, sous l'influence des Piémontais, Cagliari s'étendit vers l'est, à Villanova, qu'ils dotèrent de larges artères et de vastes places. Au-dessus de ce quartier, un vaste parc public couvre le versant du Monte Urpinu. De l'autre côté de la montagne, vous pourrez observer les oiseaux dans les marais salants du Stagno di Molentargius.

Il Castello QUARTIER

(Carte p. 38). Emblématique de Cagliari, la citadelle dresse ses coupoles, ses tours et ses *palazzi*, où vivait jadis l'aristocratie de la ville, au-dessus des remparts édifiés par les Pisans et les Aragonais. Les habitants

DISTANCES (EN KM)

	Cagliari	Castiadas	Costa Rei	Muravera
Castiadas	47			
Costa Rei	60	13		
Muravera	56	27	30	
Villasimius	43	20	17	47

appellent ce quartier Su Casteddu, un terme qui désigne également l'ensemble de la ville. Les remparts sont encore plus impressionnants (et photogéniques) vus de loin, notamment depuis l'amphithéâtre romain, au nord-ouest, et Bonaria, au sud-est.

À l'intérieur des murailles s'étend la ville médiévale. L'université, la cathédrale, les musées et les palais pisans émergent d'un entrelacs de ruelles enserrées par de hauts murs. Boutiques, bars et cafés s'installent de plus en plus dans ce quartier naguère assoupi, attirant étudiants et bobos.

Le quartier au nord de la Torre dell'Elefante, entre Via Santa Croce et Via Stretta, le **Ghetto degli Ebrei** (ghetto juif), où les rues étroites ont gardé leur atmosphère médiévale, est le plus beau du Castello. La communauté juive fut expulsée en 1492 par les Espagnols, et il n'en reste aujourd'hui pas d'autre trace que le nom apposé sur une ancienne caserne, le **Centro Comunale d'Arte e Cultura Il Ghetto** (☎070 640 21 15 ; Via Santa Croce 18 ; tarif plein/réduit 4/2,50 € ; ⏲9h-13h et 16h-20h mar-dim), qui accueille des expositions temporaires, ayant souvent trait à la Sardaigne. L'actuelle **Chiesa di Santa Croce** (Piazzetta Santa Croce) occupe l'emplacement de l'ancienne synagogue.

Prenez le temps de jeter un coup d'œil, dans l'université, au magnifique vestibule voûté de l'**Istituto di Architettura e Disegno** (Institut d'architecture et de design ; Via Corte d'Appello 87).

GRATUIT Museo Archeologico Nazionale — MUSÉE

(Carte p. 34 ; ☎070 68 40 00 ; Piazza dell'Arsenale ; ⏲9h-20h mar-dim). Des quatre musées de la Citadella dei Musei, c'est sans conteste le plus intéressant. Le plus grand musée archéologique de Sardaigne présente des pièces ayant trait à l'histoire multimillénaire de l'île, dont une superbe collection de *bronzetti* (figurines en bronze) nuragiques au rez-de-chaussée.

Aucune trace écrite n'ayant été retrouvée, ces bronzes constituent une source d'information essentielle sur la mystérieuse tradition des *nuraghi* sardes (ensemble de tours de pierre construits entre 1800 et 500 av. J.-C. environ). Près de 400 bronzes ont été retrouvés sur différents sites religieux, laissant à penser qu'ils étaient probablement utilisés comme offrandes. Les figurines, au style brut mais remarquablement évocatrices, représentent des chefs tribaux, des guerriers, des chasseurs, des mères et des animaux. Des modèles réduits de *nuraghi* ont même été retrouvés.

Le rez-de-chaussée est organisé de façon chronologique. L'exposition commence par les époques antérieures aux *nuraghi*, caractérisées par les outils en silex, les poteries rudimentaires et d'étranges déesses de la fertilité. Elle aborde ensuite les âges du bronze et du fer, puis la période nuragique. Viennent enfin les pièces consacrées aux époques phénicienne et romaine avec un *tophet* (sépulture phénicienne sacrée de nourissons et d'enfants), et les restes délicats de vases en terre cuite, de vaisselle en verre et de bijoux découverts dans les antiques Karalis (Cagliari), Sulcis, Tharros et Nora.

Les premier et deuxième étages concernent à peu près les mêmes époques. Au 1er étage, on peut voir notamment des mosaïques romaines, une collection de statues et de bustes également romains provenant de Karalis, ainsi que des pièces de monnaie.

Torre dell'Elefante — BELVÉDÈRE

(Carte p. 38 ; Via Università ; tarif plein/réduit 4/2,50 € ; ⏲9h-13h et 15h30-19h30 mar-dim en été, jusqu'à 16h30 en hiver). L'une des deux seules tours subsistant de l'époque pisane, la Torre dell'Elefante, de 42 m de hauteur, fut construite en 1307 en tant qu'ouvrage défensif contre les Aragonais. Elle tire son nom d'un éléphant sculpté près de la herse et fut le théâtre de bien des horreurs. Les Espagnols décapitèrent ici le Marchese di Cea (marquis de Cea) et laissèrent sa tête sur place pendant... 17 années ! Ils "décoraient" aussi volontiers les grilles d'entrée avec les têtes des prisonniers exécutés. L'étage crénelé fut ajouté en 1852 et servit de prison politique. En grimpant au sommet, vous apprécierez la vue qui s'étend jusqu'à la mer par-dessus les toits de la ville.

Torre di San Pancrazio — BELVÉDÈRE

(Carte p. 34 ; Piazza Indipendenza ; tarif plein/réduit 4/2,50 € ; ⏲9h-13h et 15h30-19h30 mar-dim en été, jusqu'à 16h30 en hiver). Près de la porte nord-est de la citadelle, cette tour haute de 36 m fut achevée deux ans avant sa sœur jumelle, la Torre dell'Elefante. Construite sur le point le plus élevé de la ville, elle domine le golfe de Cagliari.

Cattedrale di Santa Maria — CATHÉDRALE

(Carte p. 38 ; Piazza Palazzo 4 ; ⏲7h30-20h lun-ven, 8h-13h et 16h30-20h30 sam et dim, horaires restreints en hiver). Cette gracieuse cathédrale du XIIIe siècle se dresse fièrement sur la Piazza Palazzo baignée de soleil, où résidaient jadis les autorités religieuses de la ville. Seule la base du clocher subsiste de la construction gothique originale : l'intérieur fut largement remodelé dans le style baroque du XVIIe siècle, tandis que la façade romano-pisane est une imitation ajoutée entre 1933 et 1938.

À l'intérieur, toute trace de gothique a disparu sous la profusion ornementale du décor baroque. Des fresques rutilantes décorent les plafonds et des volutes sculptées jaillissent des trois chapelles latérales. La troisième chapelle à droite, la **Cappella di San Michele**, est un summum de décoration baroque : saint Michel semble se trouver dans l'œil d'un cyclone et, imperturbable, il jette les démons aux enfers.

Des éléments plus discrets du décor se repèrent moins facilement, comme les deux **chaires** en pierre de chaque côté de la porte centrale, sculptées par Guglielmo da Pisa entre 1158 et 1162. Elles formaient à l'origine un magnifique ensemble qui se tenait à l'entrée du Duomo de Pise, avant que la ville ne l'offre à Cagliari en 1312. Ce fut Domenico Spotorno, déjà à l'origine de la rénovation baroque, qui les sépara et retira les deux lions de pierre qui leur servaient de base. Ces sculptures ornent aujourd'hui l'autel.

De l'autre côté de l'autel se trouve l'entrée de l'**Aula Capitolare**, où sont conservées de nombreuses sépultures des Savoie. Taillée dans la pierre, cette crypte voûtée impressionne par la masse de son décor sculptural au caractère très élaboré.

Museo del Duomo — MUSÉE

(Carte p. 38 ; ☎ 070 68 02 44 ; Via del Fossario 5 ; tarif plein/réduit 4/2,50 € ; ⏲10h-13h et 16h30-20h sam et dim). D'autres trésors sont exposés dans ce petit musée, parmi lesquels le *Trittico di Clemente VII*, pièce maîtresse

CAGLIARI EN...

Deux jours

Le premier jour, contemplez un paysage de carte postale du haut de la **Torre dell'Elefante**, ou depuis sa jumelle pisane, la **Torre di San Pancrazio**. Flânez ensuite dans les ruelles tortueuses du **Castello**, où les conversations entre voisins vont bon train, pour rejoindre la belle **Cattedrale di Santa Maria**. L'après-midi, découvrez le lointain passé de l'île, qui remonte à l'âge du bronze, en visitant le **Museo Archeologico Nazionale**. Félicitez-vous de cette magnifique première journée en sirotant un cocktail sur la terrasse panoramique du **Caffè Librarium Nostrum** alors que les lumières de la ville commencent à scintiller.

Le lendemain, prenez un café dans le cadre élégant de l'**Antico Caffè**, datant du XIXe siècle, avant d'aller flâner parmi les arbres et les fontaines de l'**Orto Botanico**. Après quoi, cap sur l'**amphithéâtre romain**, à deux pas de là. Au déjeuner, régalez-vous de poisson frais dans le quartier de la **Marina**, et passez l'après-midi à fureter dans les boutiques et commerces de spécialités. La **Piazza Yenne** est idéale pour prendre un apéritif en terrasse en fin de journée.

Quatre jours

Le troisième jour, levez-vous tôt pour aller acheter de quoi pique-niquer au **Mercato di San Benedetto**. Emportez votre précieux panier à provisions à la **plage de Poetto**, où vous pourrez paresser au soleil, vous baigner ou faire de la planche à voile. Ceux que les oiseaux intéressent davantage se feront un plaisir d'explorer le **Parco Naturale Regionale Molentargius** à pied ou à vélo.

Les superbes plages de **Villasimius**, ainsi que la **Cantine Argiolas** de Serdiana, l'un des meilleurs domaines viticoles de Sardaigne, font l'objet d'excellentes excursions à la journée qui occuperont pleinement le quatrième jour. À moins que vous préfériez randonner dans les montagnes de granit et les forêts du **Monte dei Sette Fratelli**.

Centre de Cagliari

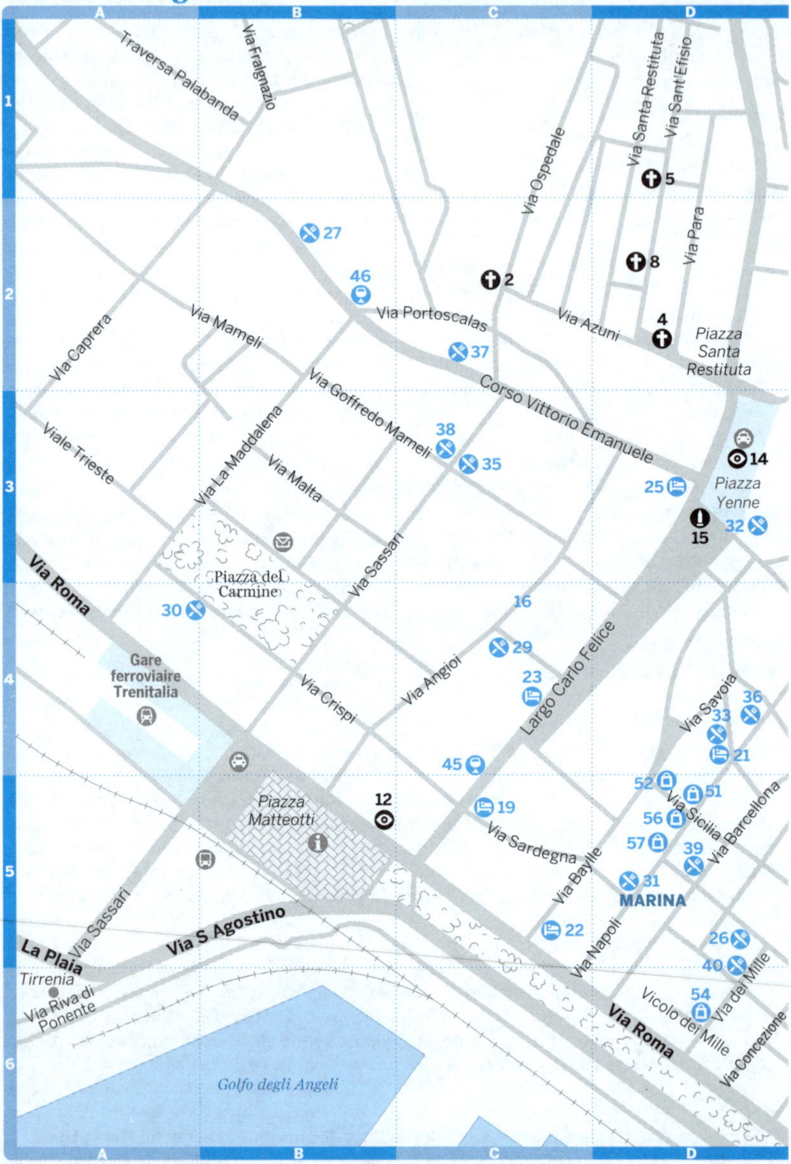

qui fut déplacée de la cathédrale afin d'y être conservée en sécurité. Cette précieuse huile sur bois du XVe siècle est attribuée au Flamand Rogier van der Weyden, ou à l'un des ses disciples. Le *Retablo dei Beneficiati*, autre œuvre importante du XVIe siècle, émane de l'école de Pietro Cavaro.

Bastione San Remy BELVÉDÈRE

(Carte ci-dessus). L'accès le plus impressionnant au Castello est l'escalier monumental qui part de la Piazza Costituzione et monte jusqu'au Bastione San Remy. Les moins courageux pourront emprunter l'ascenseur panoramique. Construit entre 1899 et 1902,

le belvédère, qui marie le styles néoclassique et Art nouveau, offre une vue magnifique sur l'enchevêtrement des toits de Cagliari, qui descend jusqu'à la Méditerranée.

GRATUIT **Pinacoteca Nazionale** GALERIE D'ART
(Carte p. 34 ; ☎ 070 68 40 00 ; www.pinacoteca.cagliari.beniculturali.it ; Piazza dell' Arsenale ; ⌚9h-19h30 mar-dim). Au-dessus et derrière le musée archéologique, cette galerie présente des collections de tableaux des XVe, XVIe et XVIIe siècles. Les œuvres sont pour la plupart des retables de style espagnol peints par des artistes catalans et génois pour les églises de la région.

Parmi ceux attribués à des peintres sardes, citons quatre tableaux de Pietro Cavaro – père de l'école dite de Stampace et sans doute le plus grand artiste de Sardaigne – la *Deposizione (Descente de Croix)* et les portraits de saint Pierre, saint Paul et saint Augustin. Vous y verrez aussi des œuvres de son père, Lorenzo, et de son fils, Michele. La *Pala di Sant'Orsola* (retable de sainte Ursule) est signée d'un autre peintre sarde important, Francesco Pina. Tous ces tableaux attestent des influences espagnole et italienne. Quelques peintres du XIXe et du début du XXe siècle comme Giovanni Marghinotti et Giuseppe Sciuti témoignent plus clairement de leurs origines sardes.

Anfiteatro Romano SITE ARCHÉOLOGIQUE
(Carte p. 34 ; ☎070 65 29 56 ; www.anfiteatroromano.it ; Viale Sant' Ignazio ; tarif plein/réduit 4,30/2,80 € ; ⌚9h30-13h30 mar-sam, 9h30-13h30 et 15h30-17h30 dim en été, 9h30-13h30 mar-sam, 10h-13h dim en hiver). Cet amphithéâtre est le vestige romain le plus étonnant de Cagliari. Taillé dans le flanc de la colline Buon Cammino au IIe siècle, il trône près de l'entrée nord du Castello. Une grande partie a été pillée au cours des siècles pour fournir des matériaux de construction, mais les ruines restantes donnent une bonne idée du monument d'origine. À son apogée, l'amphithéâtre pouvait accueillir jusqu'à 10 000 personnes – pratiquement toute la population du Cagliari de l'époque – qui venaient s'amuser des joutes entre gladiateurs et fauves. En été, l'amphithéâtre accueille parfois des concerts.

Piazza Yenne PLACE
(Carte ci-contre). Le point central du quartier de la Marina, la Piazza Yenne, est aussi celui de la ville. Cette petite place ornée d'une statue du **roi Carlo Felice** marque le début de la voie rapide qui porte son nom (la SS131), le meilleur souvenir que ce souverain ait laissé sur l'île. Les soirs d'été, l'effervescence règne sur la piazza, dont les bars, glaciers et cafés en terrasse sont envahis par des jeunes.

Orto Botanico JARDIN BOTANIQUE
(Carte p. 34 ; ☎ 070 65 29 56 ; Viale Sant' Ignazio ; 3 € ; ⌚8h30-18h lun-sam, 8h30-13h30 dim). Ce jardin botanique, l'un des plus

Centre de Cagliari

Les incontournables
- Cattedrale di Santa Maria F2
- Torre dell'Elefante E2

À voir
- 1 Bastione San Remy F4
- 2 Chiesa di San Michele C2
- 3 Chiesa di Santa Croce E1
- 4 Chiesa di Sant'Anna D2
- 5 Chiesa di Sant'Efisio D1
- 6 Chiesa di Sant'Eulalia E5
- 7 Chiesa di Santo Sepolcro E4
- 8 Cripta di Santa Restituta D2
- 9 Ghetto degli Ebrei E1
- 10 Istituto di Architettura e Disegno E1
- 11 Museo del Duomo F2
- Museo del Tesoro e Area Archeologica di Sant'Eulalia .... (voir 6)
- 12 Palazzo Civico B5
- 13 Palazzo Viceregio F1
- 14 Piazza Yenne D3
- 15 Statue de Carlo Felice D3

Activités
- City Tour Cagliari .... (voir 14)
- 16 L'Accademia C4

Où se loger
- 17 B&B La Marina E6
- 18 Hostel Marina E4
- 19 Hotel Due Colonne C5
- 20 Il Cagliarese E6
- 21 Il Girasole D4
- 22 La Ghirlanda C5
- 23 La Terrazza sul Porto C4
- 24 Residenza Kastrum F2
- 25 Suite sul Corso D3

Où se restaurer
- 26 Antica Hostaria D5
- 27 Crackers B2
- 28 Dal Corsaro F6
- 29 Enò C4
- 30 Gocce di Gelato e Cioccolato A4
- 31 I Sapori dell'Isola D5
- 32 Isola del Gelato D3
- 33 Lapola D4
- 34 Le Patate & Co E4
- 35 Locanda Caddeo C3
- 36 Manàmanà D4
- 37 Monica e Ahmed C2
- 38 Ristorante Ammentos C3
- 39 Taverna Su Milese D5
- 40 Trattoria Gennargentu D5

Où prendre un verre
- 41 Antico Caffè F4
- 42 Caffè degli Spiriti F3
- 43 Caffè dell'Elfo E2
- 44 Caffè Librarium Nostrum E2
- 45 Caffè Svizzero C4
- 46 Il Merlo Parlante B2
- 47 Ritual Caffè E3

Où sortir
- 48 Billetterie Box Office F6

Achats
- 49 Antica Enoteca Cagliaritana E2
- 50 Bob Art F5
- 51 Durke D5
- 52 Loredana Mandas D5
- 53 Mercato di Santa Chiara E2
- 54 Sapori di Sardegna D6
- 55 Sorelle Piredda E2
- 56 Spazio P D5
- 57 Succhero e Argento D5

célèbres d'Italie, fut créé en 1858. Il s'étend aujourd'hui sur plus de 5 ha et regroupe 3 000 espèces de plantes. Des promenades ombragées mènent à des fontaines et à des jardins plantés de palmiers, de cactus et de ficus aux énormes racines noueuses. En contrebas de l'amphithéâtre, l'**Orto Botanico** (Carte p. 34 ; www.ccb-sardegna.it/hbk/hbk.htm ; Viale Sant'Ignazio ; entrée 2 € ; 8h30-19h30 lun-sam et 8h30-13h30 dim avr-oct, 9h-16h lun-sam nov-mars) est l'un des jardins botaniques les plus célèbres d'Italie. Établi en 1858 sur plus de 5 hectares, le jardin regroupe près de 3 000 espèces de plantes, dont 500 spécimens tropicaux et 16 types de palmiers. Des espèces provenant d'Asie, d'Australie, d'Afrique et du continent américain côtoient les caroubiers et les chênes de la région. Les espaces sont harmonieusement ponctués de grottes et de vestiges antiques.

Villa di Tigellio SITE ARCHÉOLOGIQUE
(Carte p. 34 ; 0331 473 13 94 ; Via Tigellio ; tarif plein/réduit 3/1,90 € ; 9h-13h et 16h-20h en été, 9h-17h en hiver, fermé lun). À une minute à pied de l'Orto Botanico, ces vestiges

de trois villas romaines remontent au Ier siècle av. J.-C. La légende veut que Tigellio Ermogene – célèbre poète et musicien sarde, et ami proche de Jules César – y ait vécu. Les ruines, passablement envahies par la végétation, sont entourées de maisons. Il faut donc une bonne dose d'imagination pour se représenter les splendides mosaïques, les colonnes et les thermes qui se trouvaient là jadis.

Galleria Comunale d'Arte GALERIE D'ART

(Carte p. 34 ; 070 49 07 27 ; www.galleriacomunalecagliari.it ; Viale San Vincenzo ; tarif plein/réduit 6/2,60 € ; 9h-13h et 15h30-19h30 mer-lun). Si l'art moderne sarde vous intéresse, ne manquez pas cette galerie qui possède une très belle collection d'œuvres d'artistes locaux. Les *Contrasti* (Contrastes) de Tarquinio Sini (1891-1943), œuvres humoristiques représentant des jeunes filles sardes mal fagotées aux côtés de garçonnes chics, traduisent les tensions entre la société traditionnelle et les mœurs nouvelles qui déferlent sur l'île au début du XXe siècle. L'œuvre de Giuseppe Biasi (1885-1945) présente aussi un grand intérêt : il dépeint la vie sarde dans un style associant le trait hardi de Gauguin à l'atmosphère délicate de Degas.

La galerie, située dans une villa néoclassique au nord du Castello, abrite également une excellente collection d'œuvres contemporaines, ainsi que la Collezione Ingrao, riche de quelque 650 pièces d'art italien du milieu du XIXe siècle à la fin du XXe siècle. Des expositions temporaires sont fréquemment organisées pour présenter des artistes contemporains.

Planté de palmiers, le **Giardino Pubblici** (jardin public ; 7h-20h en hiver, 6h-23h en été), à l'extérieur, est une plaisante oasis de verdure bénéficiant en outre d'une vue sublime sur Cagliari.

Museo d'Arte Siamese GALERIE D'ART

(Carte p. 34 ; 070 65 18 88 ; Piazza dell'Arsenale ; tarif plein/réduit 2/1 € ; 9h-13h et 15h30-19h30 mar-dim). On ne s'attend pas à trouver un musée d'art asiatique en plein centre médiéval de Cagliari, mais c'est pourtant bien le cas. Un ingénieur local, Stefano Cardu, passa de nombreuses années au Siam (ancien nom de la Thaïlande) et fit don de ce qu'il y réunit. Le résultat est très éclectique : aux côtés des porcelaines Ming et Qing figurent des peintures sur soie, des statuettes japonaises et des armes thaïlandaises pour le moins impressionnantes.

Museo del Tesoro e Area Archeologica di Sant'Eulalia MUSÉE

(Carte p. 38 ; 070 66 37 24 ; Vico del Collegio 2 ; tarif plein/réduit 5/2,50 € ; 10h-13h et 16h-19h mar-dim). Au cœur du quartier de la Marina, ce musée renferme une importante collection d'art religieux ainsi qu'une zone archéologique qui s'étend sur 200 m² derrière l'église adjacente, la **Chiesa di Sant' Eulalia**. L'attrait principal du site est un tronçon de 13 m de long de la voie romaine mise au jour (construite entre le Ier et le IIe siècle) qui, selon les archéologues, menait au port.

En montant les escaliers, vous atteindrez le trésor, une riche collection d'objets sacrés dont des vêtements sacerdotaux, des manuscrits du Moyen Âge et d'autres précieux documents. Le trésor renferme également nombre de belles sculptures en bois, ainsi qu'un *Ecce homo* attribué à un artiste flamand du XVIIe siècle.

Chiesa di Sant'Efisio ÉGLISE

(Carte p. 38 ; Via Sant'Efisio). Malgré sa façade modeste, la Chiesa di Sant'Efisio revêt une grande importance sur le plan local. Non pour des raisons architecturales ou artistiques, mais de par ses liens avec Éphise, saint patron de Cagliari. Ce soldat romain converti au christianisme fut décapité pour avoir refusé d'abjurer sa foi. Saint Éphise est célébré dans toute la ville lors des festivités du 1er mai. Une effigie du saint, conservée dans l'église, est transportée ce jour-là à travers la ville dans un carrosse magnifiquement orné. Malheureusement, l'intérieur baroque de l'édifice n'est pas accessible au public.

On attribue au saint plusieurs miracles, dont celui d'avoir sauvé les habitants de la peste en 1652. Il aurait aussi mis la flotte de

UNE GRANDE AVANCÉE

Stampace était le quartier populaire de Cagliari au Moyen Âge, où les Sardes vivaient à l'ombre de l'imposante citadelle. Au XIVe siècle, sous l'occupation aragonaise, l'entrée de cette dernière était interdite aux habitants après la tombée de la nuit. Ceux qui enfreignaient la loi étaient jetés sans pitié par-dessus les remparts, non sans recevoir la bénédiction *stai in pace* (repose en paix), d'où vient probablement le nom de Stampace.

Napoléon en déroute en 1793 en déclenchant une tempête.

Sur le côté de l'église se trouve l'entrée de la crypte où saint Éphise aurait été retenu avant son exécution à Nora (près de Pula). Une inscription en pierre indique *Carcer Sancti Ephysii M* (prison du martyr saint Éphise) et l'on peut voir la colonne à laquelle Éphise fut attaché pendant son incarcération.

GRATUIT **Cripta di Santa Restituta** CRYPTE

(Carte p. 38 ; Via Sant'Efisio ; ⏲10h-13h mar-dim). Cette crypte est une immense grotte naturelle dans laquelle on entend goutter l'eau. Lieu de culte païen à l'origine, elle servit de refuge au Ve siècle à la future martyre Restituta, et devint une référence pour les premiers chrétiens de Cagliari. Les orthodoxes investirent ensuite les lieux jusqu'au XIIIe siècle, laissant sur les murs de belles fresques. La crypte servit ensuite d'abri pendant la Seconde Guerre mondiale, mais elle ne put protéger les nombreux habitants qui périrent ici lors des bombardements de février 1943.

Chiesa di San Michele ÉGLISE

(Carte p. 38 ; Via Ospedale 2 ; ⏲8h-11h et 18h-21h lun-sam, 10h-12h et 19h-21h dim). Consacrée dès 1538, cette église est surtout connue pour sa fastueuse décoration du XVIIIe siècle, plus bel exemple de style rococo en Sardaigne. Le spectacle commence avec l'exubérante façade baroque à trois arches et continue dans le vaste atrium à colonnades jusqu'à l'intérieur majestueux. Avant d'entrer, prenez un instant pour admirer la chaire à quatre colonnes dans l'atrium : elle fut construite en l'honneur de Charles Quint, qui y aurait exalté les foules avant de lancer une vaine campagne contre les Arabes de Tunisie. L'intérieur de forme octogonale, avec six chapelles abondamment décorées rayonnant depuis le centre, est majestueusement ponctué par le dôme orné de fresques. Ne manquez pas les fresques colorées et la marqueterie ouvragée de la sacristie, accessible depuis la dernière chapelle à gauche.

Basilica di San Saturnino ÉGLISE

(Carte p. 34 ; Piazza San Cosimo ; ⏲9h-13h lun-sam). L'une des églises les plus anciennes de Sardaigne, la Basilica di San Saturnino est un exemple parfait d'architecture paléochrétienne. Suivant un plan en croix grecque, la basilique et sa coupole ont été construites sur une nécropole romaine au Ve siècle, à l'endroit où est enterré Saturnin, un martyr vénéré localement. Selon la légende, Saturnin fut décapité en 304, victime des pogroms organisés par Dioclétien contre les chrétiens.

Au VIe siècle, Saint Fulgence de Ruspe, un évêque exilé de Tunisie, construisit un monastère à cet emplacement. En 1098, le monument fut transformé en église romane par un groupe de moines victorins venus de Marseille. Depuis lors, la basilique a connu bien des rénovations, notamment après avoir été pillée en 1662 pour servir à la construction de la Cattedrale di Santa Maria, et, plus récemment, après les bombardements de la Seconde Guerre mondiale.

Palazzo Civico HÔTEL DE VILLE

(Carte p. 38 ; ☎070 677 70 49 ; Via Roma). Dominant la Piazza Matteotti, l'imposant Palazzo Civico (hôtel de ville), ou Municipio, abrite la mairie de Cagliari. Bâti entre 1899 et 1912 dans le style gothique catalan, le *palazzo* a été fidèlement reconstruit après les bombardements de 1943. Les salles à l'étage contiennent quelques œuvres réalisées par des artistes sardes tels que Pietro Cavaro. Visite sur réservation uniquement.

Santuario et Basilica di Nostra Signora di Bonaria ÉGLISE, BELVÉDÈRE

(Carte p. 34 ; Piazza Bonaria 2 ; dons bienvenus ; ⏲6h30-12h et 16h30-20h tlj). Du haut de la colline Bonaria, à l'est du centre, le Santuario di Nostra Signora di Bonaria est un lieu de pèlerinage très fréquenté. Les fidèles viennent du monde entier révérer Notre-Dame de Bonaria, une statue de la Vierge conservée dans une niche derrière l'**autel**. La statue aurait sauvé un navire espagnol d'une tempête au XIVe siècle. Aujourd'hui, les marins prient toujours la Madone pour obtenir sa protection en mer. Au-dessus de l'autel, un petit navire en ivoire du XVe siècle est suspendu : on dit que son balancement indique la direction du vent dans le Golfo degli Angeli.

VOTRE AVIS

Vous avez déniché un fabuleux restaurant et voulez partager votre découverte ? Vous n'êtes pas d'accord avec nos conseils ? Ou vous souhaitez parler de votre dernier voyage ? Rendez-vous à l'adresse lonelyplanet.fr/forum, pour poser vos questions, présenter un blog, montrer vos photos et proposer des conseils, et surtout pour discuter avec des voyageurs dont vous partagez les centres d'intérêts.

VAUT LE DÉTOUR

PLAGE DE POETTO

À quelques minutes du centre-ville en bus, Poetto, la splendide plage de Cagliari, est l'une des étendues de sable les plus vastes d'Italie. Derrière le Promontorio di Sant'Elia, ses 6 km font partie intégrante de la vie de la ville, notamment en été, lorsque la jeunesse de Cagliari vient passer la journée les pieds dans l'eau et la nuit sur les pistes de danse. Forains, restaurants, bars et discothèques ponctuent la plage. Beaucoup se doublent de *stabilimenti balneari* (plages privées) qui louent des parasols et des transats et mettent à disposition des douches et des cabines. Les prix commencent à 15 € pour un parasol et deux transats.

L'extrémité sud de la plage, la plus fréquentée, abrite la pittoresque Marina Piccola, avec son port de plaisance et un cinéma en plein air (juillet et août uniquement). Surplombant la marina, le Promontorio di Sant' Elia est plus connu sous le nom de Sella del Diavolo ("Selle du Diable"). La légende veut que le site ait été la scène d'une bataille épique entre Lucifer et l'archange Michel. Satan fut projeté de son cheval : sa selle tomba à la mer et fut pétrifiée sur ce qui devint ce promontoire déchiqueté. Si celui-ci est aujourd'hui sous contrôle militaire et en grande partie fermé au public, il reste possible d'y faire quelques belles promenades.

Pour rejoindre la plage de Poetto, vous pouvez prendre les bus PF ou PQ depuis la Piazza Matteotti.

Des maquettes de bateau, d'autres ex-voto et une couronne en or ayant appartenu à Charles-Emmanuel Ier de Savoie sont exposés dans le **musée** du sanctuaire, accessible en traversant le petit cloître. On peut aussi y voir les corps momifiés de quatre nobles catalano-aragonais morts de la peste, retrouvés miraculeusement conservés dans l'église.

Ce sanctuaire faisait autrefois partie d'une forteresse bien plus importante construite par les Catalano-Aragonais en 1323. Il ne reste pas grand-chose de l'édifice d'origine, si ce n'est une partie du clocher qui servait de tour de guet, et le portail gothique.

À droite du sanctuaire se trouve la basilique, plus imposante, qui sert toujours de repère aux marins regagnant le port. La construction démarra en 1704, mais les fonds manquèrent, si bien qu'elle ne fut achevée qu'en 1926.

Castello di San Michele — CHÂTEAU

(070 50 06 56 ; tarif plein/réduit 5/4 € ; 16h-22h mar-dim). Forteresse espagnole à trois tours, le Castello di San Michele commande l'accès nord-ouest au centre-ville. Édifié au Xe siècle pour protéger Santa Igia, capitale du *Giudicato* (district) de Cagliari, le Castello est plus connu pour avoir été la luxueuse résidence de la famille Carroz au XIVe siècle. Le château accueille désormais des expositions d'art, notamment de photos. Le domaine qui l'entoure, verdoyant et paisible, se prête à une escapade à l'écart de la ville.

On s'y rend par le bus n°5 qui s'arrête au pied de la colline dans la Via Bacu Abis. De là, une route conduit au château, 800 m plus loin.

Exmà — GALERIE D'ART

(Carte p. 34 ; 070 66 63 99 ; Via San Lucifero 71 ; expositions 3 € ; 9h-13h et 16h-20h mar-dim). Le centre culturel Exmà est installé dans les locaux du *mattatoio*, les anciens abattoirs de Cagliari datant du XVIIIe siècle. Une exposition permanente montre les détails de la restauration des abattoirs, mais la visite vaut surtout pour les installations d'art contemporain, les expositions de photo et, l'été, les concerts en plein air.

Palazzo Viceregio — PALAIS

(Carte p. 38 ; 070 409 20 00 ; 8h30-14h et 15h-20h lun-ven, 10h-14h et 16h-18h sam). À deux pas de la cathédrale, on peut voir la façade claire du Palazzo Viceregio, qui servit de résidence aux vice-rois espagnols et savoyards. Il accueille désormais le Parlement de la province et ouvre régulièrement ses portes à des expositions durant l'année et à des concerts en été.

Chiesa di San Lucifero — ÉGLISE

(Carte p. 34; Via San Lucifero 78). Sous cette église baroque, une crypte du VIe siècle abrite la tombe d'un ancien archevêque de Cagliari, saint Lucifer. L'église occupe l'emplacement d'une ancienne nécropole romaine. Elle n'est pas ouverte au public,

VAUT LE DÉTOUR

LE PARADIS DES OISEAUX

Un peu à l'est de Cagliari, en direction de Quartu Sant'Elena, s'étendent les marais frangés de roseaux du **Parco Naturale Regionale Molentargius**, une zone humide. De grands ensembles constituent l'arrière-plan pour le moins incongru des ces bassins naturels d'eau douce et d'eau saumâtre, où les oiseaux migrateurs, ceux qui viennent nidifier ou encore ceux qui hivernent se rassemblent par milliers. Avec un peu de chance, depuis les plateformes d'observation, vous apercevrez peut-être des flamants roses, des hérons pourprés, des aigrettes garzettes, des busards de Gould, des sternes caugek et des échasses blanches.

Le mieux pour explorer la réserve est de se déplacer à pied ou à vélo. Avant de partir, renseignez-vous au **centre des visiteurs** (☎070 37 91 92 01 ; www.parks.it/parco.molentargius ; Edificio Sali Scelti, Via La Palma), situé à la lisière est de la ville. L'aube et le crépuscule sont les meilleurs moments de la journée pour observer les oiseaux.

mais son austère façade du XVIIe siècle mérite au moins un rapide coup d'œil.

Chiesa di Santo Sepolcro ÉGLISE
(Carte p. 38 ; Piazza del Santo Sepolcro 5 ; ⌚9h-13h et 17h-20h). La caractéristique la plus étonnante de cette église est son immense retable en bois doré du XVIIe siècle sur lequel est représentée la Vierge.

Chiesa di Sant'Anna ÉGLISE
(Carte p. 38 ; Piazza Santa Restituta ; ⌚7h30-10h et 17h-20h mar-dim). En grande partie détruite pendant la Seconde Guerre mondiale et minutieusement reconstruite par la suite, cet édifice couleur sable est essentiellement baroque, mais ses colonnes ioniques lui confèrent un côté néoclassique. Elle était en travaux pour restauration lors de notre passage.

À faire

Les sports nautiques sont à l'honneur à Poetto, où l'on peut notamment louer des canoës. Jonché d'épaves datant de la Seconde Guerre mondiale, le Golfo di Cagliari se prête idéalement à la plongée.

Windsurfing Club Cagliari PLANCHE À VOILE
(☎070 37 26 94 ; www.windsurfingclubcagliari.org ; Viale Marina Piccola). Installé à la Marina Piccola, ce club propose différents cours de sports nautiques. Une session pour débutants (6 fois 1 heure) de planche à voile/catamaran/freestyle coûte 150/230/200 €. Le stage de surf de 3 heures revient à 120 €.

Morgan Diving PLONGÉE SOUS-MARINE
(☎070 80 50 59 ; www.morgandiving.com). Ce club propose des plongées sur certaines épaves (40-110 €) et peut vous emmener dans la réserve sous-marine de Villasimius. Vous le trouverez sur la Marina Capitana, à 14 km à l'est de Cagliari, mais vous pouvez aussi réserver par téléphone.

Cours

One World Language Centre LANGUE
(Carte p. 34 ; ☎070 67 02 34 ; www.italianincagliari.com ; Via Sonnino 195 ; stage de 20/40 heures 200/400 €). Venez parfaire votre italien dans cette école de langues réputée, qui propose des cours tous niveaux. Elle organise aussi des séjours chez l'habitant (à partir de 210 €/semaine) et la location d'appartements (à partir de 160 €/semaine).

L'Accademia LANGUE, CUISINE
(Carte p. 38 ; ☎ 070 66 44 08 ; www.laccademia.com ; Via Angioj 34 ; stage d'italien de 15 heures 210 €, avec 9 heures de cours de cuisine 410 €). À deux pas de la Via Roma, cette école propose des cours d'italien avec application pratique sous forme de sorties au marché et à la gare. Possibilité de combiner cours d'italien et cours de cuisine, où l'on apprend à préparer des plats typiques comme la *fregola* (pâtes ressemblant à des granules) et des pâtisseries sardes.

Circuits organisés

City Tour Cagliari VISITE DE LA VILLE
(Carte p. 38 ; ☎070 66 94 09 ; tarif plein/réduit 10/5 € ; ⌚visites toutes les heures 9h30-18h30 lun-dim). Ce bus à toit ouvert effectue une boucle d'une heure englobant les principaux sites et monuments, avec commentaires en plusieurs langues. Le circuit éclair comprend les principaux sites dont le Bastione San Remy, l'Anfiteatro Romano et la Torre di San Pancrazio. Départ toutes les heures de la Piazza Yenne.

Sardinia Tourist Guide VISITE DE LA VILLE
(☎393 20 44 15 928 ; www.sardiniatouristguide.it). Basés à Selargius, à 12 km au nord-est de la ville, ces guides proposent une visite de Cagliari de 5 heures qui comprend les incontournables comme la plage de Poetto, Monte Urpinu et le Castello. Ils organisent aussi des visites de la Sella del Diavola (Selle du Diable).

Fêtes et festivals

Cagliari connaît deux temps forts avec le carnaval, en février, et la Semaine sainte, à Pâques, marquée par une procession de fidèles encapuchonnés qui monte de la Chiesa di Sant'Efisio à la cathédrale, dans le Castello.

Festa di Sant'Efisio CULTURE
(www.festadisantefisio.it). Les pèlerins affluent dans la ville lors de cette célébration religieuse qui se tient du 1er au 4 mai. Le premier jour, les habitants de Cagliari envahissent les rues pour saluer l'effigie du saint patron de la ville, saint Éphise, promenée dans un char tiré par des bœufs. Tandis que la procession se disperse, une escorte de fidèles suit la statue sur 40 km, jusqu'à Nora. Des tribunes sont dressées pour l'occasion autour de la Piazza Matteotti et le long du Largo Carlo Felice. Vous pouvez acheter des places (6-8 €) aux guichets de Box Office (p. 48)

Où se restaurer

Dans une ville où même les produits simples comme le pain et le fromage sont un summum de sophistication, il va de soi qu'il faut *mangiare bene* (bien manger). Les habitants de Cagliari aiment les plaisirs de la table, et apprécient tout autant les humbles trattorias que les restaurants haut de gamme. Les ruelles étroites de la Marina fourmillent de restaurants, trattorias, bars et échoppes de vente à emporter. Certaines adresses sont avant tout touristiques, mais beaucoup n'ont pas ce défaut, et les habitants ne s'y trompent pas. La Via Sassari et le Corso Vittorio Emanuele permettent également de bien manger.

La tendance n'est pas à l'improvisation totale, aussi, vous ferez bien de réserver, surtout les soirs de fin de semaine. La soirée commence à s'animer vers 21h30, toutefois en été, les gens dînent plus tard. Les meilleures adresses ferment souvent au moins une partie du mois d'août.

♥ **Il Fantasma** PIZZERIA €
(Carte p. 34 ; ☎070 65 67 49 ; Via San Domenico 94 ; pizzas 6,50-9 € ; ⏲lun-sam). Cette pizzeria très animée sert les meilleures pizzas de Cagliari. L'intérieur voûté, bas de plafond, abrite des tables bancales et des murs en brique irréguliers. Les sympathiques serveurs naviguent adroitement au milieu du chaos et de la foule en portant de grandes pizzas tout droit sorties du four à bois. Goûtez à la Fantasma (mozzarella, roquette et viande), ou aux pizzas sardes les plus appréciées, garnies de *bottarga* (œufs de mulet), de *ricci* (oursins) et d'anémones de mer. Pensez à réserver pour éviter d'attendre.

Ristorante Ammentos SARDE €€
(Carte p. 38 ; ☎070 65 10 75 ; Via Sassari 120 ; repas 15-30 € ; ⏲fermé mar). Cette trattoria populaire propose une cuisine sarde authentique à déguster dans un cadre rustique. Commencez par de délicieux *culurgione* (raviolis) à la sauce tomate aux herbes, et continuez par un succulent plat de viande comme le sanglier sauvage ou le ragoût de chèvre.

Monica e Ahmed SARDE €€
(Carte p. 38 ; ☎070 640 20 45 ; Corso Vittorio Emanuele 119 ; repas environ 30 € ; ⏲fermé dim soir). Monica vous accueille avec un sourire, avant de vous proposer tout un assortiment appétissant de poissons et fruits de mer. Laissez-vous séduire par des *antipasti* de seiche, de *ricci,* de moules et de langouste vinaigrette, et continuez avec les *spaghetti ai frutti di mare* (aux moules, palourdes et chapelure).

Lapola SARDE €€
(Carte p. 38 ; ☎070 65 06 04 ; Vico Barcellona 10 ; repas environ 35 € ; ⏲mar-dim). Les produits de la mer sont les vedettes de la carte dans cette adresse animée de la Marina,

NE MANQUEZ PAS

FRUITS DE MER EN FÊTE

La plage de Cagliari est bordée de *chioschi* (kiosques) accueillant buvettes, snack-bars et restaurants. De novembre à mars (la saison des fruits de mer), des cabanons installés par les pêcheurs le long de la route servent à longueur de journée des oursins et des moules. L'addition est calculée en fonction du nombre de coquilles qui jonchent votre table.

NE MANQUEZ PAS

SUR LE POUCE

Le Patate & Co EN-CAS €

(Carte p. 38 ; Scalette Santo Sepulcro 1 ; frites 2,50 € ; fermé lun soir). As de la poêle à frire et de l'huile d'olive, Antonio prépare les meilleures frites de la ville (fines, croustillantes et pas trop salées). Profitez de la terrasse quand le soleil est de la partie.

Gocce di Gelato e Cioccolato DOUCEURS €

(Carte p. 38 ; 070 68 02 72 ; Piazza del Carmine 21 ; 12h-21h en hiver, jusqu'à 1h en été). Les gourmands viennent ici se régaler de *gelati* de fabrication artisanale, de délicieux desserts (essayez le millefeuille), de pralines et de truffes aux épices. Tout est divin.

Locanda Caddeo EN-CAS €

(Carte p. 38 ; 070 68 04 91 ; Via Sassari 75 ; en-cas 2,50-8 € ; tlj). Cet établissement évoquant une galerie d'art propose des *focaccie*, des portions de pizza et des salades fraîches. La jeunesse de Cagliari apprécie ses en-cas, ses boissons et ses tables en terrasse, parfaites pour observer les passants.

avec, par exemple, du carpaccio de poulpe accompagné de roquette et de chicorée, et des palourdes sautées au jus d'orange avec du *pane carasau*. La formule déjeuner (16 €, vin et café compris), est avantageuse.

Trattoria Gennargentu SARDE €€

(Carte p. 38 ; 070 65 82 47 ; Via Sardegna 60 ; repas 20-30 € ; fermé dim en hiver). Elle ne paie pas de mine, mais cette modeste trattoria sert d'excellents plats et se remplit rapidement. Les fruits de mer sont particulièrement savoureux : essayez les spaghettis aux palourdes et à la *bottarga*, ou bien le *tonno alla carlofortina*, morceaux de thon servis froids dans une sauce tomate aux oignons.

Dal Corsaro SARDE €€€

(Carte p. 38 ; 070 66 43 18 ; www.dalcorsaro.com ; Viale Regina Margherita 28 ; repas 50-55 € ; tlj). Nappes au tombé impeccable, seaux à vin en argent et couples élégants donnent le ton dans ce bastion de la haute cuisine. Les ingrédients sardes sont mis en valeur dans des recettes créatives telles que la *raviola di cipolla e pecorino semi stagionato* (ravioles aux oignons et au pecorino semi-affiné) et le poulpe rôti à la sauce à la citronnelle. La formule déjeuner de 2 plats à 16 € est une affaire.

Manàmanà CAFÉ €

(Carte p. 38 ; 070 65 17 59 ; Via Savoia 15 ; repas environ 20 € ; lun-sam). Installé sur la plus jolie place de la Marina, ce café bobo attire une foule arty et branchée qui vient pour ses expositions, ses lectures et son ambiance agréable. Ce lieu décontracté est parfait pour boire un café, prendre un déjeuner léger (10 €) ou déguster de savoureux plats sardes comme l'espadon à la crème aigre.

Crackers ITALIEN TRADITIONNEL €€

(Carte p. 38 ; 070 65 39 12 ; Corso Vittorio Emanuele 193 ; repas environ 30 € ; jeu-mar). Petit coin de Piémont en Sardaigne, le Crackers est spécialisé dans les plats typiques du nord de l'Italie, comme le *brasato al Barolo* (ragoût au vin de Barolo) et des viandes cuites à l'eau et servies avec de la moutarde. Également : grand choix de risottos, excellents *antipasti* de légumes, et belle carte des vins.

Spinnaker ITALIEN €€€

(070 37 02 95 ; Via Marina Piccola ; repas 45-55 € ; mar-dim mai-sept). Situé dans la Marina Piccola, à Poetto, c'est la résidence d'été du Dal Corsaro. Son emplacement sur la côte explique qu'on y trouve autant de produits de la mer de qualité, par exemple de la *fregola* parfumée au safran avec de petits calamars, ou du thon de Carloforte grillé à la perfection.

Ristorante Royal ITALIEN TRADITIONNEL €€

(Carte p. 34 ; 070 34 13 13 ; Via Bottego 24 ; repas environ 30 € ; fermé dim après-midi et lun). Dans une petite rue résidentielle à l'est du centre, ce restaurant toscan est le lieu de rendez-vous des habitants en quête d'un steak florentin ou d'une tranche de viande juteuse. Peu de poisson, mais un grand choix de *contorni* (accompagnements) et quelques excellents desserts.

Enò SARDE €

(Carte p. 38 ; 070 6 84 82 43 ; Vico Carlo Felice 12 ; www.enorestaurant.it ; repas environ 20 € ; tlj). Attablez-vous à la terrasse de cet élégant bistrot et bar à vin. Les grands classiques sardes comme les *culurgione* à la sauce tomate aux herbes et la brème cuite au four se marieront à merveille avec l'un des 200 vins italiens servis ici.

Taverna Su Milese SARDE €
(Carte p. 38 ; ☎338 97 73 68 ; Via Barcellona 32 ; repas 15-25 € ; ⊙lun-sam). Hormis le service hasardeux, cette taverne est une adresse bon marché correcte. À midi, la salle voûtée, très simple s'anime grâce à la clientèle locale. Au menu du déjeuner (2 plats, vin et café compris pour 10 €) figurent de la viande, du poisson et des pâtes.

Antica Hostaria ITALIEN TRADITIONNEL €€
(Carte p.38 ; ☎070 66 58 60 ; Via Cavour 60 ; repas environ 40 € ; ⊙lun-sam). Fréquenté par les célébrités et les politiciens locaux, ce restaurant sert des plats italiens classiques de saison dans une salle remplie d'objets anciens et de photos. Pour manger sarde, prenez des *pennette con tonno fresco e gamberi* (pâtes au thon frais et aux crevettes) suivies d'un succulent steak.

Faire ses courses

Pour vous régaler d'un repas sur le pouce, entrez dans une *salumeria* (traiteur) et demandez un épais morceau de *pecorino sardo* (pecorino sarde) et une tranche ou deux de jambon fumé dans un *panino* (pain) sorti du four.

Isola del Gelato GLACES €
(Carte p. 38 ; ☎070 65 98 24 ; Piazza Yenne 35 ; glaces 1,50-4 € ; ⊙9h-2h mar-dim). Les amateurs de glaces s'empresseront de rejoindre la longue file de gourmands devant ce glacier très couru. La salle aux murs bleu schtroumpf imitant une grotte abrite un incroyable choix de glaces traditionnelles, allégées, au soja, au yaourt, et du *semi-freddo* (sorte de mousse à moitié glacée).

I Sapori dell'Isola TRAITEUR €
(Carte p. 38 ; ☎070 65 23 62 ; Via Sardegna 50 ; ⊙8h-13h30 et 16h30-20h30 lun-sam). Accueillante épicerie fine parfaite pour acheter du pain sarde, des pâtisseries, du salami, du fromage, de la *bottarga,* de l'huile d'olive, du vin et bien d'autres produits de premier choix.

Où prendre un verre

Pour un apéritif au couchant avec vue imprenable sur Cagliari, il faut bien sûr se rendre au Castello. Les bars se concentrent autour de la Piazza Yenne et du Corso Vittorio Emanuele. En été, tout se passe à Poetto.

Antico Caffè CAFÉ
(Carte p. 38 ; ☎070 65 82 06 ; www.anticocaffe1855.it ; Piazza Costituzione 10 ; ⊙7h-2h tlj). D.H. Lawrence et Grazia Deledda ont en leur temps fréquenté ce vieux café tout à fait grandiose, qui a ouvert ses portes en 1855. Les habitants viennent y bavarder autour d'un café, manger des crêpes ou une salade. Installez-vous à l'intérieur, dans un décor de bois et de laiton, ou en terrasse.

Caffè Librarium Nostrum BAR
(Carte p. 38 ; ☎070 65 09 43 ; Via Santa Croce 33 ; ⊙7h30-2h mar-dim). Ce bar moderne de Castello possède une terrasse avec vue panoramique depuis les remparts de la cité médiévale. Essayez l'Alligator, un cocktail créé en l'honneur du héros de Massimo Carlotto. Concerts occasionnels.

Caffè degli Spiriti BAR
(Carte p. 38 ; Bastione San Remy ; pizzas 5-8 € ; ⊙9h-2h tlj). Installez-vous dans un hamac, admirez la vue sur le Castello et profitez de l'ambiance de ce lounge-bar du Bastione San Remy. Dedans, tout est noir et brique ; dehors, les clients s'installent dans des poufs en cuir, à l'ombre de l'auvent, pour boire un cocktail accompagné d'une tranche de pizza.

Emerson BAR
(☎070 37 51 94 ; Viale Poetto 4, plage de Poetto ; ⊙11h-17h tlj en hiver, 9h-1h en été). Proche du 4e arrêt de bus, cet établissement est l'un des kiosques les plus appréciés du front de mer. À la fois lounge-bar et restaurant, il propose des pâtes, des *aperitivi*, de la musique live et même des transats.

Caffè Svizzero CAFÉ
(Carte p. 38 ; ☎070 65 37 84 ; Largo Carlo Felice 6 ; ⊙mar-dim). Au bout du Largo Carlo Felice, cet établissement de style Art nouveau est une institution de Cagliari depuis le début du XXe siècle. On y sert de tout, du thé aux cocktails, dans un décor de fresques.

Ritual Caffè BAR
(Carte p. 38 ; ☎070 65 20 71 ; Via Università 33 ; ⊙tlj). Ce café arty est creusé dans la paroi d'une falaise de calcaire. Dénichez une douillette alcôve dans la salle voûtée pour prendre un verre et entendre de temps à autre des groupes et des DJ.

Il Merlo Parlante PUB
(Carte p. 38 ; ☎070 65 39 81 ; Via Portoscalas 69 ; ⊙19h-3h mar-dim). Cet établissement est ce qui s'approche le plus d'un pub étudiant à Cagliari, avec bière pression, rock et une clientèle jeune et cosmopolite.

Caffè dell'Elfo CAFÉ, BAR
(Carte p. 38 ; ☎070 68 23 99 ; Salita Santa Chiara, 4-6 Piazza Yenne ; ⏰13h-15h et 20h-2h lun-sam). En journée, le Café de l'Elfe sert de savoureux *piadine* (sandwichs de pain plat) ; le soir, c'est un bar à vin à l'ambiance chaleureuse et décontractée.

☆ Où sortir

Pour savoir ce qu'il se passe en ville, renseignez-vous à l'office du tourisme ou procurez-vous *L'Unione Sarda* du jour. Sur Internet, les événements sont signalés sur www.sardegnaconcerti.com (en italien).

Le spectacle vivant est dynamique à Cagliari, qu'il s'agisse de musique classique, de danse, d'opéra et de théâtre. La saison s'étend d'octobre à mai, mais certains lieux proposent aussi une programmation estivale.

Billets Box Office BILLETTERIE
(Carte p. 38 ; ☎070 65 74 28 ; www.boxofficesardegna.it ; Viale Regina Margherita 43). Vend les billets des grands spectacles, y compris ceux de la saison estivale de one-man-shows, musique et danse de l'Anfiteatro Romano.

Teatro Lirico THÉÂTRE
(Carte p. 34 ; ☎070 408 22 30 ; www.teatroliricodica gliari.it ; Via Sant'Alenixedda). *La* salle de Cagliari en matière de musique classique, d'opéra et de danse classique. La programmation est assez traditionnelle mais toujours de qualité, et les concerts attirent un vaste public.

Exmà CENTRE CULTUREL
(Carte p. 34 ; ☎070 66 63 99 ; Via San Lucifero 71). Toute l'année, de petits concerts, le plus souvent de jazz ou de musique de chambre, sont organisés dans ce centre culturel. En été, les spectacles ont lieu dans la cour extérieure.

Achats

Cagliari ne déborde pas – et c'est tant mieux – de boutiques de souvenirs purement touristiques, mais on en trouve tout de même quelques-unes. Les fashionistas vont se fournir en vêtements de marque dans l'arcade de la Via Roma et dans les boutiques de créateurs de la Via Giuseppe Garibaldi. La Via Giuseppe Mano est bordée de magasins de chaîne, ainsi que de snack-bars et de glaciers où il fait bon faire une pause entre deux emplettes.

Vous trouverez quelques ravissantes boutiques d'artisans cachées dans les recoins de la ville, en particulier dans le quartier de la Marina.

♥ **Durke** DOUCEURS
(Carte p. 38 ; ☎070 66 67 82 ; www.durke.com ; Via Napoli 66). En sarde, *durke* signifie "sucré", et cette boutique à l'ancienne s'y connaît en matière de douceurs. Les pâtisseries sont préparées selon des recettes ancestrales très particulières, et les meilleures ne contiennent rien d'autre que du sucre, des œufs et des amandes. Régalez-vous de *papassino aux fruits et aux noix,* de biscuits *amaretti di Sardegna* et de *pardula,* délicat gâteau à la ricotta, parfumé au safran.

Sapori di Sardegna TRAITEUR
(Carte p. 38 ; ☎070 684 87 47 ; Vicolo dei Mille 1). Roberto, son frère et leur équipe pleine d'enthousiasme proposent de divines spécialités sardes dans ce grand magasin de la Marina. Faites le plein d'excellents *pecorino,* salami, *bottarga,* pain, vin et *dolci* (douceurs) joliment emballés. Si vous n'avez plus de place dans votre valise, vos achats peuvent être expédiés n'importe où dans le monde.

Antica Enoteca Cagliaritana VIN
(Carte p. 38 ; ☎070 66 93 86 ; Scalette Santa Chiara 21). Les amateurs de vin exploreront avec intérêt les rayons de cette cave à vin proche de la Piazza Yenne. Vos achats peuvent être expédiés partout dans le monde, sauf aux États-Unis (en raison de problèmes de douane, semble-t-il).

Sorelle Piredda MODE
(Carte p. 38 ; ☎070 65 07 72 ; www.sorellepiredda.com ; Piazza San Giuseppe 4). Cette boutique très chic du Castello marie la haute couture à l'histoire. On y vend les créations originales des sœurs Piredda, dont les robes du soir moulantes, les capes et les châles s'inspirent d'anciens motifs sardes et de costumes traditionnels.

Loredana Mandas BIJOUX
(Carte p. 38 ; ☎070 66 76 48 ; Via Sicilia 31). Vous trouverez forcément quelque chose d'original chez ce bijoutier artisanal, notamment les filigranes d'or qui ont fait les grandes heures de la Sardaigne. Une paire de boucles d'oreille vous coûtera de 220 € à 2 100 €.

Bob Art ART
(Carte p. 38 ; www.bobart.it ; Via Torino 12). *Benvenuti* dans le monde de Bob, rempli de moutons, de chouettes et de papillons aux yeux exorbités, dignes des cartoons. Vous verrez les artistes en train de créer des motifs audacieux aux couleurs flashy qui redonneront du peps aux chambres

des petits (ou des plus grands). Les heures d'ouverture sont aussi fantaisistes que les créations.

Succhero e Argento ARTISANAT

(Carte p. 38 ; Via Napoli 50). Cette minuscule boutique vend des bijoux en filigrane d'argent, des céramiques et de l'artisanat fabriqué avec du liège sarde. Bref, des souvenirs uniques.

Spazio P ART

(Carte p. 38 ; Via Napoli 62 ; www.spaziop.it ; 12h-24h mar-sam). Galerie d'art exposant les œuvres contemporaines de talents prometteurs, pourvue, dans le fond, d'un bar élégant.

Renseignements

Cagliari est émaillée de spots Wi-Fi gratuits, dont la Piazza Amendola, dans le quartier de la Marina. Seul bémol : on ne peut se connecter à Internet que si l'on possède une carte SIM italienne (le mot de passe vous est envoyé sur votre téléphone portable).

Vous trouverez des banques et des DAB partout, en particulier dans les quartiers du port et de la gare, sur la Piazza del Carmine et dans le Corso Vittorio Emanuele.

Guardia Medica (070 609 52 02 ; Via Talete). Pour les urgences à domicile.

Lamarù (070 66 84 07 ; Via Napoli 43 ; 3 €/heure ; 9h-20h lun-sam). Connexion Internet et Wi-Fi rapide, plus en-cas et boissons bon marché.

Office du tourisme (070 66 92 55 ; www.comune.cagliari.it ; Piazza Matteotti ; 8h30-13h30 et 14h-20h). Cet office du tourisme accueillant sera votre première étape pour vous procurer des renseignements et des plans de la ville.

Ospedale Brotzu (070 53 91 ; Via Peretti 21). Hôpital situé au nord-ouest du centre-ville. S'il ne s'agit pas d'une urgence, prenez le bus n°1 Via Roma.

Poste principale (070 605 41 23 ; Piazza del Carmine 28 ; 8h-18h50 mar-ven, 8h-13h15 sam)

Viaggi Orrù (070 65 98 58 ; www.viaggiorru.it ; Via Baylle 111 ; 9h-13h et 16h15-19h45 lun-ven, 9h30-13h sam). Une agence de voyages efficace, où vous pouvez réserver des billets de ferry ou d'avion et réservez des excursions.

Depuis/vers Cagliari

Avion

L'**aéroport Elmas** (CAG ; 070 211 211 ; www.sogaer.it) de Cagliari se trouve à 6 km au nord-ouest du centre-ville. Des vols relient Cagliari à toutes les grandes villes italiennes : Rome, Milan, Bergame, Bologne, Florence, Naples, Turin et Venise, ainsi qu'à Palerme, en Sicile. Autres destinations européennes desservies : Barcelone, Bruxelles, Londres, Paris et Stuttgart. En été, des vols charters sont programmés.

Les compagnies principales qui desservent l'aéroport Elmas sont :

Air One (AP ; 199 207 080 ; www.flyairone.it)

Alitalia (AZ ; 06 22 22 ; www.alitalia.it)

British Airways (BA ; 199 712 266 ; www.britishairways.com)

easyJet (U2 ; 899 234 589 ; www.easyjet.com)

Lufthansa (LH ; 199 400 044 ; www.lufthansa.com)

Meridiana (IG ; 89 29 28 ; www.meridiana.it)

Ryanair (FR ; 899 678 910 ; www.ryanair.com)

Bateau

Le port des ferries se trouve à proximité de la Via Roma. **Tirrenia** (892 123 ; www.tirrenia.it ; Via Riva di Ponente 1), la compagnie la plus

NE MANQUEZ PAS

TOUS AU MARCHÉ !

Les lève-tôt se rendront sur l'un des marchés d'alimentation qui se tiennent à Cagliari du lundi au samedi. On trouve toutes sortes de délices sardes – poisson et fruits de mer, salami, grosses roues de *pecorino*, viande de cheval, à vous de choisir – au très ancien marché d'alimentation, le **Mercato di San Benedetto** (carte p. 34 ; Via San Francesco Cocco Ortu). Pour une ambiance plus intimiste, rendez-vous à l'adorable **Mercato di Santa Chiara** (carte p. 38) devant des stands de poisson frais, de fruits et de pain.

Si vous aimez les marchés aux puces et les antiquités, vous aimerez les dimanches à Cagliari. Le premier dimanche de chaque mois, antiquaires et collectionneurs se rassemblent sur la **Piazza del Carmine** (carte p. 38). La semaine suivante, les antiquaires se retrouvent en haut de la colline, sur la **Piazza Carlo Alberto** (carte p. 38), où ils reviennent le dernier dimanche du mois. À Castello, un marché aux puces occupe le **Bastione San Remy** (carte p. 38) tous les dimanches matin, sauf en août.

importante, dessert toute l'année Civitavecchia (61 €, 14 heures 30, tous les jours), Naples (54 €, 16 heures 15, lundi et mercredi), Palerme (53 €, 14 heures 30, vendredi) et Trapani (52 €, 11 heures, samedi) en Sicile. Réservations au port ou dans les agences de voyages.

Bus

Depuis la gare routière de Piazza Matteotti, les bus **ARST** (Azienda Regionale Sarda Trasporti ; carte p. 38 ; ☎800 865 042 ; www.arst.sardegna.it) desservent Pula (3 €, 50 min, toutes les heures) et Villasimius (4 €, 1 heure 30, 6/j), ainsi qu'Oristano (7 €, 1 heure 35, 2/j) et Nuoro (15,50 €, 2 heures 30 à 5 heures, 2/j), Iglesias (4,50 €, 1 heure à 1 heure 30, 2/j), Carbonia (6 €, 1 heure 30, 2/j), Portovesme (6 €, 2 heures, 1/j vendredi et dimanche) et la région de Sulcis, ainsi que Sassari (18,50 €, 3 heures 15, 3/j).

Turmo Travel (☎0789 214 87 ; www.gruppoturmotravel.com) assure deux bus par jour à destination d'Olbia (19 €, 4 heures 30) et un bus quotidien pour Santa Teresa di Gallura (23 €, 5 heures 30).

Voiture et moto

La voie rapide SS131 Carlo Felice relie la capitale à Porto Torres via Oristano et Sassari, ainsi qu'à Olbia via Nuoro. La SS130, va jusqu'à Iglesias, à l'ouest.

Les routes du littoral qui vont vers l'est et l'ouest sont saturées pendant la haute saison.

Train

Vous trouverez la gare principale **Trenitalia** (www.trenitalia.com) sur la Piazza Matteotti. De là, les trains desservent Iglesias (3,85 €, 1 heure, 14/j), Carbonia (4,40 €, 1 heure, 7/j), Sassari (15,75 €, 3 heures 30 à 4 heures, 4/j) et Porto Torres (16,90 €, 4 heures 15, 1/j) via Oristano (5,95 €, 1 à 2 heures, 15/j). Une ligne dessert également Olbia (16,90 €, 4 heures 15, 1/j) et Golfo Aranci (18,30 €, 5 à 7 heures, 5/j) via Oristano ou Chilivani.

ARST (http://arst.sardegna.it) gère une ligne de métro entre Piazza Repubblica et Monserrato, d'où vous pouvez prendre un train pour Dolianova, Mandas et Isili.

ℹ Comment circuler

Le centre de Cagliari peut facilement se parcourir à pied. La montée jusqu'au Castello est ardue, mais un ascenseur se trouve au pied des Scalette di Santa Chiara, derrière la Piazza Yenne.

Depuis/vers l'aéroport

Les bus ARST circulent entre la Piazza Matteotti et l'aéroport Elmas (4 €, 10 min, 32/j) de 5h20 à 22h30. Entre 9h et 22h30, les départs ont lieu toutes les heures à la demie. Une course en taxi revient à 25 € environ.

Bus

Les bus **CTM** (Consorzio Trasporti e Mobilità ; ☎070 209 12 10 ; www.ctmcagliari.it) desservent la ville et ses environs, si bien que vous pourrez les utiliser même pour visiter des lieux reculés. Les lignes qui vont à Cala Mosca et à la plage de Poetto sont très pratiques. Le ticket de 1,20 € reste valide pendant 90 minutes, et un forfait journalier coûte 3 €.

Les lignes les plus pratiques sont :

Bus 7 Itinéraire circulaire qui part de la Piazza Matteotti et passe par le Castello.

Bus 10 Du Viale Trento à la Piazza Garibaldi via le Corso Vittorio Emanuele.

Bus 30 ou 31 Longe la mer et monte au sanctuaire de Bonaria.

Bus PF, OR ou PQ De la Piazza Matteotti à la plage de Poetto.

Taxi

De nombreux hôtels et pensions vous prennent à l'aéroport. Vous trouverez des stations sur la Piazza Matteotti, la Piazza della Repubblica et dans le Largo Carlo Felice. Vous pouvez aussi appeler les compagnies de taxi **Quattro Mori** (☎070 400 101) et **Rossoblù** (☎070 66 55).

Voiture et moto

Dans le centre-ville, les parkings sont payants de 9h à 13h et de 16h à 20h du lundi au samedi ; les parcmètres en zone bleue coûtent 0,50 € la première heure et 1 €/heure ensuite. Un grand parking se trouve à côté de la gare ferroviaire : le tarif est de 1 €/heure ou 10 € les 24 heures, sans limitation de durée.

Conduire dans Cagliari n'est pas une sinécure, mais compte tenu du relief, la location d'un deux-roues pour un jour ou deux est une option à envisager. **CIA Rent a Car** (☎070 65 65 03 ; www.ciarent.it ; Via S Agostino 13) loue des vélos/scooters/voitures moyennant 10/29/30 € par jour respectivement. Une agence **Hertz** (☎070 65 10 78 ; Piazza Matteotti 8 ; www.hertz.it) est installée sur la Piazza Matteotti et d'autres loueurs sont présents à l'aéroport.

LE SARRABUS

À l'est et au nord de Cagliari s'étend le Sarrabus, l'une des régions les moins peuplées et urbanisées de l'île. En son centre se dressent les sommets verdoyants du Monte dei Sette Fratelli, arrière-pays miraculeusement sauvage où les derniers cerfs de Sardaigne peuvent gambader en paix.

À l'est de Poetto, la SP17 serpente gracieusement le long de la côte (si près qu'on en a parfois le frisson), offrant une vue spectaculaire sur la mer azur et les

VAUT LE DÉTOUR

ESCAPADE À SERDIANA

À environ 25 km au nord de Cagliari, la jolie ville agricole de Serdiana compte l'un des producteurs de vin les plus connus et reconnus de toute la Sardaigne : **Cantine Argiolas** (☎070 74 06 06 ; www.argiolas.it ; Via Roma 28-30 ; visite avec dégustation 13 € ; ⌚visites à 11h et 15h lun-ven, 10h30 sam). On peut réserver par téléphone une visite guidée de la cave (1 heure 30) ; le tarif comprend la dégustation de quatre crus différents, dont un Vermentino (blanc) et un Cannonau (rouge). Moyennant un supplément de 3 €, vous aurez droit à du pain, du fromage et du salami.

Dans le restaurant du domaine (repas environ 52 €), les spécialités sardes comme la *fregola* (pâtes en forme de granules) sont servies accompagnés de vins du domaine d'Argiolas choisis avec art. Vous pourrez aussi prendre un cours de cuisine (75 €) et déguster les plats préparés avec des vins de premier choix provenant de la cave.

De Cagliari, prenez la SS554 vers le nord. Après 10 km, empruntez la SS387 en direction de Dolianova. L'embranchement pour Serdiana se trouve 10 km plus loin.

criques en demi-lune comme Cala Regina, Kal'e Moru et Solanas. Quelques kilomètres avant Villasimius, une route sinueuse vire au sud le long de la péninsule jusqu'à Capo Carbonara, le point le plus au sud-est de la Sardaigne, où, en basse saison, on a plus de chances de croiser des troupeaux de moutons et de chèvres que des voitures.

Villasimius et Capo Carbonara

3 600 HABITANTS

Cet ancien petit village de pêcheurs entouré de pins et de maquis est devenu l'une des stations balnéaires les plus prisées de Sardaigne. De là, vous pourrez aisément explorer les jolies baies sablonneuses et les eaux cristallines de cette partie de la côte. Vivant et gai l'été, l'endroit se vide presque entièrement l'hiver.

Si vous êtes dans les environs le deuxième dimanche de juillet, ne manquez pas la Festa della Madonna del Naufrago. Cette étonnante procession d'embarcations richement pavoisées s'éloigne de la côte pour aller rendre hommage aux marins naufragés juste au-dessus de l'endroit où repose, par le fond, une statue de la Vierge.

À voir

Museo Archeologico MUSÉE

(☎070 793 02 90 ; Via Frau 5 ; tarif plein/réduit 3/1,50 € ; ⌚9h-13h mar-jeu, 10h-13h et 16h-19h ven-dim). Le petit musée archéologique de Villasimius expose une collection de pièces romaines et phéniciennes ainsi que différents objets provenant d'une épave espagnole du XVe siècle.

Fortezza Vecchia SITE HISTORIQUE

(☎070 793 02 90 ; Via Frau 5 ; 1 €). Perchée sur des falaises proches du Capo Carbonara, cette forteresse en ruines du XIVe siècle remonte à l'époque où les Aragonais contrôlaient l'île. La vue est bien plus extraordinaire que la forteresse même. Visites sur rendez-vous uniquement.

À faire

On vient à Villasimius principalement pour flâner dans les boutiques et profiter de l'ambiance de vacances. Des sorties en bateau sont proposées de mai à septembre.

Spiaggia del Riso PLAGE

La Spiaggia del Riso, l'une des plus belles plages de Villasimius, se trouve immédiatement au sud de la ville. Ce splendide arc de cercle de sable blond est baigné par une eau azur et parsemé de gros rochers de granit polis par la mer.

Stagno Notteri LAGUNE

Cette lagune qui s'étend jusqu'à Villasimius accueille souvent des flamants roses en hiver. Côté mer, une superbe plage, la Spiaggia del Simius, n'a rien à envier aux eaux turquoise de la Polynésie.

Fiore di Maggio SORTIES EN BATEAU

(☎070 79 73 82/340 486 28 94 ; www.fioredimaggio.com ; Località Campulongu ; 45 €/pers déj compris). Ces excursions en bateau organisées tous les jours constituent un excellent moyen de découvrir les baies et les îles cachées de la réserve marine du Capo Carbonara. Emportez votre maillot pour piquer une tête.

Harry Tours SORTIES EN BATEAU
(☎338 377 40 51 ; www.harrystours.com). Sur le Porto Turistico, à quelque 3 km du centre-ville, vous pourrez organiser une sortie en bateau (65 €/pers, déjeuner inclus) et des plongées (à partir de 36 €) sur les récifs et les épaves alentour.

Où se restaurer

Pour grignoter rapidement une pizza, boire un café ou manger une glace, cap sur la Via Roma et la Via del Mare. Ceux qui souhaitent faire leurs courses se rendront dans les supermarchés et les épiceries du centre de la station balnéaire.

Ristorante Le Anforè SARDE €€
(☎070 79 20 32 ; Localitá Su Cordolinu ; repas environ 30 € ; ⏲mar-dim). Dans ce restaurant très réputé, l'amour du chef pour les produits frais de la région est sublimé par les spécialités sardes comme la *burrida* (roussette marinée) et les spaghettis aux *ricci*. Possibilité de dîner en terrasse sur la véranda qui surplombe des jardins.

Ristorante La Lanterna SARDE €€
(☎070 79 00 13 ; Via Roma 62 ; repas environ 30 € ; ⏲fermé lun déj). Flanqué de deux poissonniers à quelques pas de là, on ne s'étonnera pas que ce restaurant convivial serve principalement des poissons et fruits de mer. Les spécialités comme la *fregola* aux moules et aux palourdes, ou les petites seiches à la sauce épicée se marient à merveille avec la cuvée maison (un blanc, 7,50 € le litre). En été, on peut dîner dans le petit jardin.

Renseignements

À deux pas de la Piazza Gramsci, la place centrale, l'**office du tourisme** (☎070 793 02 71 ; www.villasimiusweb.com ; Piazza Giovanni XXIII ; ⏲8h-20h lun-ven) vous renseignera sur les activités en ville.

Comment s'y rendre et circuler

Six jours de la semaine, un bus ARST (2 le dimanche) circule entre Villasimius et Cagliari (4 €, 1 heure 30). De mi-juin à mi-septembre, il peut y avoir jusqu'à 8 bus quotidiens.

Si vous préférez rouler en toute indépendance (une bonne idée pour profiter des plages, à l'écart de la ville pour la plupart), **Edilrent Simius** (☎070 792 80 37 ; Via Roma 77) loue vélos (6,50-10 €/j), scooters (30-55 €) et voitures (63-80 €).

Costa Rei

Le long du littoral sud-est de la Sardaigne, la Costa Rei est une succession de longues plages de sable fin et de grands ensembles hôteliers.

Depuis Villasimius, prenez la route SP17 qui longe la côte vers le nord. Elle s'enfonce à quelques centaines de mètres dans les terres, mais vous pouvez rejoindre les plages (signalisées) en suivant les chemins de terre depuis la route principale. Des eaux cristallines et quelques bars servant en-cas et cocktails vous y attendent.

À 25 km de Villasimius, vous atteindrez la **Cala Sinzias**, une belle plage de sable bordée de deux terrains de camping. Six kilomètres plus loin, le Costa Rei est un village de vacances rassemblant villas, magasins, bars, boîtes et quelques restaurants quelconques. La **Spiaggia Costa Rei**, tout comme les plages environnantes au nord ou au sud, est une longue bande de sable superbe, baignée par une eau turquoise.

Dans le Costa Rei, **Butterfly Service** (☎070 99 10 91 ; www.butterflyservice.it ; Via Colombo ; ⏲9h-13h et 16h-19h30 lun-sam, 10h-13h et 16h30-19h30 dim) est une agence qui propose un accès Internet (8 €/heure), des

NE MANQUEZ PAS

PLONGÉE AU LARGE DU CAPO CARBONARA

L'extrémité du cap Carbonara est une zone militaire interdite aux visiteurs, mais les eaux alentour constituent une **réserve sous-marine** (www.ampcapocarbonara.it) accessible aux plongeurs encadrés par une école agréée. La réserve inclut l'Isola dei Cavoli, la Secca dei Berni et l'Isola di Serpentara, juste au large de la côte de Villasimius. **Morgan Diving** (☎070 80 50 59 ; www.morgandiving.com), basé dans le Porto Turistico de la commune de Quartu Sant'Elena, est agréé pour organiser des sorties, de même qu'**Air Sub** (☎070 879 20 33 ; www.airsub.com ; Via Roma 121), à Villasimius. Ces deux organismes vous conduisent sur un certain nombre de sites, dont la Secca di Santa Caterina, une étonnante montagne sous-marine. Selon le lieu et la difficulté, comptez entre 36 € et 90 € pour une plongée.

VAUT LE DÉTOUR

UNE JOURNÉE AU VERT

À mille lieues de l'agitation urbaine de Cagliari, le Monte dei Sette Fratelli (1 023 m) est le point culminant du district reculé du Sarrabus. Ses pics de granit et ses étendues boisées, où chênes-lièges et chênes verts se mêlent aux genévriers, aux lauriers-roses et à la myrte, sont un havre pour les sangliers, les faucons et les aigles dorés, et l'un des trois derniers habitats du *cervo sardo* (cerf de Sardaigne). Accessible par la SS125, on peut y faire de splendides randonnées, qu'il s'agisse de promenades faciles ou d'une ascension ardue de 12 km jusqu'à la **Punta Sa Ceraxa** (1 016 m).

Procurez-vous une carte auprès de la Caserma Forestale Campu Omu, le poste des gardes forestiers près de l'embranchement de Burcei, sur la SS125. Sinon, contactez la **Coop Monte dei Sette Fratelli** (☎070 994 72 00 ; www.montesettefratelli.com ; Via Centrale), à Castiadas, à quelques kilomètres de la Costa Rei, dans les terres.

De Burcei, une route tranquille grimpe jusqu'à la **Punta Serpeddi** (1 067 m), d'où le regard embrasse tout le Sarrabus jusqu'à Cagliari et la mer.

locations de véhicules (vélo/scooter/voiture 15/35/75 €/jour) et des excursions sur la côte et dans le **Parco Sette Fratelli** (20-90 €).

Plus au nord, la **Spiaggia Piscina Rei** offre un même sable et de mêmes eaux dignes des Caraïbes, avec un camping juste derrière. Jusqu'à **Capo Ferrato**, vous trouverez d'autres plages, mais pour continuer au-delà, vers le nord, vous devrez emprunter des pistes carrossables.

Les bus ARST qui circulent de Cagliari à Villasimius poursuivent ensuite jusqu'à la Costa Rei, ce dernier trajet prenant environ 30 minutes.

Nuraghe Asoru

Accessible en continuant vers le nord par la côte, le Nuraghe Asoru présente un intérêt archéologique certes mineur, mais c'est le meilleur exemple de *nuraghe* (construction fortifiée datant de l'âge du bronze) dans le sud-est de la Sardaigne. À 5 km à l'ouest de San Priamo, il se dresse juste au nord de la SS125. Sa *tholos* (tour conique) centrale est en bon état, mais on ne saurait le comparer aux *nuraghi* plus importants que l'on peut voir sur l'île.

Muravera et Torre Salinas

5 300 HABITANTS

Dans la plaine alluviale du Fiume (fleuve) Flumendosa, Muravera n'a rien d'exceptionnel. Cette ville agricole est surtout connue pour ses agrumes, fêtés le second dimanche précédant Pâques lors de la **Sagra degli Agrumi** (foire aux agrumes).

Au sud de la ville, les lagunes et les plages de Torre Salinas s'étendent magnifiquement au pied d'un mirador espagnol. Cette jolie région préservée, avec en son centre le **Stagno dei Colostrai**, abrite des flamants roses en hiver. Côté mer de la lagune, la **Spiaggia Torre delle Saline** est la première d'une série de plages splendides courant jusqu'à l'embouchure du Flumendosa, vers le nord.

À Muravera, vous pourrez vous restaurer correctement au **Ristorante Pizzeria Su Nuraxi** (☎070 993 09 91 ; Via Roma 257 ; pizzas à partir de 5 €, repas 25 € environ), sur la route principale, qui prépare de robustes plats de viande et de bonnes pizzas.

Trois bus ARST par semaine circulent entre Cagliari et Muravera (6 €, 3 heures) via Villasimius. Un autre bus emprunte la route intérieure, plus rapide (6 €, 1 heure 40, 5/j) du lundi au samedi, 2/j le dimanche).

Iglesias et le Sud-Ouest

Dans ce chapitre »

Le top des restaurants

- Pintadera (p. 59)
- Gazebo Medioevale (p. 60)
- L'Ancora (p. 62)
- La Cantina (p. 67)

Le top des hébergements

- La Babbajola B&B (p. 205)
- Agriturismo L'Aquila (p. 204)
- Hotel Riviera (p.206)
- Hotel Luci del Faro (p. 207)
- B&B S'Olivariu (p. 207)

Pourquoi y aller

Le Sud-Ouest de la Sardaigne se compose de différentes régions au caractère contrasté, riches en histoire et en sites. Des magnifiques étendues de sable sauvages de la Costa Verde aux eaux tropicales de la Costa del Sud, les plages sont ici de véritables stars. Tout comme les baies photogéniques de l'Iglesiente, et les îles jumelles de San Pietro et Sant'Antioco, qui brillent de leur charme propre : la première, animée, séduit d'emblée par son atmosphère, la seconde mise sur son terroir et son patrimoine archéologique.

Dans l'intérieur des terres, Iglesias et les collines alentour dégagent une certaine mélancolie. Ancien cœur minier de l'île, la ville s'est reconvertie dans le tourisme et nombre de ses anciennes mines font désormais l'objet de circuits. Plus loin dans l'arrière-pays, la voluptueuse région de la Marmilla abrite le plus beau *nuraghe* (village fortifié de l'âge du bronze) de l'île, classé au patrimoine mondial de l'Unesco.

Quand partir

Le calendrier festif de la Sardaigne atteint son paroxysme en mars-avril, lors des célébrations de Pâques. Ainsi à Iglesias, où la Semaine sainte donne lieu à d'impressionnantes processions de pénitents encagoulés, au rythme lugubre et lancinant des tambours. La période entre fin mai et début juin marque le début de la saison de la *mattanza* (abattage traditionnel des thons) au large de l'île de San Pietro et donne l'occasion de se régaler. Le mois d'août est parfait pour se joindre aux vacanciers sur les plages de la côte sud, mais encore mieux pour une escapade sur la sauvage Costa Verde.

IGLESIAS

27 800 HABITANTS

Entourée par les vestiges du prestigieux passé minier de la Sardaigne, Iglesias est une cité historique qui connaît une belle effervescence en été, et se remet plus ou moins à somnoler pendant les mois les plus froids. Son centre historique, où se rassemblent les habitants lors des chaudes soirées d'été, est un charmant ensemble de places animées, de bâtiments blanchis par le soleil et de balcons en fer forgé de style aragonais. Le nom de la ville – "églises" en espagnol – illustre parfaitement l'atmosphère à la fois sarde et ibérique qui y règne : à Pâques, lors des processions de la Semaine sainte, on se croirait presque à Séville.

Histoire

Dans les années 1970, la fin de l'industrie minière a durement touché la région, où, depuis l'Antiquité, l'exploitation minière a été la principale activité. Les Romains appelaient d'ailleurs leur cité Metalla, en référence aux précieux métaux qu'ils exploitaient sur le Monte Linas. Mais ils ne furent pas les premiers à exploiter les mines, comme l'a révélé la découverte d'équipements remontant aux Carthaginois lorsqu'elles furent rouvertes au XIXe siècle. Peuplée par des esclaves et des immigrants, la communauté se développa, chaque groupe d'habitants construisant sa propre église. Ces édifices valurent à la ville naissante l'un de ses premiers noms : Villa di Chiesa (ville des églises).

Des siècles plus tard, en 1257, les Pisans s'emparèrent du Giudicato di Cagliari (province de Cagliari) et octroyèrent la future Iglesias à Ugolino della Gherardesca, un capitaine pisan membre des gibelins, le parti en faveur du pape. Avec son sens des affaires, celui-ci organisa la ville sur le modèle des *comuni* (cités-États) toscans, la dotant de ses propres lois et de sa propre monnaie. Il institua même un ensemble de lois et de règlements écrits connu sous le nom de *Breve di Villa di Chiesa*, véritable code révolutionnaire qui garantissait certains avantages aux mineurs. L'exemplaire d'origine peut se consulter, sur demande, à l'Archivio Storico de la ville.

En 1323, les Catalano-Aragonais débarquèrent à Portovesme avant de s'emparer, l'année suivante, de la ville, qu'ils rebaptisèrent Iglesias. Peu intéressés par les mines, ils délaissèrent les puits, qui restèrent à l'abandon durant les cinq siècles suivants, jusqu'à ce que des entrepreneurs privés, comme Quintino Sella (dont la place principale porte le nom), leur redonnent vie. Nouveau centre de l'industrie lourde dans une Italie renaissante et sur le point d'être unifiée, Iglesias devint une ville importante jusqu'à la Seconde Guerre mondiale, et, plus tard, jusqu'à ce que l'économie moderne sonne le glas des mines dans les années 1970.

À voir

Une grande partie de la ville actuelle date du XIXe siècle. Iglesias connut alors sa dernière grande époque de prospérité, grâce à de nouvelles lois qui permirent à un consortium de la péninsule Italienne d'acheter les mines et de les rouvrir. Pour annoncer cette ère moderne et euphorique, la majeure partie de l'enceinte médiévale d'Iglesias fut démolie. Construite à l'emplacement d'un ancien champ, au-delà des anciens remparts, la spacieuse **Piazza Quintino Sella** devint aussitôt le principal lieu de rendez-vous de la ville. La place s'anime aujourd'hui encore tous les soirs lorsque les habitants s'adonnent à la rituelle *passeggiata* (promenade). La **statue** qui se dresse en son centre rend hommage à Quintino Sella (1827-1884), homme d'État, ingénieur des mines piémontais et ardent promoteur de la renaissance de l'industrie minière.

La partie la plus agréable d'Iglesias est son petit centre médiéval. Vous ne trouverez pas de site immanquable, mais les étroites ruelles piétonnes et les places pittoresques sont très appréciées des habitants, qui viennent y faire les boutiques et profiter des bars. C'est également dans ce **centro storico** que se situent la plupart des **églises** qui ont donné son nom à la ville.

DISTANCES (KM)

	Arbus	Carbonia	Iglesias	Portovesme
Carbonia	57			
Iglesias	34	23		
Portovesme	55	14	21	
Pula	91	70	77	84

À ne pas manquer

1 La route en direction des plages sauvages, balayées par le vent, de la **Costa Verde** (p. 64)

2 Une descente parmi les morts dans la **Necropoli dl Montessu** (p. 67), un cimetière préhistorique au centre d'un ampithéâtre rocheux

3 Une rencontre fortuite avec les chevaux sauvages sur **la Giara di Gesturi** (p. 77), un haut plateau basaltique

4 L'atmosphère impressionnante des processions lors de la **Settimana Santa** (p. 59) à Iglesias

5 Les faucons d'Éléonore à **Cala Fico** (p. 70), une crique photogénique sur la ravissante Isola di San Pietro

6 Les magnifiques plages de sable tropicales de la **Costa del Sud** (p. 73)

7 Le spectaculaire **Scoglio Pan di Zucchero**, un gigantesque rocher déchiqueté au large du village de Nebida, sur la Costa Verde (p. 61).

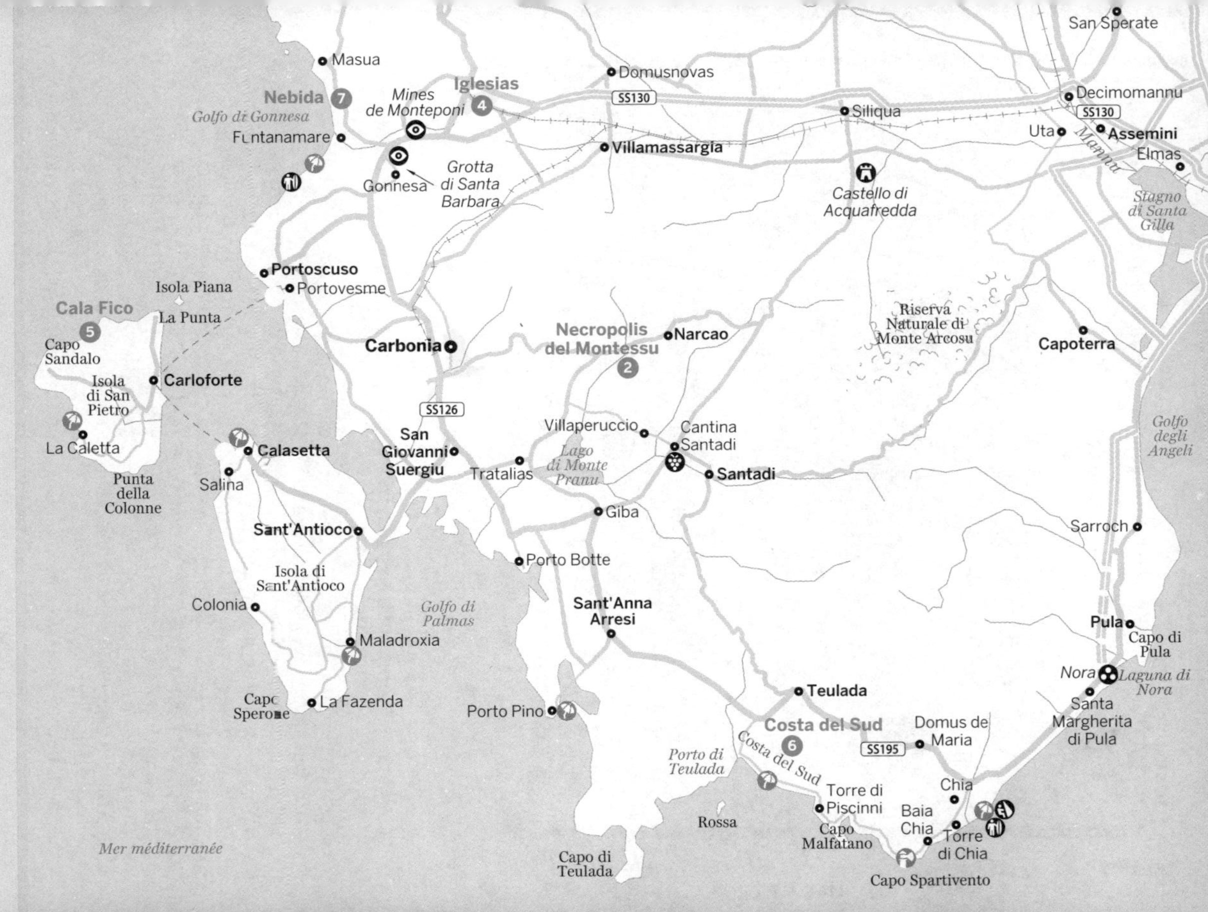

Iglesias

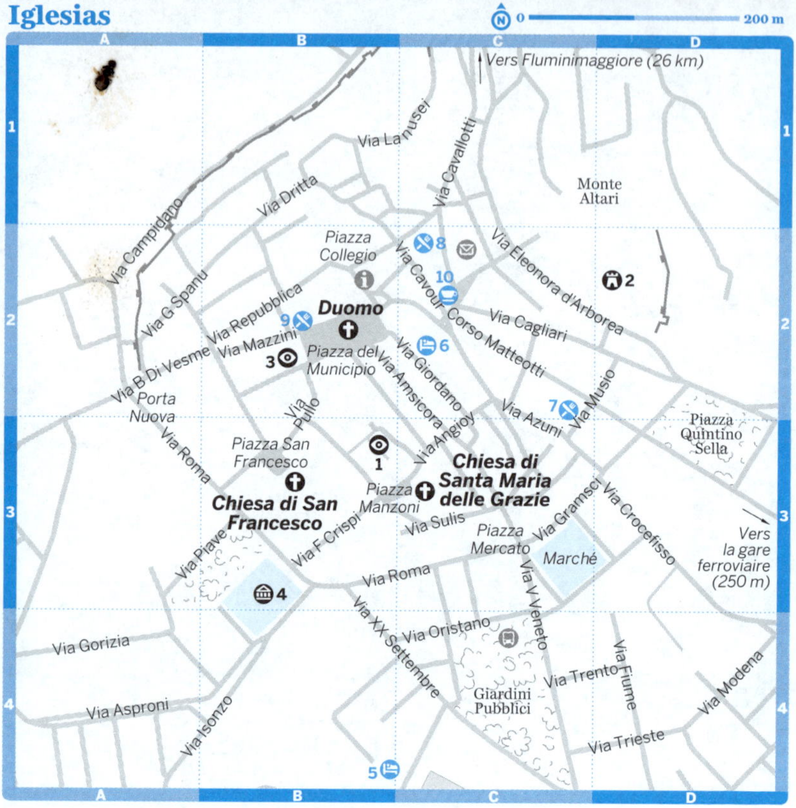

Duomo CATHÉDRALE

(Piazza del Municipio ; ⏲fermé pour restauration). La cattedrale di Santa Chiara, dont la façade affiche un net caractère pisan, s'élève sur le côté oriental de la Piazza del Municipio. Le clocher, au bel appareillage de pierre, fut construit en 1337 et remanié au XVIe siècle par des architectes catalans auxquels l'édifice doit sa riche décoration intérieure. On admirera le retable doré qui abritait autrefois les reliques de saint Antioche et qui provient de l'Isola di Sant'Antioco, d'où il fut déplacé au XVIIe siècle pour échapper à la menace des pirates. Au XIXe siècle, le curé dut restituer les reliques à la cathédrale de Sant'Antioco, mais il réussit à conserver le retable. Face au Duomo se tient le **palais épiscopal** et, sur le côté ouest de la place, le **Municipio** (hôtel de ville), un imposant édifice de style néoclassique. Aucun de ces édifices n'est ouvert au public.

Chiesa di San Francesco ÉGLISE

(Piazza San Francesco). Depuis la Piazza del Municipio, la Via Pullo mène à la Chiesa di San Francesco, une église dans le plus pur style gothique catalan bâtie dans une pierre rosée. Édifiée entre 1300 et 1500, la nef unique est flanquée de chapelles coincées entre les contreforts.

Chiesa di Santa Maria delle Grazie ÉGLISE

(Piazza Manzoni). Plus ancienne d'un siècle que la Chiesa di San Francesco, cette église présente une façade du XIIIe siècle, dont la partie supérieure a été remaniée aux XVIIe et XVIIIe siècles.

Castello Salvaterra FORTERESSE

(Via Montartai). À quelques pas de la Piazza Quintino Sella, un escalier sale et délabré conduit à une imposante tour, unique vestige du Castello Salvaterra, l'ancienne puissante forteresse pisane d'Ugolino della Gherardesca. Pour vous faire une idée de son aspect avant la

Iglesias

Les incontournables

Chiesa di San Francesco B3
Chiesa di Santa Maria delle Grazie C3
Duomo B2

À voir

1 Archivo Stòrico B3
2 Castello Salvaterra D2
3 Municipio (hôtel de ville) B2
4 Museo dell'Arte Mineraria B3

Où se loger

5 Eurohotel B4
6 La Babbajola B&B C2

Où se restaurer

7 Gazebo Medioevale C2
8 Pintadera C2
9 Villa di Chiesa B2

Où prendre un verre

10 Caffè Lamarmora C2

destruction des remparts, suivez la Via Campidano, où subsiste un tronçon de l'enceinte construite au XIVe siècle par les Catalano-Aragonais : les tours ont encore fière allure.

Archivio Stòrico MONUMENT HISTORIQUE

(078 12 48 50 ; Via delle Carceri ; 9h-13h et 15h45-18h15 lun-ven). Des archives historiques retraçant le passé d'Iglesias sont conservées à l'Archivio Stòrico. L'ouvrage le plus remarquable est le *Breve di Villa di Chiesa*, de 1327, qui établit les statuts de la ville médiévale.

GRATUIT **Museo dell'Arte Mineraria** MUSÉE

(0781 35 00 37 ; www.museoartemineraria.it ; Via Roma 47 ; 19h-21h ven-dim juil-sept, 18h-20h sam-dim en été, sur rdv en hiver). À quelques pas du *centro storico*, sur l'artère principale menant au centre-ville, se trouve le principal musée de la ville. Consacré à l'histoire minière d'Iglesias, il présente quelque 70 appareils d'extraction, ainsi que des outils et de saisissantes photos en noir et blanc. Pour expérimenter les conditions de travail des mineurs et l'atmosphère confinée des mines, plongez-vous dans les reconstitutions des galeries. Taillées par des apprentis mineurs, elles furent utilisées pour former les ouvriers jusqu'à la Seconde Guerre mondiale, durant laquelle elles servirent d'abris antiaériens. À l'étage, vous trouverez une collection de quelque 8 000 pierres et minerais soigneusement étiquetés, provenant de Sardaigne et du monde entier.

Chiesa di Nostra del Buon Cammino ÉGLISE

Au nord-ouest du centre, cette église entièrement blanche est perchée sur une colline surplombant la ville. La vue y est magnifique.

Chiesa di Nostra Signora di Valverde ÉGLISE

(Viale Fra Ignazio). Cette autre église historique d'Iglesias est située à l'autre bout de la ville, à environ 15 minutes à pied de la Piazza Quintino Sella. Il reste peu de chose de la construction originelle du XIIIe siècle, si ce n'est son élégante façade, semblable à celle de la cathédrale avec deux séries d'arcs aveugles de style pisan.

Fêtes et festivals

Settimana Santa CÉLÉBRATIONS DE PÂQUES

(www.prolocoiglesias.it/settimanasanta.htm). La semaine précédant Pâques est l'époque idéale pour se rendre à Iglesias. Lors de la Semaine sainte, la ville célèbre ses origines espagnoles et ses traditions religieuses par une série de processions spectaculaires. Chaque soir, du mardi au vendredi saint, des membres des différentes congrégations religieuses, en robe de bure, tête encagoulée, cierges et crucifix à la main, portent des effigies de la Vierge Marie et du Christ à travers la ville au rythme lugubre et lancinant des tambours.

Estate Medioevale Iglesiente FESTIVAL D'ÉTÉ

(www.mediatecaiglesias.it ; voir sous "Feste e manifestazioni"). L'"Été médiéval d'Iglesias" est marqué par une série de manifestations à thèmes, où déguisements et drapeaux sont de rigueur. Les points d'orgue en sont le tournoi de tir à l'arc, sur deux jours, et l'énorme procession déguisée du 13 août.

Où se restaurer et prendre un verre

Pintadera OSTERIA €€

(0781 251 864 ; Viua Mannu 22-24 ; repas 35-40 € ; tlj). Une chaleureuse *osteria* du centre historique, tenue par une mère et son fils, qui ravira les carnivores avec de la chèvre, du mouton ou du bœuf, ainsi que des pâtes à la saucisse.

Gazebo Medioevale TRATTORIA €€
(☎078 13 08 71 ; Via Musio 21 ; menu déj 13 €, repas 25 € environ ; ⏲lun-sam). Bonnes viandes grillées, rapport qualité/prix avantageux, cadre agréable – murs en briques apparentes décorés de masques sardes et d'un didgeridoo incongru – et emplacement pratique. N'accepte pas les cartes bancaires.

Villa di Chiesa RESTAURANT €€
(☎078 12 31 24 ; Piazza del Municipio 8 ; menu déj 15 €, repas 25 € environ ; ⏲mar-dim). Attablez-vous en terrasse, sur la Piazza del Municipio (l'été seulement), pour déguster de délicieuses pâtes maison dans ce restaurant établi de longue date. Parmi les valeurs sûres, citons les *culurgiones* (gros raviolis farcis à la *ricotta*, aux épinards et au safran) et les *sebadas* (beignets garnis de fromage et nappés de miel). Pizzas le soir.

Caffè Lamarmora CAFÉ €
(Piazza Lamarmora 6 ; ⏲6h-13h et 15h-21h30). Une institution du *centro storico*, occupant un haut bâtiment recouvert d'affiches des années 1930, qui sert des cafés délicieusement serrés. Chose curieuse, il ferme ses portes à l'heure du déjeuner.

Renseignements

Banco Nazionale del Lavoro (Via Roma 29). Dispose d'un DAB.

Libreria Mondadori (☎0781 2 37 77 ; Piazza La Marmora ; ⏲9h-13h et 17h-20h15). Petite librairie proposant des cartes et des guides.

Poste principale (Via Mercato Vecchio ; ⏲8h-13h15 lun-sam)

Office du tourisme (☎0781 25 25 39 ; Via Verdi 2 ; ⏲10h-13h et 18h-20h lun-ven). Personnel efficace et polyglotte, qui fournit une multitude de brochures.

Depuis/vers Iglésias

Bus

Tous les bus interurbains s'arrêtent, dans un sens comme dans l'autre, aux *Giardini Pubblici*, côté Via Oristano. Pour les horaires et les billets, adressez-vous au **Bar Giardini** (Via Oristano 8 ; ⏲5h30-14h30 et 15h30-21h lun-sam), face aux arrêts. Des bus rallient Cagliari (4,50 €, 1 heure-1 heure 30, 2/j), Carbonia (2 €, 45 min, 8/j) et Funtanamare (1 €, 20 min, 11/j).

Train

Jusqu'à 14 trains Trenitalia par jour relient Iglesias à Cagliari (3,85 €, 1 heure).

Voiture et moto

À l'exception de la SS130, la quatre-voies venant de Cagliari (moins d'une heure), les autres routes menant à Iglesias ne permettent pas une conduite rapide. Depuis le sud, la route côtière SS195, en provenance de Cagliari, rejoint la SS126, qui part de l'Isola di Sant'Antioco et passe par Carbonia avant d'arriver à Iglesias. Depuis le nord, la route la plus directe est la SS126 qui vient de la province d'Oristano ; elle passe par Guspini puis continue à travers les montagnes via Arbus et Fluminimaggiore.

ENVIRONS D'IGLESIAS

Mines de Monteponi

Si l'histoire industrielle d'Iglesias vous intéresse, vous vous passionnerez pour l'énorme centre minier de Monteponi, à 2 km à l'ouest de la ville. Cette vaste zone, aujourd'hui abandonnée, était autrefois le cœur de l'industrie minière de l'Iglesiente et l'une des grandes régions de l'île productrices de plomb, de zinc et d'argent. Entreprises dès 1324, les extractions se sont poursuivies de façon épisodique jusqu'en 1992, année où l'activité fut transférée de l'autre côté de la vallée, à Campo Pisano.

Aujourd'hui, on peut visiter la Galleria Villamarina, un tunnel creusé en 1852 pour relier les deux puits principaux de la mine. Pour organiser une visite, vous devrez contacter la **coopérative IGEA** (☎0781 49 13 00 ; adulte/moins de 12 ans 8/4,50 € ; ⏲8h30-17h lun-ven).

Si vous n'êtes pas motorisé, le site est desservi par le bus local Linea B qui part de la Via Oristano à Iglesias (0,70 €, 20 min).

Grotta di Santa Barbara

Quelques kilomètres plus loin sur la route de Carbonia, on atteint les mines abandonnées de San Giovanni. Dans les années 1950, des fouilles ont mis au jour la **Grotta di Santa Barbara** (☎0781 49 13 00 ; tarif plein/réduit 12/6 € ; ⏲8h30-17h lun-ven), un réseau souterrain qui était alors totalement inconnu. Les murs de son unique et gigantesque salle sont entièrement couverts de cristaux brun foncé, tandis que les stalactites et stalagmites donnent l'impression de pénétrer dans une forêt souterraine sinistre. Visite sur rendez-vous uniquement.

Funtanamare

La plage la plus proche d'Iglesias est Funtanamare (ou Fontanamare), une longue bande de sable doré, surplombée par les dunes et les terres agricoles fertiles, rarement bondée. Les vents puissants, dont le *maestrale* (mistral), font le bonheur des surfeurs.

Jusqu'à 11 bus quotidiens mènent à la plage (1 €, 20 min) et les places de parking ne manquent pas. Cinq autres bus s'arrêtent un peu plus au sud sur la même grève, au niveau de **Plage Mesu**.

Domusnovas

À environ 10 km à l'est d'Iglesias, juste à la sortie de la SS130 en direction de Cagliari, la petite ville de Domusnovas se trouve au cœur de l'une des zones d'escalade les plus excitantes de toute la Sardaigne. La campagne environnante est ponctuée de roches calcaires, de falaises et de grottes idéales pour ce sport. Les quelque 440 voies s'adressent aux grimpeurs de tous niveaux, du simple mur aux surplombs les plus ardus, de niveau 7c. Les experts indiquent que les meilleures conditions climatiques et rocheuses sont réunies entre le début de l'automne et la fin du printemps. Pour plus de détails techniques, visitez les sites www.climb-europe.com et www.sardiniaclimb.com.

À 4 kilomètres au nord de Domusnovas, des panneaux sur la route principale indiquent le chemin de la **Grotta di San Giovanni** (éclairée 9h-21h). Jusqu'en 2000, il était possible de traverser en voiture cette grotte naturelle de 850 m de longueur – elle a depuis été fermée à la circulation. Si vous avez un petit creux, un bar-restaurant se trouve près du parking, à l'entrée.

Tous les jours, 8 bus font la liaison entre Iglesias et Domusnovas (1 €, 15 min).

L'IGLESIENTE

Au nord et à l'ouest d'Iglesias, le pittoresque paysage montagneux a quelque chose de fantomatique. Une végétation sauvage et verdoyante tapisse les reliefs silencieux, où des demeures abandonnées évoquent de manière poignante les communautés minières d'autrefois. La côte, spectaculaire, offre des paysages magnifiques avec la mer en toile de fond.

Toutes les bourgades de la région avaient partie liée avec l'exploitation minière. On peut parcourir les anciennes galeries lors de visites guidées organisées par la **coopérative IGEA** (0781 49 13 00). Cet organisme local, qui se bat pour que la région ne tombe pas dans l'oubli, emmène les visiteurs dans des lieux qui, sans cela, seraient abandonnés depuis longtemps. En juillet-août, il est parfois possible de s'inscrire pour une visite au dernier moment, mais il vaut toujours mieux réserver pour y participer, car sur ces routes les trajets prennent du temps.

La côte

NEBIDA

Depuis Funtanamare en direction du nord, la route côtière SP83 traverse, à coups de virages en épingle et de montées, des paysages spectaculaires. Après 5,5 km, l'ancien village minier quelque peu terne de Nebida s'étend le long de la route, au-dessus de la mer. On s'y attarde principalement pour contempler les vues à couper le souffle depuis le **belvédère**, accessible par une corniche bordée d'un garde-fou. Le **Scoglio Pan di Zucchero** (le rocher pain de sucre) domine le paysage marin du haut de ses 133 m : c'est le plus grand des *faglioni* (pitons rocheux ou stacks) qui émergent des eaux turquoise, sur fond de falaises abruptes et escarpées. En dessous, on peut voir la **Laveria La Marmora**, un bâtiment qui servait à laver et séparer les minerais à l'époque où les mines de Nebida étaient encore en activité. Un chemin de terre descend en serpentant depuis la route principale jusqu'au site.

Environ 500 m plus loin, vers le nord, une route mène à **Portu Banda** et à sa petite plage de galets.

Pour découvrir les secrets de cette mer dans d'excellentes conditions, contactez **Marco Salerni** (329 792 00 93), qui organise des plongées dans les eaux de Nebida, pour 25 € par personne (location de l'équipement non comprise). Les bus locaux qui relient Iglesias à Masua s'arrêtent à Nebida (1,50 €, 30 min, 11/j).

MASUA

À quelques kilomètres plus au nord se trouve Masua, un autre ancien centre minier. S'il semble peu attirant lorsque l'approche de haut par la route, le village n'est pourtant pas complètement dénué d'intérêt.

La route passe devant des installations minières abandonnées, puis descend ensuite vers une plage qui, s'il ne s'agit pas de la plus belle de Sardaigne, jouit cependant d'un emplacement unique, face au Scoglio Pan di Zucchero.

Le principal attrait de cette localité consiste en la visite du port minier. Jusque dans les années 1920, la majeure partie du minerai extrait dans l'Iglesiente était transportée jusqu'aux bateaux à voiles qui étaient halés sur les plages voisines. Ces bateaux cinglaient alors vers Carloforte (sur l'Isola di San Pietro) pour transférer leur chargement sur des cargos. Ce système prit fin en 1924 lorsqu'un double tunnel de 600 m de long fut creusé dans la falaise de Masua. Dans le tunnel inférieur, un ingénieux "bras" mobile faisait tomber le zinc et le plomb sur un tapis roulant, qui les acheminait jusque dans les navires amarrés sous la falaise. Le tunnel supérieur transportait les minerais jusqu'aux entrepôts souterrains. Les visites guidées de **Porto Flavia** (☎0781 49 13 00 ; adulte/enfant 8/4,50 € ; ⏲9h, 10h30 et 12h août, sur rdv le reste de l'année) durent une heure environ. Pour trouver l'entrée, descendez en direction de la plage, puis prenez le chemin de terre qui remonte sur la colline et longe la côte pendant 2,5 km.

Le même chemin mène à un point de vue ombragé sur le Scoglio Pan di Zucchero.

CALA DOMESTICA

Après Masua, la route grimpe rapidement en lacets le long du Monte Guardianu. Arrivée au sommet, elle redescend vers Buggerru. Les amateurs de plage emprunteront l'embranchement indiqué 5 km avant Buggerru pour atteindre la Cala Domestica. Suivez la route menant au parking et vous trouverez une longue plage de sable encadrée par des falaises escarpées. L'eau y est belle quoique parfois agitée. Un sentier rocheux, qui part sur la droite de la plage, mène à une autre grève plus petite mais plus abritée.

Garer sa voiture près de la plage coûte 4 € pour la journée en été (le reste de l'année, le parking est gratuit car il n'y a personne). Un stand qui vend des en-cas, derrière la plage, permet de se restaurer au besoin.

BUGGERRU ET PORTIXEDDU

1 120 HABITANTS

Destination touristique prisée, avec son petit port et ses appartements de vacances, Buggerru est le plus grand village de cette partie du littoral. Niché à même les parois rocheuses d'une vallée escarpée, il fut construit en 1860. Au début du XXe siècle, il était devenu un important centre minier habité par 12 000 personnes. Pendant longtemps, le village ne fut accessible que par la mer, ce qui l'obligea à être totalement autosuffisant : avant même Cagliari et Sassari, Buggerru disposait de sa propre source d'électricité, ainsi que d'un hôpital, de services de santé et d'un petit théâtre. Pourtant, tout n'était pas rose : en 1904, les ouvriers de Buggerru déposèrent leurs outils pour se mettre en grève – la toute première jamais organisée en Sardaigne.

Des informations sur le village et ses environs sont disponibles auprès de l'**office du tourisme** (☎0781 5 40 93 ; ⏲10h-12h et 18h-20h), situé sur la route côtière SP83.

Si vous en avez assez du farniente sur la plage, très appréciée des surfeurs, vous pouvez louer un bateau auprès de la **Società Mormora** (☎328 883 33 40), près du Porto Turistico (port touristique) et visiter la mine désaffectée de Buggerru, la **Galleria Henry** (☎0781 49 13 00 ; tarif plein/réduit 8/4,50 € ; ⏲9h, 10h30, 12h, 14h, 15h30, 16h30 et 17h30 août, sur rdv le reste de l'année). Le principal attrait de ce circuit, long d'un kilomètre (1 heure), est la vue qu'il offre sur la mer.

Pour vous restaurer, direction **L'Ancora** (☎0781 54 903 ; repas 25-30 € ; ⏲fermé mer, ouvert tlj juil-août), une formidable petite trattoria spécialisée dans les produits de la mer, cuisinés d'une manière simple mais très réussie. Goûtez en particulier le poisson *alla Vernaccia* (cuit au four avec du vin doux local). Par beau temps, oubliez l'unique salle de restaurant et installez-vous en terrasse, face à la mer.

En sortant de Buggerru, la route grimpe le long de la falaise pendant quelques kilomètres, jusqu'à déboucher sur la longue bande de sable de la **Spiaggia Portixeddu**. Cette plage, l'une des plus belles de la région, s'étend sur 3 km jusqu'au Rio Mannu, la rivière qui marque la fin de la côte de l'Iglesiente.

L'intérieur des terres

FLUMINIMAGGIORE

3 050 HABITANTS

La SS126, belle mais très sinueuse, conduit en 26 km d'Iglesias à Fluminimaggiore, bourgade quelconque dotée de quelques musées et restaurants. Beaucoup d'habitants l'ont désertée. Comme à Orgosolo dans le centre de l'île, les murs sont ici couverts de fresques où s'expriment l'inquiétude et la nostalgie de l'âge d'or des mines.

La localité elle-même ne présente guère d'intérêt, mais il y a dans les environs un temple romain, le Tempio di Antas, et l'impressionnante Grotta di Su Mannau.

Jusqu'à 10 bus circulent chaque jour entre Iglesias et Fluminimaggiore (2 €, 45 min). Pour rejoindre les sites suivants, demandez au conducteur de vous déposer sur la route principale, puis marchez sur les quelques kilomètres restants.

Grotta di Su Mannau GROTTE

(☎0781 58 04 11 ; www.sumannau.it ; tarif plein/réduit 8/4,50 € ; ⏲9h30-18h Pâques-oct, sur réservation le reste de l'année). À quelques kilomètres au sud de Fluminimaggiore depuis la SS126, un panneau indique l'embranchement pour la Grotta di Su Mannau, la plus grande grotte naturelle découverte à ce jour dans l'Iglesiente. La visite normale dure 50 minutes et vous fait découvrir une partie des beautés de la grotte, en passant par plusieurs lacs souterrains et la salle archéologique – ainsi nommée en raison des vestiges qui attestaient à cet endroit d'un culte de l'eau. On atteint finalement le *Pozzo Rodriguez* (puits Rodriguez), où une impressionnante colonne haute de 8 m résulte de la fusion entre une stalactite et une stalagmite.

Pour les amateurs de spéléologie, débutants compris, de passionnantes visites, plus longues, sont également possibles. Elles permettent d'explorer des lieux spectaculaires, comme la salle blanche ou le lac suspendu aux eaux opalescentes. Une visite de 6 à 8 heures vous mène jusqu'au joyaux de la grotte, la salle de la Vierge, où l'on peut voir de sublimes cristaux d'aragonite et de grands pans neigeux de calcium solidifié. La dernière visite, la plus ardue, nécessite une combinaison et traverse divers goulets et siphons.

Ces visites doivent être organisées à l'avance en s'adressant au bureau de la grotte. Leur coût varie selon la durée de la visite et le nombre de participants.

Tempio di Antas TEMPLE

(☎0781 58 09 90 ; www.startuno.it ; tarif plein/réduit 3/2 € ; ⏲9h30-20h30 tlj en été, 9h30-15h ven, sam et dim en hiver). Sur un joli site boisé, à 9 km au sud de Fluminimaggiore, le Tempio di Antas se dresse, solitaire, depuis le IIIe siècle. Il fut construit par l'empereur romain Caracalla sur l'emplacement d'un sanctuaire punique du VIe siècle av. J.-C., lui-même bâti sur un *nuraghe* plus ancien encore. Le temple romain était dédié à Sardus Pater, une divinité locale vénérée par le peuple nuragique sous le nom de Babai et par les Puniques en tant que Sid, dieu des guerriers et des chasseurs.

Après des siècles d'abandon, le temple a été fortement restauré entre 1967 et 1976. Les colonnes ioniques, notamment, ont été relevées. À leur pied, on peut observer les vestiges d'un temple plus ancien, construit par les Carthaginois et pillé par les Romains pour ériger le leur.

Entre la billetterie et le temple, un panneau indique un *sentiero romano* (voie romaine) qui débouche, après 5 minutes de marche, sur les maigres vestiges du *nuraghe* d'origine. En principe, si vous suivez ce sentier à pied pendant environ 1 heure 30, vous devriez parvenir à la Grotta di Su Mannau – mais nous n'avons pu le vérifier.

Depuis la route principale, comptez environ 30 minutes à pied pour accéder au site principal.

COSTA VERDE

Entre le Capo Pecora et la petite cité balnéaire de Torre dei Corsari s'étend l'un des joyaux encore préservé du littoral sarde. Tirant son nom de la *macchia* (maquis) qui recouvre la majeure partie de l'arrière-pays montagneux, la Costa Verde (la côte Verte) est d'une beauté sauvage et bordée de plages spectaculaires. Les plus belles, dépourvues de tout développement urbain, ne sont accessibles que par des pistes difficilement praticables avec des voitures de location. Elles comptent donc parmi les plus sauvages et les mieux préservées de toute l'île.

Aucune route ne longe complètement la Costa Verde. Si vous roulez vers le nord depuis Portixedu (la meilleure solution pour profiter de la région), vous devrez circuler à l'intérieur des terres sur la SS126 vers Arbus et Guspini.

LES PLAGES DE LA COSTA VERDE

Du Capo Pecora, retournez à Portixeddu, puis prenez la SS126 vers le nord-est jusqu'à l'embranchement pour **Gennamari**, **Bau** et **Spiaggia Scivu**. Si vous venez du nord-est, vous verrez les panneaux sur la droite, à 13 km après Arbus. Suivez cette étroite route de montagne, qui grimpe sur les hauteurs, balayées par le vent et couvertes de maquis, jusqu'à environ 450 m d'altitude, et profitez du point de vue sur la mer à l'horizon. Cinq kilomètres avant la plage, vous verrez *Spiaggia Scivu* indiquée sur la gauche. Continuer tout droit vous mènerait au pénitencier local, dont la présence a contribué à maintenir Scivu à l'écart des projets d'aménagement durant bien des années.

Vous arrivez sur l'aire de parking, où l'on trouve, en été seulement, un kiosque et des douches froides. Si vous le pouvez, emportez un parasol car il n'y a pas de zone ombragée et aucun équipement sur place. Par le chemin de la grève, vous atteindrez le sommet de dunes hautes de 70 m, d'où vous pourrez contempler une immense étendue de sable.

L'autre fameuse plage de la Costa Verde est la **Spiaggia di Piscinas**. On y accède aussi par la SS126, en continuant sur 3,7 km vers le nord-est au-delà de l'embranchement pour la Spiaggia Scivu, puis par la sortie Ingortosu. La route elle-même mérite déjà le détour, car elle plonge dans une vallée bordée par les bâtiments, les équipements et les maisons d'une ancienne cité minière du XIXe siècle à l'abandon.

Après 9 km de route de terre, vous atteindrez une fourche. Prenez à gauche et, après encore 20 minutes de piste, vous arriverez à la Spiaggia di Piscinas. Cette large étendue de sable est adossée à des dunes hautes de 30 m – leur appellation de "désert de Sardaigne" paraît excessive, bien qu'elles soient impressionnantes. L'été, un ou deux bars (avec douches) agrémentent la plage, et proposent parasols et chaises longues.

Villacidro

14 600 HABITANTS

À 9 km au sud-est d'Arbus, une petite route mène à Gonnosfanadiga, un village qui mérite un détour rien que pour son nom, digne de Tolkien. Six kilomètres plus loin, toujours sur la SS196, part l'un des deux embranchements en direction de Villacidro, grosse bourgade agricole connue pour sa liqueur jaune à base de safran. Si vous suivez cette petite route de campagne sinueuse, 2,5 km avant Villacidro, vous verrez un panneau indiquant, vers l'ouest, la **Cascata Su Spendula**, une cascade encerclée par d'imposantes parois rocheuses et un épais rideau d'arbres.

Arbus

6 780 HABITANTS

S'étageant sur les pentes du Monte Linas, Arbus abrite l'un des musées les plus originaux de Sardaigne. Dans la vieille ville tout en granit, à quelques pas de la Piazza Mercato, le **Museo del Coltello Sardo** (☎070 975 92 20 ; www.museodelcoltello.it ; Via Roma 15 ; entrée libre ; ⏲9h-12h et 16h-20h lun-ven) rend hommage à l'art ancestral des couteliers sardes. Le musée a été fondé par Paolo Pusceddu, dont les *s'arburesi* (couteaux d'Arbus, voir l'encadré p. 116) sont parmi les plus appréciés de l'île. Au rez-de-chaussée, on admire la collection historique du Signor Pusceddu et quelques-unes de ses plus belles créations.

À l'autre extrémité d'Arbus, le **Ristorante Sa Lolla** (☎070 975 40 04 ; Via Libertà 225 ; repas 25 € environ ; ⏲jeu-mar) jouit d'une bonne réputation locale. Plats à base d'agneau et copieuses assiettes de pâtes.

Les bus ARST rejoignent Arbus depuis Cagliari (4,50 €, 2 heures, 6/j lun-sam, 2/dim), mais le trajet est assez long.

Montevecchio

Encerclées par des vallons boisés et des pics granitiques, les **Miniere di Montevecchio**, classées au patrimoine de l'humanité par l'Unesco, furent jadis les plus grandes mines de plomb et de zinc de Sardaigne. Ce vaste complexe à l'abandon fut actif jusqu'en 1991, et si la plupart des ouvriers sont partis, il reste encore une poignée d'habitants dans la petite cité minière attenante.

Pour visiter les mines, vous devrez réserver auprès de la **coopérative IGEA** (☎0781 49 13 00 ; tarif plein/réduit 6/3 € ; ⌚8h30-17h lun-ven) ou de la **coopérative Fulgheri** (☎070 934 60 00 ; www.coopfulgheri.it ; visite 8 € ; ⌚10h et 11h sam-dim), qui organise également des excursions dans la région densément boisée du **Monte Arcuentu** (785 m), l'une des dernières réserves où vit encore le *cervo sardo* (cerf sarde). À 6 km de Montevecchio, juste à la sortie de la SP65, l'**Agriturismo Arcuentu** (☎070 975 81 68 ; Localita Monte Arcuentu ; repas 25 € environ), authentique ferme en activité, est une adresse splendide pour faire un festin sarde. Moyennant 25 €, vous aurez droit à des *antipasti*, le choix entre deux plats de pâtes, deux plats de résistance, des légumes, des fruits, un dessert, du café et un *amaro* (un digestif amer et sucré).

Depuis Montevecchio, la SP65 serpente dans la végétation en direction de Torre dei Corsari.

Torre dei Corsari

Figurant le point le plus septentrional de la Costa Verde, Torre dei Corsari, petite cité balnéaire en pleine expansion, n'a rien d'exceptionnel en soi, avec ses bâtiments modernes et sa place bétonnée. Toutefois, la plage qui s'étend sur 1,5 km est agréable : cette large bande de sable doré est nichée entre une mer vert émeraude et de hautes dunes s'élèvant jusque dans le maquis. Dominant l'extrémité sud de la plage, une tour de guet (la tour des corsaires), en ruine, a donné son nom à la ville. À l'autre bout, la plage continue jusqu'à **Pistis**, accessible par une longue marche ou par une route de 8 km via **Sant'Antonio di Santadi**. Parking payant aux deux extrémités de la plage.

Torre dei Corsari est une villégiature d'été : l'hiver, il est bien difficile de s'y loger ou de trouver un restaurant ouvert.

Pour faire ses courses, direction le **supermarché** (☎070 97 72 45 ; Piazza Stella Maris ; ⌚9h-13h et 17h-20h), sur la place centrale, près de la tour de guet.

En juillet et en août, un bus ARST circule tous les jours depuis la gare routière d'Oristano jusqu'à Torre dei Corsari (4 €, 1 heure 30).

CARBONIA ET SES ENVIRONS

Au sud d'Iglesias, la SS126 conduit à Carbonia, deuxième plus grande ville du Sud, en traversant des paysages plats et plus monotones. Véritable monument aux ambitions déçues du fascisme, cette ville présente peu d'intérêts pour les visiteurs, à l'exception de quelques modestes musées et d'une place à l'architecture typique. Le Monte Sirai, tout proche, offre un aperçu du passé antique de la ville.

À l'ouest, Portovesme est le point d'embarquement des ferries pour l'Isola di San Pietro.

Carbonia

30 300 HABITANTS

À moins d'être intéressé par l'architecture fasciste ou l'histoire industrielle, il y a peu de raisons de s'attarder à Carbonia. Cette cité moderne fut construite par Mussolini entre 1936 et 1938 pour héberger les ouvriers des mines de charbon (son nom dérive d'ailleurs de l'italien *carbone*) voisines de Sirai-Serbariu. Les grandes fortunes de la ville ont toujours été étroitement liées à l'industrie du charbon. En 1972, lorsque l'exploitation minière fut abandonnée, Carbonia fut durement affectée. Depuis, elle doit faire face au marasme
économique, luttant contre le chômage et s'appuyant uniquement sur les petites entreprises pour rester à flot.

Le point central de Carbonia est la Piazza Roma, une place typique de l'ère fasciste dominée par l'imposant **Municipio** (hôtel de ville) et la terne **Chiesa di San Ponziano**, avec son clocher en trachyte (roche volcanique) rouge, qui serait construite sur le modèle de la cathédrale d'Aquilea, dans le Nord de l'Italie.

À quelques pas de là, le principal musée de la ville, le **Museo Archeologico Villa Sulcis** (☎0781 66 50 37 ; Via Napoli 1 ; tarif plein/réduit 3/2 €, billet combiné avec le Museo di Paleontologia e Speleologia et le Monte Sirai 5/3 € ; ⌚10h-20h mer-dim en été, 9h-14h mar-dim en hiver) occupe l'ancienne résidence du directeur de la mine. On peut y voir une modeste collection d'objets archéologiques venant pour la plupart du Monte Sirai.

VAUT LE DÉTOUR

VILLAGGIO MINERARIO ROSAS

Indiqué depuis la route principale qui mène à Narcao, le **Villaggio Minerario Rosas** est le site de l'ancienne mine de Rosas, qui fut une importante source de plomb, cuivre et zinc jusqu'à sa fermeture en 1978. Ce lieu étonnant donne à voir des machines minières rouillées et d'importantes structures en bois. De manière surprenante, le musée est souvent fermé et on croise rarement âme qui vive. Mais ne vous laissez pas rebuter : l'endroit est splendide et il est toujours possible de circuler entre les bâtiments de pierre, le long des sentiers silencieux qui s'enfoncent dans les reliefs rocheux.

À côté, le **Museo di Paleontologia e Speleologia** (☎0781 69 10 06 ; Piazza Garibaldi ; tarif plein/réduit 3/2 €, billet combiné avec le Museo Archeologico Villa Sulcis et le Monte Sirai 5/3 € ; ⏲10h-20h mer-dim en été, 9h-14h mar-dim en hiver) est l'unique musée de Sardaigne dédié à la spéléologie. Des fossiles, minerais et toutes sortes de curiosités géologiques en provenance des grottes de toute la Sardaigne sont exposés.

D'un intérêt plus général, les vestiges du fort phénicien du **Monte Sirai** (☎0781 66 50 37 ; billet combiné avec le Museo Archeologico Villa Sulcis et le Monte Sirai tarif plein/réduit 5/3 € ; ⏲10h-20h mer-dim en été, 9h-14h mar-dim en hiver) se trouvent à 4 km au nord-ouest de Carbonia, de l'autre côté de la SS126. Ce site, construit par les Phéniciens de Sulci (l'actuelle Sant'Antioco) en 650 av. J.-C., a été par la suite occupé par les Carthaginois. Il ne reste pas grand-chose du fort original, mais il est encore possible de voir l'emplacement de l'acropole carthaginoise, d'une tour de défense, d'une nécropole et d'un *tophet* (site funéraire sacré où étaient enterrés bébés et enfants au temps des Phéniciens et des Carthaginois). La vue sur la région est magnifique.

À Carbonia, des bus circulent depuis/vers les portiques de la Via Manno. Les billets s'achètent au Bar Balia, Viale Gramsci 4. Des bus desservent Iglesias (2 €, 45 min, 8/j) et Cagliari (6 €, 1 heure 30, 2/j), ainsi que plusieurs localités de la région.

Portoscuso et Portovesme

5 350 HABITANTS

À la vue des énormes cheminées du vaste complexe thermoélectrique qui dominent le paysage plat, l'arrivée par la route laisse présager le pire. Ces images affligeantes de pollution industrielle proviennent de Portovesme, bourg situé à quelques kilomètres à l'est de Portoscuso. Ce dernier est un charmant petit port sillonné par un minuscule dédale d'agréables ruelles, que domine une tour datant de l'ère espagnole. Portovesme est le point de départ des ferries en direction de l'Isola di San Pietro.

Vous trouverez toutes les informations nécessaires auprès de l'**office du tourisme** (☎0781 50 95 04 ; Via Vespucci 16 ; ⏲10h-12h et 18h-20h30 lun-sam en été, 18h-20h30 lun-ven en hiver) de Portoscuso, près de la mer.

Il y a peu à faire en ville, à part flâner et apprécier l'atmosphère détendue. Vous pourrez aussi profiter de la belle **plage** de sable et des vues imprenables depuis la **tour de guet** (entrée libre ; ⏲18h-20h30 tlj juin-sept), du XVIe siècle.

Si vous venez début juin, vous découvrirez une ville débordante d'activité à l'occasion de la **Sagra del Tonno** (fête du thon), durant laquelle habitants comme touristes dégustent toutes sortes de plats à base de ce poisson. Portoscuso est l'un des rares lieux de Sardaigne où le thon est encore pêché selon les méthodes traditionnelles (la *mattanza*). Si vous avez faim, rendez-vous à la **Ciccittu Pizzeria** (☎0781 51 20 01 ; Via Amerigo Vespucci 6 ; pizzas 6 €, repas 20 € environ ; ⏲mer-lun), appréciée pour ses pizzas, ses pâtes et ses produits de la mer. Le thon local est mis en valeur dans différents *antipasti* et platsDes bus ARST desservent Portoscuso et Portovesme depuis Iglesias (2 €, 30 min, toutes les heures) et Carbonia (1,50 €, 35 min, 14/j). Vous pourrez acheter vos billets auprès du marchand de journaux au bout de Largo Matteotti. **Saremar** (☎0781 50 90 65 ; www.saremar.it) propose jusqu'à 15 traversées par jour de Portovesme à Carloforte (sur l'Isola di San Pietro), entre 5h et 21h10 (en été, départ supplémentaire à 23h10).

La traversée (environ 30 min) coûte 2,60/9,40 € par personne/voiture. L'été, mieux vaut vous préparer à de longues files d'attente.

Tratalias

Aujourd'hui village paisible, Tratalias fut autrefois la capitale religieuse de toute la région du Sulcis. Lorsque Sant'Antioco fut abandonnée au XIIIe siècle, l'archidiocèse du Sulcis fut transféré dans ce bourg de l'intérieur, où l'on éleva la **Chiesa di Santa Maria** (1 € ; 9h30-12h et 14h30-17h30 mar-dim). Cette curieuse construction romane domine le peu qui subsiste de l'*antico borgo* (vieux bourg), déserté depuis que l'eau du lac voisin, le Lago di Monte Pranu, a commencé à s'infiltrer dans le sous-sol dans les années 1950.

La voiture reste le moyen le plus facile d'accéder à Tratalias, à 4 km à l'est de la SS195, non loin de la route.

Narcao

À environ 15 km au nord-est de Tratalias, ce village mérite un rapide détour pour ses *murales* (peintures murales) représentant la vie dans les mines locales. Son autre attrait est le **festival Narcao Blues** (800 88 11 88 ; www.narcaoblues.it), l'une des plus grandes manifestations musicales de Sardaigne, qui a lieu le dernier week-end de juillet depuis 1989. On vient y écouter du blues, du funk, de la soul et du gospel, interprétés par les meilleurs musiciens américains.

Necropoli di Montessu

L'un des plus grands et importants sites archéologiques de Sardaigne, la **Necropoli di Montessu** (tarif plein/réduit 5/3 € ; 9h-20h en été, 9h-17h en hiver) se cache dans la végétation près de Villaperuccio. Dans un amphithéâtre rocheux naturel, le site, qui remonte à la "culture d'Ozieri" (environ 3 000 ans av. J.-C.), abrite 35 tombes primitives connues sous le nom de *domus de janas* (littéralement "maison de fées"). Nombre d'entre elles sont de simples trous creusés dans la roche, mais certaines arborent de magnifiques sculptures. La **Tomba delle Spirali** permet de voir très clairement des spirales et des taureaux symboliques en relief.

Depuis la billetterie, il faut monter 500 m à pied jusqu'au site principal. Tout de suite sur la droite (en haut des escaliers depuis le sentier), on voit une **Tomba Santuario**, un vestibule rectangulaire percé de trois ouvertures donnant sur un tombeau semi-circulaire. En suivant le sentier sur la droite, on arrive à un groupe de tombes, puis à la Tomba delle Spirali.

Pour venir depuis Villaperuccio, prenez la route pour Narcao, puis suivez les signes indiquant la direction sur la gauche. Poursuivez sur environ 2,5 km.

Santadi

Les amateurs de vin pourront goûter les crus locaux à Santadi, un centre agricole animé à quelques kilomètres à l'est de Villaperuccio. S'y étend le plus grand vignoble du Sud-Ouest de l'île, la **Cantina Santadi** (0781 95 01 27 ; www.cantinadisantadi.it ; Via Cagliari 78 ; sur rdv), dont les rouges – comme le Roccia Rubia et le Grotta Rossa – sont particulièrement appréciés. Il est possible de réserver une visite sur le site Internet.

Pour avoir une idée du mode de vie des villageois d'autrefois, le **Museo Etnografico 'Sa Domu Antiga'** (078 195 59 55 ; Via Mazzini 37 ; 2,60 € ; 9h-13h et 15h-17h mar-dim) reconstitue un village typique du début du siècle dernier.

Comme beaucoup de bourgades rurales, Santadi célèbre ses traditions en grande pompe. Le premier dimanche d'août est consacré au **Matrimonio Maureddino**, reconstitution en costume traditionnel d'un mariage maure. Les époux sont transportés jusqu'à la place principale sur un *traccas*, un chariot tiré par des taureaux roux.

À 5 km au sud de Santadi, la **Grotte Is Zuddas** (0781 95 57 41 ; www.grotteiszuddas.com ; adulte/enfant 8/5 € ; 9h30-12h et 14h30-18h en été, 12h-16h lun-sam, 9h30-12h et 14h30-18h dim et fêtes en hiver) est un autre impressionnant réseau de grottes. Notez en particulier les concrétions de la salle principale, d'une singulière beauté. Personne ne sait vraiment comment se sont créées ces formations aux silhouettes étranges, même si une théorie suggère qu'elles résultent de l'action du vent sur les gouttes qui tombent des stalactites.

LES ÎLES

Les deux îles au large de la côte sud-ouest, l'Isola di Sant'Antioco et l'Isola di San Pietro, affichent deux visages radicalement différents. L'Isola Sant'Antioco, la plus grande et la plus développée, n'a pas vraiment le charme des îles méditerranéennes et semble moins touristique. À 30 minutes à peine en bateau, l'Isola di San Pietro présente une image plus pittoresque, avec ses maisons pastel et ses bateaux de pêche aux couleurs vives.

Isola di San Pietro

Avec sa jolie ville – Carloforte – et ses splendides paysages côtiers, San Pietro (15 km de long sur 11 km de large) est une destination estivale très courue. Cette île montagneuse constituée de trachyte tient son nom de l'apôtre Pierre, qui y aurait trouvé refuge lors d'une tempête alors qu'il se rendait à Karalis (l'actuelle Cagliari). Les Romains l'avaient auparavant appelée Accipitrum, du nom latin de l'épervier, qui niche dans les parages.

L'ambiance très particulière de San Pietro tient sans doute à ses habitants, anciens esclaves d'origine génoise arrivés sur cette île en 1736. Pêcheurs de corail professionnels, ils avaient été auparavant envoyés à Tabarka, au nord de la Tunisie, pour récolter la précieuse matière pour la famille Lomellini de Gênes. Mais ils furent abandonnés à leur sort et réduits en esclavage par le bey de Tunis, jusqu'à ce que Charles-Emmanuel III leur accordât refuge sur l'île de San Pietro. Essentiellement par dépit, des pirates nord-africains revinrent en 1798 et firent 1 000 prisonniers. Cinq années furent nécessaires pour que la maison de Savoie rachète leur liberté. Aujourd'hui encore, les habitants de l'île de San Pietro parlent le *tabarkino*, une version du génois datant du XVIe siècle.

CARLOFORTE

6 430 HABITANTS

Illustration de l'élégance méditerranéenne, Carloforte est le point d'entrée de cette petite île. Les gracieux *palazzi*, les terrasses animées et le front de mer planté de palmiers ont pour arrière-plan de majestueuses demeures en arc de cercle, le tout sur fond de colline verdoyante. Il n'y a pas vraiment de site à visiter à Carloforte mais vous pourrez savourer le plaisir de flâner dans les plaisantes rues pavées, en prélude à un apéritif au bord de l'eau et à un repas fin dans l'un des bons restaurants du cru.

À voir et à faire

En dehors d'un musée et des distractions proposées en ville, l'essentiel se passe côté mer, le long du littoral magnifiquement préservé ou au large.

Museo Civico MUSÉE
(☎0781 85 58 80 ; Via Cisterna del Re ; tarif plein/réduit 2/1 € ; ⏲9h-13h mar et sam, 10h-13h et 15h-18h mer, 15h-19h jeu-ven, 10h-13h dim). En surplomb du front de mer, le modeste **Museo Civico** occupe un petit fort du XVIIIe siècle, l'un des premiers bâtiments édifiés sur l'île. On peut y voir la *tonnara* (système de filets servant à pêcher le thon), particulièrement intéressante pour comprendre cette technique traditionnelle (et sanglante) de pêche, ainsi qu'une collection de coquillages et de bric-à-brac marin.

Carloforte Sail Charter LOCATION DE BATEAUX
(☎347 273 32 68 ; www.carlofortesailcharter.it ; Via Danero 52). Pour découvrir la mer par vous-même, cet opérateur possède une flotte de bateaux à louer, avec ou sans pilote, à partir de 1 500 € par semaine.

Isla Diving PLONGÉE
(☎0781 85 56 34 ; Viale dei Cantieri ; plongées à partir de 65 €). L'un des centres de plongée de Carloforte, sur le front de mer.

Carloforte Tonnare Diving Center PLONGÉE
(☎349 690 49 69 ; www.tonnaradive.it ; Localita La Punta ; plongées à partir de 65 €). Ce centre permet aussi de plonger parmi les bancs de thon.

Circuits organisés

Cartur Dea BATEAU
(☎0781 85 43 31 ; molo Tagliafico ; 20 €/pers). Installé sur le *lungomare* (front de mer) avec un simple kiosque, Cartur Dea est l'un des nombreux prestataires organisant des excursions en bateau – tour des falaises côtières, des grottes et des rochers au large.

Fêtes et festivals

Girotonno CULTURE LOCALE
(www.girotonno.org). La grande manifestation annuelle de l'île a lieu, 4 jours durant, fin mai-début juin. Les habitants célèbrent le début de la pêche au thon et la *mattanza* (voir l'encadré ci-contre), avec force concours de cuisine, dégustations, séminaires, concerts, etc., sur le thème de la mer. Depuis 2008, le **Buskers**

LE THON, NOUVELLE POMME DE DISCORDE

Les habitants de l'Isola di San Pietro ont la pêche dans le sang. Depuis des siècles, l'abattage annuel du thon, la *mattanza*, a lieu fin mai-début juin, lorsque les bancs de thons passent entre l'Isola Piana et l'Isola di San Pietro pour atteindre leur zone de reproduction. L'objectif de cette pêche traditionnelle consiste à les piéger par un ingénieux système de filets qui dirige les poissons dans différents enclos jusqu'à la *camera della morte* (la chambre de la mort). Lorsqu'une quantité suffisante de thon est emprisonnée, les pêcheurs ferment la chambre et la *mattanza* peut commencer (le terme vient de l'espagnol qui signifie "tuerie"). La scène est très sanglante : jusqu'à huit pêcheurs lancent d'énormes crochets au milieu des poissons effrayés. La tradition de la *mattanza* a été immortalisée dans une scène de *Stromboli*, le film de Roberto Rossellini (1950). Aujourd'hui encore, la *mattanza* est au cœur de la grande fête annuelle du Girotonno. Mais cette pratique fait désormais l'objet d'une attention particulière sur le plan international, alors que les stocks de thon diminuent considérablement.

La demande en thon rouge ne cesse de s'accroître pour satisfaire l'appétit des Japonais, friands de *sushis* et *sashimis* (les Japonais achètent jusqu'à 80% du thon rouge pêché en Méditerranée), et l'industrie du thon représente aujourd'hui un commerce de plusieurs millions de dollars. On estime que 300 bateaux de pêche sillonnent les eaux méditerranéennes en quête du précieux poisson, la plupart pouvant pêcher jusqu'à 3 000 thons par prise. L'utilisation d'avions pour repérer les bancs a été interdite par la Commission internationale pour la conservation des thonidés de l'Atlantique (ICCAT), mais la pêche illégale est encore trop répandue à ce jour.

Si la quantité de thon pêchée lors de la *mattanza* de Carloforte s'avère minime (en 2008, seules 160 tonnes ont été prélevées sur le quota méditerranéen de 22 000 tonnes autorisées par l'ICCAT), la violence des scènes – le bleu de la mer devenant rouge de sang – fournissent aux défenseurs du thon méditerranéen toutes les armes pour défendre leur cause. Des groupes de protection et des organisations environnementales ont fait part de leur profonde inquiétude quant aux conséquences de la pêche industrielle sur les stocks de thon dans la région, et appellent à diminuer les quotas de pêche. Le lobby industriel, de son côté, étant tout aussi déterminé à faire rejeter de telles mesures, le problème n'est pas prêt d'être réglé.

Festival (site Internet identique), festival de musique de rue, a été intégré au *girotonno*, lors duquel des orchestres locaux se produisent.

Creuza de Má MUSIQUE ET FILMS
(www.festivalcarloforte.org). La musique est également à l'honneur lors de cette fête de trois jours, en juillet, consacrée à la musique de films. Renseignez-vous auprès de l'office du tourisme.

Où se restaurer

Le thon est le roi de la cuisine *tabarkina* – du nom de la tradition culinaire de l'île – de mai à août, début septembre. Vous pourrez également déguster du *cascà* (une variante du couscous nord-africain) et de la *zuppa di pesce* (soupe de poisson), ainsi que de la *farinata* génoise (sorte de pain plat fait avec de la farine de pois chiche et des olives) et du *pesto*.

La Cantina TRATTORIA €€
(☎0781 85 45 88 ; Via Gramsci 34 ; repas 25-30 € ; ⏲mar-dim, tlj en été). Excellente adresse pour découvrir la cuisine de Carloforte, cette *trattoria* dotée d'une seule salle s'étend sur la rue piétonnière durant les mois d'été. Goûtez le *cascá alle verdure*, sorte de couscous aux légumes, ou n'importe lequel des savoureux plats de fruits de mer. Au dessert, rien ne vaut le très typique *canestrello*, un biscuit anisé trempé dans du vin moelleux.

Osteria della Tonnara OSTERIA €€
(☎0781 85 57 34 ; Corso Battellieri 36 ; repas 35 € environ). Situé à l'extrémité sud du front de mer de San Pietro, ce petit restaurant est géré par la coopérative de thon de l'île : au menu (uniquement pendant la saison de la pêche au thon), lasagnes au pesto et au thon, ou l'omniprésent mais non moins savoureux *tonno alla carlofortina* (thon rôti à la sauce tomate). Réservation

recommandée en été. Cartes bancaires non acceptées.

Tonno di Corsa RESTAURANT €€€
(☎0781 85 51 06 ; Via Marconi 47 ; repas 45 € environ ; ⊙mar-dim). Ce restaurant raffiné sert du thon à toutes les sauces : en ragoût, fumé, et même en tripes. Ces dernières, connues sous le nom de *belu*, sont mijotées avec des pommes de terre et des oignons.

Da Nicolo RESTAURANT €€€
(☎0781 85 40 48 ; Corso Cavour 32 ; repas 55 € environ ; ⊙mar-dim). Institution culinaire de San Pietro, le Da Nicolo occupe un magnifique emplacement face à la mer. On vient de loin pour y goûter, dans un joli pavillon aux grandes baies vitrées, le savoureux thon et le couscous local léger.

Où prendre un verre et sortir

Le *lungomare* est l'endroit où tout se passe. À deux pas du front de mer, le **Barone Rosso** (Via XX Settembre 26 ; ⊙12h-15h et 19h-2h mar-dim mars-oct, soirée seulement déc-mars) est un bar fréquenté, à la décoration kitsch, doté de quelques tables en terrasse. Une autre adresse dans la même veine est **L'Oblò** (☎0781 85 70 40 ; Via Garibaldi 23 ; ⊙19h30-23h mer-lun mi-mai à mi-sept).

La seule discothèque de la ville, et de l'île, **Disco Marlin** (☎0781 85 01 21 ; ⊙ 22h-4h sam-dim juil, tous les soirs en août) est située à l'extérieur de Carloforte, près de la *tonnara* en direction de Punta. Vous aurez besoin d'une voiture pour y aller.

L'été, on va aussi danser et s'amuser, souvent jusqu'à l'aube, sur la Caletta, une plage fréquentée.

Renseignements

L'efficace personnel de l'**office du tourisme** (☎0781 85 40 09 ; www.prolococarloforte.it, en italien ; Piazza Carlo Emanuele III 19 ; ⊙9h30-12h30 et 16h30-19h30 lun-sam et dim matin mai-sept, 10h-13h et 17h-20h lun-sam et dim matin oct-avr), qui parle plusieurs langues, saura répondre à toutes vos questions. Autre service d'informations utile, le site www.carloforte.net, qui, pour l'heure, est uniquement en italien.

Vous pourrez tirer de l'argent au DAB de la **Banca Intesa** (Corso Cavour 1), sur le front de mer.

Depuis/vers Carloforte

BATEAU **Saremar** (☎0781 85 40 05 ; www.saremar.it, en italien ; Piazza Carlo Emanuele III 29) dispose d'une billetterie sur le *lungomare*. Des ferries desservent régulièrement Portovesme (2,60/9,40 € par pers/voiture, 30 min, 15/j), ainsi que Calasetta (2,30/8 € par pers/voiture, 7/j), sur l'île voisine de Sant'Antioco.

Delcomar (☎078 185 71 23 ; www.delcomar.it, en italien) assure jusqu'à 14 liaisons de nuit avec Calasetta. Sa billetterie se trouve juste en face de l'embarcadère des ferries. La traversée coûte 5/15 € par personne/voiture.

BUS Entre juillet et septembre, des bus relient Carloforte à La Punta (12 min, 2/j), La Caletta (15 min, 9/j) et Capo Sandalo (18 min, 2/j). L'aller comme l'aller-retour coûtent 1 €.

CROISADE POUR SAUVER L'ÂNE

Tres cosas sunt reversas in su mundu: s' arveghe, s' ainu, e i sa femmina : "il y a trois choses têtues dans ce monde : les moutons, les ânes et les femmes". Ce proverbe dit, à sa façon, l'attachement des Sardes pour l'*asinello sardo* (âne sarde), travailleur affectueux et fiable, introduit d'Égypte sur l'île au 3e millénaire av. J.-C. et souvent au centre de l'imagerie populaire.

Mais l'*asinello* peut également figurer au menu des Sardes. Et la pauvre bête étant régulièrement victime des accidents de la route, le nombre d'ânes sardes ne cesse de diminuer.

Il n'en fallait pas plus pour que Giorgio Mazzucchetti raccroche sa veste de consultant industriel à Milan et vienne à la rescousse de l'adorable animal. Tombé amoureux de l'île, et après y avoir fait de nombreux séjours, Giorgio a acquis une ferme près de Cala Fico, sur la côte ouest, et a commencé un élevage d'ânes. Il possédait 10 animaux en 1999 ; ils sont 80 aujourd'hui.

Vous pouvez allez voir les ânes à la **Fattoria degli Asinelli** (☎333 144 29 93 ; Localita Cala Fico ; ⊙tous les après-midi jusqu'à la tombée de la nuit), près de Faro, à Cala Fico. Si vous venez avec des enfants, ceux-ci pourront les nourrir et les caresser. Téléphonez à l'avance pour vérifier les horaires d'ouverture.

À TRAVERS L'ÎLE

À 5,5 km au nord de Caloforte, La Punta est un site désolé et balayé par le vent, d'où l'on peut contempler l'Isola Piana. En mai et juin, c'est ici que se déroule la violente *mattanza* (pêche au thon traditionnelle), face à la *tonnara*. Cet agencement d'anciens bâtiments en pierre où s'amoncellent ancres et filets de pêche, autrefois usine de traitement du thon, abrite désormais le Carloforte Tonnare Diving Center (voir p. 68), qui organise des plongées et des visites de la vieille usine. Contactez-le pour réserver une visite.

Les meilleures plages se trouvent pour la plupart dans le sud de l'île. La **Spiaggia La Bobba** fait face à deux grandes colonnes rocheuses qui émergent de la mer et qui donnent son nom à l'extrémité sud de l'île : la **Punta delle Colonne**. En continuant vers l'ouest, on arrive à la plage la plus populaire de l'île, **La Caletta** (ou Spiaggia Spalmatore), un arc de sable relativement modeste, au pied des falaises. Plus au sud, un détour vous permet de contempler le spectaculaire littoral de **La Conca**.

Le **Capo Sandalo**, le point le plus à l'ouest de l'île, permet de belles balades. Depuis le parking près du phare, une série d'itinéraires balisés s'enfonce dans le maquis piqueté de rouge qui couvre les falaises. Loin d'être difficiles, ces sentiers sont toutefois plus agréables avec une bonne paire de chaussures de marche.

En direction du Capo Sandalo (à peine 20 minutes de route depuis Carloforte), arrêtez-vous à la crique rocheuse de **Cala Fico**, l'un des sites les plus photographiés de l'île, tout comme l'**Isola del Corno**, qui abrite une colonie de faucons d'Éléonore.

Que vous disposiez ou non d'une voiture, le vélo est le meilleur moyen de découvrir l'île. Les distances ne sont pas énormes, et les quelques collines n'ont rien d'insurmontable. Entre juin et septembre, il est possible de louer des vélos et des scooters à Carloforte, chez le **marchand de journaux** (☎0781 85 41 23), Piazza Repubblica 4 (vélo 10 €/j, scooter 21-37 €/j).

Isola di Sant'Antioco

Plus grande et moins pittoresque que l'Isola di San Pietro, Sant'Antioco est la quatrième île d'Italie par sa taille (après la Sicile, la Sardaigne et l'île d'Elbe). Contrairement à la plupart des îles de la Méditerranée, Sant'Antioco n'est pas exceptionnellement belle. Un pont la relie à la Sardaigne, dont elle se rapproche par son aspect et son caractère. La ville principale (Sant'Antioco) est un port en activité, tandis que l'arrière-pays, vert et escarpé, rappelle fortement le Sud de la Sardaigne. À l'époque romaine, l'île était déjà reliée à la Sardaigne par un pont, dont on voit encore les vestiges à droite du pont moderne.

On peut accéder à l'île de deux façons. La plus simple, depuis Iglesias ou Carbonia, consiste à suivre vers le sud la SS126 et à emprunter le pont jusqu'à Sant'Antioco. Il est néanmoins plus agréable de faire la traversé en ferry, depuis Carloforte (Isola di San Pietro), pour aborder sur l'île à Calasetta.

SANT'ANTIOCO

11 900 HABITANTS

Si l'île est habitée depuis la préhistoire, la ville de Sant'Antioco ne fut fondée qu'au VIIIe siècle av. J.-C. par les Phéniciens. Connue sous le nom de Sulci, elle fut la capitale industrielle de la Sardaigne et son plus grand port jusqu'à la chute de l'Empire romain, un millénaire plus tard. Son nom provient de saint Antioche, un esclave romain exilé sur l'île, qui apporta avec lui le christianisme au IIe siècle.

Il n'est pas difficile de voir les vestiges de l'ancienne cité : le centre historique, en hauteur, abrite de nombreuses nécropoles phéniciennes et d'intéressants vestiges archéologiques.

◉ À voir et à faire

Basilica di Sant'Antioco Martire ÉGLISE

(Piazza Parrocchia 22 ; 9h-12h et 15h-18h lun-sam, 10h-11h et 15h-18h dim). Derrière sa modeste façade baroque, cette église vous transporte au Ve siècle. À la droite de l'autel, une effigie en bois de saint Antioche rappelle ses origines nord-africaines par son teint sombre. Refusant de renier sa foi, Antioche fut emmené comme esclave par les Romains pour travailler dans les mines de l'Iglesiente. Après s'être échappé, caché dans un baril de goudron, Antioche trouva refuge auprès d'un groupe de chrétiens clandestins, qui le cachèrent dans les vastes **catacombes** (2,50 € ; horaires identiques à ceux de l'église).

La visite (exclusivement guidée) des catacombes vous fait découvrir les différentes chambres funéraires, dont certaines remontent à l'époque punique, qu'utilisaient les chrétiens entre les IIe et

VIIe siècles. Les membres des familles les plus fortunées étaient enterrés dans des caveaux creusés dans les murs et richement ornés de fresques, dont quelques fragments sont toujours visibles. Les défunts des classes moyennes étaient placés dans des niches dépourvues d'ornements, et le commun des mortels dans des fosses, à même le sol. Quelques squelettes gisant *in situ* contribuent au caractère du lieu.

Museo Archeologico MUSÉE
(0781 80 05 96 ; www.archeotur.it ; Via Regina Margherita 113 ; tarif plein/réduit 6/2 €, billet combiné avec le tophet, le Museo Etnografico et le Villagio Ipogeo 13/8 € ; 9h-19h mer-dim avr-sept, 9h30-13h et 15h-18h mer-dim oct-mars). Ce musée contient une belle collection de trouvailles archéologiques, ainsi qu'une maquette de la ville du IVe siècle av. J.-C. Muni d'un document explicatif très pratique, vous découvrirez notamment que les deux impressionnants lions de pierre qui ornent le couloir principal gardaient autrefois les portes de la ville, comme il était d'usage dans les villes phéniciennes. Notez également la mosaïque illustrant une panthère, au bout de la section principale : elle décorait autrefois un *triclinium* romain (salle à manger).

Un peu plus loin en contrebas, les tombes de la **nécropole** (fermée au public) s'étendent sur la colline. Encore 500 m plus bas, le **tophet** (tarif plein/réduit 4/2,50 €, billet combiné avec le Museo Archeologico tarif plein/réduit 7/4 € ; 9h-19h mer-dim en été, 9h30-13h et 15h-18h mer-dim en hiver), du VIIIe siècle av. J.-C. est un sanctuaire où les Phéniciens et les Carthaginois enterraient les enfants mort-nés.

Forte Su Pisu FORTERESSE
(2,50 € ; 9h-20h en été, 9h30-13h et 15h-18h en hiver). Montant depuis la basilique, la Via Castello tire son nom de ce fort piémontais du XIXe siècle, point culminant de la ville.

Museo Etnografico MUSÉE
(Via Necropoli 24a ; 3 € ; 9h-20h en été, 9h30-13h et 15h-18h en hiver). Situé dans le centre historique, ce musée présente les coutumes ancestrales au travers de matériel agricole et d'objets domestiques traditionnels.

Villaggio Ipogeo TOMBES
(entrée 2,50 €) . Une série de tombes puniques où vivaient autrefois les pauvres de la ville.

Fête

Festa di Sant'Antioco FÊTE TRADITIONNELLE
(www.tuttosantantioco.it). Cette fête, qui se déroule durant 4 jours autour du deuxième dimanche après Pâques, célèbre le saint patron de la ville au travers de processions, de musique et de danses traditionnelles, ainsi que de feux d'artifice et de concerts. Remontant à 1519, c'est l'une des plus anciennes fêtes patronales de l'île.

Où se restaurer et prendre un verre

Tamarindo Blu RESTAURANT €€
(0781 80 20 96 ; Via Azuni 28 ; repas 25 € environ ; jeu-mar). Malgré le décor nautique envahissant, la cuisine, bonne et copieuse, vaut le détour. L'*antipasto misto* et le poisson grillé sortent du lot.

Bar Colombo CAFÉ €
(Lungomare Cristoforo Colombo 94 ; café 1 €, boissons à partir de 1,50 € ; mar-dim). C'est ici que les pêcheurs viennent prendre leur café matinal, ce qui explique pourquoi le Columbo ouvre ses portes à 4h du matin. En été, les clients investissent le trottoir.

Pizzeria Biancaneve PIZZERIA €
(0781 80 04 67 ; Corso Vittorio Emanuele 110 ; pizzas 7,50 € ; 8h-24h). Un établissement de l'artère principale, qui vend des pizzas comme des petits pains aux passants.

Pierre BAR €
(078 180 04 55 ; Corso Vittorio Emanuele 86 ; boissons à partir de 1,50 € ; 20h-tard mer-lun). Les bancs en bois et la bière à la pression donnent à cet endroit populaire un petit air de pub. Il y a parfois beaucoup de monde les soirs d'été, et toujours de l'ambiance.

Renseignements

Office du tourisme (0781 8 20 31 ; www.santantioco.com ; Piazza Repubblica 31a ; 10h-13h et 17h-21h lun-ven)

Comment s'y rendre et circuler

BATEAU Des ferries relient Calasetta et Carloforte, sur l'Isola di San Pietro (p. 68).

BUS Sept bus par jour assurent la liaison entre Calasetta, Sant'Antioco (Piazza Repubblica) et Carbonia (1 €, 50 min), ainsi qu'Iglesias (4 €, 1 heure 45).

VÉLO Pour explorer le reste de l'île, **Euromoto** (0781 84 09 07 ; Via Nazionale 57 ; 9h-13h et 16h-20h) loue des vélos et des scooters pour 8 € et 30 € respectivement, et propose des excursions guidées à vélo. Organisées par des bénévoles, ces activités n'ont pas de prix prédéterminé, mais les pourboires sont bienvenus.

À TRAVERS L'ÎLE
Les plus belles plages de l'île se trouvent au sud de Sant'Antioco. Après 5 km, prenez l'embranchement pour **Maladroxia**, petit havre touristique comportant un port, une plage agréable et quelques hôtels.

De retour sur la grand route, dirigez-vous vers l'intérieur des terres jusqu'à un grand rond-point. En prenant à gauche (est), vous rejoindrez la Spiaggia Coa Quaddus, une plage sauvage qui s'étend à 3 km du **Capo Sperone**, la pointe sud de l'île, ou poursuivez à droite vers la côte sud-ouest, venteuse. Les meilleures plages de l'île se trouvent à **Cala Lunga**, au bout de la route. Citons aussi la charmante **Spiaggia Le Saline** (Salina), une autre bonne plage des environs.

Deuxième localité de l'île, **Calasetta** se situe à 10 km au nord-ouest de Sant'Antioco. Elle fut fondée en 1769 par des familles ligures de Tabarka.

Plusieurs plages vous attendent à quelques kilomètres au sud, le long de la côte nord-ouest, de même qu'un bon restaurant. Véritable institution locale, **Da Pasqualino** (☎0781 88 473 ; Via Regina Margherita 85 ; repas 30-35 € ; ⊙mer-lun) sert le produit de la pêche quotidienne. Optez pour le *cascá* (variante sarde du couscous) au poisson du jour ou, s'il y en a, de la langouste.

CÔTE SUD

Le littoral sud de la Sardaigne est absolument magnifique. La portion centrale, appelée Costa del Sud, présente, sur 20 km, le spectacle de la route serpentant le long de falaises déchiquetées plongeant dans une mer d'un bleu intense.

De Porto Botte à Porto di Teulada

S'étendant sur 15 km le long de la pointe sud de la Sardaigne, cette partie du littoral forme un patchwork de forêts de pins, de lagunes et de plages. La plus belle, et la plus fréquentée, est la fabuleuse **Spiaggia Porto Pino**, dans la station éponyme, près de Sant'Anna Arresi. Le week-end, la plage est bondée de Sardes qui viennent profiter du sable clair et d'une mer peu profonde, idéale pour les enfants et les nageurs timides. Près du vaste parking, plusieurs pizzerias bon marché attendent les vacanciers.

Une autre plage, la **Spiaggia Sabbie Bianche**, juste au sud de Porto Pino et accessible à pied, est réputée pour ses dunes soyeuses. Elle se situe toutefois sur un terrain militaire et n'est accessible qu'en juillet et août.

Depuis Porto Pino, vous n'avez pas d'autre choix que de vous enfoncer dans les terres vers Sant'Anna Arresi. De là, la SS195 se dirige vers le sud, contournant un immense triangle de terres vallonnées et le Capo di Teulada, le point le plus méridional de la Sardaigne. Comme une grande partie de cette zone, le Capo est occupé par une base de l'OTAN très controversée, généralement interdite au public. Après 10 km, bifurquez vers le sud (dans la direction opposée à Teulada), vers Porto di Teulada.

Plusieurs plages jalonnent cette partie de la côte, notamment **Cala Piombo** et **Porto Zafferano**, accessibles uniquement en juillet et août, et seulement par la mer. Vous trouverez des bateaux à la petite marina de **Porto di Teulada**, près de la plage de **Porto Tramatzu**.

Costa del Sud

La Costa del Sud commence à l'est de Porto di Teulada. Simple prélude, déjà superbe, le premier tronçon de la route passe devant plusieurs criques, avant de monter progressivement vers les hauteurs du **Capo Malfatano**. À mesure que la route serpente en direction du cap, on découvre sans cesse de nouveaux merveilleux panoramas de la côte, chaque pointe, ou presque, étant surmontée d'une tour de guet datant de l'époque espagnole. En chemin, la **Spiaggia Piscinni** est idéale pour un plongeon. Ce n'est pas la plus belle plage en matière de sable, mais l'eau y est d'une couleur incroyable.

Après avoir contourné la baie et passé la pointe suivante, vous pouvez marquer une halte à la **Cala Teuradda** pour contempler ses eaux d'un vert émeraude intense. C'est une plage fréquentée qui se trouve juste en face d'un arrêt de bus ARST. L'été, des snack-bars sont installés à proximité.

À partir de là, la route grimpe vers l'intérieur en s'éloignant de la mer. Pour admirer la côte, vous pouvez emprunter une route secondaire étroite, qui part au sud à la hauteur de Porto Campana ; elle se transforme bientôt en piste mais permet de rejoindre le phare du **Capo Spartivento**. De retour sur la route, guettez les indications des pistes qui conduisent jusqu'à une série de plages jalonnant le littoral en direction du nord : la **Cala Cipolla**, bordée de pins et de genévriers, la **Spiaggia Su Giudeu** et **Porto Campana**.

Au bout de ce tronçon, vous découvrirez une autre tour de guet espagnole qui surplombe **Chia**, destination touristique très fréquentée en été. Depuis la tour, la vue de la côte sud et des deux ravissantes plages de Chia – à l'ouest, la longue **Spiaggia Sa Colonia**, et à l'est, la plus petite **Spiaggia Su Portu** – est splendide. Paradis du surf, de la planche à voile et du kitesurf, ces plages accueillent chaque première quinzaine d'avril le Chia Classic, **compétitions de surf et de planche à voile**.

De Cagliari, jusqu'à 10 bus ARST circulent chaque jour depuis/vers Chia (3 €, 1 heure 15). Entre la mi-juin et la mi-septembre, 2 bus quotidiens desservent la Costa del Sud, reliant Chia à Spiaggia Teulada (Porto di Teulada ; 2 €, 35 min).

De Chia à Santa Margherita di Pula

À moins de séjourner dans l'un des nombreux complexes hôteliers qui envahissent cette partie de la côte, vous aurez bien du mal à apercevoir la mer par ici. Et c'est dommage, car les 9 km de côte entre Chia et Santa Margherita di Pula constituent l'une des plus belles portions du littoral sud-ouest de la Sardaigne : un chapelet de plages magnifiques, baignées par des eaux cristallines et adossées à des pinèdes odorantes.

Les bus ARST relient Santa Margherita di Pula à Cagliari (3 €, 1 heure, 9/j).

Pula

7 120 HABITANTS

À quelque 27 km de Cagliari, Pula est une bourgade agricole active, connue surtout pour sa proximité avec le site punico-romain de Nora. Excepté son petit musée archéologique, rien ne vous retiendra à Pula, mais sachez que la vie ici se concentre autour des cafés animés de la Piazza del Popolo.

L'**office du tourisme** (☎070 924 60 57 ; www.prolocopula.it ; c/o Centro Culturale Casa Frau, Piazza del Popolo ; ⏲9h30-12h30 et 15h-18h lun-ven), sur la place principale, fournit des renseignements sur la région proche. Vous pourrez consulter vos e-mails à **L'Isola del Viaggio** (☎070 920 83 73 ; Via Nora angle Via Conte Corinaldi ; 4 €/h ; ⏲9h-13h et 16h30-20h lun-sam).

À voir

PULA

Si vous prévoyez de visiter Nora, ce qui est probablement le cas si vous passez par Pula, le **Museo Archeologico** (☎070 920 96 10 ; Corso Vittorio Emanuele 67 ; 3 €, billet combiné avec le site de Nora 7 € ; ⏲9h-20h mar-dim mai-sept, 10h-13h et 15h-18h30 mer-dim oct-avr) vous plantera le décor. Il donne à voir des céramiques retrouvées dans les tombes puniques et romaines, quelques bijoux en or et en os, des verreries romaines et une maquette du site. Les notices explicatives, fort claires, sont rédigées en italien et en anglais.

NORA

À 4 km au sud de Pula, la zone archéologique de Nora est le principal site d'intérêt de la région. Mais avant d'y arriver, prenez le temps de vous arrêter à la petite **Chiesa di Sant'Efisio** (☎340 485 18 60 ; ⏲16h-19h30 sam, 10h-12h et 16h-21h30 dim), sur votre gauche lorsque vous roulez en direction de Nora. Cette église romane du XIIe siècle a été construite à l'endroit où le commandant en chef romain Éphise fut exécuté, en 303, pour s'être converti au christianisme. Malgré sa petite taille, l'église accueille les festivités de la Festa di Sant'Efisio (1er mai), lorsque les pèlerins y transportent, depuis Cagliari, l'effigie du saint (voir p. 45).

À l'époque d'Éphise, **Nora** (billet combiné avec le Museo Archeologico de Pula tarif plein/réduit 7/3 € ; ⏲9h-19h30) était l'une des cités les plus importantes de l'île et le siège du gouvernorat romain, en liaison avec Karalis (l'actuelle Cagliari), à l'est, et Bythia à l'ouest. Le site était toutefois un important comptoir bien avant que les Romains n'arrivent. Fondée au XIe siècle av. J.-C. par les Phéniciens en provenance d'Espagne, la ville est ensuite passée aux mains des Carthaginois, puis finalement des Romains au IIIe siècle. Difficile à protéger, la cité fut cependant abandonnée dès le Moyen Âge, les temples pillés par les pirates arabes et les colonnes de marbre brisées.

Seule subsiste aujourd'hui une fraction de l'antique cité (une grande partie est engloutie sous l'eau), et ce n'est qu'en atteignant les contours rocheux du promontoire qu'on en aperçoit les vestiges.

Après l'entrée, une **colonne** solitaire rappelle la présence de l'ancien temple de Tanit, la Vénus carthaginoise. Une grande partie des éléments en verre exposés au musée de Pula ayant été mis au jour à proximité, certains historiens avancent que l'ensemble du temple pouvait être décoré dans ce matériau. Au-delà, face à la mer, s'étend un petit **théâtre** romain joliment préservé. Vers l'ouest se trouvent les vestiges assez imposants des **Terme al Mare** (thermes près de la mer). Un tétrastyle – ensemble de quatre colonnes – se dresse au centre de ce qui était une villa patricienne ; des parterres de mosaïques subsistent dans les pièces qui l'entourent. D'autres vestiges de mosaïques sont visibles dans un temple situé près de l'extrémité du promontoire.

Jusqu'à 16 bus par jour font la navette entre Pula et Nora.

LAGUNA DI NORA

La plaisante **Spiaggia di Nora** et, un peu plus loin, la **Spiaggia Su Guventeddu**, plus grande, se trouvent juste avant l'entrée du site antique de Nora. Notez toutefois qu'il est interdit de pénétrer sur le site en maillot de bain.

Sur le versant ouest du promontoire de Nora, on peut souvent voir des **flamants roses** se promener sur la lagune. Pour en savoir plus sur le système des lagunes et la faune aquatique, rendez-vous au **centre didactique Laguna di Nora** (☎070 920 95 44 ; www.lagunadinora.it ; ⏲été), qui possède un petit aquarium (tarif plein/réduit 8/6 €) et organise des excursions en été, comme de la plongée au tuba (adulte/réduit 25/15 €) et des sorties en canoë (tarif plein/réduit 20/15 €).

Où se restaurer

Su Zilleri RESTAURANT €

(☎070 732 14 19 ; Piazza del Popolo 69 ; menus fruits de mer/viande 16/18 €). Sur la place principale de Pula, ce joli restaurant présente de généreux menus comprenant un *antipasto* (poisson fumé ou charcuterie), un plat de résistance (risotto aux fruits de mer ou steak de bœuf fondant), le vin et le café. Service aimable et terrasse fort agréable.

Crazy Art Gelateria GLACIER €

(Corso Vittorio Emanuele 4 ; glaces 2,70 € ; ⏲16h-24h lun-sam, 12h-24h dim). C'est ici que vous pourrez acheter l'un des meilleurs produits italiens : la crème glacée ! À vous de la savourer sur la Piazza del Popolo.

Zio Dino RESTAURANT-PIZZERIA €€

(☎070 920 91 59 ; Viale Segni 14 ; pizzas 5 €, repas 30 € environ ; ⏲lun-sam). Aisément repérable à son nom écrit en graffiti haut sur le mur, ce Zio Dino propose une solide carte de pizzas, fruits de mer et plats de viande.

Depuis/vers Pula

BUS Jusqu'à 20 bus ARST circulent tous les jours depuis Cagliari (2 €, 50 min).

LE CAMPIDANO

Le Campidano, l'une des plus importantes régions agricoles de la Sardaigne, est une vaste plaine plate qui s'étend au nord-ouest de Cagliari. Si le paysage jaune et poussiéreux semble parfois peu accueillant, notamment en été, lorsque la chaleur torride enveloppe la région d'une épaisse brume de chaleur, ces terres ne sont pas dénuées d'intérêt.

Uta, Castello di Acquafredda et San Sperate

L'un des plus beaux exemples d'église romane du sud de la Sardaigne est à voir en lisière d'Uta, une localité agricole très étendue, à 20 km au nord-ouest de Cagliari. Édifiée vers 1140 par des moines victorins de Marseille, la **Chiesa di Santa Maria** (suivre le fléchage en brun indiquant le Santuario di Santa Maria) est surtout remarquable pour la richesse des modillons sculptés qui courent le long de la corniche.

Si vous allez vers l'ouest sur la voie rapide, la SS131, songez à faire un petit détour vers le sud au carrefour de Siliqua, à 14 km à l'ouest d'Uta. Environ 5 km plus au sud, un château en ruine, couronnant un mont incroyablement escarpé, surgit tout à coup de la plaine. En approchant, vous constaterez qu'il ne subsiste guère plus que les murs à demi écroulés du **Castello di Acquafredda**, qui servit de refuge temporaire Gelfo della Gherardesca, lorsque son père, Ugolino, fut emprisonné à Pise et que sa famille fut bannie.

Au sud du *castello*, la **Riserva Naturale di Monte Arcosu** est une réserve du World Wildlife Fund (WWF) gérée par la **cooperativa Il Caprifoglio** (☎070 96 87 14 ;

www.ilcaprifoglio.it ; 5 € ; ⌚9h-17h sam-dim) et l'un des derniers habitats du *cervo sardo* (cerf sarde). Au sommet du Monte Arcosu (948 m), la réserve abrite également ours, martres, chats sauvages, belettes et de nombreux rapaces.

À environ 12 km au nord-est d'Uta, San Sperate est connue pour ses fameux *murales* (peintures murales), qui égayent les murs de pierre du bourg. Contrairement aux fresques d'Orgosolo, elles n'expriment pas des sentiments d'injustice, mais donnent plutôt une image de la vie traditionnelle à la campagne, à côté de quelques représentations plus urbaines (des skateboards parsemant un mur, comme un ensemble de tongues colorées). Parmi les plus connues, citons la *Storia di San Sperate* (l'histoire de San Sperate), sur la Via Sassari, réalisée par Pilloni Angelo. L'initiative de ces peintures murales revient à Pinuccio Sciola (né en 1942), un sculpteur local influencé par l'artiste mexicain Diego Rivera (1886-1957).

Pour une pause déjeuner, rendez-vous chez **Ada** (☎070 96 00 972 ; www.ristoranteada.eu ; Via Cagliari 21 ; repas 25-30 € ; ⌚lun-sam), table baptisée du nom de sa célèbre cuisinière, qui confectionne pas moins de 13 sortes de raviolis, à goûter absolument, à côté du *mazzamurru* (pain dur dans une sauce à la viande et au fromage) ou des *antipasti*, tels qu'asperges sauvages ou *prosciutto* aux figues de Barbarie en conserve. Comme plat principal, le steak de cheval et la *tagliata* de bœuf sont succulents. Enfin, les fromages du cru concluront le repas en beauté. Belle carte des vins et quelques bières artisanalLes bus ARST permettent de faire l'excursion à Uta depuis Cagliari (1,50 €, 45 min, 10/j lun-ven, 3/j dim), mais sachez que l'église se trouve à environ une demi-heure de marche du centre. Pour San Sperate, les bus partent de Cagliari toutes les heures (3 €, 30 min). Pour aller à Castello di Acquafredda, il faut nécessairement être motorisé.

Sanluri

8 570 HABITANTS

Sanluri, l'une des plus grandes localités de la province du Medio Campidano, est un centre agricole très vivant. Au XIVe siècle, la reine Eleonora d'Arborea y vécut quelque temps, pour asseoir son opposition à l'expansion catalano-aragonaise. En 1409, la résistance insulaire fut finalement jugulée lors de la bataille de Sanluri, laissant la place à plusieurs siècles de domination espagnole. Malheureusement, il ne reste que très peu de traces visibles de la gloire passée de Sanluri, si ce n'est le château d'Eleonora, trapu et maussade.

À deux pas de la Via Carlo Felice, l'artère principale, le château accueille aujourd'hui le **Museo Risorgimentale Duca d'Aosta** (☎070 930 71 05 ; Via Generale Nino Villa Santa 1 ; tarif plein/réduit 6/4 € ; ⌚16h30-21h mar-lun, 10h-13h et 14h30-21h dim en été, 9h45-13h et 15h-19h dim en hiver) et sa collection éclectique d'objets militaires. Une catapulte médiévale, une torpille et des mortiers sont disséminés dans le jardin, tandis que l'intérieur abrite un extraordinaire éventail d'objets, allant du mobilier d'époque jusqu'aux souvenirs militaires provenant de divers conflits plus récents.

Un peu plus loin, de l'autre côté de la Via Carlo Felice, suivez la Via San Rocco sur une centaine de mètres, puis tournez à gauche vers le monastère franciscain, tout en haut de la côte : vous arriverez au **Museo Etnografico Cappuccino** (☎070 930 71 07 ; Via San Rocco 6 ; 3 € ; ⌚sur rdv uniquement). Les objets exposés sont tout aussi variés : pointes de flèche en obsidienne, pièces romaines, outils agricoles, horloges, art religieux, etc.

Sanluri est bien desservie par les bus ARST depuis/vers Cagliari (3 €, 1 heure).

Sardara

4 270 HABITANTS

À 8 km au nord-ouest de Sanluri par la SS131, Sardara est une bourgade paisible construite à même la roche. En son centre, la **Chiesa di San Gregorio** (Piazza San Gregorio), une ravissante église, fut construite entre 1300 et 1325. Bel exemple de transition entre le roman et le gothique, sa façade sombre, tout en hauteur, est éclairée par une jolie rosace.

Un peu plus haut, le **Civico Museo Archeologico Villa Abbas** (☎070 938 61 83 ; www.coopvillabbas.sardegna.it ; Piazza Liberta 7 ; 2,60 €, billet combiné avec la Chiesa di Sant'Anastasia 4,50 € ; ⌚9h-13h et 17h-20h mar-dim en été, 9h-13h et 16h-19h en hiver) abrite une collection de trouvailles archéologiques mises au jour dans la région. Les objets les plus admirables sont deux statuettes de bronze trouvées en lisière de Sardara en 1913, et qui remonteraient au VIIIe siècle av. J.-C. À l'arrière du musée,

FENÊTRES SUR LA PRÉHISTOIRE

Des siècles durant, les Sardes ne se sont guère souciés des *nuraghi*, massives tours de pierre disséminées à travers le paysage insulaire et souvent utilisées par les bergers comme modestes abris. Mais, il y a 70 ans, des analyses au carbone 14 ont révélé que ces constructions fortifiées remontaient en réalité à l'âge du bronze, la plupart ayant été édifiées entre 1800 et 500 av. J.-C. En l'absence de traces écrites – les spécialistes supposent de ce fait que les antiques habitants de l'île ne connaissaient pas l'écriture – ces édifices, ainsi que les *tombe dei giganti* (sépultures collectives, littéralement "tombes des géants"), constituent l'un des rares témoignage de la civilisation nuragique.

Il existerait en Sardaigne jusqu'à 7 000 *nuraghi* et probablement le double si l'on inclut ceux qui gisent encore sous terre. Si leur fonction exacte a longtemps suscité le débat, les archéologues pensent maintenant qu'ils servaient à la fois de tour de guet, d'espace rituel et de lieu de rassemblement pour les célébrations et les échanges commerciaux.

Les premiers *nuraghi* consistaient en de simples tours indépendantes dotées d'une chambre intérieure. Au fil du temps, ils se sont agrandis – le Nuraghe Santu Antine bat le record de hauteur (25 m) – et leur structure s'est complexifiée, avec l'introduction d'un réseau de salles élaborées et de passages labyrinthiques. Des murailles ont été bâties autour des grandes tours de guet et les villageois ont trouvé refuge à l'abri de celles-ci. Le Nuraghe Su Nuraxi, un ensemble en forme de ruche près de Barumini, donne à voir l'exemple le plus impressionnant.

des fouilles ont été menées sur l'ancien site de Sa Costa.

Une centaine de mètres plus loin, l'**Area Archeologico et la Chiesa di Sant'Anastasia** (☎070 938 61 83 ; www.coopvillabbas.sardegna.it ; Piazza Sant'Anastasia ; billet combiné avec le Civico Museo 4,50 € ; ⏲9h-13h et 17h-20h mar-dim en été, 9h-13h et 16h-19h en hiver) présentent également un intérêt archéologique. La petite église gothique se dresse au milieu de ce qui fut le site d'un temple nuragique. Le cœur de cet ensemble était le puits sacré connu sous le nom de *Sa funtana de is dolus* (fontaine de la douleur), sous l'église (l'accès est à gauche quand on fait face à l'église).

À quelques kilomètres à l'ouest du bourg (de l'autre côté de la SS131), **Santa Maria de Is Acquas** occupe le site d'anciens thermes romains. À 4 km au sud, une route de terre conduit au **Castello Monreale**, dont ne subsistent plus que les murs. Érigé par le gouverneur d'Arborea, ce château servit un temps de refuge aux troupes de Brancaleone Doria vaincues à la bataille de Sanluri. Après avoir été transformé en garnison en 1478 par les Catalano-Aragonais, il fut rapidement laissé s à l'abandon. Quelques céramiques médiévales colorées et d'autres objets retrouvés lors des fouilles du château sont exposés dans le musée de Sardara.

Les hébergements n'ont rien de spécial à Sardara, et la bourgade est facilement accessible depuis Cagliari. Des bus ARST font la liaison avec la capitale (4 €, 1 heure 15, 12/j lun-sam, 4/j dim).

LA MARMILLA

Au nord-est de Sardara, le paysage change radicalement d'aspect : les plaines poussiéreuses du Campidano cèdent la place aux vertes collines de la Marmilla, dont le nom dérive justement de ces reliefs (*marmilla*, dérivé de *mammellare* signifie "en forme de sein"). La Marmilla est une terre bucolique rythmée par une vie agricole paisible, mais aussi l'une des régions les plus riches de Sardaigne sur le plan archéologique. C'est ici, à l'ombre du haut plateau connu sous le nom de Giara di Gesturi, que vous trouverez le plus célèbre site nuragique de l'île, inscrit au patrimoine mondial de l'Unesco : le Nuraghe Su Nuraxi.

Villanovaforru et le Nuraghe Genna Maria

690 HABITANTS

À la lisière sud de la Marmilla, Villanovaforru est un petit village très coquet, dont les sites archéologiques attirent une multitude de visiteurs. Le village lui-même abrite un musée intéressant, alors que le grand village nuragique de Genna Maria se trouve à un saut de puce à l'ouest.

Installé dans un beau *palazzo* du XIXe siècle, au centre du village, le **Museo Archeologico** (☎070 930 00 50 ; Piazza Costituzione 4 ; 3,50 €, billet combiné avec le *nuraghe* 5 € ; ⌚9h30-13h et 15h30-19h mar-dim en été, jusqu'à 18h en hiver) donne une bonne idée du passé préhistorique de la région, avec sa collection d'objets mis au jour dans des sites comme Su Nuraxi et Genna Maria, notamment d'énormes amphores, des lampes à huile, des bijoux et des pièces de monnaie.

Adjacente au musée, la **Sala delle Mostre** (1,50 € ; ⌚9h30-13h et 15h30-19h mar-dim en été, jusqu'à 18h en hiver) accueille souvent des expositions temporaires axées sur la vie et l'histoire locales.

Pour visiter le site du **Nuraghe Genna Maria** (☎070 930 00 50 ; 2,50 €, billet combiné avec le Museo Archeologico 5 € ; ⌚9h30-13h et 15h30-19h mar-dim en été, jusqu'à 18h oct, fév et mars, 9h30-13h et 14h30-17h en hiver), indiqué Parco Archeologico, suivez sur 1 km la route en direction de Collinas. Le *nuraghe*, dont ne subsistent que des ruines, est l'un des plus importants de l'île sur le plan archéologique. Il consiste en une tour centrale autour de laquelle furent par la suite érigées trois tours d'angle. Beaucoup plus tard, à l'âge du fer, un rempart fut construit pour protéger un village dont il ne reste plus grand-chose aujourd'hui.

Vers le nord-est du village, indiqué depuis la route de Lunamatrona, le **Museo del Territorio Sa Corona Arrùbia** (☎070 934 10 09 ; www.museosacoronarrubia.it ; Localita Lunamatrona ; 8 €, avec télésiège 10 € ; ⌚9h-13h et 15h-19h mar-ven, 9h-19h sam-dim) présente la faune et de la flore locales à travers la reconstitution de 4 écosystèmes de la Marmilla. Mieux encore, il possède un télésiège (*seggiovia*) s'élevant jusqu'à un belvédère : le point de vue sur la Giara di Siddi, un plateau basaltique, y est superbe.

L'ARST assure deux services de bus par jour en semaine depuis Cagliari (4 €, 1 heure 30). Des liaisons sont également assurées depuis/vers Sardara (1 €, 15 min, 5/j lun-sam) et Sanluri (1 €, 15 min, 3/j lun-sam).

Las Plassas

En suivant les zigzags de la route au nord-est de Villanovaforru, vous vous retrouverez dans la direction de Barumini. Bien avant d'atteindre cette localité, vous verrez les ruines du **Castello di Marmilla**, un château fort du XIIe siècle perché en haut d'une colline conique, à côté du hameau de Las Plassas. Ce château faisait partie de la ligne de fortifications construites par les souverains médiévaux d'Arborea sur la frontière avec la province de Cagliari.

Pour y accéder, prenez sur la gauche (vers Tuili) à la fourche située à l'entrée de Las Plassas. Sur votre gauche, un sentier monte en serpentant au sommet de cette colline.

Barumini

1 380 HABITANTS

Depuis Las Plassas, la route conduit, à travers des paysages généreux, à Barumini, un village où les maisons de pierre grise bordent des ruelles tranquilles. Au carrefour, dans le centre du village, la petite **Chiesa di Santa Tecla**, du XVIIe siècle, est agrémentée d'une adorable rosace.

Non loin, le **Polo Museale Casa Zapata** (☎070 936 81 28 ; Piazza Giovanni XXIII ; 7 €, billet combiné avec le Nuraghe Su Nuraxi 10 € ; ⌚10h-13h30 et 15h-19h30) est un remarquable complexe muséal installé dans l'ancienne demeure de la famille espagnole Zapata, qui régna sur la Marmilla au XVIe siècle. La villa, blanchie à la chaux, est construite sur un site nuragique datant du 1er millénaire av. J.-C., adroitement intégré à la collection du musée. Vous pourrez y voir des objets retrouvés à Su Nuraxi, ainsi qu'une section consacrée à la dynastie Zapata, et une petite collection d'outils agricoles.

À un kilomètre à l'ouest du village, le **Parco Sardegna in Miniatura** (☎070 936 10 04 ; www.sardegnainminiatura.it ; tarif plein/réduit 12/10 € ; ⌚9h-17h lun-sam, jusqu'à 18h dim) est une reconstitution miniature de l'île. Les enfants apprécieront, d'autant qu'il y a un grand terrain de jeu et de nombreuses tables de pique-nique.

Nuraghe Su Nuraxi

Seul site sarde inscrit par l'Unesco sur la Liste du patrimoine de l'humanité, le **Nuraghe Su Nuraxi** (http://whc.unesco.org/fr/list/833 ; tarif plein/réduit 7/5 €, billet combiné avec le Polo Museale Casa Zapata 10/8 € ; ⏲visite guidée ttes les 30 min 9h-13h et 14h-19h) se situe à environ 1 kilomètre à l'ouest de Barumini, sur la route de Tuili. Notez que les visites sont obligatoirement guidées, généralement en italien, et que des notices explicatives sont disponibles en anglais. En été, il y a souvent une file d'attente en plein soleil.

Le principal et le plus ancien des éléments qui composent Su Nuraxi est sa tour centrale, qui se dressait autrefois sur 3 étages jusqu'à près de 20 m de haut. Lors de son édification, vers 1500 av. J.-C., elle se tenait seule au milieu du site, mais quatre tours ont été rajoutées plus tard, reliées entre elles par un mur d'enceinte vers 1000 av. J.-C.

Autour s'étendent les vestiges d'un ancien village nuragique, formé d'un agglomérat de pièces circulaires qui, telles une ruche, s'étendent sur la colline. Le premier de ces bâtiments fut érigé à l'âge du fer, vers le VIIIe siècle av. J.-C. Quand le village se développa, un mur d'enceinte plus complexe fut construit autour de la partie centrale, composée de neuf tours percées de meurtrières. Des boulets de pierre massifs, servant sans doute d'armes, ont été retrouvés lors des fouilles.

Au VIIe siècle av. J.-C., le site fut en partie détruit par les Carthaginois, sans être pour autant abandonné. Il continua même d'être habité et de se développer à l'époque romaine. Des vestiges d'égouts et de canalisations rudimentaires ont ainsi été identifiés.

Le site fut redécouvert par Giovanni Lilliu (le plus célèbre archéologue de Sardaigne) en 1949, après que des pluies torrentielles eurent érodé la terre compacte recouvrant le *nuraghe*, que rien ne distinguait auparavant des autres monticules de la Marmilla. Les fouilles se poursuivirent durant six ans, et le site est aujourd'hui le seul *nuraghe* entièrement mis au jour en Sardaigne. On peut se faire une idée du travail qui fut nécessaire en regardant le nombre de briques qui ont été incorporées à la construction : elles y furent délibérément posées pour permettre de facilement distinguer le basalte d'origine.

Giara di Gesturi

À cinq kilomètres à l'ouest de Barumini, la bourgade de Tuili jouxte l'étrange Giara di Gesturi, un haut plateau basaltique qui surplombe la campagne environnante. Cette remarquable formation tabulaire de 4 500 ha, piquetée de maquis et de chênes-lièges rabougris, est le domaine des taureaux roux à longues cornes propres à la Sardaigne, ainsi que des *cavallini* (petits chevaux) sauvages, une espèce indigène.

Les endroits les plus propices pour voir ces chevaux, tôt le matin ou en fin d'après-midi, sont les lacs saisonniers, appelés *pauli* (tel le Pauli Maiori). L'hiver, ces lacs sont couverts d'une eau verte peu profonde, dont la plus grande partie s'évapore quand viennent les fortes chaleurs. Dans certains cas, comme au Pauli S'Ala de Mengianu, l'eau piégée en sous-sol, dans le basalte, sourd au niveau des *pauli*, et c'est là que les chevaux viennent étancher leur soif.

Le plateau jouit d'un microclimat qui favorise l'épanouissement d'une multitude de plantes rares, particulièrement au printemps quand le sol est tapissé de bruyères et d'**orchidées** (15 variétés) en fleurs. C'est un endroit très intéressant pour se promener à pied, d'autant que le plateau est sillonné de sentiers. Quelques rares pistes permettent aussi d'y circuler avec un véhicule. On peut encore y voir, à l'occasion, une *pinedda* (cabane de berger traditionnelle à toit de chaume).

Renseignez-vous auprès de l'**office du tourisme** (☎070 936 30 23 ; www.prolocotuili.it ; Via Amsicora 3 ; ⏲9h-19h) de Tuili, où il y a aussi de nombreuses agences qui organisent des excursions, comme **Jara Escursioni** (⏲070 936 42 77, 3482924983 ; www.parcodellagiara.it ; Via Tuveri 16). Près de Barumini, **Sa Jara Manna** (☎070 936 81 70 ; www.sajaramanna.it ; SS197 km 44) propose des excursions guidées à pied (46 € la demi-journée pour un groupe de 25 pers maxi) et en 4x4 (115 € la demi-journée). Il loue aussi des VTT (9 € la demi-journée). La journée ou la demi-journée d'excursion incluent un "déjeuner du berger" sur le plateau, dans une *pinedda*.

Avant de pénétrer dans la Giara, arrêtez-vous à la **Chiesa di San Pietro** de Tuili, qui abrite quelques belles œuvres d'art, en particulier un grand *retable* exécuté en 1500 par le fameux Maestro di

Castelsardo. Pour la visiter, adressez-vous à l'office du tourisme.

Vous pouvez aussi accéder à la Giara depuis Setzu et, à l'est, par Gesturi. Si vous venez de **Setzu**, tournez à droite juste au nord de la localité. La route serpente durant 3 km au-dessus de mornes plaines ; à la borne indiquant 2 km, vous verrez sur la gauche la *tomba dei giganti* ("tombe des géants", une ancienne sépulture collective), appelée Sa Domu' e s'Orku. À l'entrée du Parco della Giara, l'asphalte cède la place à la terre, mais on peut continuer sur cette piste cahoteuse (lentement) avec une voiture de tourisme et traverser le plateau jusqu'à Gesturi, côté est.

À l'extrémité est de la Giara, à 5 kilomètres de Barumini, Gesturi est dominée par une grande église baroque du XVIIe siècle, la **Chiesa di Santa Teresa d'Avila**. Elle attire chaque année une foule de pèlerins qui viennent célébrer la mémoire du plus illustre enfant du pays, Fra Nicola "Silenzio" (1882-1958). La béatification, en 1999, de ce frère franciscain admiré pour sa dévotion, sa sagesse, ainsi que pour la simplicité de sa vie, fut une source d'immense fierté pour tous les citoyens de Gesturi. Ils ornèrent alors leur ville de peintures murales et de grands portraits de cet homme qu'ils avaient connu sous le nom de frère Silence.

Deux bus ARST relient, en semaine, Cagliari à Tuili (4,50 €, 1 heure 30). Sinon, il faut être motorisé pour accéder au plateau.

La Côte

Les plus belles plages »
Les destinations phares »

La belle vie à Cala Goloritzè

Les plus belles plages

Les Sardes affirment que lorsque Dieu descendit pour la première fois sur terre, il mit le pied sur une île et créa instantanément la Sardaigne ! Il faut dire que les plages de l'île frisent le divin. Lisses ou accidentées, sablonneuses ou recouvertes de galets, blanches ou dorées, il y en a pour tous les goûts.

Spiaggia della Pelosa

1 Étendue de sable blanc contrastant avec une mer bleu électrique, la Spiaggia della Pelosa (p. 132), offre une vision paradisiaque. En face, un îlot rocheux surmonté d'une tour de guet espagnole.

Chia

2 Les véliplanchistes, les arpenteurs de dunes et les ornithologues amateurs, s'extasient devant Chia (p. 74) et ses plages de carte postale à l'abri des genévriers.

Cala Brandinchi

3 Les eaux turquoise et le sable poudreux de Cala Brandinchi (p. 151) en font un "petit Tahiti". Alors pourquoi aller en Polynésie ?

Cala Goloritzè

4 Parler des pitons calcaires, du sable blanc et de la mer couleur Curaçao de Cala Goloritzè (p. 198) ne donne qu'une pâle idée de la beauté stupéfiante de ces plages.

Spiaggia di Piscinas

5 Marcher pieds nus, au coucher du soleil, dans les dunes qui s'élèvent à 30 m derrière la Spiaggia di Piscinas (p. 64), a quelque chose de magique. Le fait que cette plage ne soit accessible que par une piste de terre ajoute encore à l'impression d'isolement.

De gauche à droite dans le sens des aiguilles d'une montre

1. La Spiaggia della Pelosa, très fréquentée **2.** Une baie de Chia **3.** La superbe Cala Brandinchi **4.** Les eaux turquoise de Cala Goloritzè

2

WOK / IMAGEBROKER ©

3

Les lieux phares

En Sardaigne, peu importe où vous mettez le cap, car les plages splendides se succèdent à l'infini. Mais quel point de chute choisir ? De l'Est animé à l'Ouest venteux, du Nord huppé au Sud sauvage, voici les zones balnéaires les plus prisées le long des côtes.

Cala Gonone

1 Cala Gonone (p. 192) est une base parfaite pour explorer les baies, les falaises et les grottes du Golfo di Orosei, à pied ou en bateau. Les grimpeurs s'enthousiasment devant ses rochers à pic et les familles adorent son atmosphère détendue.

Costa del Sud

2 Éclipsée, à tort, par des rivages sardes plus célèbres, la Costa del Sud (p. 73) est une beauté méconnue aux plages bordées de pins et de falaises plongeant dans une mer d'un bleu intense. Le vent et les vagues attirent véliplanchistes et surfeurs.

Costa Smeralda

3 Profiter des eaux vert émeraude, du paysage marin et des plages d'un blanc nacré de la fameuse Costa Smeralda (p. 152) ne coûte pas nécessairement une fortune – à condition d'oublier Porto Cervo et sa jet-set pour loger dans l'arrière-pays.

Costa Verde

4 Pour un aperçu de la Sardaigne d'avant les promoteurs, suivez les chemins de terre menant aux plages de la Costa Verde (p. 64), adossées à d'immenses dunes, et séjournez dans un *agriturismo* (gîte rural).

Alghero

5 De la cité médiévale d'Alghero (p. 115), la route dessert, au nord, des baies ombragées de pins, des criques rocheuses et le spectaculaire Capo Caccia. À la pointe nord-ouest de l'île vous attendent l'enchanteresse Spiaggia della Pelosa, et l'Isola Asinara à la nature sauvage.

DALLAS STRIBLEY / LONELY PLANET IMAGES ©

DAMIEN SIMONIS / LONELY PLANET IMAGES ©

À droite
1. Plage de Cala Gonone **2.** Vue de la Costa del Sud

Oristano et l'Ouest

Dans ce chapitre »

Le top des restaurants

» Peschiera Pontis (p. 93)
» Desogos (p. 102)
» Il Caminetto (p. 94)
» Trattoria Gino (p. 89)
» Sa Pischedda (p. 98)

Le top des hébergements

» Hotel Lucrezia (p. 208)
» Corte Fiorita (p. 209)
» Eleonora B&B (p. 208)
» Mandra Edera (p. 209)

Pourquoi y aller

Les amoureux de la nature adoreront cette région de la Sardaigne, avec ses zones humides côtières adossées à des monts solitaires balayés par les vents. La faune y est abondante – des colonies de flamants roses peuplent ses lagunes – et les occasions de monter à cheval ne manquent pas. Le littoral est également réputé pour ses magnifiques plages, des étendues de sable sauvages et désertes aux cités balnéaires tournées vers les sports nautiques.

Les gourmets pourront aussi se régaler : vin blanc Vernaccia d'Oristano, huile d'olive et viande de *bue rosso* (bœuf rouge) du Montiferru, oranges de Milis et *bottarga* (poutargue) de la péninsule du Sinis. Quant aux amateurs de vieilles pierres, ils auront l'embarras du choix entre les différentes ruines romaines et les *nuraghi* disséminés dans le paysage verdoyant.

Au cœur de la région trône Oristano, l'une des grandes cités médiévales de l'île, et l'un de ses importants centres économiques. La villle a conservé tout son attrait et son animation, avec un joli quartier historique, de bons restaurants et une belle atmosphère exubérante. Ajoutez à cela le charme de la vieille ville de Bosa, une des plus ravissantes bourgades de Sardaigne, et vous aurez un tableau on ne peut plus séduisant de cette partie de l'Ouest.

Quand partir

Pour voir les flamants roses de la péninsule du Sinis, janvier est le mois le plus propice. Sa Sartiglia, sans doute le carnaval le plus pittoresque de la Sardaigne, se déroule à Oristano en février, suivi de près par le *martedi grasso* (Mardi gras) de Bosa, aux festivités parfois étranges. Les célébrations de Pâques sont à l'honneur dans toute la région en avril. Si vous souhaitez vous prélasser au soleil, venez plutôt en mai et en juin. La Festa di Santa Maria del Mare, lors de laquelle les pêcheurs rendent hommage à la Vierge Marie, se tient à Bosa en août. La Festa di San Salvatore (saint Sauveur), fin août-début septembre, donne l'occasion d'assister à la Corsa degli Scalzi ("course des déchaussés"), pieds nus, entre Cabras et San Salvatore.

À ne pas manquer

1 La vue époustouflante depuis le **Montiferru** (p. 100)

2 Les plaisirs du farniente sur la plage d'**Is Aruttas** (p. 93), au sable de quartz blanc étincelant

3 Les vestiges de la cité antique de **Tharros** (p. 94), balayée par les vents

4 L'étrange ambiance du village de **San Salvatore**, oscillant entre ferveur religieuse et western (p. 94)

5 La folie du carnaval durant la **Sartiglia** (p. 89) d'Oristano

6 La dangereuse course de chevaux qui a lieu lors de la fête de **S'Ardia** (p. 101), à Sedilo

7 Une balade en canoë depuis **Bosa** (p.96), pour remonter le Temo, seul cours d'eau navigable de Sardaigne

8 Une remontée dans le temps au cœur de l'impressionnant **Nuraghe Losa** (p. 104)

ORISTANO

33 000 HABITANTS

Le centre d'Oristano surprend agréablement, avec ses belles rues commerçantes, ses jolies places et ses cafés animés, en plus de quelques fameux restaurants. Hormis une poignée d'églises abritant de remarquables œuvres d'art et un intéressant musée archéologique, il n'y a pas grand-chose à voir, mais cette ville plaisante constitue une bonne base pour explorer la région.

Histoire

La plaine plate et fertile autour d'Oristano fut un important centre nuragique. Dans la seconde moitié du VIIIe siècle av J.-C., les Phéniciens y fondèrent la cité de Tharros, qui allait prospérer sous les Romains et devenir, de facto, la capitale de l'ouest de la Sardaigne.

Tharros fut finalement abandonnée en 1070, quand, épuisés par les raids sarrasins, ses habitants partirent se réfugier à Aristianis (l'actuelle Oristano), site de l'intérieur plus facile à défendre. Cette nouvelle cité devint la capitale du Giudicato d'Arborea, l'une des quatre provinces indépendantes de Sardaigne, et servit de base d'opérations à Eleonora d'Arborea (vers 1340-1404). Héroïne régionale de la stature de Jeanne d'Arc, Eleonora organisa la guerre du XIVe siècle contre les Espagnols et rédigea la *Carta de Logu* (Code des lois ; p. 229), avant de mourir de la peste. À sa mort, l'opposition anti-hispanique s'essouffla, laissant Oristano, comme le reste de la Sardaigne, passer sous domination aragonaise. La ville connut alors une période terrible. Le commerce s'effondra, la peste et la famine firent des ravages.

La construction de la route Cagliari-Porto Torres, dans les années 1820, et les programmes de bonification des terres instaurés par Mussolini, donnèrent à Oristano le nouvel essor dont elle avait besoin.

À voir

Les principaux sites d'Oristano se trouvent dans le joli *centro storico* (centre historique) aux maisons de pierre, aux places ensoleillées et aux rues à l'architecture baroque.

Duomo CATHÉDRALE

(Piazza Duomo). Couvert de carreaux de faïence, le bulbe du clocher du Duomo domine la ligne d'horizon d'Oristano. Ce *campanile* est l'un des rares vestiges de la cathédrale du XIVe siècle, elle-même résultant du remaniement d'une église plus ancienne ravagée par le feu à la fin du XIIe siècle. Mais, pour le reste, le Duomo présente essentiellement un visage baroque, typique du XVIIIe siècle.

Les absides et la Cappella del Rimedio comptent parmi les quelques éléments gothiques subsistant à l'intérieur. Cette chapelle abrite une sculpture en bois attribuée au sculpteur toscan Nino Pisano, l'*Annunziata* ou *Madonna del Rimedio*.

Chiesa di San Francesco ÉGLISE

(Via Sant'Antonio). Cette église de style néoclassique a été conçue par Gaetano Cima (1805-1878), grand architecte sarde originaire de Cagliari. Parmi les œuvres notables qu'elle renferme, citons le *Crocifisso di Nicodemo*, superbe sculpture en bois du XIVe siècle, l'une des plus précieuses de l'île, ainsi que, dans la sacristie, le panneau central d'un retable de Pietro Cavaro, grand peintre sarde de l'école de Stampace (*scuola di Stampace*), XVIe siècle.

Piazza Eleonora d'Arborea PLACE

Sorte d'élégant salon en plein air, la Piazza Eleonora d'Arborea s'ouvre à l'extrémité sud du Corso Umberto I, une voie piétonnière. Aménagée au XIXe siècle pour être la place principale de la ville, cette imposante esplanade rectangulaire est bordée de grands bâtiments, dont le **Municipio** (hôtel de ville), de style néoclassique. Au centre, la **statue d'Eleonora d'Arborea** (XIXe siècle), le doigt levé, semble réclamer le silence pour débuter un discours politique. Les soirs d'été, la place s'anime quand les habitants s'y retrouvent pour bavarder et que les enfants lancent leurs ballons de foot contre les murs des *palazzi*.

DISTANCES (KM)

	Bosa	Cabras	Oristano	Sedilo
Cabras	55			
Oristano	59	10		
Sedilo	49	56	46	
Seneghe	43	20	25	35

Oristano

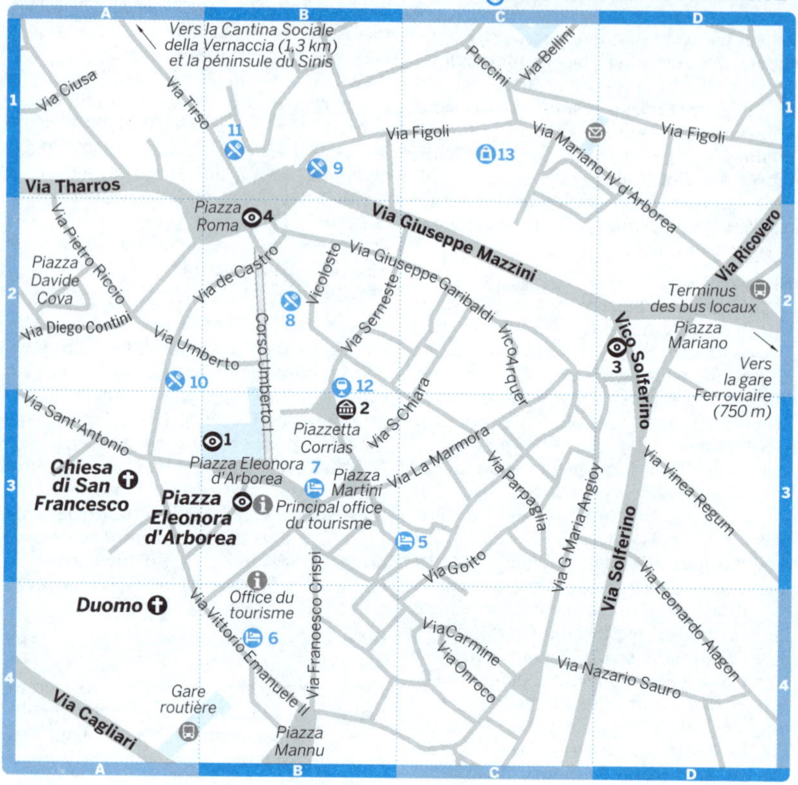

Le premier samedi du mois, elle accueille un intéressant **marché aux antiquités**.

Torre di Mariano II TOUR

(Piazza Roma). De la cité médiévale ceinturée de remparts, il ne reste guère plus que cette tour du XIIIe siècle. Appelée aussi Torre di Cristoforo, c'était la porte nord de la ville, très importante pour sa défense. La cloche est un ajout du XVe siècle.

Portixedda TOUR

(10h-12h et 16h-18h mar-dim). Cette deuxième tour, située un peu à l'est de la Via Giuseppe Mazzini, faisait également partie des remparts, en grande partie abattus au XIXe siècle. Elle accueille aujourd'hui des expositions temporaires.

Museo Antiquarium Arborense MUSÉE

(0783 79 12 62 ; www.antiquariumarborense.it ; Piazzetta Corrias ; tarif plein/réduit 3/1 € ; 9h-14h et 15h-20h). Installé dans un élégant palais, ce musée archéologique, unique musée de la ville, abrite l'une des collections les plus importantes de Sardaigne. L'exposition permanente, qui comprend une maquette de la Tharros du IVe siècle, se trouve au dernier étage. Vous découvrirez, entre autres, des vestiges préhistoriques de la péninsule du Sinis : pointes de lance et haches en silex et en obsidienne, ossements, ainsi que quelques bijoux. Les pièces carthaginoises et romaines trouvées à Tharros sont bien plus intéressantes. Les céramiques dominent, par exemple sous forme de ravissantes figurines ou d'un masque en terre cuite du Ve siècle av. J.-C. Sont aussi exposés des objets en verre, des lampes à huile, des amphores, et toute une collection de pots, d'assiettes et de tasses.

À côté de la salle principale, une petite salle renferme une collection de retables et une maquette d'Oristano au début du XIIIe siècle. Le *Retablo del Santo Cristo* (1533), réalisé dans l'atelier de Pietro

Cavaro, représente un groupe de saints à l'air béat. En y regardant de plus près, on s'aperçoit que tous ont la tête, le cœur ou la nuque transpercés par les instruments de leur martyre.

Fête

Sa Sartiglia CARNAVAL
(www.sartiglia.info). Le carnaval d'Oristano, au mois de février, est sans conteste le plus animé de l'île. Des centaines de personnes costumées viennent y participer. Au programme des festivités : joutes médiévales, course de chevaux et incroyables figures acrobatiques (voir l'encadré p. 90).

Où se restaurer et prendre un verre

C'est un bonheur d'aller au restaurant à Oristano, surtout si vous aimez le poisson frais. Il y a un bon choix de tables, à prix raisonnables, qui toutes servent le produit de la pêche dans le Golfo di Oristano et le Stagno di Cabras, un étang tout proche. Le mulet (*muggine*), très répandu et parfois même baptisé *pesce di Oristano* (poisson d'Oristano), figure fréquemment sur les cartes, sous forme de *mrecca* (bouilli et enveloppé dans des herbes de marais, puis salé et séché). On apprécie aussi l'anguille grillée et les patelles.

Trattoria Gino TRATTORIA €€
(0783 71 4 28 ; Via Tirso 13 ; repas environ 27 € ; lun-sam). La qualité de la cuisine explique le succès non démenti de cette trattoria sans prétention, et ce depuis les années 1930. Dans la salle à manger proprette, goûtez les raviolis à la ricotta et à la sauge, à la fois simples et parfumés, et la *seppia* (seiche) grillée au feu de bois accompagnée de tomates-cerises. Au dessert, le sorbet au citron arrosé de vodka est fameux.

Ristorante Craf RESTAURANT €€
(0783 7 06 69 ; Via de Castro 34 ; repas environ 35 € ; lun-sam). La belle réputation du Craf n'est plus à faire auprès des habitants. Dans un ancien grenier à blé du XVIIIe siècle, les salles à manger (murs en briques et plafonds voûtés), au décor rustique, offrent une atmosphère cosy. On vient là se régaler d'une bonne cuisine campagnarde. Citons notamment le *panne frattau* (soupe au pain sarde), des pâtes aux légumes, des viandes grillées – notamment de l'*asinello* (âne) – et des *amaretti* (biscuits aux amandes) maison.

Antica Trattoria del Teatro TRATTORIA €€
(0783 7 16 72 ; Via Parpaglia 11 ; repas environ 40 € ; lun-sam). Intime et raffinée, cette trattoria du centre historique sert des mets qui sortent de l'ordinaire, comme la *panada di anguille*, sorte de tourte d'anguille servie avec du *casizolu* (un fromage) râpé. Bel assortiment de fromages et large choix de bière.

La Torre RESTAURANT-PIZZERIA €
(0783 30 14 94 ; Piazza Roma 52 ; pizzas 6,50 €, repas environ 25 € ; mar-dim). L'endroit ne paye pas de mine, mais on y prépare les meilleures pizzas de la ville. Il y a aussi des pâtes et des grillades. Ambiance joviale le week-end.

Lola Mundo BAR €
(Piazzetta Corrias 14 ; boissons à partir de 1,50 € ; lun-sam). Parmi les nombreux bars et cafés du centre historique, celui-ci fait partie des plus appréciés. Sa terrasse sur la place et sa musique douce en fond sonore donnent envie de s'attarder.

SA SARTIGLIA : LE MARDI GRAS D'ORISTANO

La Sartiglia est le carnaval le plus bigarré et le plus savamment orchestré de Sardaigne. Ses origines sont incertaines : rituel païen tenant aussi de la représentation théâtrale où les personnages portent un masque blanc, il a pour personnage central Su Cumpoidori, une sorte de divinité. Joutes et costumes sont, eux, d'origine espagnole et ont probablement été introduits sur l'île par les *giudici* (gouverneurs de province), qui avaient été formés à la cour d'Aragon. Le mot *sartiglia* vient du castillan *sortija*, qui signifie "anneau". Et l'événement majeur de la fête est une joute médiévale au cours de laquelle Su Cumpoidori, roi de la Sartiglia, doit transpercer une étoile (l'anneau) suspendue en hauteur. L'aspect androgyne de Su Cumpoidori, qui doit être habillé par de jeunes vierges, ainsi que le lancer de grains, sont les réminiscences de rituels ancestraux ayant trait à la fertilité et annonçant le printemps.

Cette manifestation se déroule sur deux jours, le dimanche et le *martedi grasso* (Mardi gras). À midi, Su Cumpoidori "naît". Tandis qu'il est assis sur une table (l'autel), les *massaieddas* (jeunes vierges) l'habillent et le masquent. À partir de là, il ne peut plus toucher le sol. On le transporte donc jusqu'à sa monture, ornée avec le plus grand soin. Le masque blanc de Su Cumpoidori est couvert d'une mantille par-dessus laquelle il coiffe un chapeau haut-de-forme noir. Su Cumpoidori porte un sceptre décoré de violettes et de pervenches dont il se sert pour bénir la foule. C'est à lui de donner le coup d'envoi de la Sartiglia, la course à l'étoile, qu'il engage en compagnie de deux autres chevaliers, son *segundu* (second) et son *terzu* (troisième), tous trois essayant de transpercer l'étoile. Plus ils la touchent, plus l'année à venir sera fructueuse. Lors du dernier rituel, baptisé la Sa Remada, Su Cumpoidori fait une course au galop sur son cheval, allongé sur le dos. Les courses sont ensuite ouvertes à d'autres cavaliers, qui effectuent de véritables prouesses acrobatiques.

Achats

Specialità Sarde PRODUITS DU TERROIR
(☎0783 7 27 25 ; Via Figoli 41 ; ⏲lun-sam). Bonne épicerie fine pour les spécialités gourmandes sardes. Outre des vins et des fromages, vous y trouverez tout un éventail de conserves appétissantes, dans de jolis pots.

Cantina Sociale della Vernaccia VIN
(☎0783 3 31 55 ; Via Oristano 149, Rimedio). Oristano est renommée pour le Vernaccia, un vin blanc liquoreux. L'acheter dans cette coopérative, où la plupart des producteurs locaux viennent faire presser leurs raisins, est l'assurance de son authenticité.

Renseignements

Farmacia San Carlo (☎0783 7 11 23 ; Piazza Eleonora d'Arborea 10/11). Pharmacie centrale.

Guardia Medica (☎0783 30 33 73 ; Via Carducci 33). Garde médicale avec visites à domicile.

Office du tourisme de la province (☎0783 3 68 31 ; turismo@provincia.or.it ; Piazza Eleonora d'Arborea 19 ; ⏲9h-13h et 16h-18h30 lun-ven). Propose de nombreuses brochures sur la ville et la province.

Ospedale San Martino (☎0783 31 71 ; Piazza San Martino). Hôpital, au sud du centre-ville

Poste (☎0783 3 68 01 ; Via Mariano IV d'Arborea; ⏲8h-18h50 lun-ven, 8h15-13h15 sam)

Depuis/vers Oristaao

Bus

Depuis la gare routière principale, sur la Via Cagliari, les bus ARST desservent Santa Giusta (1 €, 15 min, toutes les demi-heures), Cagliari (7 €, 1 heure 35, 2/j), Sassari (7,50 €, 2 heures, 3/j) et Nuoro (7,50 €, 2 heures 30, 6/j).

Train

La principale gare ferroviaire Trenitalia se trouve sur la Piazza Ungheria, à l'est du centre-ville. Jusqu'à 15 trains, nécessitant parfois de prendre une correspondance, relient Oristano à Cagliari (5,95 €, 1-2 heures). Seuls quelques-uns assurent la liaison Oristano-Sassari (9,65 €, 2 heures 30, 4/j). À destination d'Olbia, il n'y a que 2 trains directs (10,95 €, 2 heures 45) ; sinon, le changement s'effectue à Oziere-Chilivani ou Macomer.

Voiture et moto

Oristano est située à proximité de la SS131, qui relie Cagliari à Sassari et Porto Torres. Au nord-est d'Oristano, un embranchement de la SS131 oblique vers Nuoro et Olbia.

Comment circuler

Bus

Le centre-ville se parcourt aisément à pied. Si vous venez de la gare ferroviaire, il est préférable de prendre le bus. Les lignes *rossa* (rouge) et *verde* (verte) marquent un arrêt à la gare et ont la Piazza Mariano pour terminus.

Les bus de la ligne *azzurra* (bleue) partent depuis divers arrêts situés sur la Via Cagliari (dont la gare routière) en direction de la Marina di Torregrande (0,70 € dans un tabac ou à la gare routière de Cagliari, 1,10 € à bord du bus, 15 min).

Taxi

Les taxis se regroupent surtout près de la gare ferroviaire et autour de la Piazza Roma. Vous pouvez aussi appeler un taxi (☎0783 7 02 80 ou ☎0783 7 43 28).

Voiture et moto

Il est assez facile de garer sa voiture en dehors du centre-ville. Les emplacements de parking (0,60 €/h ; 8h30-13h et 16h-19h30 lun-sam) sont indiqués par un marquage bleu dans le centre.

ENVIRONS D'ORISTANO

La principale plage d'Oristano est la longue bande de sable de la petite station balnéaire de **Marina di Torregrande**, à 7 km à l'ouest de la ville. Derrière la plage, le village présente un visage typique de bord de mer italien, avec son *lungomare* (front de mer) bordé de palmiers, où les habitants se promènent nonchalamment, au son des musiques qui s'échappent des bars. Hors saison, la plupart des restaurants et des maisons de vacances sont fermés.

Le seul édifice un tant soit peu historique est l'imposante tour de guet aragonaise dont la cité balnéaire tire son nom. Il n'y a pas grand-chose d'autre à voir, et vous pouvez donc tranquillement profiter de la plage. Transats et parasols y sont à louer (env. 16,50 €/j). **Eolo** (☎329 613 64 61 ; www.eolowindsurf.com, en italien ; Lungomare Eleonora d'Arborea) propose des cours de voile, de planche à voile et loue du matériel (planche à voile à partir de 13 €/h).

En dépit de son emplacement quelconque à la sortie du bourg, au bord de la grand-route, **Da Giovanni** (☎0783 2 20 51 ; Via Colombo 8 ; repas 40 € environ, menu touristique 23 € ; ⏲mar-dim) est le meilleur restaurant de la localité, réputé pour ses *ravioli di pesce in salsa di gamberi* (raviolis de poissons à la sauce aux crevettes) et le *muggine locale* (mulet local).

Parmi les restaurants du front de mer, le **Maestrale** (☎0783 2 21 21 ; Lungomare Torregrande ; pizzas 8 €, repas 35 € environ ; ⏲mar-dim) est parfait pour une pizza ou une assiette de pâtes aux fruits de mer.

L'été, la plage est jalonnée de bars et de buvettes. À quelques kilomètres à l'intérieur des terres sur la route de Cabras, le **BNN Fashion Club** (☎338 235 75 40 ; SP 94, km 1,8) est un bar-discothèque très fréquenté qui programme tubes italiens, house et pop internationale.

Depuis Oristano, les bus urbains de la ligne *azzurra* circulent entre la Via Cagliari (ils s'arrêtent à différents endroits, notamment à la principale gare routière) et Marina di Torregrande (0,70 € ou 1,10 € si l'on paie à bord, 20 min).

SUD D'ORISTANO

Au sud d'Oristano s'étend un patchwork de vastes champs ouverts, traversés par des canaux, des lagunes et parfois une pinède. La région était en grande partie couverte de marais, source de paludisme, et de denses forêts de chênes-lièges, jusqu'à ce que Mussolini lance un ambitieux programme de drainage et de bonification des terres dans les années 1920. Aujourd'hui, ce paysage extrêmement plat, parfois étrange, est émaillé de villages assoupis et de bourgs agricoles.

Santa Giusta

4 750 HABITANTS

Bourgade agricole animée, Santa Giusta s'étend en bordure du Stagno di Santa Giusta, la troisième plus grande lagune de Sardaigne. Elle occupe le site de l'ancienne cité punique d'Othoca, mais elle est surtout connue pour son extraordinaire basilique, l'un des premiers et des plus beaux exemples du style romano-pisan en Sardaigne.

Construite entre 1135 et 1145, la **Basilica di Santa Giusta** (⏲visite guidée gratuite 9h-13h et 14h-18h lun-ven) a des allures de galion échoué sur la lagune. Le bâtiment, bas et tout en longueur, est rythmé par des arcatures. Au centre de sa sobre façade lombarde s'ouvre le portail, typiquement toscan. À l'intérieur, les trois nefs sont séparées par des colonnes de marbre et de granit provenant des antiques cités de Tharros et d'Othoca. Une belle voûte aux poutres apparentes coiffe cette architecture dépouillées. Aux alentours du 14 mai, la basilique se retrouve au cœur des célébrations de la **Festa di Santa Giusta**, la fête patronale de la ville, qui dure 4 jours.

À 6 km au sud, le **Stagno S'Ena Arrubia** fait le bonheur des ornithologues amateurs. Ils peuvent y observer régulièrement flamants, hérons, foulques et balbuzards.

À la gare routière d'Oristano, des bus partent toutes les demi-heures pour Santa Giusta (1 €, 15 min).

Arborea

3 980 HABITANTS

Fondée par Mussolini en 1928, Arborea conserve dans son urbanisme des marques de ses origines fascistes : plan quadrillé et place centrale immaculée.

L'élément central est la **Piazza Maria Ausiliatrice**, joliment entretenue et dominée par la façade et le campanile de style tyrolien de la **Chiesa del Cristo Redentore** (messe 7h30, 9h et 19h). De l'autre côté de la rue, le **Municipio** (hôtel de ville), de style Art nouveau tardif, abrite le **Musée archéologique** (0783 8 03 31 ; Viale Omodeo ; entrée libre ; 10h-13h lun-ven), qui présente une petite collection d'objets découverts dans la région.

MARINA DI ARBOREA

Cachée derrière une dense pinède, à 2 km au nord-ouest d'Arborea, Marina di Arborea fait face à une longue plage de sable. Le site se réduit à un hôtel en front de mer et un parking, progressivement submergé par le **Horse Country Resort** (0783 80 51 73 ; www.horsecountry.it ; Strada a Mare 24 ; leçons d'équitation à partir de 20 €/pers), un vaste complexe hôtelier qui compte 1 000 lits, deux piscines et offre d'excellentes possibilités sportives. C'est aussi le plus grand centre équestre de Sardaigne et l'un des plus importants d'Italie, avec une écurie de chevaux sardes, arabes et andalous. Les personnes n'y résidant pas ont le choix entre différents forfaits d'équitation (consulter le site Internet). Voir p. 208 pour des détails concernant un séjour dans le complexe hôtelier.

Marceddi

Ce petit village de pêcheurs à l'embouchure du **Stagno di Marceddi** semble vraiment au bout du monde. Une grande partie de l'année, les seuls signes de vie moderne se limitent à quelques voitures délabrées et aux lignes électriques qui pendouillent au-dessus des routes de terre. La lagune qui sépare les plaines d'Arborea de la Costa Verde abrite une riche avifaune, avec entre autres des flamants roses, des cormorans et des hérons.

Sur place, vous pourrez faire un excellent déjeuner de poisson au bord de l'eau, au **Da Lucio** (0783 86 71 30 ; Via Sardus Pater 34 ; repas environ 35 € ; déj ven-mer oct-mai, déj et dîner tlj le reste de l'année). Commencez par une salade de poulpe, puis des spaghettis aux palourdes et à la *bottarga* (poutargue) ou une soupe aux moules et à la *fregola* (petites billes de semoule de blé dur). En plat principal, optez pour le *fritto misto* de fruits de mer accompagné d'une salade verte.

PÉNINSULE DU SINIS

S'avançant en pointe dans le Golfo di Oristano, la péninsule du Sinis semble un monde à part. Ses lagunes aux eaux limpides – Stagno di Cabras, Stagno Sale Porcus et Stagno Is Benas – et ses plages d'un blanc immaculé lui donnent un petit air tropical, tandis que la plate campagne verdoyante semble vierge de toute activité humaine. En réalité, la région est habitée depuis le Ve siècle av. J.-C. Des *nuraghi* émaillent le paysage et le site punico-romain de Tharros témoigne de l'importance historique de la région. Les sportifs apprécieront les possibilités offertes pour le surf, la planche à voile et quelques belles plongées.

Si l'été semble la période évidente pour la visite, le début du printemps s'avère aussi magnifique, avec l'afflux d'oiseaux migrateurs attirés par les eaux peu profondes des lacs et les fleurs qui tapissent le paysage. Le clou du spectacle étant les magnifiques colonies de flamants roses.

LES PLAGES DE LA PÉNINSULE DU SINIS

Les plages de la péninsule du Sinis méritent le détour. L'une des plus belles, **Is Aruttas**, est dotée d'un sable de quartz blanc, si beau qu'il fut exploité pendant des années pour tapisser les aquariums et les plages de la Costa Smeralda. Aujourd'hui, il est interdit d'en prélever. La plage (signalée) se situe à 5 km à l'ouest de la grande route qui part de San Salvatore vers le nord.

Au nord de la péninsule s'étend la plage des surfeurs et des véliplanchistes, **Putzu Idu**, bordée par un ensemble bigarré de maisons de vacances, de bars de plage et de boutiques de surf. L'une d'elles, **Capo Mannu Kite School** (☎347 007 70 35 ; www.capomannukiteschool.it) propose des cours de kitesurf pour tous niveaux.

Juste à côté du **Scuba Café** (☎Lungomare Putzu Idu ; ⌚9h-22h en hiver, 7h-2h en été), rare établissement à rester ouvert en hiver, se trouve le petit centre **9511 Diving** (☎349 291 37 65 ; www.9511.it), également ouvert toute l'année. Ses instructeurs, qualifiés PADI, organisent des sorties plongées (à partir de 50 €, location de l'équipement compris), du snorkeling (25 €/pers) et des excursions à l'**Isola di Mal di Ventre** ("île du mal au ventre"), à 10 km de la côte.

Divers autres organismes proposent des excursions vers cette île. **Mare Mania** (☎347 191 94 80 ; www.mare-mania.it, en italien ; ⌚8h-13h et 15h-18h en été seulement) est installé dans un kiosque sur la route menant au village. L'excursion d'une demi-journée/journée coûte 19/22 €, ou 46 € déjeuner compris.

Sur la droite en approchant de Putzu Idu, vous verrez le **Stagno Sale Porcus**, vaste lagune salée peu profonde, qui accueille des flamants roses en hiver et qui, sous le soleil de l'été, forme une croûte blanche étincelante. **Orte e Corru Ranch** (☎0783 52 81 00 ; Localita Oasi di Sale Porcus) propose des randonnées équestres autour de la lagune.

En semaine, 2 bus ARST par jour desservent Putzu Idu depuis Oristano (2 €, 55 min). En juillet et août, il existe quatre services supplémentaires.

Cabras

8 700 HABITANTS

S'étendant sur la rive sud du Stagno di Cabras, Cabras est la capitale sarde de la pêche au mulet ; la *bottarga* locale est très recherchée et mérite vraiment qu'on y goûte. La petite ville n'a pas de charme particulier, mais on est certain de bien y manger et son musée archéologique mérite une visite rapide.

À voir

Le petit **Museo Civico** (☎0783 29 06 36 ; www.penisoladelsinis.it, en italien ; Via Tharros 121 ; billet combiné avec Tharros tarif plein/réduit 7/3 € ; ⌚9h-13h et 16h-20h en été, 9h-13h et 15h-19h en hiver) est situé à l'extrémité sud de la ville. Il donne à voir des objets découverts sur le site préhistorique de **Cuccuru Is Arrius**, à 3 km au sud-ouest, et à Tharros. Remarquez en particulier la série d'outils en silex et en obsidienne qui remontent, pense-t-on, aux cultures néolithiques de Bonu Ighinu et d'Ozieri.

Fête

Festa di San Salvatore COURSE TRADITIONNELLE

À l'occasion de cette fête annuelle, le premier dimanche de septembre, plusieurs centaines de jeunes hommes vêtus de blanc participent, pieds nus, à la **Corsa degli Scalzi** ("course des déchaussés"), couvrant un itinéraire de 8 km menant au sanctuaire de San Salvatore. Ils emmènent avec eux une représentation du saint, commémorant ainsi un épisode historique remontant à 1506 : les habitants s'étaient alors précipités au sanctuaire afin de protéger la statue du saint contre des pirates maures. Le lendemain, la course s'effectue dans le sens inverse.

Où se restaurer

Peschiera Pontis FRUITS DE MER €€

(☎0783 391 774 ; Strada Provinciale 6 ; menus 25-30 € ; ⌚déj et dîner tlj). Sur la route entre Cabras et Tharros, face à la coopérative de pêche Pontis, ce formidable restaurant de poisson attire une clientèle de fidèles. On prend place dans la salle à manger ou la terrasse couverte, assez grande. Les menus fixes, copieux, se composent de 4 *antipasti* par personne, d'un *primo*, d'un *secondo* – tous à base de poisson –, d'un dessert et de vin. Le poisson, d'une fraîcheur irréprochable, est grillé sur la terrasse. Réservation indispensable le week-end.

Il Caminetto FRUITS DE MER €€
(☎0783 39 11 39 ; Via Cesare Battisti 8 ; repas 35 € environ ; ⊙mar-dim). L'une de tables les plus renommées de la région, pour laquelle les amateurs de poisson viennent de loin. La carte affiche les grandes spécialités de Cabras : le *muggine affumicato* (mulet fumé) et l'*aguidda incasada* (anguille au *pecorino* sarde).

L'Oliveto PIZZERIA €€
(☎0783 39 26 16 ; Via Tirso 23 ; repas 30-35 € ; ⊙mer-lun). Niché dans une oliveraie à la lisière nord de la ville, ce restaurant-pizzeria est apprécié pour ses fruits de mer et ses pizzas, correctes.

Depuis/vers Cabras

BUS Des bus en provenance d'Oristano circulent en moyenne toutes les 20 minutes (1 €, 15 min).

San Salvatore

Étrange lieu que San Salvatore, où furent tournés plusieurs westerns-spaghettis dans les années 1960. La place centrale, en terre battue, est bordée de *cumbessias*, minuscules maisons de pèlerins collées les unes aux autres et désertes la majeure partie de l'année, comme d'ailleurs le reste du village. Fin août, le lieu s'anime pour accueillir le pèlerinage de San Salvatore (saint Sauveur), une fête qui dure neuf jours et dont les cérémonies se déroulent dans la **Chiesa di San Salvatore** (⊙9h30-13h et 15h30-18h lun-sam, 9h30-13h dim), sur la place du village.

L'église fut bâtie à l'emplacement d'un *ipogeo*, un sanctuaire souterrain taillé dans la roche remontant à la période nuragique. Du sanctuaire d'origine, associé au culte de l'eau, on voit encore un puits sacré dans la chambre principale. Ce site fut transformé en église à l'époque romaine. La pierre noire des parois porte encore des graffitis du IVe siècle et des fresques aux teintes fanées.

Juste après l'embranchement pour le village (attention à ne pas le manquer), vous trouverez l'excellent **Agriturismo Su Pranu** (☎0783 39 25 61 ; www.agriturismosupranu.com ; Localita San Salvatore ; repas 25 € ; ⊙déj et dîner tlj), une ferme en activité qui se double d'un superbe restaurant. Le menu varie en fonction des produits du jour, mais légumes et fruits viennent du jardin. La viande, dont le traditionnel *porceddu*, est cuite à la perfection sur un énorme barbecue en plein air. En plus du couvert, cet *agroturismo* assure le gîte, avec des chambres d'hôtes (P. 208).

San Giovanni di Sinis

À la pointe sud de la péninsule, 5 km après San Salvatore, la route traverse le petit hameau de San Giovanni di Sinis. Près du parking au bord de la route se dresse la **Chiesa di San Giovanni di Sinis** (⊙9h-19h en été, jusqu'à 17h en hiver), la plus ancienne église de Sardaigne, après la Basilica di San Saturnino de Cagliari (p. 42). Fondée au VIe siècle, cette église en grès fut en grande partie remaniée au XIe siècle, mais elle conserve des éléments byzantins d'origine, dont sa coupole rouge caractéristique. L'intérieur, aux murs nus, invite au recueillement.

Tharros

Après San Giovanni di Sinis, la route passe devant une série de pizzerias, de bars et de cafés, pour rejoindre **Tharros** (☎0783 39 73 06 ; billet combiné avec le Museo Civico de Cabras tarif plein/réduit 7/3 € ; ⊙9h-19h en été, jusqu'à 17h en hiver), l'ancienne puissante cité portuaire fondée par les Phéniciens au VIIIe siècle av. J.-C. Se détachant sur la

UN BOUT DU MONDE

À quelques kilomètres de Tharros, signalé depuis la grand-route, le **Parco Comunale Oasi di Seu** est une oasis de flore méditerranéenne. Après avoir parcouru les 3 km de piste menant jusqu'à l'entrée, on pénètre dans un monde silencieux où des sentiers sablonneux sillonnent une nature vierge. Palmiers nains et pins d'Alep jettent çà et là leur ombre sur le maquis odorant.

mer bleue, ces ruines antiques comptent parmi les sites les plus saisissants du sud de la Sardaigne. Tôt le matin ou juste avant le coucher du soleil, les ruines sont particulièrement belles.

Histoire

Le Capo San Marco, à la pointe sud de la péninsule du Sinis, était déjà un site nuragique prospère quand les Phéniciens y établirent une base vers 730 av. J.-C. Tharros prospéra et fut finalement intégrée dans l'Empire carthaginois. Cependant son statut d'importante base navale et sa position stratégique ayant toujours attisé les convoitises, elle tomba aux mains de Rome à l'issue de la première guerre punique.

Tharros demeura une ville navale et maritime majeure, mais une fois la route reliant Cagliari à Porto Torres achevée, elle perdit de son influence. Elle bénéficia cependant de profonds réaménagements aux IIe et IIIe siècles. Les attaques de plus en plus virulentes des Vandales, puis celles des Maures d'Afrique du Nord, poussèrent les autorités à l'abandonner en 1070. Une grande partie des matériaux de la cité servit alors pour la construction d'Oristano.

À voir

En approchant du site, il est impossible d'apercevoir les ruines avant d'atteindre la billetterie, en haut de la colline. De l'entrée, suivez brièvement le *cardo* (axe nord-sud structurant les cités romaines) pour rejoindre, sur la gauche, le *castellum aquae* (château d'eau). À l'intérieur de cette construction carrée, on discerne deux rangées de colonnes. De là, le **Cardo Massimo**, la plus grande voie de la ville, mène à une hauteur dénudée surmontée d'une acropole carthaginoise et d'un *tophet* (lieu de sépulture sacré pour les enfants). On voit ici aussi les traces du *nuraghe* d'origine.

Au bout du Cardo Massimo, le **Decumano** (axe est-ouest), qui descend jusqu'à la mer, passe devant les vestiges d'un **temple punique** et du **Tempio Tetrastilo**. Les deux colonnes solitaires qui s'élèvent sur ce temple d'époque romaine sont des répliques, mais leurs chapiteaux corinthiens sont d'origine.

À proximité s'étendent les **thermes** et, au nord, les vestiges d'un **baptistère paléochrétien**. À l'extrémité la plus méridionale du site se trouvent d'autres thermes datant du IIIe siècle.

Pour contempler l'ensemble du site, sans avoir à y pénétrer, montez à la **Torre di San Giovanni** (5 € ; ⌚9h-19h en été, jusqu'à 17h en hiver), une tour de guet de la fin du XVIe siècle, qui abrite parfois des expositions. Elle offre une vue panoramique sur les ruines, ainsi que sur la **Spiaggia di San Giovanni di Sinis**, une plage très prisée qui s'étend de part et d'autre de la tour. Rien ne vous empêche ensuite de vous promener sur les chemins de terre qui mènent au Capo San Marco et au phare.

Depuis/vers Tharros

BUS Cinq bus assurent la liaison quotidienne avec Oristano en juillet et en août (1,50 €, 35 min).

VOITURE Le parking près du site coûte 2 € pour 2 heures et 4 € par jour.

Riola Sardo

2 140 HABITANTS

Bien que Riola Sardo soit une bourgade plutôt morne, l'Hotel Lucrezia justifie à lui seul d'y faire étape. Pour de plus amples détails, reportez-vous au chapitre *Hébergement* p. 201.

NORD D'ORISTANO

Au nord de la région du Montiferru, le terrain devient moins vallonné à mesure que l'on se rapproche de Macomer, centre agricole et nœud ferroviaire de la région. À l'ouest, la ravissante ville médiévale de Bosa possède un imposant château perché sur une colline.

Macomer

10 900 HABITANTS

Macomer ne justifie pas vraiment une étape. Mais si vous y passez et que vous avez un moment à perdre, vous pouvez faire un tour au modeste **Museo Etnografico** (☎0785 7 04 75 ; Corso Umberto 225 ; tarif plein/réduit 3/1 € ; ⌚10h-12h30 et 16h-20h lun-ven, après-midi seulement sam), qui renferme une collection éclectique de mobilier et d'ustensiles de cuisine. S'il est fermé, adressez-vous de l'autre côté de la rue à **Esedra Escursioni** (☎0785 74 30 44 ; www.esedraescursioni.it ; Corso Umberto 206), où vous pouvez aussi organiser un trajet ou une excursion sur le *trenino verde* (train vert ; p. 100).

Ceux qui sont motorisés pourront visiter le **Nuraghe di Santa Barbara**, haut de 15 m et situé près de la SS131 à 2 km au nord de Macomer, ou le **Nuraghe Ruiu**, très délabré, près de l'hôpital de la ville. Un troisième *nuraghe*, le **Nuraghe di Santa Sabina**, se situe au sud de Silanus, à 15 km à l'est de Macomer, à côté d'une jolie chapelle byzantine.

Pour se restaurer, le **Ristorante Su Talleri** (☎0785 7 16 99 ; Corso Umberto I 228 ; pizzas 6 €, repas 25-30 € ; ⏲lun-sam), à l'ambiance roller-disco des années 1980, fait une très bonne cuisine, dont des pizzas à emporter.

Macomer est un grand carrefour ferroviaire. Les trains Trenitalia relient la ville à Oristano (3,30 €, 45 min, 9/j), à Cagliari (8,75 €, 1 heure 45, 10/j) et à Sassari (6,35 €, 1 heure 45, 4/j). Quelques bus assurent la liaison de Macomer à Nuoro (4 €, 1 heure 15, 4/j), à l'est.

Gare ferroviaire et gare routière se trouvent sur le Corso Umberto, en lisière ouest de la ville.

Bosa

8 050 HABITANTS

La ravissante Bosa est l'une des plus jolies localités de Sardaigne. Avec sa mosaïque de maisons dans les tons pastel étagées à flanc de colline, et surmontées par la masse grise et austère d'un château, elle évoque de loin une toile de Paul Klee. En face, des bateaux de pêche à l'amarre dansent sur les eaux miroitantes du fleuve bordé d'une élégante ligne de palmiers.

Fondée par les Phéniciens, Bosa prospéra sous les Romains. Durant le haut Moyen Âge, elle souffrit des nombreuses razzias des pirates arabes. Mais, au début du XIIe siècle, la famille Malaspina (branche de la famille toscane éponyme) vint s'y installer et édifia cet énorme château. Au XIXe siècle, les Savoie implantèrent de lucratives tanneries, lesquelles ont périclité depuis.

À voir et à faire

La majeure partie de Bosa s'étend sur la rive nord du Temo. L'artère principale, le Corso Vittorio Emanuele, se situe à un pâté de maisons au nord du fleuve et mène aux deux places centrales, la Piazza Costituzione et la Piazza IV Novembre. À l'ouest s'étend la ville moderne, au plan en damier. Au sud du Temo, la Via Nazionale conduit à Bosa Marina, satellite balnéaire de la ville situé 3 km à l'ouest.

Bosa

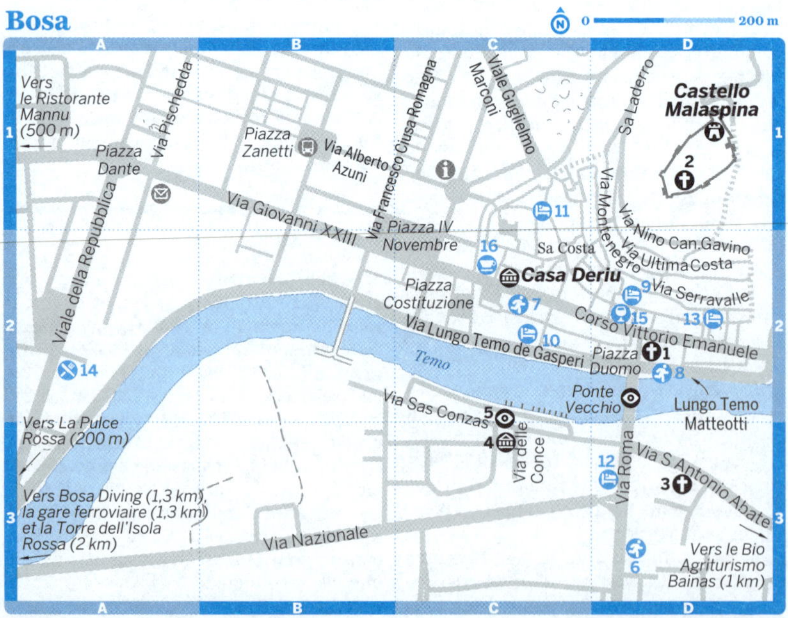

Castello Malaspina CHÂTEAU

(☎333 544 56 75 ; tarif plein/réduit 3/1 € ; ⏲10h-13h et 16h-19h juil et août, 10h-13h et 15h30-18h avr-juin, sept et oct). Perché au sommet de la colline, et jouissant d'une magnifique vue panoramique, le château fut construit en 1112 par la famille toscane des Malaspina. De l'édifice d'origine, il ne subsiste que les imposants murs et une série de robustes tours en briques. À l'intérieur, la **Chiesa di Nostra Signora di Regnos Altos** est une humble chapelle édifiée entre les XIIe et XIVe siècles. Elle abrite une extraordinaire fresque anonyme du XIVe siècle, véritable galerie de portraits des saints les plus célèbres, dont un saint Christophe, immense au milieu de moines franciscains, et un saint Laurent martyrisé.

On atteint le château en gravissant les ruelles labyrinthiques de Sa Costa, la ville médiévale, au risque de se perdre à un moment ou à un autre. Mais, sauf si vous êtes pressé, errer dans ce dédale fait partie du charme de la ville. Si vous souhaitez visiter le château entre novembre et avril, mieux vaut téléphoner à l'avance.

Casa Deriu MUSÉE

(☎0785 37 70 43 ; Corso Vittorio Emanuele 59 ; tarif plein/réduit 4,50/2 € ; ⏲10h30-13h et 20h30-23h mar-dim juil et août, 11h-13h et 17h30-20h30 mar-dim juin, 10h-13h et 16h-18h mar-dim le reste de l'année). Chacun des étages de ce musée dédié à la ville aborde un thème différent, en rapport avec son passé. Le rez-de-chaussée est consacré à l'ancienne industrie des tanneries et aux produits typiques de la région. Le 1er étage reconstitue un intérieur du XIXe siècle. Enfin, le dernier étage est consacré à Melkiorre Melis (1889-1982), l'un des plus importants artistes sardes du XXe siècle.

Cattedrale dell'Immacolata CATHÉDRALE

(Piazza Duomo ; ⏲10h-12h et 16h-19h). Un exemple rare du baroque piémontais tardif.

Sas Conzas RUE

(Via Sas Conzas). De l'autre côté du fleuve (rive sud), les anciennes tanneries du XIXe siècle s'alignent le long du quai, dans une artère appelée Sas Conzas. Nombre d'entre elles étaient encore en activité après la Seconde Guerre mondiale

Museo La Vecchie Concerie MUSÉE

(☎329 414 49 21 ; Via delle Conce 13 ; 2 € ; ⏲11h-13h et 18h-23h). Juste à côté de Sas Conzas, ce musée présente une petite collection de photos et de vieux outils provenant des tanneries, tandis que des panneaux (en italien et en anglais) expliquent le métier

Chiesa di Sant'Antonio Abate ÉGLISE

Non loin de Sas Conzas, de l'autre côté de la Via Roma, la petite Chiesa di Sant'Antonio Abate, habituellement fermée au public, devient le centre de l'animation lors de la fête du saint, les 16 et 17 janvier, et à nouveau lors du carnaval.

Cattedrale di San Pietro Extramuros CATHÉDRALE

(1 €). À 2 km de la Chiesa di Sant'Antonio Abate, en amont du fleuve, se dresse cette cathédrale du XIe siècle, à la façade gothique et à l'intérieur essentiellement roman.

Cuccu LOCATION DE VÉLOS

(☎0785 37 54 16 ; Via Roma 5 ; vélos 8 €/j ; scooters 40 €/j). Ce garagiste, installé sur la rive sud du fleuve, loue vélos et scooters.

Bosa

Les incontournables

Casa Deriu C2
Castello Malaspina D1

À voir

1 Cattedrale dell'Immacolata D2
2 Chiesa di Nostra Signora di Regnos Altos D1
3 Chiesa di Sant'Antonio Abate D3
4 Museo La Vecchie Concerie C3
5 Sas Conzas C2

À faire

6 Cuccu D3
7 Esedra C2
8 Pischedda Noleggio D2

Où se loger

9 Corte Fiorita, I Gerani D2
10 Corte Fiorita, Le Palme C2
11 Corte Fiorita, L'Oleandro et La Vita C1
12 Hotel Sa Pischedda D3
13 La Torre di Alice D2

Où se restaurer

14 Ristorante Barracuda A2

Où prendre un verre

15 Birreria Alla Corte del Malaspina D2
16 Caffè Chelo C2
Sa Pischedda .... (voir 12)

Pischedda Noleggio LOCATION DE VÉLOS ET DE CANOTS
(☎339 489 01 05 ; Lungo Temo Matteotti). Sur l'autre rive, ce prestataire loue des vélos (10 €/j), des canoës (25 €/demi-journée) et des *gommoni* (canots pneumatiques, 35 €/demi-journée).

Circuits organisés

Bosa est également un important **centre viticole**, renommé pour son vin doux, le Malvasia (Malvoisie). Pour faire la tournée des vignerons locaux, renseignez-vous à l'office du tourisme, sur la Strada della Malvasia.

Esedra EXCURSIONS ET CROISIÈRES
(☎0785 37 42 58 ; www.esedrasardegna.it ; Corso Vittorio Emanuele 64 ; ⏲9h30-13h et 16h30-20h lun-sam, 10h30-13h dim). Si vous êtes intéressé par un circuit organisé, Esedra en propose toute une palette : croisières sur le fleuve, sorties ornithologiques, randonnées, excursions en bateau ou sur le *trenino verde*. Les prix avoisinent 25-35 €/pers selon l'activité et la taille du groupe. Dans l'agence, située sur l'artère principale, vous pourrez aussi acheter des articles d'artisanat au label Isola.

Fêtes et festivals

Carnevale CARNAVAL
(www.bosaonline.com, en italien). Le carnaval débute ici par un grand feu de joie, que l'on allume devant la Chiesa di Sant'Antonio Abate. Les jours suivants, des défilés de toutes sortes se succèdent. Le dernier jour, le *martedi grasso* (Mardi gras) est la journée la plus intrigante. Le matin, des habitants vêtus de noir chantent des lamentations funèbres sur la brièveté du carnaval, tandis que le soir, des groupes vêtus de blanc se livrent à une tumultueuse chasse au *giolzi*, une manifestation de l'esprit du carnaval censée se cacher dans des parties intimes. Pour le dénicher, les participants, une lanterne à la main, s'approchent des passants pour éclairer leur entrejambe en criant *"Giolzi ! Giolzi ! Ciappadu ! Ciappadu !"* (*Giolzi ! Giolzi !* Je te tiens ! Je te tiens !).

Festa di Santa Maria del Mare FÊTE RELIGIEUSE
(www.bosasardinia.com). Pendant 4 jours autour du premier dimanche d'août, Bosa célèbre la Festa di Santa Maria del Mare. Les pêcheurs et leurs bateaux forment alors une procession bigarrée, qui accompagne une statue de la Vierge Marie sur le fleuve, de Bosa Marina à la cathédrale.

Festa di Nostra Signora di Regnos Altos FÊTE RELIGIEUSE
(www.bosaonline.com, en italien). La deuxième semaine de septembre, c'est la Festa di Nostra Signora di Regnos Altos. Les rues de la vieille ville sont alors ornées d'immenses feuilles de palmier, de fleurs et d'*altaritos* (autels votifs).

Où se restaurer

Sa Pischedda FRUITS DE MER €€
(☎0785 37 30 65 ; Via Roma 8 ; repas 30 € environ ; ⏲mer-dim, tlj en été). Situé dans l'hôtel du même nom, Sa Picchedda est l'un des meilleurs restaurants de Bosa, spécialisé dans le poisson de mer et d'eau douce. Le dîner est servi sous une romantique véranda en bordure du fleuve ou dans un élégant jardin à l'arrière. Au menu, des classiques tels que la *bottarga* (œufs de mulet ou poutargue) ou la *fregola alla arselle* (petites pâtes en forme de granules avec des palourdes et des tomates cerise).

Ristorante Barracuda TRATTORIA €€
(☎0785 37 45 10 ; Viale della Repubblica ; repas 28 € environ ; ⏲mer-lun, tlj en été). Dans une rue résidentielle, à 10 minutes à pied du centre, ce vaste restaurant sert une cuisine sans prétention (copieux plats de pâtes maison ou poissons et fruits de mer tout simples), dans une ambiance très animée et décontractée.

Ristorante Mannu OSTERIA €€
(☎0785 37 53 06 ; Viale Alghero 28 ; repas 30 € environ). L'emplacement n'a certes rien d'attractif (près d'une station-service très fréquentée), mais la cuisine sarde est ici excellente. Ceux qui aiment la nouveauté goûteront l'*agliata di razze*, association peu habituelle de filets de raies et de sauce à l'ail doux. Les autres sont sûrs de ne pas se tromper avec les *panadinas* (sorte de raviolis) maison.

La Pulce Rossa PIZZERIA €
(☎0785 37 56 57 ; Via Lungo Temo Amendola 1 ; pizzas 6 €, repas 25 € environ ; ⏲tlj). Cette sympathique maison familiale, située dans la ville moderne, sert une cuisine copieuse à des prix pas du tout touristiques.

Où prendre un verre

Idéal, pour observer les passants, le **Caffè Chelo** (☎0785 37 30 92 ; Corso

RANDONNÉE DANS LES MONTS DE FER

Pour explorer au mieux le Montiferru, il faut abandonner tout véhicule et marcher. Ce superbe itinéraire mène jusqu'au sommet du Monte Entu (1 024 m), l'un des plus hauts de l'ouest de la Sardaigne. La randonnée n'est pas particulièrement difficile, mais prévoyez environ 4 heures.

Pour rejoindre le point de départ, voisin du Nuraghe Ruju, proche de Seneghe, vous aurez besoin d'un véhicule. Sortez de Seneghe en direction de Bonarcado et, après quelques centaines de mètres, suivez la direction S'iscala. Laissez votre véhicule au parking du Nuraghe Ruju pour accéder, quelques mètres plus bas, au sentier qui part dans les bois, à gauche d'un mur de pierre. En grimpant, vous arrivez à une trouée, indiquée par un chêne vert, où il vous faut prendre à gauche. Continuez après la porte en bois jusqu'à une deuxième porte en métal. Franchissez cette porte et poursuivez jusqu'à une fourche. Prenez le sentier de gauche qui débouche sur une vue imprenable sur la côte. Par temps clair, on voit jusqu'à Alghero. Après quoi vous pouvez continuer jusqu' à la base du cône volcanique qui marque le sommet du Monte Entu.

Vittorio Emanuele 71 ; ⏲8h-22h, plus tard en été), de style Art nouveau, possède des tables en extérieur surplombant la Piazza Costituzione.

Pour une ambiance pub, essayez la **Birreria Alla Corte del Malaspina** (Corso Vittorio Emanuele 39 ; ⏲20h-2h lun-sam), établissement confortable sur l'artère centrale.

Renseignements

Banco di Sardegna (Piazza IV Novembre). DAB.

Farmacia Passino (☎0785 37 60 47 ; Corso Vittorio Emanuele 51) Pharmacie centrale.

Office du tourisme (☎079 37 61 07 ; www.infobosa.com ; Via Alberto Azuni 5 ; ⏲10h-13h jeu-sam). S'il est fermé, ce qui est souvent le cas, adressez-vous au musée Casa Deriu.

Poste (Via Pischedda ; ⏲8h-18h50 lun-ven, 8h-13h15 sam). Dans la ville moderne.

Depuis/vers Bosa

Bus

Tous les bus ont pour terminus la Piazza Zanetti. Des services sont assurés depuis/vers Alghero (3-4,50 €, 55 min, 4/j), Macomer (2,50 €, 50 min, 9/j), Sassari (5,50 €, 2 heures 15, 2/j) et Oristano (5,50 €, 2 heures, 4/j lun-sam). Les billets s'achètent au **Bar Mouse** (Piazza Zanetti).

Voiture et moto

Bosa est reliée à Macomer par la SS129 et à Alghero par la jolie route côtière SP105. Dans le centre de Bosa, il est en général facile de se garer dans les rues de la ville moderne, à l'ouest du centre.

Comment circuler

Bus

Jusqu'à 20 bus circulent tous les jours entre le centre de Bosa (Piazza Zanetti) et Bosa Marina (1 €, 10 min).

Bosa Marina et la côte

À l'embouchure du Temo, à 3 km de Bosa, la cité balnéaire de Bosa Marina, très animée en été, s'étend sur une vaste plage d'un kilomètre de long. La **Torre dell'Isola Rossa** (2,50 € ; ⏲11h-13h et 14h30-18h30 sam et dim avr-juin, 10h30-19h30 tlj juil-août), qui la surplombe, est une tour catalano-aragonaise accueillant des expositions temporaires.

Bosa Diving (☎335 818 97 48 ; www.bosadiving.it, en italien ; Via Cristoforo Colombo 2) propose des plongées (à partir de 35 €), des excursions snorkeling (25 €), loue des canoës (à partir de 7 €) et des canots pneumatiques (à partir de 25 €). L'établissement organise aussi deux fois par semaine des excursions vers les plages du Capo Marargiu (18 €/pers), au nord de Bosa Marina.

Si vous disposez d'un véhicule, vous pourrez explorer d'autres plages : **Spiaggia Turas**, **Spiaggia Porto Alabe** et **Cala Torre Columbargia**. Les deux premières se trouvent respectivement à 1,5 km et 8 km de route de Bosa Marina. En haute saison, il y a parfois beaucoup de monde. On accède à la Cala Torre

Columbargia, située à environ 18 km de Bosa Marina, depuis Tresnuraghes. Il faut emprunter une piste poussiéreuse pour l'atteindre.

Pour découvrir autrement la région, prenez le **trenino verde** (www.treninoverde.com) qui circule lentement entre Bosa Marina, Tresnuraghes et Macomer. En juillet-août, il part tous les samedis à 9h30 pour arriver à Bosa Marina à 11h17 (le retour s'effectue en bus). Le samedi et le dimanche, il fait l'aller-retour entre Bosa Marina et Tresnuraghes (45 min), d'où vous pouvez revenir à Macomer par un bus. Le trajet Macomer-Bosa Marina coûte 9,50/13 € aller simple/aller-retour ; et Bosa Marina-Tresnuraghes 8/11 € aller simple/aller-retour.

MONTIFERRU

Le massif volcanique du Montiferru, qui culmine à 1 050 m au Monte Urtigu, est une belle région assez préservée, ponctuée de forêts anciennes, de sources naturelles et de petits bourgs de marché. Seneghe produit l'une des plus délectables huiles d'olive et le meilleur bœuf de Sardaigne, tandis que Milis est réputée pour ses oranges douces et pulpeuses. Le principal attrait ici reste toutefois la campagne, incroyablement verdoyante. Les routes désertes serpentent entre des sommets rocheux aux flancs tapissés de chênes-lièges, de châtaigniers, de chênes et d'ifs. Buses et faucons planent dans les courants d'air chaud. Mouflons et cerfs sardes, menacés un temps d'extinction, sont progressivement réintroduits dans leurs habitats forestiers.

Milis

1 660 HABITANTS

Avant-poste militaire à l'époque romaine (son nom vient du latin *miles* qui signifie "soldat"), Milis est une bourgade prospère entourée d'orangeraies, auxquelles elle doit sa richesse.

Dominant le centre du village, le **Palazzo Boyl**, du XVIIIe siècle, offre un bel exemple de néoclassicisme piémontais. Devenu une sorte de lieu de rencontres littéraires au tournant des XIXe et XXe siècles, il accueillit Honoré de Balzac, Gabriele D'Annunzio et Grazia Deledda. Aujourd'hui, il abrite le petit **musée** (☎0783 5 16 65 ; Piazza Martiri ; entrée libre ; ⌚uniquement sur rdv) de la ville, dédié aux costumes et bijoux traditionnels.

Deux églises méritent un coup d'œil : face au Palazzo Boyl, la **Chiesa di San Sebastiano** (XIVe siècle), dont la façade gothique catalane est ornée d'une imposante rosace, et, près de l'entrée est de la ville, la **Chiesa di San Paolo**, de style roman toscan, qui renferme quelques intéressantes peintures d'artistes catalans du XVIe siècle.

Début novembre, Milis accueille la **Rassegna del Vino Novello** (fête du vin nouveau), à l'occasion de laquelle les viticulteurs sardes se rassemblent pour proposer leurs meilleurs produits. C'est alors le moment de se livrer à une dégustation en règle et de faire le tour des petits étals de nourriture installés dans la rue.

Seneghe

1 920 HABITANTS

Village bâti dans une pierre sombre, Seneghe est une étape incontournable lors d'un circuit gastronomique dans le centre de la Sardaigne. Très renommée, l'huile d'olive locale a déjà remporté l'Ercole Olivario, la plus prestigieuse récompense d'Italie. L'autre grande spécialité du village, le *bue rosso*, passe auprès des gourmets pour l'une des meilleures viandes d'Italie. Il provient d'une race bovine à la viande tendre et goûteuse, qu'on n'élève qu'ici et près de Modica en Sicile.

Soucieuse de nourrir aussi l'esprit, Seneghe accueille, fin août-début septembre, un festival annuel de poésie : le **Settembre dei Poeti** (www.settembredeipoeti.it, en italien). Quatre jours dédiés à la poésie locale et internationale comportant des lectures, des séances de questions-réponses avec les auteurs, ainsi que des *gare poetiche* (joutes poétiques), donnant lieu à de belles improvisations.

Vous pouvez faire provision d'huile d'olive à l'**Oleificio Sociale Cooperativo di Seneghe** (☎0785 5 46 65 ; www.oleificiodiseneghe.it, en italien ; Corso Umberto I ; ⌚9h-12h30 et 17h-19h30 lun-ven), à l'entrée du bourg en venant de Bonarcado. Comptez environ 7 €/0,5 l ou 39 €/5 l.

Pour vous régaler de bœuf local, direction l'**Osteria Al Bue Rosso** (☎0783 5 43 84 ; Piazzale Montiferru 3/4 ; repas 30-35 € ; ⌚déj et dîner ven et sam, dîner sur réservation dim et mar-jeu), installée dans une ancienne crémerie des années 1920, à la sortie du bourg vers Narbolia. Vous pourrez goûter différents plats à base de bœuf, dont l'*insalata di bue rosso* (salade de bœuf) ou le délicieux *filetto* (filet) grillé. Le vin bio maison est également très bon. Les patrons pourront vous conseiller une chambre d'hôte dans les environs.

Bonarcado

1 650 HABITANTS

À 5 km au nord-est de Seneghe, le village assoupi de Bonarcado s'anime lors du pèlerinage qui a lieu du 14 au 28 septembre. En 1821, le pape Pie VII accorda l'indulgence plénière à tous les pèlerins qui viendraient se confesser dans le minuscule **Santuario della Madonna di Bonacattu**. Construit au VIIe siècle, et remanié huit siècles plus tard, ce sanctuaire n'est guère plus qu'une chapelle coiffée d'un dôme. Il ne respecte pas d'horaires officiels, mais vous avez des chances de le trouver ouvert.

À quelques minutes à pied, la modeste **Chiesa di Santa Maria**, d'époque romane, qui faisait partie d'un monastère au Moyen Âge, se dresse au milieu d'une place sombre.

Santu Lussurgiu

2 560 HABITANTS / ALTITUDE 503 M

Santu Lussurgiu est bâtie dans un ancien cratère volcanique, sur le versant oriental du Montiferru. Étroitement blotties les unes contre les autres, les maisons de pierre du centre historique s'étagent sur les flancs de l'amphithéâtre naturel. Le petit **office du tourisme** (☎0783 55 10 34 ; Via Santa Maria 40 ; ⏰9h30-11h lun-ven en été, 9h30-13h lun-ven en hiver) se situe en retrait de la route qui traverse le bourg.

Connue de longue date pour son artisanat, Santu Lussurgiu demeure un centre de production d'articles en ferronnerie, en bois et en cuir. Pour découvrir les traditions rurales, faites un tour au **Museo della Tecnologia Contadina** (musée de la Technologie rurale ; ☎0783 55 06 17 ; Via Deodato Meloni), qui abrite une riche collection d'outils, d'ustensiles et de machines utilisés dans les campagnes.

Le restaurant gastronomique **Sas Benas** (☎0783 55 08 70 ; Via Cambosu 4 ; repas 35-40 € ; ⏰mar-dim) est l'endroit qui s'impose pour déguster le juteux *bue rosso* de la région. Il s'agit d'un établissement assez formel, au service attentif, aménagé dans une demeure ancienne. En hors-d'œuvre, goûtez l'*insalatina di bue rosso*, une salade de bœuf, suivie de *pennette al bue rosso* ou de tagliatelles au fromage. Du côté des plats principaux, le *bue rosso* est encore à l'honneur sous forme de *tagliata* accompagnée de légumes ou d'excellentes *focaccia* (sorte de pain plat). Sinon, pour changer du bœuf, vous pouvez vous régaler avec du cochon sauvage, très tendre.

San Leonardo de Siete Fuentes

La route en lacets reliant Santu Lussurgiu à Cuglieri grimpe sur le versant oriental du Montiferru. Assez vite, une route secondaire part sur la droite (en direction de Macomer) pour rejoindre San Leonardo de Siete Fuentes, minuscule hameau boisé

LE GARDIEN DE LA TRADITION

Les 6 et 7 juillet, Sedilo accueille la **S'Ardia**, la fête la plus appréciée de la province d'Oristano. Près de 50 000 personnes se rassemblent dans ce petit village afin d'assister à la course de chevaux la plus folle et la plus dangereuse de Sardaigne (un cavalier y a trouvé la mort en 2002).

Cette fête, précédée d'une procession et d'une bénédiction du porte-étendard, célèbre l'empereur romain Constantin, qui vainquit les troupes, supérieures en nombre, de Maxence, lors de la bataille du Ponte Milvio (pont Milvius), à Rome, en 312. Bien que païenne, elle a néanmoins des accents catholiques : une légende prétend que Constantin aurait eu, avant la bataille, la vision d'une croix portant l'inscription "*In hoc signo vinces*" ("Tu vaincras par ce signe"). Il s'appuya sur ce symbole pour emmener ses troupes vers la victoire et, l'année suivante, il promulgua un édit interdisant la persécution des chrétiens, de sorte qu'on lui accorda le titre officieux de saint Constantin (Santu Antine en dialecte local). Sedilo se trouve à 40 km au nord-ouest d'Oristano, sur la S S131.

ANTONIO GRAMSCI

Grande figure de la pensée politique du XXe siècle, Antonio Gramsci (1891-1937) fut l'un des pères fondateurs du communisme italien. Né en Sardaigne à Ales, dans une famille pauvre, il fit ses études à Ghilarza, puis à Cagliari et à Turin.

C'est à Turin que ses idées politiques mûrirent. Fervent partisan du syndicalisme (Turin était alors à la pointe de l'industrialisation italienne), il rejoignit, en 1913, le Parti socialiste et fut, six ans plus tard, l'un des cofondateurs de la revue *L'Ordine Nuovo*. À la suite de conflits au sein du Parti socialiste, Gramsci et un groupe de camarades activistes firent sécession, en 1921, pour former le Parti communiste italien. Très influencé par ce qui se passait en Russie (il visita Moscou en 1922 et épousa une violoniste russe), Gramsci fut arrêté par la police fasciste en 1926 et condamné à 25 ans de prison. En captivité, il écrivit ses *Carnets de prison*. Il resta emprisonné 12 ans et mourut quelques jours après sa libération, à 46 ans.

Parmi les théories développées par Gramsci, celle de l'hégémonie culturelle selon laquelle le prolétariat, en adoptant l'idéologie dominante, sert les intérêts de la bourgoisie. Pour lutter contre cette hégémonie, il est indispensable que la classe ouvrière s'arme de valeurs et d'une culture propres.

À **Ghilarza**, on peut visiter la **maison de Gramsci** (☎0785 54 1 64 ; www.casagramscighilarza.org ; Corso Umberto I 36 ; entrée libre ; ⏲10h-13h et 16h-19h ven-dim en hiver, 10h-13h et 16h30-19h30 mer-lun en été), où il vécut entre 1898 et 1914.

renommé pour ses sources. Son nom fait référence aux sept fontaines (*siete fuentes*) d'où jaillit l'eau.

Un sentier grimpe du centre du village jusqu'à la charmante **Chiesa di San Leonardo**, église romane du XIIe siècle qui appartenait jadis à l'ordre des chevaliers de Saint-Jean-de-Jérusalem. Le sentier continue à escalader la colline, au milieu des chênes et des ormes. C'est une balade jolie et facile, parfaite avec des enfants.

Cuglieri

3 010 HABITANTS / ALTITUDE 483 M

Perché en hauteur sur le flanc occidental du Montiferru, la petite bourgade agricole de Cuglieri est une excellente étape pour déjeuner. Pour vous ouvrir l'appétit, grimpez jusqu'à la **Basilica di Santa Maria della Neve**, imposante église dont le dôme argenté est visible des kilomètres à la ronde. De là, on a une vue imprenable sur la mer.

Vous pourrez faire provision d'huile d'olive à l'**Azienda Agricola Peddio** (☎0785 36 92 54 ; Corso Umberto 95 ; ⏲8h30-13h et 15h-20h lun-ven), sur la route principale. Le litre d'huile coûte 7-9 €.

Caché au milieu des maisons de pierre grise du *centro storico*, l'**Albergo Desogos** (☎/fax 0785 3 96 60 ; Via Cugia 6 ; repas 15-20 €) est une fabuleuse *trattoria* axée sur les produits locaux. Si vous hésitez sur le menu, laissez faire la patronne, une vraie *mamma* qui vous apportera tout un assortiment d'appétissants jambons de pays, de légumes marinés et de fromages piquants, la plupart faits maison – et ce rien que pour l'*antipasto*. Si vous avez encore faim, les pâtes et les plats de viande (du cochon sauvage ou du lapin) sont tout aussi copieux, et vous pouvez terminer par une liqueur maison au fenouil, ou un verre de *limoncello*.

Du lundi au samedi, cinq bus relient Cuglieri et Oristano (3 €, 1 heure). En juillet-août, deux bus supplémentaires circulent le dimanche.

Santa Caterina di Pittinuri et ses environs

Au nord d'Oristano, quelques superbes plages s'étendent autour de Santa Caterina di Pittinuri, station balnéaire très fréquentée. Cernée de falaises blanches, la plage de la ville est relativement petite, mais ses eaux bien abritées et peu profondes sont idéales pour les enfants.

À quelques kilomètres au sud, la **Spiaggia dell'Arco**, à **S'Archittu**, se caractérise par une magnifique arche naturelle de 6 m de haut surplombant des eaux vert émeraude. Derrière S'Archittu, une piste (signalée) quitte la SS292 pour mener aux maigres vestiges de **Cornus**, cité punico-romaine qui fut le théâtre d'une bataille historique en 215 av. J.-C. Les ruines se trouvent dans un site isolé que l'on peut explorer librement.

À 3 km au sud de la **Torre del Pozzo** (ou Torre Su Putzu), une piste part de la grand-route pour mener à la plage d'**Is Arenas**, longue de 6 km.

Les bus ARST relient Oristano à Santa Caterina (2 €, 40 min, 5/j lun-sam, plus 2/j dim en juil-août) et à S'Archittu (2 €, 40 min, 5/j lun-sam, plus 2/j dim en juil-août). Ils s'arrêtent sur demande au niveau des campings.

SITES DU LAGO OMODEO

Niché au milieu des vertes collines du Barigadu, le Lago Omodeo, plus grand lac artificiel de Sardaigne, s'étend sur 22 km de long et 3 km de large. Il fut créé entre 1919 et 1924 pour ravitailler en eau et en électricité les terres agricoles autour d'Oristano et d'Arborea. La campagne environnante, à la population disséminée, présente une grande richesse archéologique, avec deux des plus importants sites nuragiques de l'île.

Bidoni

Sur la rive orientale du Lago Omodeo, le hameau de Bidoni accueille, sous le nom de Museo del Territorio, l'un des plus étranges musées de Sardaigne : le **Museo S'Omo 'e sa Majarza** (maison de la sorcière ; ☎0783 69 0 44 ; Via Monte 9 ; tarif plein/réduit 3/2 € ; ⏲visite sur demande et avec un guide), dédié aux sorcières et au folklore local, et qui comporte la reconstitution d'une grotte de sorcière du XVIe siècle.

Bidoni est signalé depuis Ghilarza, la principale bourgade de la rive orientale du Lago Omodeo.

Santa Cristina et Paulilatino

Le site nuragique de Santa Cristina est remarquable pour son *pozzo sacro* (puits sacré) central, l'un des plus importantset des mieux préservés de Sardaigne. Le culte de l'eau jouait un rôle fondamental dans la pratique religieuse nuragique et l'on estime à une quarantaine le nombre de puits sacrés répartis sur l'île.

Juste à côté de la SS131, le **Nuraghe Santa Cristina** (☎0785 55 438 ; billet combiné avec le Museo Archeologico-Etnografico de Paulilatino tarif plein/réduit 7/3 € ; ⏲8h30-21h30 en été, jusqu'à 21h en hiver) s'étend sur le plateau d'Abasanta, à quelques kilomètres au sud de Paulilatino. Avant d'accéder aux vestiges, on passe devant la très ancienne **Chiesa di Santa Cristina**, qui remonte au début de l'époque chrétienne. L'église et les *muristenes* (huttes mitoyennes dans lesquelles logent les pèlerins) qui l'entourent ne sont ouverts que 9 jours par an, à l'occasion de la fête de Santa Cristina autour du deuxième dimanche de mai, et de celle de San Raffaele Arcangelo (l'archange Raphaël) le quatrième dimanche d'octobre.

Passé l'église, un chemin vers l'est conduit, en une centaine de mètres, au village nuragique, situé dans une paisible oliveraie. Habité jusqu'au début du Moyen Âge, ce village est centré autour d'un extraordinaire *tempio a pozzo* (temple à puits), qui date de la fin de l'âge du bronze (XIe-IXe siècle av. J.-C.).

On accède au puits par une entrée en forme de trou de serrure soigneusement équarrie et par une volée de 24 marches remarquablement conservées. D'en bas, on peut admirer la parfaite construction du *tholos* (tour conique) qui se termine par un orifice rond où filtre la lumière. Tous les 18 ans, 1 mois et 2 jours, les rayons de la pleine lune tombent droit dans le puits par cette ouverture. Chaque année, aux équinoxes de mars et de septembre, les rayons du soleil illuminent l'escalier qui descend vers le puits.

Cinq kilomètres plus loin sur la SS131, on arrive à **Paulilatino**, bourg agricole à l'allure plutôt austère avec ses maisons de pierre grise. Les découvertes effectuées sur le site archéologique de Santa Cristina sont exposées dans le petit **Museo Archeologico-Etnografico** (☎0785 5 54 38 ; Via Nazionale 127 ; billet combiné avec Santa Cristina tarif plein/réduit 7/3 € ; ⏲9h-13h et 16h30-19h30 mar-dim en été, 9h-13h et 15h-17h30 mar-dim en hiver), installé dans une belle demeure du village. Le musée conserve aussi des outils agricoles et des ustensiles de cuisine évoquant la difficile vie rurale d'autrefois.

Nuraghe Losa et ses environs

À quelques kilomètres au nord de Paulilatino, juste en retrait de la SS131, s'élève l'un des plus impressionnants *nuraghi* de Sardaigne : le **Nuraghe Losa** (☎0785 5 23 02 ; www.nuraghelosa.net ; tarif plein/réduit 3,50/2 € ; ⏲9h-1 heure avant le coucher du soleil).

L'élément central du site est une tour de forme triangulaire, flanquée de trois tours rondes plus petites, deux d'entre elles étant reliées par un mur d'enceinte. Bien qu'ayant perdu sa partie supérieure, la tour centrale atteint encore près de 13 m de hauteur. Elle daterait du milieu de l'âge du bronze (vers 1500 av. J.-C.).

La tour principale renferme quatre salles intérieures (une centrale et une dans chaque angle). L'entrée du *nuraghe* dessert la tour centrale, ainsi que les tours sud-ouest et sud-est. La tour nord-ouest possède un accès indépendant.

Fordongianus

Au sud-ouest du Lago Omodeo, presque au confluent des rivières Tirso et Mannu, se trouve la ville thermale de Fordongianus. Le plus facile pour y accéder depuis Oristano est de prendre la SS388.

Déjà mentionnées par Ptolémée, les sources furent prisées des Romains, qui y édifièrent des thermes et par la suite une agglomération qu'ils baptisèrent Forum Traiani (et dont est dérivé le nom actuel). Les **Terme Romane** (☎0783 6 01 57 ; www.forumtraiani.it, en italien ; billet combiné avec la Casa Aragonese 4 € ; ⏲9h30-13h et 15h30-20h mar-dim en été, 9h30-13h et 14h30-17h30 en hiver), datant du Ier siècle, sont encore opérationnels aujourd'hui. Au centre, on voit la piscine rectangulaire, jadis entourée d'un portique, dont subsiste un seul côté.

L'actuel village de Fordongianus est entièrement bâti en trachyte rouge, notamment la ravissante **Casa Aragonese** (billet combiné avec les Terme Romane 4 € ; ⏲mêmes horaires que les thermes), typique maison noble catalane du XVIe siècle. Les étranges statues se dressant à l'extérieur, elles aussi en trachyte, ont été réalisées lors du concours de sculpture qui a lieu chaque année en été.

En semaine, 7 bus relient Fordongianus et Oristano (2 €, 40 min).

La Sardaigne active

Marche, vélo et équitation »
Plongée et voile »
Autres sports nautiques »
Escalade »

Escalade à Santa Teresa di Gallura (p. 157)

Marche, vélo et équitation

C'est au gré des sentiers que vous apprécierez le mieux la Sardaigne. Le Parco Nazionale del Golfo di Orosei e del Gennargentu (p. 187) est un magnifique territoire de randonnées, avec un littoral criblé de grottes et un arrière-pays montagneux, où des treks conduisent à la Gola Su Gorropu (p. 191) et au site préhistorique de Tiscali (p. 191). Les plus sportifs se lanceront à l'assaut du Monte Limbara (p. 168) et des Montiferru (p. 99) ; les adeptes de tranquilles balades côtières rejoindront le Capo Sandalo, sur l'Isola di San Pietro (p. 68). Enfin, le Selvaggio Blu (p. 199) est l'occasion d'un périple de 45 km, inoubliable.

L'île est sillonnée de sentiers, mais le balisage fait souvent défaut, d'où la difficulté de se repérer seul. Mieux vaut donc recourir aux services d'un guide dans une coopérative de randonnée locale ; comptez autour de 40 € la demi-journée.

Les cyclistes découvriront la Sardaigne en pédalant les cheveux au vent. L'Ogliastra (p. 195), où l'on peut descendre à toute allure jusqu'à la Méditerranée, à travers des forêts de chênes, a la faveur des amateurs de vitesse. Si vous ne craignez pas d'affronter le relief côtier, la spectaculaire route entre Alghero et Bosa (p. 126) et la sinueuse SS125 reliant Dorgali à Santa Maria Navarrese (p. 189) vous combleront.

On trouve des vélos à louer dans la plupart des villes et des cités balnéaires, moyennant 10-30 €/j. Itinéraires et cartes sur www.sardegnaturismo.it.

La Sardaigne fournit aux cavaliers de belles occasions de monter. Le Horse Country Resort (p. 92), plus important centre équestre de l'île, propose des cours et des promenades. Vous pouvez aussi explorer la côte de San Teodoro (p. 151) et la verte Isola Caprera (p. 164) à cheval. Comptez 30-35 € pour 1 heure 30 d'équitation.

ANDREW PEACOCK / LONELY PLANET IMAGES ©

1

3

DALLAS STRIBLEY / LONELY PLANET IMAGES ©

De gauche à droite dans le sens des aiguilles d'une montre

1. Cyclistes à Cala Gonone **2.** La Valle di Lanaittu vue de Tiscali **3.** Équitation au Capo Carbonara

2

Plongée et voile

Les eaux azurées de la Sardaigne incitent à la plongée. Thons, barracudas, mérous, tortues, dauphins et requins inoffensifs évoluent sous la surface. Certains des meilleurs spots se situent aux larges d'Isola di San Pietro (p. 68), au sud-ouest, d'Isola Tavolara (p. 150), au nord-est, et dans la zone marine protégée de l'Arcipelago della Maddalena (p. 162), au nord.

Nombre d'écoles organisent des plongées de tout niveau d'avril à octobre. Comptez 40 € pour plonger avec une seule bouteille, 420 € pour un cours PADI en mer et 20 €/j pour la location d'équipement.

La navigation de plaisance ne se résume pas aux yachts amarrés sur la Costa Smeralda (p. 152). Louer un bateau permet de rallier des baies retirées de l'Isola di San Pietro (p. 68), de La Maddalena (p. 162) ou d'autres îles. Comptez 1 500 € par semaine. Le Sporting Club Sardinia, à Porto Pollo (p. 160) et le Club della Vela (p. 127), près d'Alghero, assurent des stages de voile.

LE TOP 5 DES SPOTS DE PLONGÉE

» **Grotta di Nereo** (p. 117). Dans la plus grande grotte sous-marine de Méditerranée prospère le fameux corail rouge d'Alghero.

» **Secca del Papa** (p. 150). Ce monde peuplé de mérous, de barracudas, de murènes et de daurades, se cache au large de l'Isola Tavolara.

» **Golfo di Cagliari** (p. 44). Des épaves de la Seconde Guerre mondiale gisent, à plus de 30 m de fond, dans ce golfe.

» **Carloforte** (p. 68). Pour nager avec des bancs de thons dans des grottes et des gorges sous-marines.

» **Nora** (p. 74). Un site archéologique sous-marin et ses ruines punico-romaines englouties.

De gauche à droite dans le sens des aiguilles d'une montre

1. Voilier dans le Golfo di Orosei **2.** Bateaux mouillant dans une baie de La Maddalena **3.** Corail rouge dans la grotte de Nereo.

2

Autres sports nautiques

Porto Pollo (p. 160), sur la côte nord-est, est le grand centre de planche à voile. Les débutants s'entraînent dans des eaux abritées, tandis que les experts apprécient les vents qui soufflent dans les bouches de Bonifacio. Pour tous, la superbe Spiaggia della Pelosa (p. 132) sur la côte nord-ouest, les eaux protégées de la Spiaggia Mugoni (p. 127) près d'Alghero, et l'immense plage de Poetto (p. 43) à Cagliari. Comptez 30 € l'heure de cours et 160 € la formation de 2 jours. Consultez le site www.planetwindsurfholidays.com.

Les surfeurs préfèrent les rouleaux de la côte occidentale, notamment la péninsule du Sinis. Putzu Idu, à San Giovanni di Sinis (p. 93), est l'une de leurs plages favorites.

Quant au plaisir de glisser en kayak de mer, il est accessible à tous. Cala Gonone (p. 192) est une bonne base pour parcourir le Golfo di Orosei, Cardedu (p. 195) pour découvrir les rochers marins et les criques du littoral de l'Ogliastra. Comptez 25 €/j la location d'un kayak.

DALLAS STRIBLEY / LONELY PLANET IMAGES ©

1

3

MAURO LADU / ALAMY ©

LE TOP DES SENSATIONS FORTES

- » **Canyoning dans la Gola Su Gorropu** Des à-pics et de gigantesques rochers arrondis émaillent le "Grand Canyon" d'Europe (p. 191).
- » **Via Ferrata del Cabirol** (p. 127). Itinéraire à mi-chemin entre la randonnée et l'escalade le long d'une paroi surplombant la Méditerranée.
- » **Kitesurf au large de Putzu Idu**. Laissez-vous tracter par un cerf-volant depuis le rivage de cette plage de rêve (p. 93).
- » **Spéléologie dans le Supramonte** Ce massif dissimule des réseaux de grottes et de galeries (p. 191).
- » **Ski nautique au large de l'Isola Caprera** Cramponnez-vous bien en filant sur les flots comme un bolide (p. 164).

De gauche à droite

1. Matériel nautique à louer sur une plage proche de Villasimius 2. Planche à voile à Porto Pollo 3. Surf au Capo Mannu

radikal

Escalade

Falaises vertigineuses, arrière-pays escarpé... La Sardaigne séduit les grimpeurs. Alors apportez votre matériel et procurez-vous *Pietra di Luna*, le guide de Maurizio Oviglia qui fait autorité. Pour en savoir plus : www.climb-europe.com et www.sardiniaclimb.com.

Cala Gonone-Dorgali

1 Cala Gonone (p. 192) avec ses falaises à pic est un endroit prisé des grimpeurs de tous niveaux. La campagne alentour offre blocs, parois abruptes, surplombs et escalades à une ou plusieurs longueurs de corde. Voir l'encadré p. 192.

Alghero

2 À l'ouest d'Alghero, dominant les eaux profondes de la Méditerranée, les falaises du Capo Caccia (p. 127) se prêtent merveilleusement à l'escalade. Les grimpeurs aguerris en quête de frissons pourront s'essayer au psychobloc (grimpe au-dessus de l'eau, ou *deep-water soloing*).

Ogliastra

3 La province de l'Ogliastra est l'une des régions d'escalade les plus fréquentées grâce à ses 800 voies de niveau 4 à 9b. Parmi les hauts lieux de la discipline figurent Baunei (p. 198), pour les sites côtiers, et Jerzu (p. 199), pour ses imposants reliefs dolomitiques, baptisés *tacchi* (talons).

Isili

4 Isili (p. 186) comporte plus de 250 voies sportives d'une seule longueur, de niveau 5a à 8b. L'endroit se distingue surtout par ses "toits" abrupts.

Domusnovas

5 Zone d'escalade renommée en hiver, Domusnovas (p. 61) est semée de rochers, falaises et grottes calcaires. Ses 440 voies pour débutants ou grimpeurs expérimentés vont des simples parois d'une seule longueur aux surplombs de niveau 7c.

1

PHILIP & KAREN SMITH / LONELY PLANET IMAGES ©

2

PHILIP & KAREN SMITH / LONELY PLANET IMAGES ©

À droite
1. Santa Teresa di Gallura **2.** Cala Gonone

Alghero et le Nord-Ouest

Dans ce chapitre »

Le top des restaurants

» La Botteghina (p. 119)
» Mabrouk (p. 119)
» Agriturismo Sa Mandra (p. 127)
» La Guardiola (p. 133)

Le top des hébergements

» Hotel El Faro (p. 210)
» Angedras Hotel (p. 209)
» Camping La Mariposa (p. 209)
» Villa Las Tronas (p. 210)

Pourquoi y aller

Le nord-ouest de la Sardaigne illustre à merveille la façon dont des stations balnéaires très fréquentées peuvent s'intégrer sans heurts à un paysage de plages tranquilles et de parcs nationaux reculés. Le visiteur peut ainsi passer à l'envi de monuments historiques à de superbes littoraux, profiter des plaisirs citadins, marquer une pause dans les lointains parcs nationaux et sur les plages désertes, tout en goûtant chaque fois le caractère unique de cette région.

La côte, avec ses magnifiques plages de sable, ses falaises vertigineuses plongeant dans la mer et ses criques rocheuses, est l'atout-phare du Nord-Ouest. Pourtant, l'arrière-pays réserve d'excellentes surprises : des joyaux d'architecture et d'archéologie émaillent la campagne écrasée de soleil, des églises de style roman pisan témoignent des gloires passées tandis que des ruines éparses racontent les temps oubliés de la préhistoire.

Les deux villes de la région – la petite et ravissante Alghero, et la cosmopolite Sassari – ont conservé les traces de leur patrimoine historique et architectural, d'influence ibère pour la première, génoise pour la seconde. Tout le Nord-Ouest se démarque des autres régions de l'île par son ambiance moins "sarde", moins rurale et moins réservée, mais tout aussi enchanteresse.

Quand partir

Joignez-vous à la foule qui se délecte de montagnes d'oursins en janvier, à l'occasion de la fête gastronomique Sagra del Bogamari d'Alghero. Avril marque le début de la magnifique saison du carnaval, auquel il faut assister dans le *centro storico* (centre historique) d'Alghero. La Cavalcata Sarda, l'une des fêtes les plus prestigieuses de Sardaigne, se déroule à Sassari au mois de mai : elle rassemble des milliers de gens venus danser, chanter et assister à des démonstrations d'acrobaties équestres. Les mois de juillet, août et septembre sont à réserver aux plaisirs du soleil et de la baignade, sur les plages fréquentées de la Riviera del Corallo ou dans des petites criques cachées.

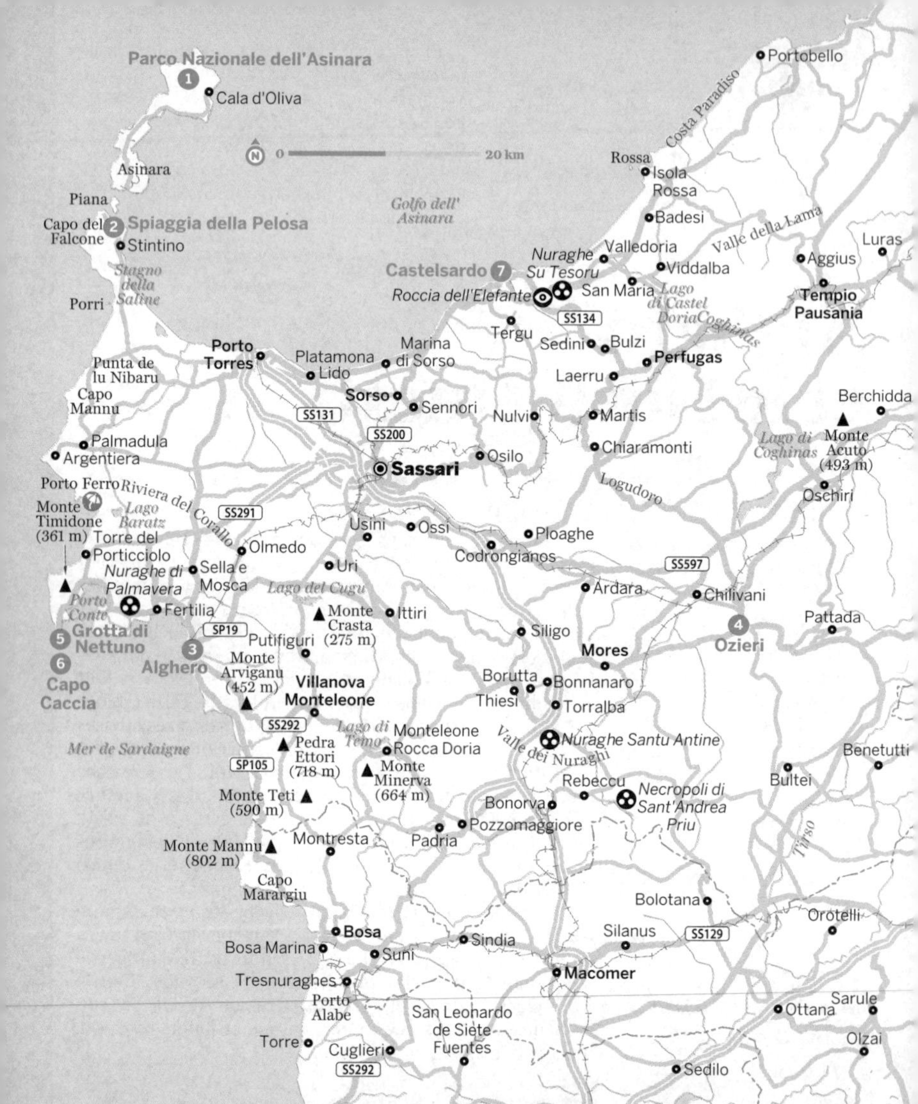

À ne pas manquer

1. Les ânes blancs et les oiseaux du **Parco Nazionale dell'Asinara** (p. 132)
2. Le farniente sur la plus belle plage du Nord-Ouest, la **Spiaggia della Pelosa** (p. 132)
3. Les ruelles médiévales et les remparts massifs d'**Alghero** (ci-contre)
4. Un aperçu de la vie des hommes préhistoriques dans la Grotta di San Michele, à **Ozieri** (p. 142), et au Museo Archeologico de la ville
5. Une plongée dans le plus grand lac souterrain de la Méditerranée et une visite de la féerique **Grotta di Nettuno** (p. 128)
6. Une vue merveilleuse sur la mer depuis le **Capo Caccia** (p. 127), cap venteux et escarpé
7. Une balade dans les ruelles médiévales de la vieille ville de **Castelsardo** (p. 133) et la vue sur la Corse du haut de l'inexpugnable *castello* (château)

ALGHERO

Pour beaucoup, la Sardaigne se résume à Alghero, la plus grande station balnéaire du Nord-Ouest, facilement accessible en avion depuis l'Europe. Si le tourisme règne en maître sur la ville, Alghero a su préserver un esprit fier et indépendant. La ville a longtemps été un port de pêche, et aujourd'hui encore, cette activité représente une part essentielle de l'économie locale. Et la langouste d'Alghero est l'un des incontournables plaisirs gastronomiques de l'île.

Principal attrait de la ville, le *centro storico* (centre historique) est l'un des mieux préservés de Sardaigne. Encerclé par de robustes murailles dont la couleur ocre tranche sur le bleu de la mer, il forme un enchevêtrement de ruelles pavées, de *palazzi* gothiques espagnols et de places bordées de cafés. Le port de plaisance est occupé par les yachts et la longue plage de sable s'étend vers le nord. De cette ancienne colonie catalane émane une ambiance largement espagnole. Aujourd'hui encore, trois siècles après le départ des Ibères, on y entend encore parler catalan, langue qui côtoie souvent l'italien sur les plaques des noms de rues et les cartes des restaurants

Histoire

L'Alguerium (du nom des algues échouées sur la plage) a vu le jour au XIe siècle sous les Génois. Simple village de pêcheurs à l'origine, sa position stratégique lui valut de devenir une place forte jalousement gardée. Les Génois en gardèrent le contrôle jusqu'à la moitié du XIVe siècle, malgré un bref règne pisan dans les années 1280.

Alghero résista à l'invasion catalano-aragonaise de 1323. Mais après 30 années de lutte, la ville finit par tomber aux mains des Espagnols en 1353. Les colons catalans furent encouragés à s'y installer et, à la suite d'une révolte en 1372, les derniers Sardes furent chassés vers l'intérieur des terres. Alghero, dès lors résolument catalane, fut baptisée Alguer.

La colonie devint un port sarde important pour les Catalano-Aragonais, puis pour les Espagnols. Élevée au rang de ville en 1501, elle connut une grande effervescence lorsque Charles Quint, empereur du Saint Empire romain germanique (et roi d'Espagne), débarqua en 1541 pour mener une campagne contre les corsaires d'Afrique du Nord. La découverte de l'Amérique joua en la défaveur d'Alghero, dont le port commercial déclina rapidement.

En 1720, la ville passa aux mains de la maison de Savoie. Dans les années 1920, sa population ne dépassait pas les 10 000 âmes. Les bombardements de 1943 et l'émergence du tourisme à la fin des années 1960 ont entraîné un emballement de la construction et, partant, l'apparition d'une ville moderne autour du *centro storico*.

À voir

Centro storico QUARTIER

Flâner dans le quartier vivant du *centro storico* d'Alghero est le meilleur moyen de s'imprégner de l'ambiance détendue de la ville. En fin de journée, les ruelles médiévales remplies de boutiques s'animent.

La ville était autrefois entièrement close. Au XIXe siècle, les remparts tournés vers l'intérieur des terres ont été abattus et partiellement remplacés par les **Giardini Pubblici** (jardins publics, carte p. 120), un espace vert qui sépare la vieille ville de la ville nouvelle.

Près des Giardini, la **Torre Porta a Terra** (carte p. 120 ; ☎079 973 40 45 ; Piazza Porta Terra ; tarif plein/réduit 2,50/1,50 € ; ⌚9h-13h et 18h-23h lun-sam juil et août, 9h30-13h et 16h30-20h lun-sam mi-mai à juin et sept, 10h-13h et 17h-19h lun-sam oct-mars) est tout ce qu'il reste de la Porta a Terra du XIVe siècle, l'une des deux portes principales de la ville médiévale. Cette tour haute de 23 m, autrefois connue sous le nom de Porta Reial, abrite un petit musée multimédia consacré à l'histoire de la ville. Au 2e étage, une terrasse permet d'admirer le paysage sur 360°.

Vers le sud, une autre tour, la **Torre di San Giovanni** (carte p. 120 ; ☎339 468 77 54 ; Largo San Francesco ; ⌚selon les expositions) accueille des expositions temporaires.

Gardant la mer près de la Piazza Sulis animée, la **Torre Sulis** (carte p. 120) complétait le dispositif de défense au sud de la vieille ville. Au nord, le **Bastione**

DISTANCES (EN KM)

	Alghero	Castelsardo	Porto Torres	Sassari
Castelsardo	57			
Porto Torres	34	30		
Sassari	30	27	17	
Stintino	57	55	25	42

LA COUTELLERIE SARDE

De tous les excellents couteaux d'origine sarde, le plus prisé est la *pattadesa* (couteau de Pattada) qui n'est plus fabriqué aujourd'hui que par quelques artisans. Le modèle classique, créé au milieu du XIXe siècle, est le *resolza*, dont la lame en forme de feuille de myrte se replie dans un manche en corne. Seuls les plus précieux disposent d'une protection en bois ou en corne. Aux yeux des Sardes, la *pattadesa* représente l'excellence en matière d'artisanat régional, plus admirable encore que n'importe quel bijou de valeur.

En général, les meilleurs artisans ne travaillent qu'à la commande et mettent au moins deux jours pour réaliser un couteau, modelant et trempant l'acier jusqu'à obtenir la force et le tranchant souhaités. Le manche est ensuite sculpté dans une corne de mouflon. Si vous voyez que le manche se compose de deux parties vissées ensemble, c'est que vous n'êtes pas en présence d'une pièce de qualité. Un bon couteau se vend au moins 10 € le centimètre.

Par le passé, ces couteaux étaient fabriqués dans toute l'île. Aujourd'hui, seules quelques villes respectent encore les méthodes traditionnelles. **Pattada** est la plus célèbre, mais Arbus, Santu Lussurgiu et Tempio Pausania comptent aussi des artisans de qualité. La classique *s'arburesa* (d'Arbus) possède une lame épaisse et arrondie, utilisée pour écorcher les animaux. La *lametta* de Tempio Pausania, de forme rectangulaire, est idéale pour retirer l'écorce des chênes-lièges. Le *fogarizzu* est le plus connu des *pattadesa*, et le *pusceddu*, le plus réputé des *s'arburesa*.

Il est illégal en Italie de porter sur soi un couteau dont la lame excède 4 cm de long.

della Maddalena (carte p. 120) et la tour du même nom sont les seules parties encore existantes des anciens remparts.

Juste à l'ouest de ce bastion, et surplombant le port de plaisance, la **Porta a Mare** (carte p. 120) est la seconde porte médiévale d'Alghero. À côté de la porte, les marches montent jusqu'aux remparts qui s'étendent jusqu'à la **Torre della Polveriera** (carte p. 120), à la pointe septentrionale du *centro storico*. La Méditerranée se brise sur les **Bastioni Marco Polo** (carte p. 120) et les **Bastioni Cristoforo Colombo**, murailles occidentales de la ville. La promenade sur les remparts est bordée de restaurants et de bars d'où admirer le coucher du soleil.

Cattedrale di Santa Maria — DÔME

(Carte p. 120). Dominant la Piazza Duomo, l'imposante Cattedrale di Santa Maria semble démesurée. Avec ses épaisses colonnes doriques, la façade néoclassique est un ajout malheureux du XIXe siècle. Ce fut la dernière des nombreuses modifications apportées à cette cathédrale bâtie au XVIe siècle dans le style gothique catalan. L'intérieur est principalement Renaissance, avec quelques éléments décoratifs du baroque tardif datant du XVIIIe siècle. Des visites guidées gratuites (en italien) ont lieu entre 10h et 13h du lundi au vendredi de février à septembre.

Plus intéressant, le **campanile catalan** (carte p. 120 ; adulte/enfant 2 €/gratuit ; ⌚19h-21h30 mar, jeu et sam juil-août, 17h-20h mar, jeu et sam sept, sur rdv le reste de l'année) est situé à l'arrière, dans la Via Principe Umberto. D'architecture catalane gothique, cette tour octogonale s'élève au-dessus des toits d'Alghero.

Museo Diocesano d'Arte Sacra — MUSÉE

(Carte p. 120 ; ☎ 079 973 30 41 ; Piazza Duomo ; tarif plein/réduit 3/2 € ; ⌚10h-12h30 jeu-mar toute l'année et 17h-20h avr, mai, fin sept et oct, 18h-21h juin et début sept, 18h30-21h30 juil et août). L'ancien Oratorio del Rosario abrite désormais le Musée Diocesano d'Arte Sacra où est exposée la collection d'art religieux de la cathédrale (objets en argent, statues, peintures et sculptures sur bois).

Piazza Civica — PLACE

(Carte p. 120). À l'intérieur de la Porta a Mare, tout au nord-ouest du *centro storico*, la Piazza Civica est la place principale d'Alghero et l'ancien cœur administratif de la cité médiévale. Les aristocrates espagnols qui débattaient des affaires de l'Empire ont été remplacés par les touristes qui dégustent des glaces aux tables du café le plus grandiose de la ville, le Caffè Costantino. Celui-ci occupe le rez-de-chaussée du **Palazzo d'Albis** (carte p. 120), un bâtiment gothique où Charles Quint séjourna en 1541.

Chiesa di San Francesco ÉGLISE

(Carte p. 120). Cette église est un modèle d'harmonie architecturale. Construite au XIVe siècle dans le style gothique catalan, elle a subi une rénovation à la Renaissance, après s'être partiellement effondrée en 1593. L'autel en marbre polychrome datant du XVIIIe siècle et l'étrange sculpture en bois du XVIIe siècle, représentant un Christ décharné attaché à une colonne, sont particulièrement intéressants.

En passant par la sacristie, vous pénétrez dans le magnifique cloître du XIVe siècle, dont les 22 colonnes relient une série d'arches en plein cintre. Le grès clair utilisé pour les arcades et les colonnes lui confère un aspect chaleureux qui en fait un cadre merveilleux pour les concerts estivaux.

Chiesa di San Michele ÉGLISE

(Carte p. 120). Plus loin dans la Via Carlo Alberto, la *carrer major* (grand-rue) de la ville médiévale, cette église est célèbre pour son dôme en faïence (majolique) polychrome, typique des églises de Valence, autre ancien territoire catalan. Les céramiques actuelles ont été posées dans les années 1960.

Juste avant d'atteindre l'église, vous croisez la Via Gilbert Ferret. L'intersection est connue sous l'appellation de *quatre cantonades* (quatre côtés). Pendant des siècles, les ouvriers s'y rassemblaient dans l'espoir d'obtenir du travail.

Plages PLAGE

Les plages d'Alghero s'étendent le long de la Via Garibaldi, au nord du port. La **Spiaggia di San Giovanni** (carte p. 118) et sa voisine, la **Spiaggia di Maria Pia** (carte p. 118) sont toutes deux de longues bandes de sable, mais ce ne sont pas les plus belles. La Spiaggia Bombarde et la Spiaggia del Lazzaretto, après l'aéroport de Fertilia et accessibles en bus (voir p. 126), sont bien plus agréables. À Alghero, il est possible de louer des parasols et des transats (à partir de 8 €/j), ainsi que des planches à voile (10 €) et des canoës (10 €). La ligne de bus AO parcourt tout le front de mer.

À faire

Sorties en mer EXCURSIONS ET PÊCHE

Sur le port, vous pouvez embarquer sur un bateau pour observer la côte nord jusqu'à Capo Caccia (p. 127) et la Grotta di Nettuno (grotte de Neptune ; p. 128). Plusieurs agences proposent des excursions à la journée avec des pauses pour la pêche et la baignade (les prix varient entre 40 € et 100 € par personne). Si vous souhaitez uniquement visiter la grotte, mieux vaut emprunter le **ferry Navisarda** (carte p. 120 ; ☎079 95 06 03 ; www.navisarda.it ; adulte/enfant aller-retour 14/7 €, entrée de la grotte non comprise), qui lève l'ancre toutes les heures entre 9h et 17h de juin à septembre et quatre fois par jour le reste de l'année.

Nautisub Centro Immersioni Alghero PLONGÉE

(Carte p. 118 ; ☎079 95 24 33 ; www.nautisub.com ; Via Garibaldi 45). Ce club propose des plongées avec bouteilles (à partir de 38 €) ou tuba (25 €), loue du matériel (25 € bouteille/régulateur/combinaison/ceinture de plombs) ainsi que des sorties en bateau.

Diving Centre Capo Galera PLONGÉE

(Hors carte p. 118 ; ☎079 94 21 10 ; www.capogalera.com ; Localita Capo Galera). À quelques kilomètres d'Alghero, indiqué sur la route de Capo Caccia, ce club est installé dans une grande villa blanche sur un promontoire panoramique. Stages et plongées de tous niveaux sont proposés. Les nageurs expérimentés pourront profiter de magnifiques plongées dans les grottes sous-marines, à commencer par l'exploration de la grotte de Nereo, la plus grande de Méditerranée. À partir de 20 € la plongée et 18 € la location de matériel. Le centre propose aussi d'héberger les plongeurs (chambre double 65-100 €, app 6 pers 110-180 €) et prépare de succulents dîners cuisinés au barbecue.

Cours

Stroll & Speak COURS D'ITALIEN

(Carte p. 120 ; ☎339 489 93 14 ; www.strollandspeak.com ; Via Cavour 4 ; ⏲9h-13h et 14h30-20h lun-sam). Rafraîchissez votre italien en suivant un stage dans cette école de langue faisant autorité, située dans le *centro storico*. Les cours particuliers coûtent 200 € (10 heures), 285 € (15 heures) ou 360 € (20 heures) par semaine.

Circuits organisés

Tours en calèche VISITE EN CALÈCHE

(Carte p. 120 ; ☎079 97 69 27 ; adulte/enfants 2 à 10 ans 5/3,50 € ; ⏲10h-23h juil et août, 10h-20h30 avr-juin, sept et oct). Une balade dans la vieille ville en calèche calmera les enfants turbulents. La promenade de 25 minutes part du Bastione della Maddalena, côté port.

Trenino Catalano VISITE EN TRAIN

(Petit train catalan ; carte p. 120 ; adulte/moins de 8 ans 5/3 € ; ⏲10h-13h et 16h30-23h juil et août, 10h-13h et 15h30-21h avr-juin et sept). Ce train miniature parcourt le *centro storico* toutes

0
400 m
A
B
C
D
1
2
3
4
5
6
7
Vers le Camping La Mariposa (500 m)
Vers Fertilia (5 km), Capo Caccia (27 km) et Porto Torres (40 km)
Gare ferroviaire
Via Lido
Via Sardegna
Via Fermi
Via F Cervi
Spiaggia di San Giovanni
5
Via Castelsardo
Via Galilei
Via Don Minzoni
Via Paoli
Via Degli Orti
Via Galilei
Via G M Angioi
Vers Sassari (38 km)
Via Diez
1
Via Asfodelo
Via XXIV Maggio
Via Garibaldi
Via La Marmora
Via Vittorio Emanuele
Via XX Settembre
Piazza Civica
Giardini Pubblici
Via Manno
Via Roma
Via Cagliari
Via Mazzini
Via IV Novembre
Via Brigata Sassari
Via Veneto
Via Satta
Via Cravellet
Via Marconi
Via Deledda
Via Andreoni
Via Enrico
Via Doria
Via Gilbert Ferret
Via Sassari
Largo San Francesco
Via S Agostino
Via Carrabuffas
Via Verdi
Piazza Ginnasio
Via Manzoni
Via Canepa
3
Via Palomba
Via Lo Frasso
Via Petrarca
Via Pascoli
Viale Giovanni XXIII
Voir la carte du centre d'Alghero (p. 121)
Via Sassari
Rada di Alghero
Via Fratelli Kennedy
Via Mattei
2
Vers Villanova Monteleone (24 km)
Via Alcide De Gasperi
4
6
Via Valencia
Via Lungomare
Las Tronas
Via Toda
Vers Bosa (47 km)

les demi-heures, au départ du port. Les billets s'achètent à bord.

Fêtes et festivals

À Alghero, le calendrier des fêtes et des festivals est bien rempli, notamment au printemps et en été.

Février

Sagra del Bogamarì FÊTE GASTRONOMIQUE
(Fête de l'Oursin ; www.comune.alghero.ss.it/eventi/2011/sagra_ bogamari/). Les habitants d'Alghero célèbre l'oursin en s'en régalant de fin janvier à février.

Carnevale CARNAVAL
(www.sardegnaturismo.it). Le *martedi grasso* (Mardi gras), l'effigie d'un soldat français (le *pupazzo*) est brûlée sur un bûcher au milieu de grandes réjouissances.

Mars/avril

Semaine sainte FÊTE RELIGIEUSE
Des effigies du Christ et de la Vierge sont promenées à travers la ville, rejouant les *Misteri* (Passion du Christ) et l'*Incontru* (la rencontre entre la Vierge et son fils ressuscité).

Juillet/août

Ferragosto (Assomption) FÊTE RELIGIEUSE
Le 15 août, Alghero offre des festivités grandioses avec feux d'artifice, courses nautiques et concerts.

Où se restaurer

Les produits de la mer règnent en maîtres à Alghero, ville de pêcheurs réputée pour ses sardines et sa langouste. Ce crustacé est cher : les prix étant indiqués au gramme, demandez toujours à ce qu'on vous la pèse avant de commander.

La Botteghina MÉDITERRANÉEN €€
(079 97 38 375 ; www.labotteghina.biz ; Via Principe Umberto 63 ; repas 25-30 €). Nouvelle adresse éclatante du *centro storico*, qui ne travaille qu'avec des ingrédients achetés à de petits producteurs locaux, donc simples et très savoureux. Goûtez à la *fregola* (petites pâtes à base de semoule) aux fruits de mer, ou optez pour une pizza. Bois blanc, plafonds et ambiance décontractées.

Mabrouk POISSON ET FRUITS DE MER €€
(Carte p. 120 ; 079 97 00 00 ; Via Santa Barbara 4 ; menu 40 € ; dîner uniquement, fermé nov). Dans ce restaurant proche de la cathédrale, c'est la cuisinière, Marie Antonetta, qui choisit pour vous. Moyennant les 40 € du menu, elle prépare les poissons du jour, plusieurs *antipasti*, trois recettes de pâtes au poisson en guise de *primi piatti* (premiers plats), trois plats de poisson (ou *secondo*), plus le dessert et le vin. Excellente adresse dans un cadre simple et accueillant.

Angedras Restaurant MÉDITERRANÉEN €€
(Carte p. 120 ; 079 973 50 78 ; www.angedras-restaurant.it ; Bastioni Marco Polo 41 ; formule déj 16 €, repas environ 35 € ; mer-lun). L'une des meilleures adresses qui propose une carte très traditionnelle, à commencer par la première spécialité sarde : le *porceddu* (cochon de lait rôti). Le restaurant fait partie de l'Angedras Hotel (p. 209).

Il Refettorio MÉDITERRANÉEN/BAR À VIN €€
(Carte p. 120 ; 079 973 11 26 ; Vicolo Adami 47 ; repas environ 30 € ; fermé mar en hiver). Une adresse plaisante, avec des tables en extérieur sous une arche en pierre et un intérieur voûté. Le vin est à l'honneur, alors profitez-en pour goûter les rouges et les blancs du cru, tout en vous régalant d'un steak de thon arrosé de vinaigre balsamique.

Osteria Machiavello OSTERIA €€
(Carte p. 120 ; 079 98 06 28 ; Bastioni Marco Polo 57 ; menus terre/mer 16/18 €, repas environ 35 € ; dîner mer-lun). Récemment reprise par les propriétaires du restaurant Angedras, cette table avec vue panoramique vous garantit un repas mémorable sur les remparts. Au menu viandes grillées, dont le cheval, et plusieurs plats traditionnels de poisson. Essayez la *zuppa di cozze e vongole* (soupe de moules et palourdes).

Spaghetteria Al Solito Posto MÉDITERRANÉEN €
(Carte p. 120 ; 328 913 37 45 ; Piazza della Misericordia ; repas 15-20 € ; ven-mer). L'un

Centre d'Alghero

Piazza della Mercede
Terminus de la navette de l'aéroport
Via XX Settembre
Via Sassari
Via Pascoli
Via Foscolo
Via Petrarca
Via Carducci
Via Fratelli Kennedy
Via Gramsci
Via Lungomare Dante
Piazza Sulis
Via Carlo Alberto
Piazza Ginnasio
Via della Misericordia
Piazza della Misericordia
Via S Laccu
Rada di Alghero
11
13
5
2
22
42
16
29
24
31
19
30
39
38
5
6
7
8
A
B
C
D
E
F
G

Centre d'Alghero

Les incontournables
Cattedrale di Santa Maria ... C3
Chiesa di San Francesco ... C4
Museo Diocesano d'Arte Sacra ... C3

À voir
1 Bastione della Maddalena ... D2
2 Bastioni Cristoforo Colombo ... C6
3 Bastioni Marco Polo ... B3
4 Campanile ... C3
5 Chiesa di San Michele ... D5
6 Balades en calèche ... D2
7 Palazzo d'Albis ... D3
8 Porta a Mare ... C2
9 Stroll & Speak ... B3
10 Torre della Polveriera ... A1
11 Torre di San Giovanni ... E5
12 Torre Porte a Terra ... E3
13 Torre Sulis ... D6
14 Trenino Catalano ... D2

Où se loger
15 Hotel San Francesco ... D4

Où se restaurer
16 Al Tuguri ... C5
17 Andrieni ... C4
18 Angedras Restaurant ... B3
19 Borgo Antico ... C5
20 Supermarché Euro Spin ... G2
21 Il Ghiotto ... D2
22 Il Pavone ... D6
23 Il Refettorio ... C3
24 La Botteghina ... C5
25 Mabrouk ... B3
26 Marché ... E4
27 Osteria Macchiavello ... B3
28 Osteria Taverna Paradiso ... C4
29 Spaghetteria Al Solito Posto ... C5
30 Trattoria Maristella ... E7

Où prendre un verre
31 Baraonda ... C5
32 Buena Vista ... B3
33 Caffè Constantino ... D2
34 Caffè Latino ... C2
35 Diva Caffè ... D3
36 Jamaica Inn ... C4
37 Mill Inn ... C3

Où sortir
38 L'Arca ... E8
39 Poco Loco ... E7

Achats
40 Antonio Marras ... D3
41 Endolciara ... D4
42 Il Labrinto ... D5
Marogna ... (voir 7)

des restaurants les plus prisés de la ville. Le décor est ordinaire (écran TV dans un angle de la salle), la nourriture savoureuse (pâtes à différentes sauces) et l'ambiance chaleureuse. Réservation recommandée.

Borgo Antico POISSON ET FRUITS DE MER €€
(Carte p. 120 ; ☎079 98 26 49 ; Via Zaccaria 12 ; repas environ 35 € ; fermé dim soir). Ce restaurant chic aménagé dans un ancien couvent installe ses tables sur une jolie *piazza*. Il est réputé pour ses produits de la mer, comme les *spaghetti all'aragosta* (à la langouste, 40 € pour deux personnes) et le *triglie al cartoccio* (mulet rouge en papillote).

Al Tuguri VÉGÉTARIEN €€
(Carte p. 120 ; ☎079 97 67 72 ; www.altuguri.it ; Via Maiorca 113 ; menus dégustation végétarien/mer/terre 36/40/40 € ; lun-sam). Les vrais repas végétariens sont une nouveauté en Sardaigne, et c'est ici que vous trouverez les meilleurs. Ce restaurant discret au décor rustique propose un menu 100 % végétarien, et des plats plus classiques à base de viande ou de fruits de mer. Réservation conseillée.

Andreini GASTRONOMIQUE €€€
(Carte p. 120 ; ☎079 98 20 98 ; www.ristoranteandreini.it ; Via Ardoino 45 ; repas environ 55 € ; mar-dim). Ce restaurant élégant est devenu la référence de la cuisine créative à Alghero. En 2010, il a même reçu une étoile au Michelin. Les tables sont disposées sous un imposant figuier, et l'on admire autant que l'on déguste les plats qui combinent fruits, poisson frais, viande et herbes aromatiques.

Osteria Taverna Paradiso OSTERIA €€
(Carte p. 120 ; ☎079 97 80 07 ; Via Principe Umberto 29 ; repas environ 30 € ; mar-dim). Le fromage est roi dans cette trattoria conviviale. Le gérant et "maître fromager" Pasquale Nocella est un vrai passionné qui prend plaisir à présenter sa multitude de fromages. L'assiette coûte 16 €, mais si le fromage n'est pas votre fort, vous trouverez aussi d'excellentes viandes grillées et de copieuses assiettes de pâtes.

Trattoria Maristella TRATTORIA €€

(Carte p. 120 ; ☎079 97 81 72 ; Via Fratelli Kennedy 9 ; repas environ 27 €). Les touristes comme les gens du coin se donnent rendez-vous dans cette petite trattoria animée qui sert de bons fruits de mer – l'*insalata di mare* (salade de la mer) est excellente – et des spécialités sardes comme les *culurgione* (raviolis à la pomme de terre, au *pecorino* et à la menthe). Le tout à prix modique.

Il Pavone TRATTORIA €€€

(Carte p. 120 ; ☎079 97 95 84 ; www.ristoranteilpavone.com ; Piazza Sulis 3/4 ; repas environ 45 € ; fermé dim déj). Ancêtre de la restauration à Alghero, Il Pavone s'en tire comme au premier jour. Il sert des plats sardes variés et innovants aux côtés des classiques.

Santa Cruz MÉDITERRANÉEN €€

(Carte p. 118 ; Via Lido 2 ; pizza 6,50-8 €, repas environ 30 € ; mar-dim). Ce restaurant espagnol sert de bonnes pizzas, des paellas (18 €) et des viandes grillées. C'est surtout l'emplacement en bordure de plage qui en fait une adresse incontournable.

Il Ghiotto ITALIEN €

(Carte p. 120 ; ☎079 97 48 20 ; Piazza Civica 23 ; repas 10-15 € ; mar-dim). L'une des rares vraies adresses bon marché d'Alghero. Au déjeuner, la carte dévoile un large choix de *panini*, pâtes, salades et plats.

Faire ses courses

Vous trouverez tout pour votre pique-nique, de même que viandes et poissons au **marché d'Alghero** (carte p. 120 ; entrée Via Sassari 23 ; 6h30-13h30 et 16h30-20h30 lun-sam), situé entre la Via Sassari et la Via Cagliari. Autre possibilité, le supermarché **Euro Spin** (carte p. 120 ; Via La Marmora 28 ; 8h30-21h30 lun-sam, 9h-13h30 et 17h-21h dim), près des Giardini Pubblici.

Où prendre un verre

Alghero ne manque pas d'adresses où boire un verre. Secteurs les plus populaires : les plages, les remparts et le front de mer au sud du *centro storico*. En été, de nombreux bars sont ouverts jusqu'à 2h du matin.

Baraonda BAR À VIN

(Carte p. 120 ; ☎079 97 59 22 ; Piazza della Misericordia ; 10h-2h). Dans ce bar à vin à l'ambiance tamisée, les photos de jazz en noir et blanc accrochées aux murs bordeaux donnent le ton. En été, on peut s'asseoir en terrasse et observer la vie de la place.

Diva Caffè BAR

(Carte p. 120 ; ☎079 98 23 06 ; Piazza Municipio 1 ; cocktails 7 € ; 10h-minuit lun-sam). Adresse appréciée des touristes au déjeuner (pâtes à 6 €), le Diva dévoile sa vraie personnalité à la tombée de la nuit, lorsque les clients viennent siroter leur cocktail sur la place. Ouvert tard le vendredi et le samedi soir en été.

Caffè Latino BAR

(Carte p. 120 ; ☎079 97 65 41 ; Bastioni Magellano 10 ; cocktails à partir de 4,80 € ; 9h-23h mer-lun, jusqu'à 2h tlj en été). Sur les remparts au-dessus du port, ce bar chic est un classique de l'été. Relaxez-vous dans les chaises en rotin gris et laissez-vous bercer par la brise qui agite les mâts en contrebas.

Caffè Costantino CAFÉ

(Carte p. 120 ; ☎079 97 61 54 ; Piazza Civica 31 ; 7h30-minuit jeu-mar). Situé sur la place principale d'Alghero, c'est le café le plus classe et le plus fréquenté de la ville. Le choix de boissons s'accompagne d'une carte de restauration, mais si vous venez simplement manger, vous vous en tirerez à meilleur marché à peu près n'importe où en ville.

Buena Vista BAR

(Carte p. 120 ; Bastioni Marco Polo 47 ; cocktails 6,50-8 € ; 15h30-3h). De fabuleux *mojitos*, des cocktails aux fruits frais et des couchers du soleil spectaculaires : que demander de plus pour un bar face à la mer ?.

Jamaica Inn PUB

(Carte p. 120 ; Via Principe Umberto 57 ; cocktails 6 € ; mar-dim). Un bar plein de gaieté, parfait pour un verre de vin, une bière ou grignoter des en-cas (6 €) comme les *bruschette*.

Mill Inn MUSIQUE LIVE

(Carte p. 120 ; Via Maiorca 37 ; jeu-mar). Un antre cosy aux plafonds voûtés, où des concerts se tiennent parfois.

☆ Où sortir

Les bars commencent à se vider, aux alentours de 1h du matin et l'animation se déplace sur le front de mer, au sud de la vieille ville. La scène nocturne d'Alghero attire les clubbers de tout le nord de la Sardaigne. C'est en été qu'elle est la plus animée, mais des soirées endiablées ont également lieu le week-end en hiver. Les plus grands clubs se trouvent à l'extérieur de la ville, nécessitant un véhicule ou un taxi (35 € environ). Les clubs ouvrent tard, à partir de minuit en général, et l'entrée coûte aux alentours de 15 €, consommation comprise parfois.

Poco Loco MUSIQUE LIVE

(Carte p. 120 ; ☎079 973 10 34 ; Via Gramsci 8 ; 19h-1h). Une adresse populaire qui propose un accès Internet, de la bière pression, des pizzas et des concerts, et qui dispose d'une piste de bowling à l'étage (fermée le lundi). Les concerts sont variés, même si le jazz et le blues ont tendance à dominer.

L'Arca MUSIQUE LIVE

(Carte p. 120 ; ☎079 97 79 72 ; Lungomare Dante 6 ; ⏲8h-2h). Un bar rock sur le *lungomare* (front de mer) sud. Les DJ galvanisent les foules du jeudi au samedi.

El Trò CLUB

(Carte p. 118 ; ☎079 973 30 00 ; Via Lungomare Valencia 3 ; ⏲21h-tard mar-dim). Discothèque-pub, El Trò devient une fosse endiablée les week-ends d'été, lorsque les vacanciers branchés se déhanchent face à la mer.

Il Ruscello CLUB

(Hors carte p. 118 ; ☎339 235 07 55 ; www.ruscellodisco.com ; SS Alghero-Olmedeo ; ⏲tous les soirs juil et août, ven et sam juin et sept, sam le reste de l'année). Discothèque historique d'Alghero, le Ruscello attire les plus grands DJ sardes et une clientèle branchée qui se défoule sur des titres commerciaux, de la house et du revival. Le club est à 2 km au nord-est d'Alghero, sur la route d'Olmedo.

La Siesta CLUB

(Hors carte p. 118 ; ☎079 98 01 37 ; Localita Scala Piccada ; ⏲tous les soirs à partir de 1h juil et août, sam juin). À environ 10 km de la ville, direction sud, c'est un autre grand club avec quatre pistes de danse, des tubes commerciaux et des concerts réguliers. Pour les plus grandes soirées, une navette (1,50 €) fait la liaison avec le centre d'Alghero.

Achats

Parcourir les vitrines élégantes de la Via Carlo Alberto, la grande rue commerçante, fait partie de tout séjour à Alghero. Dans le *centro storico*, les rues sont bordées de boutiques de souvenirs, d'ateliers de créateurs et de bijouteries travaillant le fameux corail d'Alghero (voir l'encadré, p. 128).

Enodolciaria ÉPICERIE

(Carte p. 120 ; ☎079 97 97 41 ; Via Simon 24). Les étagères plient sous le poids des bouteilles de vin local et d'huile d'olive, des paquets de pâtes, des pots de légumes et des conserves de thon de la région.

Antonio Marras MODE

(Carte p. 120 ; ☎079 97 32 085 ; Piazza Civica). Antonio Marras est l'enfant prodigue le plus célèbre d'Alghero dans le monde de la mode : directeur de la ligne Kenzo femmes, il crée de beaux vêtements haut de gamme. Venez jeter un coup d'œil dans sa ravissante boutique, ne serait-ce que pour admirer les tissus aux couleurs chatoyantes et les coupes élégantes.

Il Labirinto LIBRAIRIE

(Carte p. 120 ; ☎079 98 04 96 ; Via Carlo Alberto 119). Large choix de livres (essentiellement en italien) sur la Sardaigne.

Renseignements

Banca Carige (carte p. 120 ; Via Sassari 13). Dispose d'un DAB.

Bar Miramare (carte p. 120 ; ☎079 973 10 27 ; Via Gramsci 2 ; accès Internet 5 €/h ; ⏲8h30-13h et 16h30-2h).

Farmacia Cabras (carte p.120 ; ☎079 97 92 60 ; Lungomare Dante 20)

Office du tourisme (carte p. 120 ; ☎079 97 90 54 ; www.comune.alghero.ss.it, en italien ; Piazza Porta Terra 9 ; ⏲8h-20h lun-sam toute l'année, plus 10h-13h dim en été). Le meilleur office de tourisme de Sardaigne, avec une équipe serviable.

Office du tourisme de l'aéroport (hors carte p. 118 ; ☎079 93 51 50 ; ⏲8h30-13h et 15h30-22h)

Ospedale Civile (carte p. 118 ; ☎079 99 62 00 ; Via Don Minzoni). Principal hôpital de la ville.

Police (carte p. 120 ; ☎079 972 00 00 ; Piazza della Mercede 4)

Poste principale (carte p. 120 ; Via Carducci 35 ; ⏲8h-18h50 lun-ven, 8h-13h15 sam)

Depuis/vers Alghero

Avion

L'**aéroport Fertilia** (AHO ; hors carte p. 118 ; ☎079 93 52 82 ; www.algheroairport.it) se trouve à 9 km au nord-ouest d'Alghero. Il est desservi par plusieurs compagnies low-cost, telles Ryanair (liaison directe Alghero/Paris-Beauvais) et Air One, relie le continent italien et plusieurs villes d'Europe dont Paris. Pour plus d'informations sur les vols, voir p. 259.

Bus

L'arrêt des bus interurbains se situe dans la Via Catalogna, près des Giardini Pubblici. Les billets s'achètent à un guichet (carte p. 120) installé dans les jardins.

Jusqu'à 11 bus (et 15 le week-end) assurent quotidiennement l'aller-retour avec Sassari (2,50-3 €, 1 heure). Des bus desservent aussi Porto Torres (2,50 €, 1 heure, 8/j lun-ven, 5/j sam-dim) et Bosa (4,50 €, 1 heure 35, 2/j). Les bus pour Bosa passent par l'intérieur des terres via Villanova Monteleone, et un bus quotidien parcourt la route côtière (3 €, 1 heure 10).

Il n'y a pas de ligne directe pour Olbia. Vous devez vous rendre à Sassari pour y emprunter la correspondance assurée par Turmo Travel (voir p. 140).

Train

La gare ferroviaire (carte p. 118) est située à 1,5 km au nord de la vieille ville, dans la Via Don Minzoni. Jusqu'à 11 trains ARST circulent par jour depuis/vers Sassari (2,20 €, 35 min).

Voiture et moto

Depuis Sassari, le plus simple est de prendre la route SS291, puis la SP19 jusqu'à Alghero. En arrivant de Bosa, deux routes s'offrent à vous : la SS292 par l'intérieur des terres, et la SP105, le long de la côte, l'une des plus spectaculaires de Sardaigne (voir l'encadré p. 126).

Comment circuler

La vieille ville et la plupart des autres sites peuvent se visiter à pied, mais vous devrez peut-être prendre un bus pour les plages.

Depuis/vers l'aéroport

Jusqu'à 11 bus (0,70 €, 20 min) par jour relient l'aéroport à la Piazza della Mercede, dans le centre-ville. Les bus **Logudoro Tours** (☎079 28 17 28) vont 2 fois par jour à Cagliari (20 €, 3 heures 30), Oristano (15 €, 2 heures 30) et Macomer (10 €, 1 heure 30). Trois bus **Redentours** (☎0784 3 14 58 ; www.redentours.com) (20 €, 2 heures 15) font chaque jour l'aller-retour avec Nuoro (réservation impérative).

Un taxi pour l'aéroport coûte environ 25 €.

Bus

La ligne AO circule de la Via Cagliari (à proximité des Giardini Pubblici) jusqu'aux plages. Des bus urbains relient également l'aéroport de Fertilia ainsi que plusieurs destinations plus éloignées. Leurs arrêts sont disséminés tout autour des Giardini Pubblici. Vous pouvez vous procurez des billets (0,70 €) chez le fleuriste **Floridea** (carte p. 120, Via Cagliari 4), dans le parc, et dans la plupart des bureaux de tabac (*tabacchi*).

Taxi

Une **station de taxis** (carte p. 120) est située Via Vittorio Emanuele, près de l'office du tourisme. Autrement, réservez un taxi par téléphone au ☎079 989 20 28.

Voiture et moto

Le meilleur endroit où se garer à Alghero est le grand parking qui borde le *lungomare* (front de mer) dans la Via Garibaldi ; le stationnement est gratuit et on trouve toujours une place.

Plusieurs loueurs de voitures sont représentés à l'aéroport de Fertilia. **Avis** (carte p. 120 ; ☎079 93 50 64 ; Piazza Sulis 9) possède également une agence en ville.

LE CENTRO STORICO INTERDIT AUX VOITURES

Notez qu'il est interdit aux non-résidents de circuler en voiture dans la vieille ville d'Alghero. Les voyageurs qui se déplacent avec un véhicule de location risquent de se voir infliger une amende chaque fois qu'ils entrent dans la vieille ville. Ces amendes peuvent s'élever à plusieurs centaines d'euros, à régler à l'agence de location.

Dans un kiosque de la Via Garibaldi côté mer, **Cicloexpress** (carte p. 118 ; ☎079 98 69 50 ; www.cicloexpress.com ; Via Garibaldi) loue des voitures (65 €/j), des scooters (55 €) et des vélos (6 €).

RIVIERA DEL CORALLO

Depuis Alghero, la route côtière qui file en direction du nord traverse de splendides paysages. Elle passe par Fertilia, une station balnéaire tranquille, et Porto Conte, une grande baie parsemée d'hôtels et de villas discrètes. Au bout de la route se trouve Capo Caccia, un promontoire rocheux connu pour son réseau de cavités souterraines formant la Grotta di Nettuno. Le long de la route, belles plages et sites archéologiques intéressants. Le paysage plus plat de l'arrière-pays accueille quelques-uns des plus grands vignobles de l'île, et plusieurs *agriturismi* y sont installés.

Fertilia

Les plages de sable bordées de pins se succèdent jusqu'à Fertilia, à 4 km au nord-ouest d'Alghero. Cette petite station sans âme, avec ses rues rectilignes et ses *palazzi* robustes, peut surprendre les visiteurs qui viennent de quitter l'effervescence médiévale d'Alghero. Elle fut construite par Mussolini, qui voulait en faire le centre de son grand projet de bonification des terres agricoles et fit venir pour cela des agriculteurs du nord-est de l'Italie. Après la guerre, des réfugiés arrivèrent du Frioul-Vénétie Julienne, apportant avec eux le lion de saint Marc, symbole de Venise, qui orne la statue sur le front de mer.

Il n'y a pas grand-chose à faire ou à voir hormis flâner sur le front de mer, mais deux plages des environs sont particulièrement

D'ALGHERO À BOSA EN VOITURE OU À VÉLO

L'une des plus belles routes de Sardaigne parcourt le littoral au sud d'Alghero, au fil des 46 km qui la séparent de Bosa. Cette route de corniche plonge et vire le long des falaises, offrant des panoramas spectaculaires qui alternent entre *mare* (mer) et *monte* (montagne). Le parcours peut s'effectuer soit en voiture en une journée, soit à bicyclette en deux jours (108 km, voir l'itinéraire détaillé ci-dessous). La meilleure solution consiste à emprunter la route intérieure (SS292) vers le sud via Villanova Monteleone, puis de revenir par la corniche pour profiter de la vue exceptionnelle sur la Riviera del Corallo et le Capo Caccia.

À vélo, le premier jour (62 km) est le plus ardu car il faut se hisser jusqu'à 600 m d'altitude. La route grimpe dans les montagnes, révélant la mer et le Capo Caccia au loin. Elle franchit ensuite une crête plongeant dans de profondes forêts, où la côte disparaît du regard. Au bout de 23 km, elle atteint **Villanova Monteleone** (567 m), accrochée tel un balcon naturel aux pentes du col de Santa Maria. Le centre se situe juste à côté de la route principale. Un marché de produits alimentaires s'y tient tous les matins, sauf le dimanche (suivez les panneaux *mercato*).

Après Villanova, la route serpente et ondule à l'ombre des bois, offrant une vue splendide sur la côte. L'ascension finale de 5 km est compensée par la descente de 10 km jusqu'à Bosa, où l'on fera étape.

L'itinéraire du retour par la route de la corniche longe une saisissante portion de littoral inhabité (prévoyez sandwichs et boissons). Il n'y a qu'une seule montée importante ; elle est longue de 6,2 km et permet d'atteindre 350 m d'altitude. L'effort fourni est amplement récompensé par le panorama. Les falaises blanches du Capo Caccia sont souvent visibles à l'horizon (après les 16 premiers kilomètres), au nord. Hormis les cloches des chèvres qui broutent dans les pâturages, ou un oiseau de proie planant dans le ciel, la quiétude est absolue.

En chemin, deux endroits sont propices à la baignade : une plage après environ 5,4 km (cherchez les voitures garées au bord de la route et le sentier qui y conduit) juste au sud de Torre Argentina, et la **Spiaggia La Speranza** après 35,4 km. Vous trouverez sur cette dernière le **Ristorante La Speranza** (☎079 91 70 10 ; repas 30 € ; ⏲jeu-mar, tlj en été). Prenez le temps de déguster sa cuisine de la mer avant d'entamer les derniers 10,8 km jusqu'à Alghero.

agréables. À quelques kilomètres à l'ouest de la ville, la **Spiaggia delle Bombarde**, entourée de verdure et bien équipée en transats, parasols et aires de jeu pour les enfants, est très prisée des gens du coin. S'il y a trop de monde, comme c'est souvent le cas en été, essayez la **Spiaggia del Lazzaretto** voisine. Ces deux plages sont indiquées depuis la route principale ; si vous n'êtes pas motorisé, le bus Alghero-Capo Caccia passe non loin. Depuis Alghero, prenez le bus local AF pour Fertilia (0,70 €, 15 min) : il circule toutes les heures entre 7h et 21h40.

Nord de Fertilia

À environ 7 km au nord d'Alghero, sur la gauche (vers l'ouest) de la route pour Porto Torres, gisent les anciennes tombes de la **Necropoli di Anghelu Ruiu** (entrée simple/avec visite guidée/avec Audioguide 3/5/6 € ; billet combiné avec le Nuraghe di Palmavera/avec visite guidée/avec Audioguide 5/8/10 € ; ⏲9h-19h mai-oct, 9h-18h avr, 9h30-16h mars, 10h-14h nov-fév). Les 38 tombes creusées dans la pierre, les *domus de janas*, datent de 3300 à 2700 av. J.-C. Les décors sculptés ont été en majeure partie retirés et se trouvent aujourd'hui dans des musées, mais quelques chambres funéraires renferment toujours des cornes de taureau sculptées, peut-être le symbole d'un dieu des morts.

En continuant sur la route vers le nord, vous atteindrez après 2 km la propriété de 650 ha du plus grand vigneron sarde, **Sella e Mosca** (☎079 99 77 00 ; www.sellaemosca.com). On peut suivre la visite guidée gratuite du **musée** (⏲17h30 lun-sam fin mai-oct, sur rdv le reste de l'année) et découvrir comment une modeste entreprise est devenue le domaine le plus célèbre de Sardaigne. Le musée possède également une petite section archéologique dédiée à la Necropoli di Anghelu Ruiu. Après la visite, dégustez quelques-uns des crus dans la magnifique **enoteca** (cave ; ⌚8h30-13h et 15h-18h30 lun-sam toute l'année, et 8h30-20h dim mi-juin à fin sept). D'Alghero, deux bus quotidiens passent par l'embranchement pour Sella e Mosca (1,50 €, 25 min).

Bien entendu, tout cela vous aura ouvert l'appétit, et fort heureusement, vous trouverez plusieurs tables de qualité dans la région. À commencer par le magnifique **Agriturismo Barbagia** (☎079 93 51 41 ; www.agriturismobarbagia.it ; Localita Fighera, Podere 26 ; repas 30 € environ) qui propose une généreuse cuisine du terroir et un hébergement sans fioritures (chambres de 30 € à 40 €). Pendant que les enfants jouent sur la balançoire, les parents peuvent déguster leur repas sur la terrasse ombragée. Sinon, allez festoyer comme un roi à au bel **Agriturismo Sa Mandra** (☎079 99 91 50 ; www.aziendasamandra.it ; Localita Fighera, Podere 21 ; repas 35 € environ), à 2 km au nord de l'aéroport. Même si le menu du jour est fixe, le choix reste large : *antipasti* de jambon de pays, saucisson, fromage aux herbes ou légumes marinés, suivis de pâtes puis d'agneau ou de cochon de lait rôti. Pensez à réserver et à venir avec un bon appétit.

Nuraghe di Palmavera

À quelques kilomètres à l'ouest de Fertilia, sur la route de Porto Conte, le **Nuraghe di Palmavera** (3 €, avec visite guidée 5 €, avec Audioguide 6 €, billet combiné avec la Necropoli di Anghelu Ruiu 5 €, avec visite guidée 8 €, avec Audioguide 10 € ; ⌚9h-19h mai-oct, 9h-18h avr, 9h30-16h mars, 10h-14h nov-fév) date d'il y a 3 500 ans. Au centre de ce *nuraghe* (construction fortifiée de l'âge du bronze) se dresse une tour en calcaire ainsi qu'un bâtiment elliptique flanqué d'une tour en grès ajoutée à une époque ultérieure. Les ruines de tours moins hautes et de remparts entourent l'édifice central. À l'extérieur des murs, on aperçoit les vestiges d'habitations circulaires rapprochées, qui étaient peut-être une cinquantaine à l'origine.

La **Capanna delle Riunioni** (cabane des réunions), circulaire, fait l'objet de maintes conjectures. Son mur de fondation, bordé d'un banc en pierre peu élevé qui était peut-être destiné à un conseil de sages, encercle un piédestal surmonté d'un *nuraghe* miniature. Selon certaines théories, les *nuraghi* en eux-mêmes auraient fait l'objet d'un culte.

Vous devez disposer de votre propre moyen de locomotion pour vous rendre sur ces deux sites. Un bus AF à destination de Porto Conte passe bien à côté du Nuraghe di Palmavera, mais il revient par la route intérieure et il n'y a donc pas de solution pour le retour.

Porto Conte

Connue également sous le nom poétique de Baia delle Ninfe (baie des nymphes), Porto Conte est une jolie baie sauvage. Ses côtes verdoyantes sont bordées de mimosas et d'eucalyptus, et ses eaux bleues parsemées d'une nuée de bateaux de plaisance. Principal attrait, la Spiaggia Mugoni, une **plage** très fréquentée, s'enroule au nord-ouest de la baie. Son sable fin et ses eaux protégées en font une excellente destination pour les amateurs de sports aquatiques débutants. Le **Club della Vela** (☎338 148 95 83 ; www.clubdellavelaalghero.it) propose des cours de planche à voile, canoë, kayak et voile, et loue également des bateaux.

Un peu à l'ouest de Porto Conte, des panneaux indiquent la direction de la **réserve naturelle Le Prigionette** (☎079 94 90 60 ; entrée libre ; ⌚8h-16h lun-ven, 8h-17h sam et dim), au pied du Monte Timidone (361 m). S'étendant sur une douzaine de kilomètres carrés, et surnommée l'Arca di Noé (l'arche de Noé) en raison de la variété d'espèces animales introduites depuis les années 1970, la réserve possède des sentiers forestiers bien balisés et adaptés aux marcheurs comme aux cyclistes. Vous n'y verrez probablement pas beaucoup d'animaux, mais elle abrite des daims, des ânes blancs de l'Isola Asinara, des chevaux de la Giara et des sangliers sauvages, de même que des vautours fauves et des faucons qui planent dans les airs. L'entrée est gratuite, mais vous devrez présenter une pièce d'identité.

Des bus circulent régulièrement entre Porto Conte et Alghero (1 €, 30 min, jusqu'à 10/j juin-sept, 6/j le reste de l'année).

Capo Caccia

La route qui contourne la réserve naturelle par l'est domine les eaux de Porto Conte avant d'atteindre Capo Caccia, un cap rocheux spectaculaire qui s'élève au-dessus de la Méditerranée. Juste avant que la route ne s'arrête, des panneaux indiquent un point de vue d'où vous jouirez d'une vue splendide sur le cap et sur l'Isola Foradada balayée par la houle.

Quelques centaines de mètres plus loin, un parking précède l'entrée de l'**Escala del Cabirol**, un escalier vertigineux de

L'OR ROUGE

Le corail rouge de la Méditerranée fascine les populations depuis l'Antiquité car, d'après la mythologie grecque, il s'agissait du sang pétrifié de Méduse. On lui attribuait des vertus secrètes, et on en faisait des amulettes.

La côte d'Alghero, au sud du Capo Caccia, est appelée à juste titre la **Riviera del Corallo**. D'excellente qualité, le corail pêché à cet endroit brille d'un éclat rouge orangé. En raison des puissants courants qui agissent autour du cap, les polypes façonnent leur corail en arbres courts et très denses, capables de résister à la force de l'eau. Ainsi ils contiennent peu de poches d'air, ce qui fait leur qualité – et ravit les bijoutiers d'Alghero.

Le corail est un produit précieux dont la pêche est aujourd'hui strictement réglementée – elle est même actuellement suspendue. C'est un travail difficile, nécessitant du matériel sophistiqué et des chambres de décompression, car le corail est récolté à une profondeur de 135 m. Il est ensuite vendu aux bijoutiers d'Alghero par fragments, les prix variant selon la couleur, la qualité et la taille.

Dans la profession depuis de longues années, Agostino Marogna possède désormais la plus belle boutique de corail d'Alghero. Marque de fabrique de la maison, les colliers composés de grosses perles de corail prennent souvent plusieurs années à réaliser. La fabrication d'une sphère lisse entraîne une perte de près de 60%. Étant donné que seule une petite quantité de corail est mise en vente chaque année, souvent, les bijoutiers n'en ont pas assez pour fabriquer ces colliers en une fois : ils doivent attendre la nouvelle saison et rechercher alors exactement les mêmes teintes et qualité. Un tel collier peut atteindre 30 000 €, mais tous les bijoux de la boutique ne sont pas aussi chers (les prix démarrent toutefois autour de 100 €). Il est intéressant d'y faire un tour ne serait-ce que pour admirer la finesse de certaines œuvres. Vous trouverez **Marogna** (carte p. 120 ; ☎079 98 48 14 ; Piazza Civica 34) dans le *palazzo* d'Albis.

656 marches qui descend sur 110 m jusqu'à la **Grotta di Nettuno** (☎079 94 65 40 ; adulte/enfant 12/6 € ; ⏲visite guidée 9h-19h été, 9h-17h oct, 9h-16h jan, mars, nov et déc). Notez que la descente de l'Escala à pied est une expérience grisante qui vous demandera environ 15 minutes. Les visites de la grotte, qui démarrent toutes les heures et durent environ 45 minutes, vous emmènent dans d'étroits couloirs flanqués de forêts de stalactites et de stalagmites aux formes étranges, portant des noms tels que l'orgue, le dôme d'église (ou tête de guerrier), etc. La grotte s'enfonce sur un kilomètre, mais une grande partie est inaccessible, notamment les lacs d'eau douce. Par mauvais temps, la grotte est fermée au public.

Pour éviter l'escalier, vous pouvez y accéder par bateau depuis Alghero (p. 117).

Les amateurs d'escalade profiteront d'une vue fantastique sur la mer en grimpant la **Via Ferrata del Cabirol** (www.ferratacabirol.it), splendide site de varappe de difficulté moyenne ; mieux vaut la parcourir au printemps et en automne, toutefois, sachez qu'en été, elle reste à l'ombre jusqu'à 14h. Pour venir, quittez la route de Capo Caccia au bout de 10 km pour vous diriger vers le site, qui donne sur l'île de Foradada. Pour des précisions d'ordre technique, consultez le site Internet.

Pour vous rendre au cap par les transports publics depuis Alghero, prenez le bus qui part de Via Catalogna (3,50 € aller-retour, 50 min) tous les jours à 9h15 et repart dans l'autre sens à midi. Il s'arrête dans le parking au pied de l'escalier conduisant à la grotte. De juin à septembre, deux bus supplémentaires partent chaque jour à 15h10 et à 17h10, et reviennent à 16h05 et 18h05.

Autrement, les 27 km à parcourir depuis Alghero sont l'occasion d'une belle promenade relativement facile à vélo.

Nord de Capo Caccia

La route qui part de Porto Conte vers le nord traverse les paysages verdoyants et plats de la Nurra. La première bifurcation sur la gauche mène sur la côte, à **Torre del Porticciolo**, un port naturel ourlé d'une plage en forme de croissant, dominée sur le promontoire nord par une tour de guet. De hautes falaises montent la garde au sud et l'on peut explorer les criques adjacentes en empruntant d'étroits sentiers de randonnée.

À six kilomètres au nord de Torre del Porticciolo, cachée derrière une épaisse pinède, s'étend l'une des plus longues plages sauvages de l'île, **Porto Ferro**. Pour vous y rendre, prenez la bifurcation vers Porto Ferro et, avant d'atteindre la fin de la route (l'endroit où s'arrêtent les bus en provenance d'Alghero), tournez à droite (suivez les panneaux Bar Porto Ferro). Depuis Alghero, les bus assurent la liaison trois fois par jour en été et deux fois le reste de l'année (1,50 €, 35 à 65 min selon l'état de la route et les conditions de circulation).

De Porto Ferro, plusieurs routes serpentent dans les terres sur 6 km jusqu'au **Lago Baratz**, le seul lac naturel de Sardaigne. Entouré de collines basses, le lac attire quelques espèces aviaires. Des chemins parcourent les rives marécageuses du lac, et une route de terre de 3 km conduit jusqu'à la pointe nord de la plage de Porto Ferro.

Au sud du lac, le village tranquille de Santa Maria la Palma abrite la **Cantina Sociale di Santa Maria la Palma** (☎079 99 90 08 ; www.santamarialapalma.it ; ⏲8h-13h et 14h30-18h30 lun-ven, 8h-13h dim, horaires élargis en été), la deuxième exploitation vinicole de la région après Sella e Mosca. Prenez le temps de flâner dans l'*enoteca* et dégustez les vins au tonneau. Pour manger un morceau, rendez-vous à l'**Agriturismo Porticciolo** (☎079 91 80 00 ; www.agriturismoporticciolo.it ; Localita Porticciolo ; B&B 30-45 €/pers, app 4 pers 600-1 000 €/sem ; P ❄). Cet établissement d'agrotourisme accueillant est une vaste ferme qui élève une centaine de cochons. Les chambres, agréables, sont situées dans de petits appartements. Le restaurant, dans une vaste grange aux poutres massives et dotée d'une immense cheminée, propose de délicieux plats maison.

LA CÔTE NORD

S'étirant sur quelque 70 km de l'extrémité nord-ouest de la Sardaigne jusqu'aux environs de Castelsardo, cette bande de littoral recèle à la fois le meilleur et le pire. Les installations industrielles de Porto Torres, le port le plus actif de la côte nord, sont loin d'être accueillantes. Mais vous n'aurez pas à faire beaucoup de route pour trouver des plages splendides. Quelques kilomètres vers l'ouest et vous arrivez à la Spiaggia della Pelosa, l'une des destinations balnéaires les plus prisées de Sardaigne.

Porto Torres

22 100 HABITANTS

Port actif encerclé par une usine pétrochimique, Porto Torres n'est pas la ville la plus séduisante de Sardaigne. Rien n'invite à y rester, mais si vous passez dans le coin – ce qui est probable si vous allez en Corse ou en revenez par la mer –, ne manquez pas les quelques sites d'intérêt tels que la Basilica di San Gavino, l'une des églises romanes les plus importantes de Sardaigne

Porto Torres a connu son heure de gloire sous la domination des Romains, qui firent du site leur principal port sur la côte septentrionale de la Sardaigne. La ville demeura l'un des ports majeurs de l'île jusqu'au Moyen Âge et fut la capitale du Giudicato (district) di Torres.

À voir et à faire

Basilica di San Gavino ÉGLISE

(Crypte 1,50 €, visites guidées 2,50 €). Cette basilique tout en calcaire est la plus grande église romane de Sardaigne. Bâtie entre 1030 et 1080, elle se caractérise par son absence de façade, chaque extrémité de l'église se terminant par une abside. La douzaine de colonnes qui la soutiennent ont été subtilisées par les Pisans au site romain voisin. Sous l'édifice principal, la superbe crypte contient des statues religieuses et plusieurs tombes en pierre.

L'édifice a été érigé sur le site d'un ancien lieu de sépulture païen. Il doit son nom à l'un des grands saints patrons sardes, le soldat romain Gavinus, qui commandait la garnison de Torres sous le règne de Dioclétien. Après qu'on lui eut ordonné de mettre à mort deux prêtres chrétiens, Protus et Januarius, il fut converti par ces derniers et partagea leur sort. Tous trois furent décapités le 25 octobre 304. Si les preuves de ces événements sont minces, la légende des *martiri turritani* (martyrs de Torres) est vivace.

Pour vous y rendre, empruntez le Corso Vittorio Emanuele vers le sud depuis le port sur environ 1 km. La basilique se situe à un pâté de maisons à l'ouest de la rue.

Parco Archeologico & Antiquarium PARC ARCHÉOLOGIQUE, MUSÉE

(Antiquarium ☎079 514 433 ; www.archeologia.beniculturali.it ; Via Ponte Romano 92, tarif plein/réduit 2/1 € ; ⏲9h-20h mar-dim). La colonie romaine de Turris Libisonis demeure enfouie en majeure partie sous le port actuel, mais certains vestiges ont été mis au jour. Baptisés “parc archéologique”, ceux-ci

VAUT LE DÉTOUR

S'ÉVADER LOIN DE TOUT

À quelque 11 km au nord du Lago Baratz, la petite crique d'**Argenteria** est dominée par les ruines fantomatiques de l'ancienne mine d'argent (*argento*) qui fut la plus importante de l'île. Les Romains furent les premiers à l'exploiter, et l'extraction s'est poursuivie jusque dans les années 1960. La mine fut ensuite abandonnée. Les bâtiments miniers en brique sombre, qui ne tiennent plus qu'à l'aide d'échafaudages en bois, forment un ensemble chaotique qui se dresse en retrait d'une petite plage de sable gris. Il est impossible de les visiter, mais vous pouvez admirer la vue, désolée et mélancolique.

Si vous devez y passer la nuit, l'**Hostel Argentiera** (☎079 53 02 19 ; www.hostelargentiera.it ; d 30-35 €/pers) est une nouvelle auberge avec des chambres doubles lumineuses et un restaurant sur place. À quelques mètres de la plage, le **Bar Il Veliero** (☎079 53 03 61 ; Via Carbonia 1 ; panini 3,50 €) propose des en-cas, des pâtes et des plats.

Argentiera se trouve au bout de la SP18, indiquée à partir de Palmadula.

comprennent des ruines de bains publics, un pont romain envahi par la végétation, ainsi que le Palazzo del Re Barbaro (palais du roi barbare). Principal monument, ce dernier constituait le plus grand ensemble de bains publics de la ville romaine. On peut voir également sur le site, auquel on accède via l'**Antiquarium**, certains tronçons des axes principaux de la cité, plusieurs *tabernae* (boutiques) et quelques belles mosaïques. La plupart des objets qui sont exposés dans ce musée – céramiques, bustes, lampes à huile, verreries – ont été découverts dans le Turris romain. Le site se trouve à proximité de la gare ferroviaire, à environ 5 minutes de marche du centre-ville.

Le Ginestre EXCURSIONS EN BATEAU
(☎079 51 34 93 ; excursion d'une journée adulte/4-10 ans 42/27 € ; ⏲10h-12h et 18h-20h). Depuis son kiosque en front de mer, il est l'une des nombreuses sociétés à organiser des sorties au Parco Nazionale dell'Asinara (p. 132). L'excursion d'une journée comprend un tour de l'île en train touristique.

Où se restaurer

Cristallo MÉDITERRANÉEN €€
(☎079 51 49 09 ; Piazza XX Settembre 11 ; repas 35-40 € ; ⏲mar-dim). Installé au-dessus d'un bar-*pasticceria* très apprécié, ce restaurant moderne propose une excellente cuisine de la mer et quelques savoureuses spécialités du terroir, notamment à base d'agneau.

Renseignements

Banca Nazionale del Lavoro (Corso Vittorio Emanuele 20). L'une des banques équipées de DAB installées dans l'artère principale.

Office du tourisme (☎079 51 50 00 ; Piazza Garibaldi 17 ; ⏲8h-14h). À quelques rues du port, non loin du Corso Vittorio Emanuele.

Poste (Via Ponte Romano ; ⏲8h-13h15 lun-ven). Trois rues à droite du Corso Vittorio Emanuele.

Depuis/vers Porto Torres

Bateau

Tirrenia (☎89 21 23 ; www.tirrenia.it), **Grandi Navi Veloci** (GNV ; ☎010 209 45 91 ; www.gnv.it) et **Moby Lines** (☎199 30 30 40 ; www.mobylines.it) sont les trois compagnies de ferries qui relient Porto Torres à Gênes. Les ferries de la Tirrenia et des GNV circulent toute l'année, tandis que ceux des Moby Lines ne naviguent qu'entre la mi-mai et septembre. Les 11 heures de traversée coûtent entre 86 € et 105 €.

La **SNCM** (☎France 0825 88 80 88 ; www.sncm.fr) et la **CMN La Méridionale** (☎France 0810 20 13 20 ; www.cmn.fr) assurent des services de ferries depuis/vers Marseille via la Corse. En juillet et août, certains ferries partent toutefois de Toulon. Les billets sont en vente à l'**Agenzia Paglietti** (☎079 51 44 77 ; fax 079 51 40 63 ; Corso Vittorio Emanuele 19). Pour plus d'informations sur les ferries, reportez-vous p. 262.

Bus

La plupart des bus partent de la Piazza Colombo, presque sur le port. Ils desservent Sassari (1,50 €, 30-40 min, 6/j), Alghero (2,50 €, 1 heure, 6/j lun-ven, 5/j sam-dim) et Stintino (2,50 €, 45 min, 4/j lun-sam, 2/j dim). Billets en vente au **Bar Acciaro** (Corso Vittorio Emanuele 38) ou dans les kiosques à journaux.

Train

Les trains circulent vers Sassari (1,55 €, 20 min, 4/j), Cagliari (16,05 €, 4 heures 30, 2/j) et Olbia (8,35 €, 2 heures 15, 1/j).

Ouest de Porto Torres

À l'ouest de Porto Torres, la plaine a quelque chose de désolé, surtout quand souffle le *maestrale* (vent du nord-ouest), balayant le maquis et les roches sombres. Mais si vous poursuivez jusqu'à la pointe nord-ouest, vous parviendrez à la paisible Stintino, entourée de salines, et à la fabuleuse Spiaggia della Pelosa, l'une des plus célèbres plages de Sardaigne.

STINTINO

1 300 HABITANTS

Jusqu'à récemment, Stintino n'était qu'un village de pêcheurs reculé et oublié. Mais ces dernières années, le tourisme a remplacé le thon comme source principale de revenus, et Stintino est devenue une petite station balnéaire coincée entre deux ports : l'un où se serrent les bateaux de pêche bleus (Porto Mannu) et l'autre où mouillent les bateaux de plaisance (Porto Minori). Cette bourgade aux couleurs pastel possède un réel charme, et sa proximité avec la Spiaggia della Pelosa et l'Isola Asinara en fait une bonne base estivale.

La majorité des habitants de Stintino descendent des 45 familles qui créèrent le village en 1885, lorsqu'ils durent abandonner l'Isola Asinara pour laisser la place à une nouvelle prison et à un centre de mise en quarantaine. Ils se tournèrent vers la mer pour survivre et sont devenus de grands spécialistes de la pêche au thon, qui culmine tous les ans lors de la *mattanza* (littéralement "l'abattage").

À voir et à faire

Museo della Tonnara MUSÉE

(☎079 52 00 81 ; Porto Mannu ; adulte/enfant 2/1 € ; ⊙18h-23h30 tlj juin à mi-sept) Ce petit musée, à Porto Mannu, évoque l'histoire de la pêche au thon à Stintino. Disposées à la manière des six enclos constituant la *tonnara* (impressionnant réseau de filets dans lequel les poissons sont capturés), les six salles du musée présentent des documents, objets, photos et films dédiés à cette activité pluriséculaire. Le site de la *tonnara* de Stintino fut fermé en 1974, puis brièvement rouvert à la fin des années 1990 dans un but scientifique. La *mattanza* a toujours lieu à Carloforte et à Portoscuso, dans le Sud, ainsi que dans quelques endroits en Sicile. Pour plus d'informations sur cette pêche, voir l'encadré p. 69.

Plages PLAGE

Légèrement au sud de Stintino, un panneau sur votre gauche indique la direction de la *tonnara* désaffectée et de la **Spiaggia delle Saline**, splendide plage de sable blanc autrefois occupée par une importante saline. Les marais pénètrent à l'intérieur des terres pour former le **Stagno di Casaraccio**, un vaste étang où l'on aperçoit parfois des flamants roses.

Fin août, vous pourrez assister à la **regatta** de Stintino, régate au cours de laquelle s'affrontent des bateaux "latins". Leurs voiles triangulaires emplissent alors l'étroit bras de mer entre Stintino et l'Isola Asinara.

Excursions SORTIES EN MER

Stintino est la principale porte d'accès au Parco Nazionale dell'Asinara. En été, des ferries effectuent régulièrement la traversée à partir de Porto Mannu ; voir p. 132 pour plus de détails.

Planche à voile et plongée SPORTS NAUTIQUES

Les amateurs de planche à voile et de plongée seront comblés : plusieurs clubs de Stintino proposent des cours et des plongées, et louent de l'équipement. La plupart d'entre eux sont regroupés sur la Spiaggia della Pelosa.

Où se restaurer

Skipper MÉDITERRANÉEN €

(☎079 52 34 60 ; Lungomare Cristoforo Colombo 57 ; menu déj 12 € ; ⊙6h-23h mar-dim). Apprécié de longue date, ce bar détendu propose une carte éclectique : depuis la terrasse face à la mer, commandez tout ce qui vous passe par la tête : café, cocktail, pâtes aux fruits de mer, lasagnes, hamburgers, salades et autres *panini*. Tout est bon, et rien n'est cher.

Ristorante Da Antonio POISSON ET FRUITS DE MER €€€

(☎079 52 30 77 ; Via Marco Polo 16 ; repas 40 € environ ; ⊙fermé jeu oct-avr). Avec une vue encore plus belle que celle de ses concurrents, cet élégant restaurant apporte une touche stylée aux plats de poisson classiques. Le *polpo marinato* (poulpe mariné) et le copieux *fritto misto* (friture variée) sont des valeurs sûres. Un reproche : le service peut être très lent.

Lu Fanali PIZZERIA €

(☎079 52 30 54 ; Lungomare Cristoforo Colombo 89 ; pizzas 7 €). Une bonne adresse pour déguster des pizzas peu chères face à la mer et en toute décontraction. La terrasse est aussi vaste que le choix de pizzas, de pâtes et de glaces.

Renseignements

Vous trouverez les informations les plus fiables auprès de l'**Agenzia La Nassa** (079 52 00 60 ; www.escursioniasinara.it ; Via Tonnara 35 ; 8h30-13h et 17h-20h tlj mars-oct, sur rdv le reste de l'année), agence privée qui peut vous renseigner sur les possibilités d'hébergement et d'excursions dans la région. Elle propose aussi un accès Internet (4 €/heure) ainsi que la location de vélos (10 €/j) et de voiture (60 €/j).

Le site www.infostintino.it offre de précieuses informations.

Depuis/vers Stintino

Entre juin et mi-septembre, 3 bus relient quotidiennement Stintino et l'aéroport Fertilia d'Alghero (7 €, 50 min).

Du lundi au samedi, 4 bus partent de Porto Torres pour Stintino (2 le dimanche) et Sassari (4€, 1 heure 10). La fréquence augmente entre juin et septembre.

CAPO DEL FALCONE

Ensembles hôteliers, villas et résidences de vacances occupent l'espace entre Stintino et Capo del Falcone. La **Spiaggia della Pelosa**, incarnation de la plage parfaite, agit comme un aimant : cette bande de sable blanc léchée par des eaux turquoise peu profondes est bordée par d'étranges langues de terre presque lunaires. Un îlot isolé, dominé par une tour de guet catalano-aragonaise, complète le tableau. Au plus fort de l'été, vous devrez partager ce cadre idyllique avec des dizaines de milliers d'admirateurs, mais en basse saison, la fréquentation est plus supportable.

Deux kilomètres au nord de Stintino, un peu avant la Spiaggia della Pelosa, vous trouverez l'**Asinara Diving Centre** (079 52 70 00 ; www.asinaradivingcenter.it ; Porto dell'Ancora), à l'hôtel Ancora. Ce club organise des plongées – notamment nocturnes et avec air enrichi – aux alentours du Capo del Falcone et du Parco Nazionale dell'Asinara. Plus au nord, sur la Spiaggia della Pelosa, le **Windsurfing Centre Stintino** (079 52 70 06 ; www.windsurfingcenter.it) loue des planches à voile (17 €/heure) et des canoës (à partir de 10 €/heure), et propose des cours de planche à voile (30 € le cours) ainsi que des formations complètes (155 €).

Toute l'année, des bus circulent entre la plage et Stintino (1 €, 5 min, 4/j lun-sam, 3/j dim). En été, leur fréquence augmente.

Comptez 5 € la demi-journée pour vous garer en zone bleue, en bord de route.

PARCO NAZIONALE DELL'ASINARA

Deuxième plus grande île satellite de Sardaigne (la première étant l'Isola di Sant'Antioco), "l'île de l'Âne" tire son nom de son occupant le plus célèbre, le fameux *asino bianco* (âne blanc). Les quelque 120 spécimens tiennent compagnie à près de 80 espèces animales telles que le mouflon ou les faucons pèlerins.

Avant 1997, date à laquelle elle fut classée parc national, l'Isola dell'Asinara abritait la plus connue des prisons italiennes de haute sécurité. Construite en 1885, c'est aussi dans cette prison, aujourd'hui désaffectée, que les malades atteints du choléra étaient placés en quarantaine.

La visite de l'île n'est possible qu'en passant par des agences agréées installés à Stintino (p. 131) ou à Porto Torres (voir p. 129).

De mai à fin octobre, **Linea Parco** (079 52 31 18 ; Porto Mannu ; billetterie 9h30-12h30 et 16h-19h) vend des excursions depuis son kiosque, près du port des ferries. Plusieurs choix sont proposés. La visite de base coûte 36 € par personne (sans le repas) avec un départ à 9h.

L'**Agenzia La Nassa** (079 52 00 60 ; www.escursioniasinara.it ; Via Tonnara 35 ; 8h30-13h et 17h-20h tlj en été, sur rdv le reste de l'année) propose également différentes formules (18-65 €/pers). La moins chère, disponible entre juin et septembre, ne couvre que le trajet en ferry et vous laisse libre de déambuler à pied ou à vélo dans certaines zones du parc. Les options plus chères incluent le transport en 4x4 ou en bus.

Même si la plus grande partie de l'île est fermée aux visiteurs, comme la plage de **Cala Sant'Andrea** (lieu de reproduction des tortues), la plupart des circuits organisés permettent de se faire une bonne idée du parc. Des pauses baignades sont même prévues sur les plages de **Cala d'Oliva** ou **Punta Sabina**, toutes les deux dans le nord de l'île.

Les repas n'étant généralement pas compris dans les excursions, pensez à prendre un pique-nique ou dirigez-vous vers le restaurant de Cala d'Oliva.

Est de Porto Torres

À l'est de Porto Torres, la SP81, qui devient la SS200, suit la côte qui s'élève peu à peu jusqu'à Castelsardo. La route est en majeure partie bordée de pinèdes derrière lesquelles se cachent des plages isolées. Dans les terres, les plateaux de l'Anglona, région agricole pauvre, sont encadrés par la Gallura à l'est, le Logudoro au sud, et la petite Romangia à l'ouest.

CASTELSARDO

5 700 HABITANTS

Destination populaire et séduisante pour une journée, Castelsardo est accrochée à un promontoire élevé qui s'avance dans la Méditerranée. Dominant la ville, le spectaculaire *centro storico* forme un ensemble de ruelles sombres et de bâtisses médiévales qui semblent se mêler à la roche grise.

La ville, à l'origine un fort défensif du nom de Castel Genoese fondé par une famille génoise au XIIe siècle, fut le théâtre de nombreux affrontements avant de tomber aux mains des Espagnols en 1326, qui la renommèrent Castel Aragonese. En 1767, sous les Piémontais, elle prit le nom de Castel Sardo (château sarde). Cet avant-poste, autrefois *città demaniale* (ville royale) indépendante, ayant ses lois et son gouvernement, avait alors perdu son rôle défensif. Aujourd'hui, la forteresse est un musée, et les habitants en sont les gardiens malgré eux.

À voir

Centro storico QUARTIER

Pièce maîtresse de la ville, le centre historique est dominé par le **Castello** (château) médiéval autour duquel la ville s'est établie à l'origine. Construit par la famille Doria et demeure d'Éléonore d'Arborea pendant un temps, il offre une vue unique sur le Golfo dell'Asinara et la Corse. Il abrite aujourd'hui le **Museo dell'Intreccio** (079 47 13 80 ; Via Marconi ; 2 € ; 9h30-13h et 15h-17h30 mar-dim nov-mars, jusqu'à 18h30 mar-dim mars, jusqu'à 19h30 tlj avr, jusqu'à 20h30 tlj mai, jusqu'à 21h tlj sept, 9h-minuit tlj juil et août), consacré à l'art de la vannerie qui a fait la réputation de la ville.

Légèrement en contrebas du château, la **Chiesa di Santa Maria** date essentiellement du XVIe siècle. L'église est célèbre pour son crucifix du XIIIe siècle, connu sous le nom de Critu Nieddu (Christ noir).

Cattedrale di Sant'Antonio Abate CATHÉDRALE

Incontournable repère dans le paysage de la ville, la délicate tour-clocher de la cathédrale est surmontée d'une coupole de faïence. Comme dans un décor de conte de Grimm, l'édifice semble flotter au-dessus des falaises escarpées. À l'intérieur, le maître-autel est dominé par la *Madonna con gli angeli* (*Madone aux anges*), du mystérieux Maestro di Castelsardo. On peut voir d'autres œuvres de ce dernier dans les **cryptes** (2 €) sous l'église. Les petites salles creusées dans la roche sont les derniers vestiges de l'église romane qui se tenait là autrefois. La sortie de la crypte donne sur des pelouses parfaitement entretenues qui vous séparent des remparts maritimes datant de la période espagnole.

Le promontoire est flanqué de deux petites **plages**.

Fêtes

Lunissanti FÊTE RELIGIEUSE

Le Lundi saint, une série de messes et de processions ont lieu dans le cadre de cette fête qui se clôt sur un défilé nocturne aux flambeaux à travers la vieille ville jusqu'à la Chiesa di Santa Maria.

Où se restaurer

La Guardiola POISSON ET FRUITS DE MER €€

(079 47 07 55 ; Piazza Bastione 4 ; menus déj 18 et 22 €, repas 35 € environ ; fermé lun oct-mai). Offrez-vous un bon dîner aux fruits de mer sous la splendide véranda panoramique de cet établissement, situé au sommet de la ville. Les menus du midi – pâtes, plat et accompagnement – sont relativement bon marché.

Il Piccolo Borgo MÉDITERRANÉEN €

(079 47 05 16 ; Via Seminario 4 ; plats 10 € ; mar-dim). Pratique pour un déjeuner léger, ce petit bar du *centro storico* sert des en-cas, dont de délicieuses assiettes de jambon, olives et fromage.

Cormorano POISSON ET FRUITS DE MER €€€

(079 47 06 28 ; Via Colombo 5 ; repas jusqu'à 55 € ; fermé mar oct-mai). Au coin de la Piazza

LA ROCCIA DELL'ELEFANTE : UNE MERVEILLE NATURELLE

En approchant de Castelsardo quand on vient de Sedini par la SS134, on remarque sur le bord de la route un rocher à la forme étrange, ressemblant à un éléphant la trompe en l'air. Ce sont les éléments, et eux seuls, qui ont ainsi façonné ce rocher. Mieux encore, deux tombes néolithiques se trouvent à l'intérieur. L'érosion a eu raison en partie de la tombe supérieure, mais celle située au-dessous, en bon état, comporte quatre petites salles et un rocher sculpté représentant une tête de taureau coiffée de cornes.

Pianedda, voici une adresse qui propose d'excellentes recettes à base de produits de la mer. Le chef apporte une touche créative à la plupart des plats, comme les succulentes *linguine con sarde* (pâtes aux sardines) ou le poisson grillé à l'écrevisse et aux crevettes.

Achats

En arrivant à Castelsardo, impossible de ne pas remarquer les grands magasins d'artisanat. En flânant dans la vieille ville, vous verrez des femmes, installées devant chez elles, fabriquer des paniers élaborés et d'autres objets de formes et de tailles très diverses.

Renseignements

Office du tourisme (079 47 15 06 ; Piazzetta del Popolo ; 10h-12h30 et 17h-19h30). Notez que ces horaires sont flexibles et que le bureau est souvent fermé. Une autre source d'informations, plus fiable, est le site de la mairie : www.comune.castelsardo.ss.it.

Depuis/vers Castelsardo

Les bus s'arrêtent à proximité de la Piazza Pianedda. Ils circulent dans les deux sens entre Sassari (2,50 €, 1 heure, 10/j lun-sam et 4/j dim), Santa Teresa di Gallura (5,50 €, 1 heure 30, 3/j) et Lu Bagnu (1€, 5 min, 6/j lun-sam et 4/j dim). Vous pouvez acheter vos billets auprès du kiosque à journaux (*edicola*) sans enseigne situé sur la Piazza Pianedda.

ENVIRONS DE CASTELSARDO

Si vous êtes motorisé, vous pourrez sans difficulté visiter les lieux suivants en une journée à partir de Castelsardo. Par les transports publics, cela s'avèrera nettement plus difficile.

TERGU

À une dizaine de kilomètres au sud de Castelsardo se dresse une belle église romane, **Nostra Signora di Tergu**. Elle est située dans un joli jardin, abritant entre autres quelques rares vestiges d'un ancien monastère qui accueillait jadis une centaine de moines bénédictins. Construite au XIIe siècle en trachyte couleur lie de vin et en calcaire blanc, sa façade arbore un assortiment particulièrement réussi d'arches, de colonnes et de motifs géométriques, ainsi qu'une rosace toute simple.

SEDINI

À partir de Castelsardo, la SS134 en direction de Sedini conduit à la pittoresque **Roccia dell'Elefante** (rocher de l'éléphant), située à l'intersection avec la SS200. Sa troublante ressemblance avec un éléphant a été source d'intérêt depuis des milliers d'années, comme en témoigne la présence de *domus de janas* ("maisons des fées" ; nécropoles creusées dans la roche) à l'intérieur.

Onze kilomètres plus loin, Sedini est une petite ville paisible qui renferme une autre *domus de janas* célèbre. Creusée dans un imposant rocher en calcaire, près de la rue principale de la ville (Via Nazionale), cette tombe préhistorique était habitée par des cultivateurs au Moyen Âge et a servi de prison jusqu'au XIXe siècle. Elle abrite désormais un petit **musée** (349 844 04 36 ; http://web.tiscali.it/sedini ; 2 € ; 10h-13h et 15h-20h mai-sept, sur réservation le reste de l'année) qui présente des outils agricoles et domestiques traditionnels.

De Castelsardo, des bus y conduisent 3 fois par jour (1,50 €, 25 min).

NURAGHE SU TESORU ET VALLEDORIA

De retour vers la Roccia dell'Elefante, bifurquez sur la SS200 en direction de Valledoria. À gauche de la route, juste derrière le rocher, vous apercevrez le Nuraghe Su Tesoru, l'un des derniers *nuraghi* à avoir été construit. Mieux vaut l'apprécier depuis votre véhicule car il n'est pas pratique de s'arrêter au bord de cette route.

Sept kilomètres plus loin, on atteint Valledoria, bordée par des plages qui s'étendent vers l'est sur plus de 10 km, jusqu'au village de pêcheurs d'Isola Rossa. Deux bus en provenance de Castelsardo s'arrêtent à Valledoria (1€, 25 min). Si vous ne parvenez pas à convaincre le chauffeur de vous déposer à l'embranchement menant au camping, vous devrez y aller en stop ou à pied.

SASSARI

122 000 HABITANTS

Cité universitaire vibrante au cœur médiéval et à l'aspect moderne, la deuxième ville de Sardaigne est fière et cultivée. Comme de nombreuses villes italiennes, ses charmes se cachent derrière une carapace imposante de blocs d'habitation et de rues congestionnées. Une fois la carapace franchie, Sassari révèle un ensemble de grandes avenues, d'impressionnantes *piazze* et de *palazzi* glorieux. Dans le *centro storico*, les habitants se hâtent vers leur activité quotidienne dans les ruelles médiévales, parmi les façades sombres et les églises dissimulées.

Le tourisme n'a pas encore frappé Sassari de plein fouet : si la ville semble parfois un peu décrépite, l'atmosphère y est totalement authentique et sans prétention.

Histoire

Sassari (Tatari en dialecte local) doit son essor médiéval au déclin de ses homologues côtières. Lorsque l'ancienne colonie romaine de Turris Libisonis (l'actuelle Porto Torres) succombe au paludisme et aux attaques répétées des pirates, sa population se retire progressivement à Sassari. Porto Torres (remplacée un moment par la ville d'Ardara) demeure la capitale du Giudicato di Torres (ou Logudoro), mais l'importance croissante de Sassari incite cette dernière à faire sécession de la province et, avec l'appui de Gênes, à s'autoproclamer cité-État autonome en 1294.

Ses habitants se lassent cependant vite de l'ingérence génoise. En 1321, ils demandent au royaume d'Aragon de les aider à se défaire des Italiens du Nord. Les Catalano-Aragonais arrivent en 1323 et Sassari découvre bientôt qu'elle n'a fait que tomber de Charybde en Scylla. La première des nombreuses révoltes contre les nouveaux maîtres éclate deux ans plus tard. Il faudra plus d'un siècle aux Ibériques pour contrôler totalement Sassari.

Pendant un temps, la ville prospère. Néanmoins, les épidémies de peste et la menace grandissante que représente la Turquie ottomane paralysent la Sardaigne, provoquant le déclin de Sassari au XVIe siècle. Un siècle plus tard, la création de l'université de Sassari, la toute première en Sardaigne, fut l'un des rares événements positifs de cette période sombre.

Ce n'est que vers le milieu du XIXe siècle que la ville commence à se redresser, suite à la modernisation de Porto Torres et à la construction de la route Carlo Felice entre le port, Sassari et Cagliari. Depuis 1945, son activité économique progresse lentement. La ville a aussi été un vivier de personnalités politiques nationales. Parmi les plus renommées, citons les anciens présidents Antonio Segni (1891-1972) et Francesco Cossiga (né en 1928), ainsi que le leader communiste, Enrico Berlinguer (1922-1984) et Beppe Pisanu, ministre de l'Intérieur du deuxième gouvernement de Silvio Berlusconi (2001-2006) et sénateur depuis 2006.

À voir

Museo Nazionale Sanna MUSÉE ARCHÉOLOGIQUE

(☎079 27 22 03 ; Via Roma 64 ; 3,10 € ; 9h-20h mar-dim). Niché dans une grande villa palladienne, le Museo Nazionale Sanna conserve une vaste collection archéologique (son principal intérêt) ainsi qu'une petite galerie de peintures et une section ethnographique dédiée à l'art traditionnel sarde.

Ses sept salles suivent un ordre chronologique, en commençant par la Sala Preistorica, qui présente l'âge de la pierre en Sardaigne et quelques objets du néolithique. Dans cette salle, ainsi que dans la suivante, on peut voir différents fossiles, des fragments de poterie et quelques vestiges du IIIe siècle av. J.-C. retrouvés dans le temple du Monte d'Accoddi (p. 141). Après ces deux salles, le musée s'ouvre sur une série d'expositions consacrées aux tombeaux mégalithiques et aux *domus de janas*. Les objets en bronze à têtes de hache et autres outils similaires, armes, bracelets, bateaux votifs et *bronzetti* (figurines de bronze représentant des hommes ou des animaux) y sont particulièrement remarquables.

La salle X est consacrée aux pièces phéniciennes et carthaginoises. De superbes poteries se mêlent aux bijoux en or et aux masques. Les salles XI et XII sont consacrées à l'époque romaine. Elles contiennent principalement des céramiques et des lampes à huile, mais aussi quelques statues, pièces de monnaie, bijoux et objets domestiques. De lourdes ancres romaines sont exposées sur un des côtés.

La *pinacoteca* (galerie de tableaux) du musée expose la collection d'art de Giovanni Sanna, ingénieur des mines dont la famille fit bâtir le musée auquel il a donné son nom. Au milieu des peintures pompeuses du XVIIIe siècle, la *Madonna con Bambino* (*Madone à l'Enfant* ; 1473) de Bartolomeo Vivarini, beau triptyque pisan du XIVe siècle, mérite votre attention. Une section ethnographique (en travaux lors de notre passage) est dédiée à l'art folklorique sarde, illustré par une petite collection éclectique de tapis et de sacoches, de vêtements richement brodés ainsi que de curieuses bouillottes en terre cuite.

Piazza Italia PLACE

La plus grande place de la ville, Piazza Italia, est l'un des espaces publics les plus impressionnants de toute l'île. Sur près d'un hectare, la place est entourée par des bâtiments du XIXe siècle, dont le néoclassique **Palazzo della Provincia**, siège du gouvernement provincial. En face, le **Palazzo Giordano**, bâtiment rouge de style néogothique, abrite la banque San Paolo. Dominant la place, la statue du roi Vittorio Emanuele II a été dévoilée en grande pompe en 1899, lors d'une célébration costumée, en prévision de la Cavalcata Sarda, grande réjouissance populaire devenue aujourd'hui

Centre de Sassari

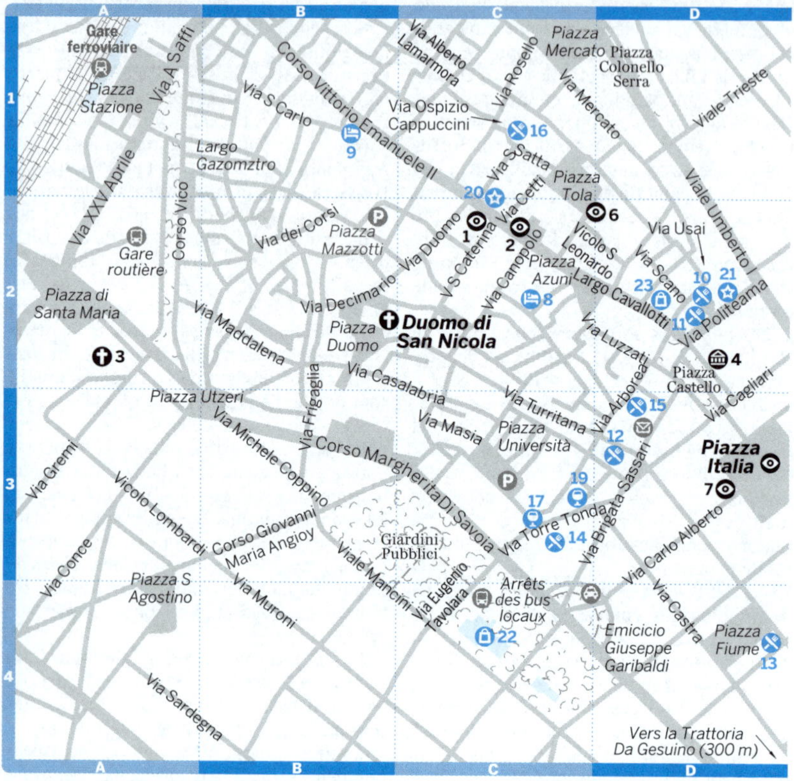

la principale fête de la ville. La Piazza Italia constitue également le point de départ de l'autre grand rendez-vous festif de la ville, I Candelieri (voir p. 138).

Museo della Brigata Sassari MUSÉE

(Piazza Castello ; entrée libre ; ⏲8h30-16h lun-jeu, 8h30-12h sam). Sassari est la ville natale de l'unité militaire d'infanterie la plus respectée d'Italie, la Brigata Sassari. Constituée en 1915, cette brigade s'est forgé une solide réputation de bravoure lors de la Première Guerre mondiale. Ce petit musée, dans les anciens baraquements de la brigade, vous donnera une idée des souffrances que ces soldats ont endurées. Uniformes, photos, documents et autres souvenirs témoignent de l'immense courage des troupes qui furent envoyées au front contre les Autrichiens dans le nord de l'Italie. On peut voir des armes et des grenades de l'époque, ainsi que la reconstitution d'une tranchée. Plus émouvant encore, les vieilles photographies en noir et blanc des hommes posant avec fierté.

Centro storico QUARTIER

Le petit centre médiéval de la ville n'est pas au meilleur de sa forme, mais son caractère médiéval (XIIIe siècle) est encore suffisamment manifeste pour qu'on y passe un moment agréable. Contrairement à d'autres villes italiennes, Sassari ne s'est pas étendue au-delà de ses murs historiques : durant des siècles, elle s'est limitée à ce périmètre, détruisant l'ancien pour bâtir du neuf. Heureusement, quelques joyaux ont survécu à ce renouvellement, comme les deux impressionnantes églises : le Duomo et la Chiesa di Santa Maria di Betlem.

L'artère principale du *centro storico*, le Corso Vittorio Emanuele II, suit le tracé de l'ancienne route romaine entre Porto Torres et Cagliari. Ce quartier formait le cœur de la ville au XIIIe siècle, mais il ne reste de cet âge d'or que quelques vestiges

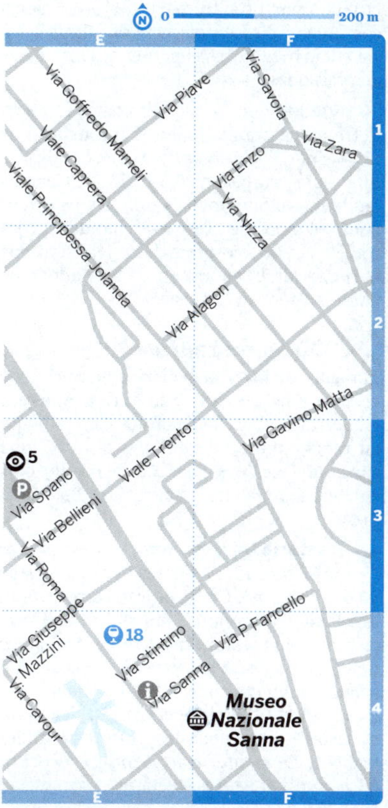

Centre de Sassari

Les incontournables

Duomo di San Nicola ... B2
Museo Nazionale Sanna ... F4
Piazza Italia ... D3

À voir

1 Casa di Re Enzo ... C2
2 Casa Farris ... C2
3 Chiesa di Santa Maria di Betlem ... A2
4 Museo della Brigata Sassari ... D2
5 Palazzo della Provincia ... E3
6 Palazzo d'Usini ... D2
7 Palazzo Giordano ... D3
Teatro Civico ... (voir 20)

Où se loger

8 Casa Chiara ... C2
9 Hotel Vittorio Emanuele ... B1

Où se restaurer

10 Fainè alla Genovese Sassu ... D2
11 Il Castello ... D2
12 La Vela Latina ... D3
13 L'Antica Hostaria ... D4
14 Ristorante Enoteca Antica Posta ... C3
15 Trattoria Da Antonio ... D3
16 Trattoria L'Assassino ... C1

Où prendre un verre

17 Accademia ... C3
18 Caffè Italiano ... E4
19 Caliente Caffè ... C3

Où sortir

20 Teatro Civico ... C1
21 Teatro Verdi ... D2

Achats

22 Isola ... C4
23 Mondadori ... D2

de maçonnerie au-dessus des vitrines. À titre d'exemple, la **Casa Farris** (Corso Vittorio Emanuele II 25) arbore de grandes fenêtres gothiques qui ont subi plusieurs siècles d'incurie. À quelques mètres de là, de l'autre côté de la rue, la **Casa di Re Enzo** (Corso Vittorio Emanuele II 42) offre un remarquable décor gothique catalan du XVe siècle à la boutique de lingerie qu'elle abrite aujourd'hui. Promenez-vous à l'intérieur pour admirer ses magnifiques fresques.

En face, le **Teatro Civico** est un ajout du XIXe siècle, réalisé en 1826 sur le modèle du Teatro Carignano de Turin.

Au nord du Corso Vittorio Emanuele II, la **Piazza Tola** abritait autrefois le grand marché médiéval de la ville et accueille encore des marchands forains tous les matins en semaine. C'est également ici que les hérétiques condamnés au bûcher étaient brûlés vifs, les spectateurs prenant place sur le balcon du **Palazzo d'Usini**. Construit au XVIe siècle, cet édifice abrite aujourd'hui la bibliothèque municipale.

De la *piazza*, prenez la Via Alberto Lamarmora puis la Via Rosello jusqu'à la Piazza Mercato, un carrefour animé et sans charme aux portes de la vieille ville. C'est ici, au milieu d'un petit carré de verdure, que se dresse la **Fontana di Rosello** (⌚9h-13h et 17h30-20h30 mar-sam, 17h30-20h30 dim mai-sept, 9h-13h et 16h-19h mar-sam, 9h-13h dim oct-avr), la fontaine Renaissance la plus connue de Sassari. Cet élégant cube de marbre, surmonté de deux arcs délicats de la même pierre et encerclé par huit becs en forme de tête de lion, a longtemps été le point de convergence de la vie urbaine.

À quelques pas de là, dans le Corso Trinita, vous pourrez admirer les derniers vestiges des **remparts médiévaux** de la cité.

Duomo di San Nicola et ses alentours CATHÉDRALE

Le **Duomo** baroque (Piazza Duomo) de Sassari s'élève au-dessus des rues discrètes du centre médiéval. Sa belle façade baroque du XVIIIe siècle est une construction vertigineuse où rayonnent les sculptures, bas-reliefs, frises et autres statues. Le faste baroque s'arrête pourtant là : à l'intérieur, la cathédrale revêt ses habits gothiques d'origine. La façade a en effet été ajoutée à un corps gothique catalan du XVe siècle, lequel a lui-même remplacé une église romane dont il ne reste rien si ce n'est le *campanile* du XIIIe siècle. Notez néanmoins les fresques du transept gauche et la fresque gothique de la première chapelle, à droite en entrant. La chapelle voisine renferme un superbe tableau représentant le *Martirio dei SS Cosma e Damiano (Martyre des saints Côme et Damien)*.

Les ruelles étroites des environs sont très animées. En les parcourant, vous déboucherez à un moment ou un autre sur l'immense Piazza Mazzotti, baptisée par les habitants Piazza di Demolizione ("place de la démolition") – et assurément l'une des plus laides de Sardaigne. Autrefois, il existait là un dédale de ruelles anciennes, tout comme dans le reste du quartier. La prostitution difficile à contrôler qui y sévissait conduisit les autorités à créer, à la place, un parking.

Chiesa di Santa Maria di Betlem ÉGLISE

(Piazza di Santa Maria). Avec son dôme si particulier et sa belle façade romane, la Chiesa di Santa Maria di Betlem révèle des influences architecturales éclectiques. L'extérieur témoigne d'apports gothiques, voire vaguement orientaux. À l'intérieur, la voûte de style gothique catalan a été préservée, mais un grand nombre d'adjonctions baroques obscurcissent les lignes d'origine du bâtiment. Dans les chapelles bordant les ailes s'alignent certains des "chandeliers" en bois munis desquels les guildes municipales défilent à l'occasion des festivités du 14 août.

Fêtes et manifestations

Cavalcata Sarda CAVALCADE

La Cavalcata sarda (cavalcade sarde), l'une des plus grandes fêtes sardes, se tient à Sassari l'avant-dernier dimanche de mai. Des milliers de personnes affluent dans la ville pour prendre part aux processions costumées, danser, chanter et admirer les cavaliers téméraires effectuer des prouesses acrobatiques.

I Candelieri MANIFESTATION HISTORIQUE

Cette autre grande fête a lieu tous les ans le 14 août. Des équipes, représentant les différentes guildes du XVIe siècle et parées de leurs habits médiévaux, transportent neuf colonnes de bois (les "chandeliers") à travers la ville. L'origine de ces célébrations remonterait à l'adoration de la Madone de l'Assomption, au XIIIe siècle.

Où se restaurer

Manger est un vrai plaisir à Sassari. Que ce soit dans un café étudiant ou dans un restaurant chic, la qualité est toujours au rendez-vous. Ne ratez pas le *fainè*, une spécialité locale à base de farine de pois chiches à mi-chemin entre la crêpe et la pizza.

Trattoria Da Gesuino TRATTORIA €€

(☎079 27 33 92 ; Via Torres 17g ; repas environ 30 € ; ⏲lun-sam). Ce restaurant a trouvé un excellent compromis entre la trattoria rustique et le restaurant de luxe. Ambiance détendue et service efficace, décoration accueillante et nourriture délicieuse. La carte couvre tous les classiques, des pâtes et risottos aux poissons frais et viandes grillées. Le *risotto con scampi e verdura* (risotto aux crevettes et légumes) sort du lot.

Fainè alla Genovese Sassu RESTAURATION RAPIDE €

(Via Usai 17 ; repas 3,50-6 € ; ⏲lun-sam). Cette adresse sans prétention, idéale pour se restaurer à bon prix, est le fournisseur originel de *fainè* à Sassari. Pas d'autres plats au menu, mais vous trouverez forcément votre bonheur parmi tous les accompagnements proposés.

Trattoria L'Assassino TRATTORIA €

(☎079 23 50 41 ; Via Ospizio Cappuccini 1a ; menus déj 8-12 € ; ⏲lun-sam). Toute petite trattoria située dans une ruelle, L'Assassino (L'Assassin) est prisée par les artisans et ouvriers du secteur qui viennent reprendre des forces à midi avec une bonne assiette de pâtes ou de la viande grillée. Pour 18 € (deux personnes minimum), vous aurez droit à un assortiment de 8 entrées

L'Antica Hostaria OSTERIA €€€

(☎079 20 00 60 ; Via Giuseppe Mazzini 27 ; repas environ 45 € ; ⏲lun-sam). Derrière une devanture discrète se cache l'un des meilleurs restaurants de Sassari. Dans une ambiance intimiste, on vous servira des plats inventifs inspirés de la cuisine traditionnelle, comme la fricassée d'agneau aux haricots blancs et poivrons rouges. Les desserts sont tout aussi impressionnants et la carte des vins, correcte.

Trattoria Da Antonio TRATTORIA €€
(☎079 23 42 97 ; Via Arborea 2b ; repas environ 25€ ; ⏲mar-dim). Surnommé affectueusement *Lu Panzone* ("le gros ventre"), ce restaurant vivant et détendu prépare une nourriture rustique. La carte fait la part belle à la viande (servie en quantité). Commencez par des pâtes à la saucisse, puis optez au choix pour un steak de cheval tendre à souhait, de l'agneau aux olives et aux herbes, ou du porc à la tomate et aux pois chiches, le tout accompagné de vin rouge local.

Ristorante Enoteca Antica Posta MÉDITERRANÉEN €€
(☎079 200 61 21 ; Via Torre Tonda 26 ; repas environ 30 € ; ⏲lun-sam). La cuisine traditionnelle est remise au goût du jour dans ce bar à vin-restaurant design. Carte des vins honorable comportant des crus italiens et sardes.

Il Castello MÉDITERRANÉEN €€
(☎079 23 20 41 ; Piazza Cavallino de Honestis 6 ; repas environ 35 € ; ⏲jeu-mar oct-mai, tlj juin-sept). Très prisé des spectateurs de théâtre, ce restaurant très formel a disposé ses tables dans une véranda donnant sur la Piazza Castello. La carte est saisonnière.

La Vela Latina TRATTORIA €€
(☎079 23 37 37 ; Largo Sisini 8 ; repas environ 30 € ; ⏲lun-sam). Cette adresse est particulièrement appréciée des amateurs de viande les plus hardis, prêts à tenter de nouvelles expériences culinaires : *trippa* (tripes), *cervella* (cervelle) et *lingua di vitello* (langue de veau).

Où prendre un verre

De par sa population étudiante et la présence d'hommes d'affaires, Sassari compte une armada de cafés. Les adresses les plus courues se trouvent dans la Via Roma, ou plus au sud, dans la Via Torre Tonda, un quartier étudiant animé. De nombreux lieux restent ouverts jusque tard, et certains proposent des concerts.

Caffè Italiano CAFÉ
(Via Roma 38/40 ; ⏲lun-sam). Ce grand bar animé avec des tables sur le trottoir et une décoration élégante à l'intérieur est l'une des meilleures adresses de la Via Roma. Les hommes d'affaires aiment y déjeuner, et les jeunes prennent le relais l'après-midi pour discuter autour d'un verre.

Accademia BAR
(Via Torre Tonda 11 ; ⏲lun-sam). Ce bar situé dans le quartier de l'université a disposé des tables dans une jolie véranda en fer forgé. Il est très fréquenté à midi, ainsi que les vendredis et samedis soir jusqu'à la fermeture, à 2h. Avec un peu de chance, vous pourrez même tomber sur un concert.

Caliente Caffè
(Via Torre Tonda 1/b). Un bar à vin sympathique, dont les tables à l'extérieur côtoient un tronçon des remparts du XIIIe siècle, idéal pour passer une soirée détendue.

THÉÂTRE : BON À SAVOIR

Les théâtres de Sassari ne prennent vie que vers septembre ou octobre, lorsque la fièvre estivale commence à tomber. Pour connaître la programmation, procurez-vous le quotidien local *La Nuova Sardegna* ou contactez les théâtres directement.

Où sortir

Meccano DISCOTHÈQUE
(☎079 27 04 05 ; Via Carlo Felice 33 ; ⏲23h-tard jeu-sam). Si l'envie vous prend de danser jusqu'au bout de la nuit, sautez dans un taxi et rendez-vous dans cette discothèque à la mode en périphérie est de la ville.

Teatro Civico THÉÂTRE
(☎079 23 21 82 ; Corso Vittorio Emanuele II 39). Le principal théâtre de Sassari présente des pièces et des concerts de musique classique.

Teatro Verdi THÉÂTRE, CINÉMA
(☎079 23 94 79 ; Via Politeama). Le Teatro Verdi accueille, d'octobre à janvier généralement, des spectacles de danse et des opéras. Le reste de l'année, le lieu sert de cinéma.

Achats

Isola ARTISANAT
(☎079 23 01 01 ; ⏲9h30-13h et 17h-20h lun-ven, 9h30-13h sam). C'est au cœur des verdoyants Giardini Pubblici (Jardins publics) que vous trouverez le plus bel artisanat sarde, qu'il s'agisse de céramique, de tapis traditionnels ou de superbes créations en fer forgé.

Mondadori LIVRES
(☎079 201 20 98 ; Largo Cavallotti 17). Offre un excellent choix de cartes et une petite sélection de livres en langues étrangères.

Renseignements

Banca Intesa (Piazza Italia 23). Possède un DAB.

Farmacia Simon (☎079 23 11 44 ; Piazza Castello 5 ; ⏲20h-9/10h). Pharmacie de nuit.

Guardia Medica (☎079 206 22 22 ; Via Maurizio Zanfarino 23). Pour l'assistance médicale non urgente.

Lavalandia (Corso Vittorio Emanuele II ; lavage 6 kg 4 € ; ⏲9h-21h). L'une des rares laveries en self-service de Sardaigne.

Net Gate Internet (☎079 23 78 94 ; Piazza Università 4 ; 3 €/heure ; ⏲9h-13h15 et 15h30-19h39 lun-ven, 9h-13h sam)

Nuovo Ospedale Civile (☎079 206 10 00 ; Viale De Nicola). Hôpital situé au sud du centre-ville.

Office du tourisme (☎079 23 17 77 ; aastss@tiscali.it ; Via Roma 62 ; ⏲9h-13h30 et 16h-18h lun-jeu, 9h-13h30 ven). Informations sur Sassari et ses environs.

Police (Questura ; ☎079 249 50 00 ; Via Ariosto 3). Quartier général de la police.

Poste principale (Via Brigata Sassari 13 ; ⏲8h-18h50 lun-ven, 8h-13h15 sam).

Depuis/vers Sassari

Avion

Sassari partage avec Alghero l'**aéroport de Fertilia** (☎079 93 52 82 ; www.algheroairport.it), situé à environ 28 km à l'ouest du centre-ville. Pour des informations sur les vols, voir p. 124.

Bus

La **gare routière** (Via XXV Aprile) se trouve près de la gare ferroviaire. Les billets s'achètent à la gare routière, où vous trouverez également une petite consigne (1,50 €/bagage).

Les bus **ARST** (☎800 865 042 ; www.arst.sardegna.it) desservent Alghero (3 €, 1 heure, toutes les heures), Oristano (9,50 €, 2 heures 15, 7/j), Porto Torres (1,50 €, 35 min, toutes les heures) et Castelsardo (2,50 €, 1 heure, 11/j lun-sam).

Turmo Travel (☎0789 214 87 ; www.gruppoturmotravel.com) propose deux fois par jour un service à destination du port d'Olbia (6,50 €, 1 heure 30).

Voiture et moto

Sassari se trouve sur la SS131, qui relie Porto Torres à Cagliari. Depuis Alghero, prenez la route qui se dirige vers le nord en direction de Porto Torres, puis la SS291 vers l'est à destination de Sassari. De l'aéroport de Fertilia, vous prendrez la SS291 dans la même direction.

Une multitude de loueurs de voitures sont représentés à l'aéroport de Fertilia. À Sassari même, **Eurorent** (☎079 23 23 35 ; www.rent.it ; Via Roma 56) et **Maggiore** (☎079 23 55 07 ; Piazza Santa Maria 6) louent divers véhicules.

Train

La gare principale est située Piazza Stazione, à l'extrémité ouest de la vieille ville. Des trains directs partent pour Cagliari (13,75 €, 4 heures 15, 4/j), Oristano (8,75 €, 2 heures 30, 5/j) et Olbia (6,35 €, 1 heure 50, 4/j).

Une fois par semaine, entre la fin juin et début septembre, le **trenino verde** (www.treninoverde.com) part de Sassari pour un circuit touristique jusqu'à Tempio Pausania (12,50 €, 2 heures 35).

Comment circuler

Depuis/vers l'aéroport

Jusqu'à 5 bus partent chaque jour de la principale gare routière, sur la Via XXV Aprile, à destination de l'aéroport de Fertilia (3,50 €, 30 min), et trois de plus partent de l'arrêt dans la Via Turati.

Pour vous rendre à l'aéroport d'Olbia Costa Smeralda, prenez le bus ou le train à destination d'Olbia, puis le bus municipal jusqu'à l'aéroport.

Bus

Les bus orange **ATP** (☎079 263 80 00 ; www.aptsassari.it) parcourent la plupart des artères de la ville, mais il est peu probable qu'ils vous soient utiles dans le centre-ville, peu étendu. En été, ils desservent aussi les plages situées au nord de Sassari depuis le terminus situé Via Eugenio Tavolara. Les billets coûtent 0,80 € en ville et 1,10 € pour la plage de Buddi Buddi.

Taxi

Vous trouverez des stations de taxis dans l'Emiciclo Giuseppe Garibaldi ou dans le Viale Italia et la Via Matteotti. Vous pouvez les réserver en appelant **Taxi Sassari** (☎079 25 39 39).

Voiture et moto

Stationner à Sassari est un cauchemar. En zone bleue, le stationnement coûte jusqu'à 2 € les deux premières heures, puis 1 € pour chaque heure supplémentaire. Vous obtiendrez votre ticket auprès d'un contractuel ou chez un buraliste.

ENVIRONS DE SASSARI

Bordée de pins parasols, la SS200 est la plus belle route menant de Sassari à la côte. Elle traverse deux bourgs, **Sennori** et **Sorso**. Ces localités sont célèbres pour leur vin et le fameux Moscato (muscat) di Sorso-Sennori. Une bonne adresse pour découvrir ces breuvages est le restaurant **Da Vito** (☎079 36 02 45 ; Via Napoli 14 ; repas autour de 40 €), à Sennori, réputé pour sa délicieuse cuisine de saison.

Le week-end, les habitants de Sassari quittent la ville pour les longues plages de sable du **Lido Platamona**. Animé, et même très fréquenté le week-end en été, on le surnomme – avec une pointe d'exagération – la “Riviera de Sassari”.

En été, au départ de Sassari, des bus réguliers se rendent juste à l'est de Platamona puis longent toute la côte jusqu'à Marina di Sorso. Cherchez le bus Buddi Buddi (ligne MP) dans la Via Eugenio Tavolara.

À mi-chemin entre Sassari et Porto Torres, après 11 km sur la SS131, vous croiserez le panneau indiquant le temple du **Monte d'Accoddi** (3,10 € ; ⌚9h-20h avr-sept, 9h-16h30 oct-mars), qui date du 3e millénaire av. J.-C. C'est la seule construction de ce type qui ait été retrouvée dans toute la Méditerranée : les seuls édifices comparables sont les légendaires ziggourats mésopotamiennes des vallées de l'Euphrate et du Tigre, au Moyen-Orient. Les fouilles ont révélé que le site était un village néolithique en 4 500 av. J.-C. Ce temple a survécu à différentes époques et semble avoir été abandonné vers 1 800 av. J.-C. Peu après, le premier *nuraghe* a fait son apparition.

Malheureusement, n'imaginez pas vous trouver face à la tour de Babel : seule subsiste une plate-forme rectangulaire surélevée (de 30 m sur 38 m) précédée d'une longue rampe. De part et d'autre de la rampe se trouvent un menhir et un autel de pierre, qui devait servir aux sacrifices.

LES ÉGLISES DU LOGUDORO

La **Basilica della Santissima Trinità di Saccargia** (Comune di Codrongianus ; 1,50 € ; ⌚9h-20h juin-août, 9h-18h30 sept, 9h-18h mai, 9h-17h30 oct, 9h-17h avr, 9h-16h30 mars) se situe au cœur d'une vallée fertile, à 15 km au sud-est de Sassari par la route SS597 à destination d'Olbia. Avec son alternance de bandes de calcaire clair et de basalte sombre, le campanile se voit de loin depuis la route. Selon la légende, la construction aurait été commandée par le *giudice* Constantino di Mariano en 1116, après que ce dernier et sa femme eurent campé une nuit sur le site et y eurent reçu une révélation leur annonçant la naissance de leur premier enfant tant attendu. Reconnaissant, le *giudice* fit ériger l'église et un monastère voisin, que le pape attribua aux moines camaldules. Aujourd'hui, il ne reste pas grand-chose du monastère, mais l'église, d'une étonnante sobriété avec ses murs de basalte aveugles, est toujours en service.Trois kilomètres plus bas le long de la route, vous apercevrez la **Chiesa di San Michele e Sant'Antonio di Salvènero**, une église désaffectée située au croisement en direction de Ploaghe. Poursuivez 10 km plus loin jusqu'à Ardara, qui fut autrefois la capitale du Giudicato di Torres. Tournez immédiatement à gauche en entrant dans la ville pour vous trouver face à l'imposante façade de la **Chiesa di Santa Maria del Regno**, en basalte sombre. Le campanile qui la flanque, réalisé après l'achèvement de l'église, tranche sur le style de l'ensemble.

Plus à l'est, sur la SS597, vous atteindrez un embranchement vers le nord qui conduit, 2 km plus loin, aux majestueuses ruines de la **Chiesa di Sant'Antioco di Bisarcio** (☎079 78 02 54 ; 1,50 € ; ⌚9h-16h sam et dim, sur demande les autres jours) construite aux XIe et XIIe siècles. Le campanile a été décapité par la foudre, et les ornements de la façade ont en grande partie disparu. Néanmoins, son élégant porche d'inspiration française et son intérieur donnent une idée de sa splendeur passée.

De là, vous pouvez soit continuer sur la SS597 et accéder à la petite **Chiesa di Nostra Signora di Castro,** sur les rives du lac de Coghinas, soit prendre vers le nord la sinueuse SS132 en direction de la **Chiesa di San Pietro di Simbranos** (ou delle Immagini), à Bulzi, et de la **Chiesa di San Giorgio**, à Perfugas.

Si vous prévoyez d'emprunter cet itinéraire, l'hôtel **Funtanarena** (☎079 43 50 48 ; www.funtanarena.it ; Via S'Istradoneddu 8/10 ; s 63-70 €, d 94-105 € ; P) est un établissement pratique et très agréable. Situé dans le petit village de Codrongianos, à 14 km de Sassari, il occupe un manoir restauré, entouré de vergers et d'oliveraies. Les neuf chambres arborent un style rustique, avec lits en fer forgé, parquet et gravures au mur.

LE LOGUDORO ET MONTE ACUTO

S'étendant au sud et à l'est de Sassari, cette campagne fertile est habitée depuis l'époque nuragique et présente un grand intérêt archéologique. Ancien grenier de l'Empire romain, le paysage se compose aujourd'hui encore d'un patchwork de pentes escarpées et de champs de blé – littéralement, Logudoro signifie "lieu d'or". Ancien Giudicato del Logudoro, la région a connu son apogée au Moyen Âge, époque à laquelle remontent la plupart des remarquables églises qu'on y rencontre. Un peu plus à l'intérieur des terres, le *comune* de Monte Acuto regroupe plusieurs communautés villageoises unies par un même héritage montagnard. Le site www.monteacuto.it (en italien) en donne un aperçu intéressant.

La région ne séduit pas de prime abord, mais si vous êtes motorisé, vous ne regrettez pas d'en pousser un peu l'exploration.

Ozieri

11 100 HABITANTS

Bourgade agricole prospère, Ozieri occupe une cuvette naturelle, son centre historique du XIXe siècle s'étirant à flanc de colline jusqu'à une surprenante place centrale. Au néolithique, les collines environnantes ont accueilli de nombreux peuplements florissants. La ville a d'ailleurs donné son nom à une période de la préhistoire – la culture Ozieri (ou San Michele) – située entre 3500 et 2700 av. J.-C.

Pour découvrir le riche héritage archéologique de cette région, visitez le splendide **Museo Archeologico** (☎079 785 10 52 ; Piazza Micca ; 3,50 €, billet combiné avec la Grotta di San Michele 5 € ; ⏲9h-13h et 16h-19h mar-sam, 9h30-12h30 dim), l'un des petits musées les plus intéressants de Sardaigne. Installé dans le Convento di Clarisse, un couvent du XVIIIe siècle, il possède une collection modeste mais d'une grande valeur, comprenant notamment quelques lingots de cuivre (les populations nuragiques pratiquèrent le commerce du cuivre dès l'âge néolithique), quelques outils d'aspect étonnamment moderne et des fragments de céramiques retrouvés dans la **Grotta di San Michele** (☎079 785 10 52 ; 3,50 €, billet combiné avec le Museo Archeologico 5 € ; ⏲9h-13h ven et sam, 9h30-12h30 dim), qui vaut également la visite. La grotte, indiquée depuis le haut de la ville, servait d'habitation, de tombeau et de lieu de culte.

À quelques pas du musée, la pompeuse **Cattedrale dell'Immacolata** (Piazza Duomo) renferme une œuvre d'art importante : la *Deposizione di Cristo dalla Croce* (Descente de Croix) du mystérieux Maestro di Ozieri.

En décembre, Ozieri accueille un concours de poésie parmi les plus illustres de Sardaigne, le **Premio Ozieri di Letteratura Sarda**. Celui-ci fut créé en 1956, sur le modèle des *gare poetiche* (concours de poésie) qui se déroulaient de façon informelle lors des fêtes locales. Les œuvres de poètes italiens et sardes y sont présentées.

Si vous souhaitez vous restaurer, allez au **Ristorante Pizzeria L'Opera** (☎079 78 70 26 ; Piazza Garibaldi ; repas 30 €), qui sert des pizzas et d'excellentes côtes d'agneau dans un étrange décor de salle de concert.

Pour gagner Ozieri par les transports en commun, le plus simple est de prendre un bus depuis Sassari (4 €, 1 heure, 5/j lun-sam). Il vous déposera près de la Piazza Garibaldi.

Nuraghe Santu Antine et ses environs

En roulant vers l'ouest depuis Ozieri, vous traverserez le village de **Mores** au sud duquel se dresse le majestueux **Dolmen Sa Coveccada**, qui serait le plus grand dolmen de Méditerranée. Datant du 3e millénaire av. J.-C., cette construction rectangulaire est constituée de trois dalles massives surmontées d'une quatrième, pesant chacune quelque 18 tonnes. D'une hauteur de 2,70 m, elle mesure 5 m de long et 2,50 m de large. Pour trouver le dolmen, prenez la sortie juste avant d'arriver à Mores par l'est, puis suivez la route sur une dizaine de kilomètres.

De Mores, suivez la route en direction de **Torralba**, un village sans intérêt en haut de la Valle dei Nuraghi. Les terres sont parsemées de *nuraghi*, le plus notable étant le **Nuraghe Santu Antine** (☎079 84 72 96 ; www.nuraghesantuantine.it ; 3 € ; ⏲9h-coucher du soleil), à 4 km au sud du village. Centré autour de la tour principale, haute de 17,5 m mais qui devait autrefois atteindre les 25 m, c'est l'un des sites nuragiques les plus vastes de Sardaigne. Autour, des murs relient trois bastions et forment une enceinte triangulaire. La partie la plus ancienne du *nuraghe* remonte à environ 1600 av. J.-C., mais la plupart des constructions ont été rajoutées au fil des siècles.

On pénètre dans l'enceinte par le côté sud et on peut ensuite traverser les trois tours, reliées entre elles par des galeries

VAUT LE DÉTOUR

ESCAPADE AU MONTE LERNO

Environ 8 km à l'est de Pattada, le **Lago Lerno** présente une image très bucolique. Bien qu'il s'agisse d'un lac artificiel, créé en 1984 par un barrage sur le Rio Mannu, il s'intègre parfaitement à son environnement de collines verdoyantes qui s'élèvent doucement jusqu'au **Monte Lerno** (1 094 m). Dans le **Bosco di Monte Lerno** (bois de Monte Lerno) voisin,daims, mouflons et chevaux sauvages gambadent parmi les arbres. Pour vous rendre au bois au départ d'Ozieri, rejoignez Pattada puis prenez la direction d'Oschiri. Après 11 km, tournez à droite et continuez après le Rio Mannu vers le nord-ouest jusqu'à la forêt.

plus ou moins paraboliques. L'entrée de la tour principale est séparée. Dedans, quatre ouvertures débouchent sur une première chambre depuis un hall intérieur. Des marches conduisent du hall jusqu'à l'étage supérieur, où un agencement similaire se répète en plus petit. L'unique lumière est celle que laissent filtrer de minuscules orifices, d'où une pénombre impressionnante. Vous montez encore une volée de marches pour atteindre l'étage qui abritait la troisième et dernière chambre, aujourd'hui exposée aux éléments.

À Torralba, vous pourrez visiter le **Museo Archeologico** (☎079 84 72 96 ; Via Carlo Felice 143 ; billet combiné au Nuraghe Santu Antine 3 € ; ⌚9h-20h été, 9h-17h hiver) qui possède une maquette du Nuraghe Santu Antine et une collection d'objets découverts sur le site.

En semaine, jusqu'à 9 bus circulent de Sassari à Torralba (2,50 €, 1 heure 30), d'où il vous restera environ encore 4 kilomètres à parcourir à pied pour rejoindre le *nuraghe*.

BORUTTA

Sur une carte, la route en direction du village de Borutta semble assez directe, mais en pratique, l'absence de panneaux indicateurs à partir d'un certain point mettra vos dons d'orientation à l'épreuve. Ne vous laissez pas décourager, car Borutta offre un bel exemple d'architecture romane avec la **Chiesa di San Pietro di Sorres** (☎334 853 77 51 ; 2,50 € ; ⌚visites guidées 8h30-12h et 15h30-18h30 lun-sam, 9h30-10h30 et 15h30-18h30 dim).

L'église pisane originelle du XIIe siècle et l'abbaye adjacente étaient abandonnées depuis longtemps lorsque des moines bénédictins s'y installèrent en 1955. Ils entreprirent la reconstruction de l'abbaye et la rénovation de l'église. La façade blanc et gris de cette dernière, avec ses trois niveaux d'arcatures aveugles, est décorée de jolis motifs sculptés. À l'intérieur, notez la curieuse chaire gothique en pierre qui repose sur quatre pieds.

NECROPOLI DI SANT'ANDREA PRIU ET SES ENVIRONS

À environ 7 km de Bonorva, un village agricole situé en hauteur à la sortie de la SS131, la **Necropoli di Sant'Andrea Priu** (☎348 564 26 11 ; 3,50 € ; ⌚10h-13h et 15h-17h30, jusqu'à 19h30 en été) repose dans une campagne verdoyante. Le site isolé, accessible uniquement par une étroite route pleine de nids-de-poule, est constitué de 20 petites grottes creusées dans le trachyte en 4 000 av. J.-C. La **Tomba del Capo**, accessible uniquement avec un guide, est de loin la plus intéressante. Au début de la période chrétienne, trois des principales salles ont été transformées en lieu de culte, et des fresques du Ve siècle partiellement restaurées subsistent dans deux d'entre elles. La plus saisissante est celle qui représente une femme se tenant dans l'*aula* (grande salle) où les fidèles assistent à l'Eucharistie.

Sur la route du retour vers Bonorva, faites une petite pause à **Rebeccu**, un village médiéval taillé à même la roche calcaire, balayé par les vents et presque déserté. Indiqué vers la gauche, c'est le cadre inattendu d'un festival de cinéma à la mi-août.

Si vous n'êtes pas motorisé, il vous sera très difficile de vous déplacer dans cette région. Néanmoins, quelques bus relient Sassari à Bonorva (4 €, 70 min, 5/j en sem).

Olbia, la Costa Smeralda et la Gallura

Dans ce chapitre »

Le top des restaurants

» Ristorante Gallura (p. 147)
» Spinnaker (p. 153)
» Trattoria Gallurese (p. 167)
» La Vecchia Costa (p. 153)

Le top des hébergements

» Lu Pastrucciale ddu (p. 213)
» Hotel Panorama (p. 211)
» Petite Maison (p. 214)
» La Villa Giulia (p. 212)
» Ca' La Somara (p. 213)

Pourquoi y aller

La Costa Smeralda évoque les clichés attachés à la Sardaigne : plages au sable blanc nacré et rochers sculpturaux façonnés par le vent surplombant des eaux émeraude. La superbe étendue de côte que l'Aga Khan acheta pour une bouchée de pain dans les années 1960 est aujourd'hui le terrain de jeu de la jet-set. L'été venu, les paparazzis hantent les marinas.

Il suffit pourtant de parcourir quelques kilomètres vers l'intérieur des terres pour découvrir un monde radicalement différent de vallons couverts de vignes, de villages traditionnels, de mystérieux *nuraghi* (fortifications en pierre de l'âge du bronze), de forêts de chênes-lièges et de montagnes de granit. Imperméable au passage du temps et aux modes, l'arrière-pays offre un rafraîchissant contraste avec la côte. Retirez-vous quelques jours à la campagne, dans un *agriturismo* (tourisme à la ferme), afin de passer du bon temps, mais d'une façon très différente.

Plus au nord, la côte de la Gallura se fait plus sauvage et devient le fief des dauphins, des plongeurs et des véliplanchistes, qui évoluent dans les eaux bleu azur de la réserve marine de La Maddalena.

Quand partir

Le prix des chambres comme la température s'envolent en été, saison où les amateurs de baignade et de bronzage affluent sur la côte, en particulier sur la Costa Smeralda. Le printemps est la saison idéale : il fait doux dans la journée, les fleurs sauvages tapissent de couleurs l'arrière-pays granitique de la Gallura, et le littoral est calme. Il faut goûter aux vins blancs Vermentino de tout premier choix pendant les fêtes du vin de Porto Cervo, en mai, et de Monti, en août. Tempio Pausania accueille des défilés de carnaval avant le carême, et Aggius est le théâtre de processions à Pâques. Les surfeurs profitent des meilleures vagues en hiver, et les plaisanciers des régates l'été.

OLBIA

54 900 HABITANTS

La ruée vers la Costa Smeralda est telle qu'on en oublie souvent Olbia, et pourtant, la ville a plus à offrir que ce qu'on pourrait penser de prime abord. Au-delà de ses faubourgs industriels, vous découvrirez une ville attachante dotée d'un *centro storico* comptant d'innombrables boutiques, bars à vin et places bordées de cafés. Olbia représente un contrepoint authentique et abordable aux stations balnéaires qui s'étendent au nord et au sud.

Histoire

Les découvertes archéologiques ont révélé l'existence d'établissements humains dans

À ne pas manquer

1 La compagnie des *beautiful people* bronzés sur la **Costa Smeralda** (p. 152)

2 Une balade d'île en île dans le **Parco Nazionale dell'Arcipelago di La Maddalena** (p. 163) et une plongée dans ses eaux émeraude

3 Les plages de sable blanc de la **Cala Brandinchi** (voir l'encadré p. 151), surnommée la "Petite Tahiti"

4 Les immenses forêts de chênes-lièges aux environs de **Tempio Pausania** (p. 165)

5 Les sports nautiques au large de Porto Pollo (p. 160)

6 Le silence prégnant autour du **Lago di Liscia** (p. 157), loin du glamour de la côte

7 L'escalade des insolites rochers sculptés du **Capo Testa** (p. 160)

8 Les blancs Vermentino et les rouges Cannonau à déguster dans le domaine viticole **Cantine Surrau** (voir l'encadré p. 154)

DISTANCES (KM)

	Arzachena	Olbia	Porto Cervo	Santa Teresa di Gallura
Olbia	22			
Porto Cervo	18	25		
Santa Teresa di Gallura	27	49	45	
San Teodoro	49	27	52	76

le nord-est de la Sardaigne au milieu de la période néolithique (4 000 ans av. J.-C.). Olbia fut très probablement fondée par les Carthaginois au IVe ou Ve siècle av. J.-C. La présence des Carthaginois dans la région est d'ailleurs attestée dès le milieu du VIe siècle av. J.-C. par leur participation à la bataille de Mare Sardo (bataille navale qui opposa, en 538 av. J.-C., des colons grecs venus de Corse et une flotte alliant Étrusques et Carthaginois, et qui est considérée par certains comme la première bataille navale jamais livrée dans les eaux occidentales).

À l'époque romaine, Olbia devint un important port militaire et de commerce – une dizaine de vestiges de vaisseaux romains ont été mis au jour dans les années 1990. Connue sous le nom de Civita, la ville allait devenir la capitale du Giudicato de Gallura, l'une des quatre provinces indépendantes que comptait la Sardaigne aux XIIe-XIIIe siècles. Mais la domination catalano-aragonaise signa son déclin. Il fallut attendre la construction de routes et du chemin de fer au XIXe siècle pour que la ville renaisse enfin. Avec l'assèchement progressif des marais alentour, la région put se tourner vers l'agriculture et développer une industrie légère, ce qui relança l'activité portuaire. Aujourd'hui, Olbia prospère grâce à son rôle de centre industriel et de chef-lieu

Olbia

(statut partagé avec Tempio Pausania) de la nouvelle province d'Olbia-Tempio.

À voir

Au sud du Corso Umberto, le dédale de ruelles de l'ancien village de pêcheurs ne manque pas de charme, surtout le soir, quand les gens du pays affluent dans ses cafés et ses trattorias. Une balade le long du *corso*, et un verre sur la Piazza Margherita, permet aussi de passer une agréable soirée.

Museo Archeologico MUSÉE
(Isolotto di Peddone ; entrée libre ; 10h-13h lun-ven, également 16h-18h lun et mer). Le tout nouveau musée archéologique d'Olbia, installé près du port, est l'œuvre de l'architecte Vanni Macciocco. L'histoire de la région y est racontée à travers une foule d'objets, des amulettes romaines aux poteries en passant par les pièces archéologiques trouvées dans les *nuraghi*. Point d'orgue de la visite, les vestiges d'un vaisseau romain découvert dans le vieux port. Une exposition multimédia donne à voir une reconstitution montrant les Vandales incendiant des navires de ce type et les envoyant par le fond en l'an 450.

Olbia

Les incontournables

	Chiesa di San Paolo	C2
	Chiesa di San Simplicio	A1

Où se loger

1	Hotel Panorama	C2
2	La Locanda del Conte Mameli	D1

Où se restaurer

3	Antica Trattoria	D2
4	La Lanterna	C2
5	Officina del Gusto	B3
6	Pizzeria del Corso	A2
7	Ristorante da Paolo	C2
8	Ristorante Gallura	B2

Où prendre un verre

9	Enoteca Cosimino	B2
10	Enoteca Vignando	D2

Où sortir

11	Pascia	D2
12	Pepe Bianco	D2

Achats

13	Anticas Licanzias	C2

Chiesa di San Simplicio ÉGLISE
(Via San Simplicio ; 7h30-13h et 15h30-18h). Considérée comme le monument médiéval le plus important de la Gallura, cette église romane en granit, construite au tournant du XIe et du XIIe siècle, présente un mélange de styles lombard et toscan. Très sobre, elle renferme quelques fresques du XIIIe siècle représentant des évêques du Moyen Âge.

Chiesa di San Paolo ÉGLISE
(Via Cagliari). Également en granit, la Chiesa di San Paolo vaut aussi le détour pour son dôme en faïence de style valencien, ajouté après la Seconde Guerre mondiale.

Festival

En juillet-août, des concerts en plein air sont donnés dans le centre-ville dans le cadre de l'**Estate Olbiese**, un festival culturel qui comporte aussi divers spectacles, notamment de cabaret, et des lectures.

Où se restaurer

Hôtels, restaurants et bars sont essentiellement rassemblés dans le dédale de ruelles étroites de part et d'autre du Corso Umberto. Les cafés sont nombreux et animés sur la Piazza Margherita et la Piazza Matteotti.

Ristorante Gallura SARDE €€€
(0789 2 46 48 ; Corso Umberto 145 ; repas 40-60 € ; mar-dim). Rita dirige d'une main de maître ce restaurant familial, l'un des meilleurs du nord de la Sardaigne. Les produits frais, locaux et de saison servent à concocter des spécialités comme les anémones de mer frites à la sauce au yaourt, les pâtes à l'encre de seiche et aux huîtres sauvages, ou le cochon de lait rôti parfumé au myrte. Réservation indispensable.

Officina del Gusto ITALIEN MODERNE €€
(0789 28 7 01 ; Piazza Matteotti 1 ; repas 40-50 € ; déj et dîner en hiver, dîner uniquement en été). Aménagé dans un *palazzo* du XIXe siècle, voici un élégant restaurant monochrome. Les saveurs sont d'une agréable simplicité, et l'on fait la part belle au poisson frais et aux pâtes maison. En été, installez-vous en terrasse sous l'olivier de la place.

La Lanterna ITALIEN TRADITIONNEL €€
(0789 2 30 82 ; Via Olbia 13 ; pizzas 6-10 €, repas environ 30 € ; jeu-mar en hiver, tlj en été). Ce restaurant se distingue par son cadre douillet, dans une cave, et ses produits de la mer. Commencez par des sardines aigres-douces, et poursuivez par une brème en croûte d'amandes servie avec des *gnochetti* maison.

Ristorante da Paolo SARDE €€
(☎0789 2 16 75 ; entrée Via Garibaldi 18 ou Via Cavour 22 ; repas environ 30 € ; ⏲lun-sam). Murs en pierre, poutres au plafond et marines composent le cadre de cet agréable restaurant, où l'on se régale de soupes typiques de la Gallura, de *risotto ai funghi* (risotto aux champignons) et de gnocchis maison.

Pizzeria del Corso EN-CAS €
(Corso Umberto 181 ; en-cas 1,50-3 € ; ⏲lun-sam). Petite adresse très gaie, proche de la gare, où savourer pizza et *focaccia*. Personnel souriant et prix imbattables.

Antica Trattoria ITALIEN €€
(☎0789 2 40 53 ; Via delle Terme 1 ; repas 25-30 € ; ⏲mar-dim). Nichée derrière la Chiesa di San Paolo, cette trattoria propose un appétissant buffet d'*antipasti*, des pizzas, des pâtes et des plats de viande toujours réussis.

Où sortir et prendre un verre

Enoteca Vignando BAR À VIN
(www.enotecavignando.com ; Corso Umberto 2 ; ⏲fermé dim en hiver). Des bouteilles s'alignent le long des murs de cet accueillant bar à vin. Attablez-vous à un tonneau transformé en table pour goûter aux vins sardes (Vermentino, Cannonau) tout en savourant une assiette de fromage et de salami.

Enoteca Cosimino BAR À VIN
(Piazza Margherita 3 ; ⏲tlj). Très apprécié, cet établissement sert des cafés et des *cornetti* (croissants) en journée, et se transforme le soir en un élégant bar à vin proposant des cocktails et.... du *vino*.

Pepe Bianco MUSIQUE LIVE
(☎338 706 3027 ; Via Catello Piro 8). Le gratin d'Olbia se retrouve dans ce bar-lounge et restaurant *so chic* pour dîner (repas environ 25 €), écouter des DJ et, de temps à autre, des concerts de musique latino.

Pascia DISCOTHÈQUE
(Via Catello Piro). Lové contre le Pepe Bianco, ce club attire les amateurs de house et une clientèle élégante qui vient profiter de son atmosphère lounge.

Achats

Le Corso Umberto rassemble les marques de créateurs et les boutiques de mode italienne élégantes. Dans les petites rues alentour, vous trouverez des objets d'art et d'artisanat, ainsi que des spécialités sardes.

Anticas Licanzias PÂTISSERIES ET SPÉCIALITÉS
(Via Olbia 42 ; ⏲fermé dim matin). Adresse incontournable pour du pain frais à peine sorti du four, le *pane carasau* (pain plat sarde), et de délicieuses pâtisseries typiquement sardes agrémentées d'amandes et de miel. Propose aussi un choix haut de gamme de vins, de pâtes maison et d'huiles d'olive.

Renseignements

Vous trouverez des banques munies de DAB dans le Corso Umberto.

Inter Smeraldo (☎0789 2 53 66 ; Via Porto Romano 8/b ; 5 €/h ; ⏲9h45-13h15 et 16h-20h30 lun-sam).Cybercafé équipé de 10 terminaux.

Office du tourisme (☎0789 55 77 32 ; www.olbia tempioturismo.it ; Via Alessandro Nanni 39 ; ⏲8h-20h lun-sam et 8h-14h dim en été, 8h-18h lun-ven, 8h-14h sam en hiver). Très utile, il procure quantité d'informations et de brochures sur Olbia et sa région.

Poste (Via Aquedotto 5)

Unimare (☎070 2 35 24 ; www.unimare.it ; Via Principe Umberto 1 ; ⏲8h30-12h30 et 15h30-19h30 lun-ven, 8h30-12h30 sam). Agence de voyages délivrant billets d'avion et de ferry.

Depuis/vers olbia

Avion

L'**Aeroporto Olbia Costa Smeralda** (OLB ; ☎0789 56 34 44 ; www.geasar.it) se situe à 5 km au sud-est du centre d'Olbia. Il accueille les vols d'une soixantaine de compagnies (dont Alitalia, Iberia, Lufthansa, et les compagnies à bas coût easyJet et Niki) et dessert la plupart des aéroports de la péninsule ainsi que Paris.

Bateau

La Stazione Marittima (gare maritime) d'Olbia se trouve sur l'Isola Bianca, une île reliée au centre-ville par une chaussée de 1 km, la Banchina Isola Bianca. Toutes les grandes compagnies maritimes ont un comptoir ici, notamment **Grandi Navi Veloci** (☎010 209 45 91 ; www.gnv.it), **Moby Lines** (☎199 30 30 40 ; www.mobylines.it), **SNAV** (☎081 428 55 55 ; www.snav.it) et **Tirrenia** (☎892 123 ; www.tirrenia.it). Les liaisons sont fréquentes – surtout pendant les mois d'été –avec Civitavecchia, Gênes, Livourne et Piombino.

Vous pouvez acheter vos billets dans n'importe quelle agence de voyages de l'île ou directement au port. Pour des informations sur les horaires et les tarifs, voir l'encadré p. 262.

Bus

Les bus d'**Azienda Regionale Sarda Trasporti** (ARST ; ☎800 865 042 ; www.arst.sardegna.it, en italien) relient Olbia à diverses destinations en Sardaigne, notamment Arzachena (2,50 €, 45 min, 12/j) et Porto Cervo (3,50 €, 1 heure 30, 5/j) ; et plus loin, Nuoro (9 €, 2 heures 30, 8/j), Santa Teresa di Gallura (5 €, 1 heure 30, 7/j) et Sassari (7 €, 1 heure 30, 2/j) via Tempio Pausania (3,50 €, 1 heure 15, 7/jour). La fréquence diminue le dimanche. Les billets s'achètent au **Café Adela** (Corso Vittorio Veneto 2 ; ⏲5h-22h), face aux arrêts de bus.

Turmo Travel (☎0789 2 14 87 ; www.gruppoturmotravel.com) assure deux départs par jour en semaine depuis Cagliari (19 €, 4 heures 30), le bus arrivant Piazza Crispi à Olbia ; un des bus continue jusqu'à Santa Teresa di Gallura. La compagnie assure aussi une desserte quotidienne de Sassari (12 €, 1 heure 30) depuis le port. Les billets s'achètent à la Stazione Marittima ou à bord du bus.

Train

La gare se situe en retrait du Corso Umberto. Chaque jour, un train direct part pour Cagliari (16,90 €, 4 heures). Pour les autres destinations, vous devrez changer à Chilivani (70 min, 8/j) et parfois aussi à Macomer. Jusqu'à 3 trains par jour partent pour Sassari (7,35 €, 2 heures) et jusqu'à 6 pour Golfo Aranci (2,35 €, 25 min).

Voiture et moto

On peut louer une voiture à l'aéroport auprès des principales compagnies, ou à la Stazione Marittima. Environ 50 €/jour pour une Fiat Punto.

Comment circuler

Si vous devez emprunter un bus municipal pour l'aéroport ou la Stazione Marittima, les billets sont en vente chez les buralistes ou dans les bars près des arrêts.

Depuis/vers l'aéroport

Le bus local n°2 (1 € ou 1,50 € à bord) circule toutes les demi-heures, de 6h15 à 23h40, entre l'aéroport et le centre-ville (Via Goffredo Mameli). Un **taxi** (☎0789 6 91 50) coûte 15 €.

De l'aéroport, des bus desservent directement d'autres destinations. **Deplano** (☎0784 29 50 30 ; www.deplanobus.it) assure notamment 5 départs par jour pour Nuoro (12 €,1 heure 15) de juin à septembre.

Bus

ASPO (☎0789 55 38 56 ; www.aspo.it) assure les dessertes locales. Le bus n°9 (1 €) circule toutes les demi-heures entre la Stazione Marittima et le centre-ville (Via San Simplicio).

Taxi

Vous trouverez parfois des taxis dans le Corso Umberto à côté de la Piazza Margherita. Sinon, appelez le ☎0789 6 91 50 ou le ☎0789 2 27 18.

Voiture et moto

La circulation est très difficile dans Olbia. La principale artère, le Corso Umberto, est fermée aux voitures entre la Piazza Margherita et la Via Goffredi Mameli. On peut stationner (1 €/heure de 8h à 20h) autour d'Olbia, et il existe des places de parking gratuites (en nombre limité) près du port: suivez les panneaux.

ENVIRONS D'OLBIA

Idéal pour la baignade, le **Lido del Sole** (prendre le bus n°5) est la principale plage d'Olbia et la plus fréquentée. Elle se situe à 6 km à l'est de l'aéroport par la SS125, l'axe principal desservant le Sud. Pour la détente, on lui préférera le sable fin de **Pittulongu** ou de **Sos Aranzos**, au nord de la ville.

Golfo Aranci

2 400 HABITANTS

À la pointe nord du Golfo di Olbia, Golfo Aranci est à la fois un port, une modeste station balnéaire et un village de pêcheurs. À ne pas négliger car plus économique que la Costa Smeralda, surtout si l'on aime plonger, pêcher au harpon ou observer les dauphins.

À voir et à faire

La ville possède trois plages de sable fin – **Spiaggia Prima**, **Seconda** et **Terza** (notre préférée) – sans parler de celles accessibles en voiture. C'est une station bien adaptée aux familles, avec de nombreux parcs publics et des terrains de jeu bien entretenus.

NE MANQUEZ PAS

FLIPPER & CO

Vous vivrez une expérience mémorable en participant à l'une des croisières d'une demi-journée organisées par le **Bottlenose Diving Research Institute** (☎0789 183 11 97 ; www.thebdri.com ; Via Diaz 4, Golfo Aranci). Celles-ci permettent d'observer les grands dauphins qui nagent dans ces eaux, et d'en apprendre beaucoup à leur sujet. Il n'est pas certain que vous puissiez en voir, mais vous avez de grandes chances. Prévoyez environ 70/50 € par adulte/enfant pour cette sortie de 4 à 5 heures.

Capo Figaro RÉSERVE NATURELLE
Derrière le port se dressent le Capo Figaro (340 m), devenu une petite réserve naturelle. Les sentiers qui sillonnent le maquis grimpent au sommet où se dresse un phare abandonné, *il vecchio semaforo* (vieux sémaphore). C'est de là que le physicien Guglielmo Marconi envoya le premier signal radio à la péninsule italienne en 1928.

Alpha Diving CLUB DE PLONGÉE
(☎0789 4 60 12 ; www.alphadiving.it ; Piazzetta dei Pescatori 4). Installé sur le port, ce club de plongée accrédité ESA organise des plongées au cap Figaro et à Tavolara. La plongée simple revient à environ 40 €, le stage d'initiation à 230 €.

Où se restaurer

Les produits de la mer sont à l'honneur dans les restaurants de la Via della Liberta et ses abords. Presque tous les établissements sont fermés de novembre à mars.

La Cortice POISSON ET FRUITS DE MER €
(☎338 6214685 ; www.lacortice.it ; Piazza del Porto ; repas 15-28 € ; fermé lun-mer en hiver). Des fresques murales à thème marin rehaussent cet *ittiturismo* du port, qui sert poissons et coquillages d'un bon rapport qualité/prix. L'établissement étant tenu par une coopérative de pêche, le poisson est des plus frais. Si vous voulez pêcher vous-même, renseignez-vous sur les sorties organisées dans le golfe par la coopérative.

La Spigola POISSON ET FRUITS DE MER €€
(☎0789 4 62 86 ; Via Colombo 19 ; repas environ 30 € ; tlj). Négligez tout le reste au profit des poissons et fruits de mer grillés que sert ce sympathique restaurant en bord de plage. Attablez-vous en terrasse pour profiter de la vue sur la mer.

Depuis/vers Golfo Aranci

De juin à septembre, 6 bus ARST relient quotidiennement Golfo Aranci et Olbia (2 €, 25 min). Des trains (2,35 €, 25 min) assurent la même liaison cinq fois par jour toute l'année.Les **Sardinia Ferries** (☎199 400 500 ; www.sardiniaferries.com) naviguent régulièrement chaque jour de Livourne (53-76 €, 6-10 heures) et de Civitavecchia (54-79 €, 3 heures 30-6 heures 45) à Golfo Aranci.

CÔTE SUD

La côte sud d'Olbia est jalonnée de stations balnéaires vibrantes en été, et fermées en hiver. C'est le cas de Porto San Paolo, principal point d'embarquement pour l'Isola Tavolara, et de San Teodoro, 11 km plus au sud, une destination appréciée des noctambules.

Porto San Paolo et Isola Tavolara

3 200 HABITANTS

La seule raison de faire étape à Porto San Paolo est de prendre un bateau pour l'Isola Tavolara. S'élevant de la mer couleur saphir, cette île rocheuse offre un spectacle merveilleux.

Durant la période de Pâques et de mi-juillet à septembre, les **bateaux d'excursion** partent du port. Les départs se font toutes les demi-heures de 9h à 15h ; les retours ont lieu à 12h30 pour le premier, puis toutes les heures jusqu'à 18h30. L'aller-retour coûte 12,50 € par personne, chaque trajet durant 25 minutes. Des excursions plus longues incluent dans leur parcours les petites Isola Molara et Isola Piana (25 € par personne).

L'Isola, qui était autrefois appelée l'île d'Hermès, est dominée par un plateau (565 m) où ne vivent que des oiseaux de mer, des faucons et des chèvres. Les rares îliens résident sur la rive ouest, à **Spalmatore di Terra**, où accostent les bateaux.

Après avoir avalé un en-cas face à la mer, le mieux est de plonger dans l'eau translucide de la **Spiaggia Spalmatore**, une plage au sable blanc qui offre une vue incroyable sur les hauteurs de l'île et la côte sarde. Les plus curieux descendront jusqu'au petit cimetière voir les tombes marquées de la couronne des rois de Tavolara. C'est en 1848, après une fructueuse chasse aux chèvres sauvages, que Charles Albert de Sardaigne fit de l'île un petit royaume indépendant.

Les amateurs de plongée ne manqueront pas les calanques de Tavolara, notamment les beaux reliefs sous-marins de Secca del Papa. Le **Centro Sub Tavolara** (☎0789 4 03 60 ; www.centrosubtavolara.com ; Via Molara 4) organise des plongées autour de l'île. Comptez 45 € pour une plongée.

De retour à San Paolo, rien ne vous y retiendra sinon déguster une pizza au feu de bois à la **Cala di Junco** (☎0789 4 02 60 ; Via Nenni 8/10 ; pizzas 4-12€ ; mer-lun). Ou encore, admirer un coucher du soleil sur l'Isola Tavolara en réservant une table chez **Il Portolano** (Via Molara 11 ; repas environ 40 € ; fermé mer), établissement chic en bord de mer servant d'excellents *antipasti* et du poisson.

San Teodoro

4 300 HABITANTS

La festive San Teodoro aime
été. Ses bars de plage et ses
étant moins clinquants et pl
que ceux de la Costa Smerald
genre, cette station balnéaire
qu'elle manquerait presque
si ce n'était ses splendides pl
blanc. Toutes sortes de sport
de sorties en mer sont organi
également possible de rester
plage, sur la terre ferme, en o
randonnées à pied, à VTT ou

Belles plages vers budoni

À voir et à faire

Stagno San Teodoro R

Nichée au cœur du maquis et de formations de granit érodées par les vents, vous pourrez voir sur cette lagune adossée à la plage La Cinta des flamants roses, des hérons, des cormorans, des aigrettes garzettes et des martins-pêcheurs.

Wetdreams SPORTS NAUTIQUES

(☎0784 85 20 15 ; www.wetdreams.it ; Via Sardegna). Cette boutique de surf installée sur la plage propose un stage d'initiation au kitesurf de 3 heures moyennant 190 €.

Maneggio La Cinta ÉQUITATION

(☎0784 85 10 07 ; Località La Cinta ; 👪). Superbes balades d'une heure et demie (30 €) le long de la plage La Cinta.

Où se restaurer

N'oubliez pas que la plupart des établissements sont fermés de mi-octobre à mars.

Bal Harbour ITALIEN €€

(☎0784 85 10 52 ; www.balharbour.it ; Via Stintino ; repas 30-40 € ; ⏲11h-3h). Ce restaurant-lounge ultra-tendance à côté de la plage attire une clientèle jeune qui se prélasse en journée au bord de la piscine frangée de palmiers. Le

en été une clientèle jeune et bronzée.

Buddha del Mar BAR

(Piazza Gallura 2). Lounge d'inspiration asiatique où sont organisée l'été des soirées avec danse, cocktails et chaude ambiance de rigueur...

L'Ambra Night DISCOTHÈQUE

(www.ambranight.it ; Via Cala d'Ambra). Près de la plage, en face de l'Hotel L'Esagono, cette élégante discothèque avec piste de danse en plein air passe les tubes du moment.

Luna Glam Club DISCOTHÈQUE

(www.lalunadisco.com ; Località Stirritoggiu). À la sortie sud de la ville, par la SS125, cet établissement ultra-tendance attire une clientèle chic de trentenaires et plus. Pour y entrer, il faut être habillé en conséquence.

Renseignements

L'efficace **office du tourisme** (☎0784 86 57 67 ; www.santeodoroturismo.it ; Piazza Mediterraneo 1 ; ⏲9h-13h et 16h-24h en été, 9h-13h et 15h-18h en hiver) saura vous conseiller sur les guides et les organismes locaux. Vous

NE MANQUEZ PAS

LES PLAGES DE SAN TEODORO

San Teodoro s'enorgueillit de plages superbes, dont beaucoup n'ont rien à envier à celles de la Costa Smeralda. Centrale, la **Cala d'Ambra** est jolie, mais la **Spiaggia La Cinta**, ruban de sable blanc s'insinuant entre la mer topaze et le Stagno San Teodoro, est encore plus belle. Elle est très appréciée des sportifs, notamment des amateurs de kitesurf. Vous pouvez aussi étendre votre serviette plus au nord au bord des ravissantes baies en demi-lune de **Lu Impostu** et de **Cala Brandinchi**, la "Petite Tahiti", séparées par une langue de terre boisée. Offrant une vue superbe sur la masse calcaire de l'Isola Tavolara, le **Capo Coda Cavallo** est une réserve marine dont les eaux transparentes font le bonheur des amateurs de plongée et de snorkeling.

ESCAPADE À L'OASI NATURALISTICA USINAVA

À 14 km de Budoni (village situé à 10 km au sud de San Teodoro) dans l'intérieur des terres, l'**Oasi Naturalistica Usinava** (☎328 648 60 63 ; www.usinava.it) est un lieu fabuleux et idéal pour échapper à la foule en été. Cette réserve, qui englobe des forêts, des pics coniques, des torrents et du maquis, est un refuge pour les mouflons, les sangliers, les foulques, les tétras et les lièvres. Envie de retour à la nature ? Pour passer la nuit dans cette oasis, réservez un lit dans l'un des trois *pinetti* (cabanons en pierre à toit de chaume). La nuitée revient à 25 € par personne.

Pour rejoindre l'oasis depuis Budoni, 10km au sud de San Teodoro, suivez la direction Brunella, Talava, Su Cossu puis Sos Rios. À 1,5 km environ après Sos Rios, vous trouverez le poste des gardes forestiers.

pouvez consulter un autre site très pratique : www.visitsanteodoro.com.

ℹ Depuis/vers San Teodoro

Les bus ARST desservent la côte et Olbia (2,50 €, 40 min, 6/j, jusqu'à 9/j en semaine), ainsi que Nuoro (8 €, 1 heure 50, 5/j). Les bus Deplano assurent également la desserte de l'aéroport d'Olbia (4 €, 30 min, 5/j) et de Nuoro (10 €, 1 heure 15, 5/j).

COSTA SMERALDA ET ENVIRONS

En 1962, l'Aga Khan monta avec quelques amis un consortium qui leur permit de racheter à des agriculteurs une partie du littoral du nord-est de la Sardaigne. Chacun paya environ 25 000 $US pour son petit coin de paradis, et la côte fut baptisée Costa Smeralda ("côte d'Émeraude") en référence à la teinte bleu-vert de ses eaux.

Un demi-siècle plus tard, 25 000 $US suffiraient à peine à payer une nuit dans la suite présidentielle de l'Hotel Cala di Volpe. Aujourd'hui, les milliardaires entrent dans les marinas de la Costa Smeralda à bord de véritables palais flottants.

La Costa Smeralda commence à Porto Rotondo, sur le Golfo di Cugnana, 17 km au nord d'Olbia, et s'étend sur 55 km vers le nord jusqu'au Golfo di Arzachena. Elle a pour "capitale" Porto Cervo, le paradis des yachts, même si Porto Rotondo – base d'opérations vers l'île de Silvio Berlusconi – attire également l'attention des paparazzis.

Sud de Porto Cervo

Malgré des aménagements tapageurs, la Costa Smeralda a encore de quoi séduire : les montagnes de granit de la Gallura plongent dans des eaux vert émeraude, formant une succession de criques spectaculaires.

La Costa commence au Golfo di Cugnana, la route offrant alors une vue superbe sur **Porto Rotondo**, un port de plaisance aménagé en 1963, dans le sillage de Porto Cervo. Pareil à certains ports huppés de la Côte d'Azur, c'est là que Silvio Berlusconi possède sa principale résidence sarde, la gigantesque Villa Certosa. La jolie promenade du front de mer est bordée de cafés, de pizzerias et de bars lounge un peu prétentieux.

En vous dirigeant vers le nord, un peu avant l'Hotel Cala di Volpe, une fantaisie mauresque, vous trouverez l'embranchement conduisant à la plage de rêve qu'est la **Spiaggia Liscia Ruia**. Lui succède **Capriccioli**, autre plage splendide aux eaux cristallines et au sable fin.

Au-delà, on rejoint la courbe de la **Spiaggia Romazzino**, qui doit son nom à une profusion d'arbrisseaux de romarin. Tout près, mais difficile à dénicher, se trouve l'une des plus belles plages de la Costa, la **Spiaggia del Principe** (aussi appelée Portu Li Coggi), magnifique plage de sable blanc aux eaux turquoise, bordée de maquis. Suivez le panneau "Hotel Romazzino" et, avant l'hôtel, prenez à droite la Via degli Asfodeli. Vous devrez garer votre voiture puis continuer à pied, après la barrière, sur 500 m environ.

Porto Cervo

2 100 HABITANTS

Curieuse vision que celle de ce bourg créé de toutes pièces. Empruntant aux architectures grecque, nord-africaine, espagnole et italienne, il présente un aspect d'ensemble pseudo-mauresque très toc. Ses rues sont sans caractère. Hormis la beauté du littoral, rien ne rappelle que l'on est en Sardaigne. .

À voir et à faire

Tout le monde, ou presque, à Porto Cervo possède un bateau (le port dispose des meilleurs équipements de l'île), et la vie diurne se déroule donc ailleurs, dans quelque crique paradisiaque et sur les plages au sable soyeux. Le port s'anime en début de soirée, quand pin-up et play-boys sortent faire du lèche-vitrines ou se montrer sur les *piazzas*.

La **Piazzetta**, petite place située au centre d'un réseau de discrètes ruelles commerçantes, est le lieu pour voir et être vu. De la *piazza*, un escalier mène à la **Sottopiazza** et à **La Passeggiata**, toutes deux bordées de boutiques de luxe.

Chiesa di Stella Maris ÉGLISE

(Piazza Stella Maris). Perchée au-dessus de Porto Cervo, l'étrange église blanche dessinée par l'architecte Michele Busiri Vici, dotée d'un clocher en forme d'entonnoir, accueille des concerts de musique classique en été. Elle a bénéficié de dons conséquents, dont une *Mater Dolorosa* du Greco léguée par un aristocrate hollandais.

Louise Alexander Gallery GALERIE D'ART

(www.louise-alexander.com ; Via del Porto Vecchio 1 ; ⏲mai-sept). Cette galerie organise des expositions temporaires d'artistes contemporains. Elle vend aussi les œuvres de nombreux artistes, tel Andy Warhol ou Roy Lichtenstein.

Où se restaurer

Les meilleurs restaurants de Porto Cervo sont à une courte distance en voiture ou en taxi du bourg.

♥ **La Vecchia Costa** SARDE €

(☎0789 9 86 88 ; repas environ 20 € ; ⏲tlj). Grande salle de restaurant proposant des produits frais, de saison et abordables. Les plats authentiques comme les *lorighitta* (pâtes en forme d'anneau en tortillon) à la sauce *porcini*-agneau et les *malloreddus* (gnocchis sardes) au crabe et aux œufs de mulet assurent le succès de cette adresse auprès des gens du coin, aussi pensez à réserver. À 5 minutes de route du bourg, sur la SP59 entre Arzachena et Porto Cervo.

Spinnaker ITALIEN MODERNE €€

(☎0789 9 12 26 ; www.ristorantespinnaker.com ; Liscia di Vacca ; repas 40-50 € ; ⏲fermé mer en basse saison). Ce restaurant tendance et animé est fréquenté par une clientèle de gens beaux et riches qui apprécient autant son ambiance stylée que ses fabuleux poissons et fruits de mer. Accompagnez vos calamars aux artichauts frais ou votre langouste d'un verre de Vermentino (vin blanc). Sur la route Porto Cervo-Baia Sardinia.

I Frati Rossi ITALIEN MODERNE €€

(☎0789 9 43 95 ; www.fratirossi.it ; Località Pantogia ; repas environ 45 € ; ⏲déj et dîner mar-dim, jan-oct). Ambiance rustique-chic pour ce restaurant bénéficiant d'une vue magnifique sur la mer, du haut de sa colline, à 3,5 km au sud de Porto Cervo. Les produits locaux sont sublimés à travers des plats présentés avec art comme les tagliatelles à l'encre de seiche. Suivez les panneaux balisant l'étroite route de campagne qui part en montant de la SP59.

La Petronilla SARDE €€

(☎0789 9 21 37 ; Via Sa Conca 42 ; repas environ 40 € ; ⏲tlj). Le restaurant convivial de Massimo est à mille lieues du glamour de la Piazzetta. Installé parmi les maquettes de bateau, profitez de la jolie vue sur la marina et de l'excellente cuisine familiale. Goûtez à la spécialité maison, les *spaghetti al granseola* (spaghettis à l'araignée de mer).

Où prendre un verre et sortir

La vie nocturne de Porto Cervo est exclusivement estivale. L'un des plaisirs les plus abordables, prendre place dans un bar sur la Piazetta revient déjà à 10 € pour une consommation. Les clubbers revêtiront leurs plus beaux atours et se rendront à 2 km environ au sud de la ville.

Lord Nelson PUB

(Porto Cervo Marina ; ⏲17h-3h tlj). Curieusement, l'un des repaires favoris dans cette station si chic est un pub de style anglais.

Cafe Mediterraneo CAFÉ, BAR

(Porto Cervo Marina ; ⏲8h30-tard tlj). Surplombant la marina, cet élégant petit café-bar est une adresse décontractée parfaite pour commencer la soirée par un cocktail bien frais. À moins d'y venir plutôt en journée déguster la *bruschetta*, des salades originales (environ 8 €) et des *gelati* maison.

Sottovento DISCOTHÈQUE

(www.sottoventoclub.it ; Località Sottovento). Toutes les célébrités sont venues dans cette discothèque ultra-sélecte. L'entrée dépend exclusivement du bon vouloir des cerbères.

Billionaire DISCOTHÈQUE

(www.billionaireclub.it ; Via Rocce sul Pevero). Quasiment impossible d'entrer ici sans

VAUT LE DÉTOUR

CANTINE SURRAU

Environnée de vignobles et de montagnes, la contemporaine **Cantine Surrau** (☎0789 8 29 33 ; www.vignesurrau.it, en italien ; Località Chilvagghja ; ⌚9h-23h en été, 9h-20h30 en hiver) a une approche un peu parallèle de la fabrication du vin. On peut visiter la cave et admirer des œuvres d'art sardes dans la galerie avant de goûter aux Vermentino (vins blancs) les plus frais, et aux Cannonau (vins rouges) les plus charpentés de la région. La dégustation standard (8 €) permet de découvrir trois crus différents servis avec du *pane carasau* (pain plat sarde). Celle à 30 € se compose de cinq crus différents accompagnés de fromages locaux, de salami, de *bottarga* (œufs de mulet) et de douceurs sardes. Le domaine viticole se trouve sur la route Arzachena-Porto Cervo.

connaître quelqu'un, à moins de réserver une table pour dîner dans son restaurant cossu.

Depuis/vers Porto Cervo

Les bus ARST assurent jusqu'à cinq liaisons entre Porto Cervo et Olbia (3,50 €, 1 heure 30).

De juin à septembre, les bus **Sun Lines** (☎348 260 98 81) relient l'aéroport d'Olbia à la Costa Smeralda, avec un arrêt à Porto Cervo et divers autres points de la côte ; départs à 7h30, 12h30, 15h30 et 18h30. Les billets coûtent 3-4 €.

Poltu Quatu

De Porto Cervo, la route côtière sinue au nord et à l'ouest autour de la pointe du Capo Ferro en direction de Poltu Quatu, bras de mer semblable à un fjord, flanqué de falaises. Ensemble joyeusement désordonné de villas au toit de tuiles rouges se déployant autour d'une splendide marina, l'endroit charme davantage la vue que bien des stations balnéaires voisines.

Le shopping, les repas en terrasse et la contemplation du panorama sont les principales activités. On peut aussi s'adresser à l'**Aqua Centre** (☎0789 9 90 01, www.orsodiving.com ; ⌚Pâques-oct) pour plonger dans les réserves marines de La Maddalena et de Tavolara (plongée simple à partir de 45 €), faire du snorkeling dans les eaux très poissonneuses de l'Isola Caprera, ou participer à une excursion d'observation des baleines d'une demi-journée (100 €). Le centre propose aussi la gamme complète de brevets de plongée PADI.

Baia Sardinia

200 HABITANTS

De Poltu Quatu, la route serpente sur 4 km le long de la côte vers le nord jusqu'à Baia Sardinia. Si cette station n'est déjà plus sur la Costa Smeralda à proprement parler, elle ne diffère guère de ses célèbres voisines. Son principal attrait est la **Cala Battistoni**, une plage de sable fin baignée par des eaux d'un bleu incroyable et extrêmement fréquentée. S'il ne reste plus de place sur le sable et que vous souhaitez vous baigner, le parc aquatique voisin, l'**Aquadream** (☎0789 9 95 11 ; www.aquadream.it ; Località la Crucitta ; adulte/enfant 18/12 € ; ⌚10h30-19h mi-juin à mi-sept), constitue une bonne solution de remplacement.

Où se restaurer et prendre un verre

La plupart des établissements ferment de novembre à Pâques.

Locanda del Tre Botti — POISSON ET FRUITS DE MER €€
(☎0789 99 1 50 ; Località Baia Sardinia ; repas environ 30 € ; ⌚tlj). Adresse familiale, située sur la route menant en ville. On mange au choix sur la terrasse ou dans la salle à la déco rustique donnant sur le golfe d'Arzachena. Risotto aux fruits de mer et assortiment de poissons grillés corrects.

News Café — CAFÉ €
(Piazza Centrale ; ⌚8h-2h). Sous l'arcade du front de mer, ce lieu de rendez-vous populaire est parfait pour avaler rapidement une *bruschetta* au déjeuner, ou écouter de la musique live en buvant un verre le soir.

Où sortir

Phi Beach — BAR, CLUB
(www.phibeach.com ; Forte Capellini). L'un des lieux les plus branchés de la côte. Dans la journée, c'est un club de plage avec transats et parasols à louer ; mais quand le soleil décline, il se transforme en bar-restaurant lounge. Toute la journée, un DJ distille une musique euphorisante.

Ritual CLUB
(www.ritual.it ; Località La Crucitta). Le succès de ce club situé juste à la sortie de la ville, sur la route de Porto Cervo, ne se dément pas. Les lieux, troglodytiques, méritent à eux seuls le coup d'œil.

Depuis/vers Baia Sardinia

Depuis Olbia, les bus Sun Lines desservant Porto Cervo rejoignent Baia Sardinia 15 minutes plus tard (voir ci-contre).

Cannigione

Environ 12 km au sud-ouest de Baia Sardinia, Cannigione se trouve sur la rive ouest du Golfo di Arzachena, la *ria* (estuaire) la plus large de la côte. Cet ancien village de pêcheurs fut fondé en 1800 pour approvisionner les îles de la Maddalena en nourriture. Il se développa lorsque les bateaux de charbon et de bétail vinrent mouiller dans son port dans les années 1900. C'est désormais une ville touristique prospère qui affiche des tarifs raisonnables.

L'**office du tourisme** (☎0789 89 20 19 ; Via Nazionale 47 ; ⏲9h30-12h30 et 17h30-19h30 tlj en été) répond à toutes vos questions concernant Cannigione et ses environs.

Au port, différents prestataires proposent des excursions à l'Arcipelago della Maddalena, notamment le **Consorzio del Golfo** (☎0789 8 84 18 ; www.consorziodelgolfo.it). Comptez 25-40 €/pers. Pour la plongée, le snorkeling ou la location de bateau, vous pouvez vous adressez à **Anthias** (☎0789 8 63 11 ; www.anthiasdiving.com ; Tanca Manna), sur le front de mer entre Cannigione et Palau. La plongée démarre à 50 €, et les sorties snorkeling coûtent 50/30 € par adulte/enfant. La location de bateau revient à 800 € la demi-journée, déjeuner, carburant et skipper compris. Les plus belles plages sont au nord de Cannigione, notamment celle de **Tanca Manna**, dont le sable fin et les eaux peu profondes sont parfaits pour qui voyage en famille.

Depuis/vers Cannigione

Des bus **ARST** (☎0789 2 11 97) desservent Arzachena (1,20 €, 10 min, 4/j lun-sam), Baia Sardinia (1,50 €, 30 min, 3/j lun-sam), Palau (1,50 €, 20 min, 2/j lun-sam) et Olbia (2,50 €, 1 heure, 4/j lun-sam).

ARRIÈRE-PAYS DE LA COSTA SMERALDA

San Pantaleo

À 16 km de Porto Cervo, le village rural de San Pantaleo offre une rafraîchissante bouffée d'authenticité.

Haut-perché à l'arrière de la côte, entouré de petits pics de granit, il est devenu un refuge pour les artistes. Le village s'organise autour d'une place dominée par une petite église. En été, vous y trouverez souvent un marché très animé. Du 27 au 30 juillet, San Pantaleo organise sa fête annuelle, un week-end de réjouissances, dont des danses sardes traditionnelles.

Le grand passe-temps ici consiste à faire le tour des boutiques. Vous découvrirez des tableaux et des sculptures d'artistes locaux dans la petite galerie **Arte in Piazza** (☎338 165 45 21 ; Piazza Vittorio Emanuele ; ⏲9h-13h lun-sam, également 15h-18h mar et jeu).

Après quoi vient la pause au **Caffè Nina** (Piazza Vittorio Emanuele 3 ; assiette de fromage 10 € ; ⏲tlj en été, jeu-dim en hiver), un petit café chic où siroter un verre de Vermentino accompagné de *pecorino* et d'olives.

Près de l'entrée du village, le très réputé **Ristorante Giagoni** (☎0789 6 52 05 ; Via Zara 43 ; repas 40-50 € ; ⏲mar-dim avr-oct) propose des plats de viande classiques comme le *porceddu* (cochon de lait), du rable de lapin sauce au myrte, ainsi qu'un choix de poissons du jour. Réservation conseillée.

Les bus ARST desservent San Pantaleo 5 fois par jour depuis Olbia (2 €, 35 min) et Arzachena (1,50 €, 20 min).

Arzachena

13 200 HABITANTS

Dans les années 1960, Arzachena était encore une modeste bourgade de bergers à quelques kilomètres du littoral. Devenue depuis un centre touristique en raison de sa proximité avec la Costa Smeralda, elle voit sa population doubler en été.

La plupart des gens se limitent à y loger pour explorer la côte, mais si vous avez envie de faire un petit tour en ville, l'endroit le plus animé de la ville est la **Piazza del Risorgimento**, une petite place avec quelques cafés et une église en pierre, la **Chiesa di Santa Maria delle Neve**. De là, un court trajet jusqu'à l'extrémité de la Via Limbara vous conduira devant l'étrange

NE MANQUEZ PAS

PRODUITS DE LA FERME

Sur la SP59 Arzachena-Porto Cervo, un panneau indiquant "*formaggi e salumi*" mène à l'**Azienda Agricola Mossa Alessandro** (☎380 366 13 25 ; Località La Punga ; ⏲8h-12h30 et 16h-19h tlj), une ferme où l'on peut acheter de la ricotta crémeuse au lait de brebis, du *fiore sardo* (*pecorino* sarde) *maturo* et du salami. Alessandro vous laissera peut-être jeter un coup d'œil aux énormes roues de fromage et aux alignements de salami et de pancetta installés à l'arrière. L'adresse idéale pour acheter de quoi pique-niquer.

Mont'Incappiddatu, un bloc de granit en forme de champignon. Les archéologues pensent qu'il a dû servir d'abri aux peuplades du néolithique, quelque 3 500 ans av. J.-C.

Où se restaurer

Agriturismo Rena AGROTOURISME €€
(☎0789 8 25 32 ; www.agriturismorena.it ; Località Rena ; repas 25-30 € ; ⏲mars-oct ; 👪). Luigi accueille le visiteur comme s'il faisait partie de la famille dans son *agriturismo* perché sur la colline. Autour de la grande table commune on savoure un copieux festin de fromages, de viande et de vin maison – généralement des *antipasti* suivis de *culurgione* (raviolis) à la ricotta, d'un succulent chevreau ou agneau rôti, et de douceurs sardes. Pour rejoindre l'*agriturismo*, tournez à droite (au sortir d'Arzachena) juste après le Bar del Ponte, à la lisière nord de la ville.

Il Fungo PIZZERIA, GRILL €€
(☎0789 8 33 40 ; Via La Marmora 21 ; pizzas à partir de 5 €, repas environ 30 € ; ⏲tlj été, fermé mer hiver). Pizza au feu de bois, succulents poissons et fruits de mer font la renommée de cet établissement. Les gens du pays bavardent avec la *pizzaiola* en attendant leurs pizzas à emporter, tandis que les touristes s'attablent pour savourer d'énormes portions de poisson et de viande grillée.

Depuis/vers Arzachena

Arzachena est bien desservie par les bus. ARST assure la liaison avec Olbia (2,50 €, 45 min, 12/j), Santa Teresa di Gallura (3 €, 1 heure, 5/j) et Palau (1,50 €, 25 min, 5/j). Des bus réguliers relient aussi la ville à Porto Cervo et à Baia Sardinia sur la Costa Smeralda.

De mi-juin à mi-septembre, vous pourrez monter à bord du **trenino verde** (☎070 58 02 46 ; www.treninoverde.com) en direction de Tempio Pausania (11 €, 1 heure 30, 1/j mer-sam).

Environs d'Arzachena

L'intérêt d'Arzachena réside dans la campagne qui l'entoure, émaillée de *nuraghi* et de *tombe dei giganti* ("tombeaux de géants", sépultures collectives).

NURAGHI

Les sites des *nuraghi* et des *tombe dei giganti* autour d'Arzachena sont gérés par les coopératives locales **Anemos** (☎340 820 9749 ; www.anemos-arzachena.it) et **Lithos** (☎0789 8 15 37). Les sites ci-après sont ouverts de 9h à 19h tous les jours de Pâques à octobre, et à la demande en hiver. L'entrée coûte 3 € pour un seul site, 5 € pour deux et 7,50 € à 10 € pour trois. Visites guidées en français à organiser au préalable.

Nuraghe di Albucciu SITE ARCHÉOLOGIQUE
Situé à 3 km au sud d'Arzachena, sur la route principale d'Olbia, ce *nuraghe* est le plus proche de la ville et le plus facile à trouver. C'est l'un des plus beaux vestiges préhistoriques de Gallura. Signes particuliers, son toit en granit plat et non de forme conique contrairement au *tholos* habituel, et son réseau de galeries.

Tempio di Malchittu SITE ARCHÉOLOGIQUE
Accessible par une piste de 2 km depuis le Nuraghe di Albucciu, ce temple datant de 1500 av. J.-C. est l'un des rares du genre en Sardaigne. Sa fonction originelle reste mal connue. Son toit, semble-t-il, était en bois, et il était fermé par une porte également en bois. Le site offre une belle vue sur toute la campagne environnante, parsemée de rochers de granit.

Coddu Ecchju SITE ARCHÉOLOGIQUE
Sur la route Arzachena-Luogosanto, vous repérerez les panneaux indiquant l'une des *tombe dei giganti* les plus importantes de Sardaigne. L'élément le plus remarquable est le mégalithe central de forme ovale. Les deux blocs de granit qui

le composent, en équilibre l'un sur l'autre, présentent une incision rectangulaire qui symbolise apparemment une porte vers l'au-delà, fermée aux vivants. De chaque côté du dolmen se dressent d'autres blocs de granit qui forment une sorte de haie d'honneur semi-circulaire autour du tombeau.

Li Muri SITE ARCHÉOLOGIQUE

Ce site curieux composé de quatre nécropoles mégalithiques date probablement de 3500 av. J.-C. Les archéologues pensent qu'on y enterrait des personnalités de haut rang. À l'extrémité de chaque nécropole se dressait un menhir ou une pierre dressée sur laquelle une divinité devait être représentée. Pour rejoindre Li Muri, tournez à gauche (vers l'ouest) en direction de Luogosanto sur la route Arzachena-Luogosanto. Au bout de 3 km environ, prenez un chemin de terre à droite et suivez les panneaux en direction de Li Muri.

Li Lolghi SITE ARCHÉOLOGIQUE

Non loin de Li Muri, vous pourrez voir (elle est indiquée) une autre *tomba di gigante*, semblable à celle de Coddu Ecchju. Depuis sa position au sommet de la colline, le mégalithe central, orienté vers l'est, domine toute la campagne environnante.

LAGO DI LISCIA ET SES ENVIRONS

Après Arzachena, la SP427 s'enfonce vers le cœur de la Gallura, encore très peu développé. La route cahoteuse grimpe entre des champs et des montagnes jusqu'à la bourgade agricole de **Sant'Antonio di Gallura** avant de rejoindre le Lago di Liscia, l'un des secrets les mieux gardés de Sardaigne. Source essentielle d'alimentation en eau de la côte est de la Gallura, ce lac artificiel long de 8 km s'étend au milieu de montagnes granitiques couvertes de forêts de chênes. Le meilleur endroit pour l'admirer : une aire de pique-nique dans une minuscule réserve naturelle, signalée sous le nom d'*olivastri millenari* (oliviers sauvages millénaires), au-dessus de la rive sud. L'**Olivastri** regroupe des oliviers millénaires. Les spécialistes de l'université de Sassari ont calculé que le plus gros, dont la circonférence atteint 20 m et la hauteur 14,5 m, est un vénérable spécimen âgé de quelque 3 800 ans. Pour rejoindre ce site depuis Sant'Antonio di Gallura, suivez la route de Luras et Tempio Pausania, puis tournez à l'embranchement indiqué *olivastri millenari*. Après 10 km environ, une piste de terre abrupte monte sur la gauche. La réserve se trouve tout en haut.

CÔTE NORD

Au nord de Palau, la côte, escarpée et battue par les vents, se dresse comme une immense sculpture rocheuse dont l'élément le plus spectaculaire est le Capo Testa. Les plages du littoral s'étendent à l'ouest jusqu'à Vignola et à l'est jusqu'à Santa Teresa di Gallura, qui constitue l'épicentre le plus tendance de la vie estivale. Le vent en fait un endroit de rêve pour les véliplanchistes et les adeptes du kitesurf – des compétitions y sont souvent organisées, dont certaines traversent le détroit de Bonifacio.

Santa Teresa di Gallura

5 300 HABITANTS

Pimpante, Santa Teresa di Gallura occupe un emplacement de choix en bord de mer, sur la côte nord de la Gallura. Cette station connaît une très grande animation en été, mais a autrement plus de charme que les stations de la Costa Smeralda.

La ville a été fondée par les Savoie en 1808 afin de lutter contre les contrebandiers – le tracé net des rues a d'ailleurs été conçu par un officier de l'armée. Toutefois, l'essentiel de la ville actuelle est le fruit de l'explosion touristique du début des années 1960. L'histoire de Santa Teresa est liée à la Corse. Au fil des siècles, les Corses s'installèrent ici en grand nombre et le dialecte local ressemble à celui du sud de l'Île de Beauté.

À voir et à faire

Le centre-ville, avec ses maisons aux couleurs pastel et sa *piazza* bordée de cafés, se prête à la flânerie. Les plus curieux s'aventureront jusqu'à la **Torre di Longonsardo**,

SPÉCIALITÉS CULINAIRES DE LA GALLURA

- » **Zuppa gallurese** Soupe à base de tranches de pain et de fromage, cuite au four pour obtenir une croûte croustillante
- » **Ortidas** Anémones de mer frites
- » **Capretto al mirto** Chevreau rôti parfumé au myrte
- » **Fregola con cozze e vongole** Pâtes sardes ressemblant au couscous avec moules et palourdes
- » **Mazzafrissa** Semoule crémeuse

Santa Teresa di Gallura

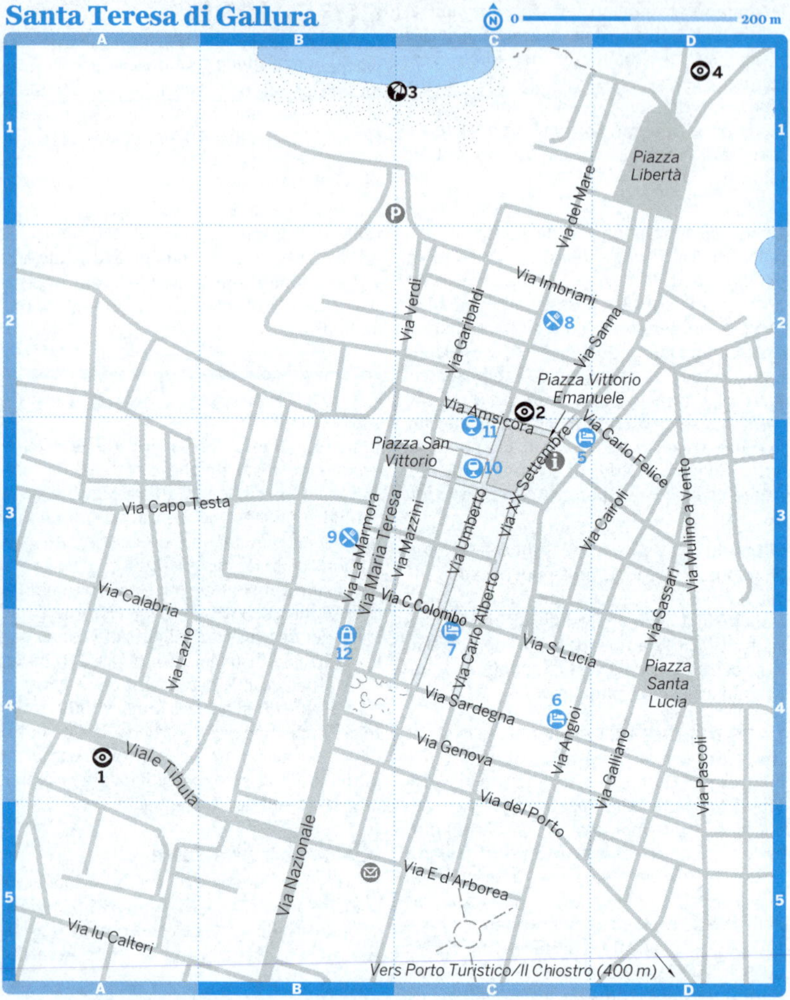

une tour du XVIe siècle. Elle surplombe d'un côté l'anse naturelle du port et, de l'autre, l'idyllique (mais bondée) **Spiaggia Rena Bianca**. Si vous êtes lassé de la plage, descendez jusqu'au Porto Turistico, petite enclave de villas blanchies à la chaux autour d'une place et de la marina très fréquentée.

En bas de la Via del Porto, des agences proposent des excursions vers l'archipel de la Maddalena. Pour louer un bateau comptez un minimum de 1 800 € la semaine. Les amateurs de plongée se régaleront aux abords de Santa Teresa et dans les îles des Bouches de Bonifacio.

Consorzio delle Bocche CIRCUITS EN BATEAU

(☎0789 75 51 12 ; www.consorziobocche.com ; Piazza Vittorio Emanuele 16 ; ⏲9h-13h et 17h-0h30 mai-sept). Cette agence organise diverses excursions, notamment vers les îles de la Maddalena et le long de la Costa Smeralda (en été uniquement). Comptez 40-45 € par personne déjeuner compris.

Centro Sub Marina di Longone CLUB DE PLONGÉE

(☎0789 74 10 59 ; www.marinadilongone.it ; Viale Tibula 11). Un club accrédité PADI. Plongée simple à partir de 35 €.

Santa Teresa di Gallura

À voir

Où se loger

Où se restaurer

Où prendre un verre

Achats

Où se restaurer

Les restaurants de Santa Teresa sont ouverts tous les jours en été. L'hiver tout est fermé.

Agriturismo Saltara AGROTOURISME €€
(0789 75 55 97 ; Località Saltara ; repas 35-40 € ; dîner tlj ;). Natalia et Gian Mario réservent un accueil chaleureux aux hôtes de leur *agriturismo* situé à 10 km au sud de la ville, tout près de la SP90. On se régale ici d'une cuisine familiale, attablé dans un cadre agréable, à l'ombre des arbres. Le pain cuit au feu de bois est un délice, de même que les plats comme les *culurgione* (raviolis) à la ricotta et le cochon de lait rôti au myrte. L'endroit est difficile à dénicher (suivez les panneaux en remontant un chemin de terre), mais le jeu en vaut la chandelle.

Il Chiostro POISSON ET FRUITS DE MER €€
(0789 74 10 56 ; www.ilchiostrodelporto.it ; Porto Turistico ; repas 25-45 € ; tlj). Le coucher du soleil offre un spectacle splendide dans ce restaurant accueillant qui surplombe la marina. Tâchez de vous attabler en terrasse pour déguster un poisson– mention spéciale pour le thon – ou le *porceddu* qui fond sur la langue.

Il Grottino ITALIEN €€
(0789 75 42 32 ; Via del Mare 14 ; pizzas 6-11 €, repas environ 30 € ; tlj). Un cadre rustique, et une cuisine qui va de pair : saine et copieuse, à base de pâtes, de poissons et de viandes grillées.

Ristorante Papè Satan PIZZERIA €
(0789 75 50 48 ; Via La Marmora 20 ; pizzas 8 € ; tlj). Les sublimes pizzas au feu de bois sont le grand attrait de ce restaurant, avec la cour intérieure où il est agréable de s'attarder. Service rapide et souriant. Pensez à réserver ou bien arrivez tôt.

Où sortir et prendre un verre

Mêlez-vous aux gens du cru dans les cafés-bars de la Piazza Vittorio Emanuele. De mai à octobre, des concerts ont régulièrement lieu au Porto Turistico, au milieu des boutiques et des cafés cossus.

Caffè Mediterraneo CAFÉ
(Via Amsicora 7 ; 8h-24h lun-jeu, 7h-3h30 ven-dim). Cet élégant café aux rythmes jazzy attire une belle jeunesse qui vient grignoter un *panino* (3,50 €) au déjeuner ou siroter un cocktail en soirée.

Bar Central 80 BAR
(0789 75 41 15 ; Piazza Vittorio Emanuele ; 6h-2h). Ce bar situé sur la grande place est bondé jusque tard dans la nuit.

Estasi's DISCOTHÈQUE
(www.estasisdisco.com). En direction de Palau, à 3 km au sud de la ville, la vie nocturne de Santa Teresa se concentre dans cette discothèque en plein air, où DJ et groupes se chargent de l'ambiance en été.

Achats

Le corail, parfois pêché à proximité, est l'objet d'un commerce intense, et d'innombrables bijouteries et boutiques en proposent. Les rues piétonnes Via Umberto et Via Carlo Alberto, qui partent de la Piazza Vittorio Emanuele vers le sud, accueillent un marché nocturne en été.

Mascheras ARTISANAT
(Via Maria Teresa 54). Dans cette minuscule échoppe, vous pourrez voir le Signor Maura en train de sculpter des masques de carnaval. Parmi les masques traditionnels très ornementés, on remarquera les *boes* et *merdules* (à partir de 130 €) en bois typiques d'Ottana. On trouve aussi tout un choix de babioles en bois moins onéreuses.

Renseignements

Banca di Sassari (Via XX Settembre 21). Équipée d'un DAB.

Bar Sport (Via Mazzini 7 ; 5 €/h ; 6h-24h). Accès Internet.

Office du tourisme (☎0789 75 41 27 ; www.comunesantateresagallura.it ; Piazza Vittorio Emanuele 24 ; ⌚9h-13h et 17h-21h tlj en été, 9h-13h et 16h-18h lun-ven en hiver). Une mine de renseignements.

Poste (Via Eleonora d'Arborea ; ⌚8h-13h15 lun-sam)

Depuis/vers Santa Teresa di Gallura

Bateau

Pour les liaisons avec la Corse, rien de mieux qu'un départ de Santa Teresa, où deux compagnies transportent passagers et voitures à Bonifacio en 50 minutes. Services très réduits entre novembre et mars.

Saremar (☎0789 75 41 56 ; www.saremar.it) assure 3 départs par jour dans chaque sens (2 départs les week-ends d'octobre à mi-mars). L'aller simple en haute saison coûte 10 € pour un adulte et jusqu'à 37 € pour une petite voiture, plus 8 € de taxes.

De fin mars à fin septembre, **Moby Lines** (☎199 30 30 40 ; www.mobylines.it) effectue 4 traversées par jour. Le trajet coûte environ 19 € et 31€ pour une voiture.

Bus

Les bus partent de leur terminus Via Eleonora d'Arborea. Ceux d'ARST desservent Arzachena (3 €, 1 heure, 5/j), Olbia (5 €, 1 heure 30, 7/j), Castelsardo (5 €, 1 heure 15, 2/j) et Sassari (7 €, 2 heures 30, 3/j).

Turmo Travel (☎0789 2 14 87 ; www.gruppoturmotravel.com) assure une liaison quotidienne avec Cagliari (23 €, 5 heures 30) et, en été, une liaison quotidienne avec l'aéroport d'Olbia (8 €, 1 heure 30, 6/j juin-sept) via Arzachena et Palau.

Parmi les autres services de bus en été, **Caramelli** (079 67 06 13) dessert quotidiennement Porto Cervo (5 €, 1 heure 15) via Palau (2 €, 30 min) et Baia Sardinia (4,50 €, 1 heure).

Voiture et moto

Santa Teresa di Gallura se trouve à l'extrémité nord de la SS133b et sur la SP90 qui rejoint Castelsardo vers le sud-ouest.

On trouve de nombreux loueurs en ville, dont **Just Sardinia** (☎0789 75 43 43 ; Via Maria Teresa 26), qui loue vélos (à partir de 10 €/j), scooters (25 €) et voitures (65 €).

Environs de Santa Teresa di Gallura

Avec un véhicule, vous pourrez explorer les plages de sable fin aux environs de Santa Teresa. À l'est de la ville, la pinède recouvre le littoral de la Conca Verde. Essayez la plage de **La Marmorata** (8 km) ou, mieux encore, celle de **La Licciola** (11 km).

En partant dans l'autre direction (c'est-à-dire vers l'ouest), vous arriverez après 10 km sur la **Rena Maiore**, longue plage de sable bordée par des dunes. Les bus ARST pour Castelsardo peuvent vous déposer à l'embranchement qui mène à la plage. Plus loin, les plages de **Montirussu**, **Lu Littaroni** et **Naracu Nieddu** ne sont jamais très fréquentées même en saison. Vous arriverez enfin à la petite station balnéaire de **Vignola Mare**, paradis du kitesurf.

CAPO TESTA

À quatre kilomètres de Santa Teresa, cette presqu'île granitique offre des paysages merveilleux. Les rochers géants qui émaillent les pentes herbues doivent leurs formes étranges à des siècles d'érosion. Les Romains extrayaient ici le granit, tout comme le firent des siècles plus tard les Pisans.

Il est possible de se baigner de chaque côté de l'isthme qui précède le cap, sur les plages de **Rena di Levante** et **Rena di Ponente**.

Sur la Rena di Ponente, on peut louer matériel de surf, parasols et lits de plage à **Nautica Rena di Ponente** (☎347 321 52 14 ; www.nauticarenadiponente.com).

Porto Pollo et Isola dei Gabbiani

Les véliplanchistes et les kitesurfeurs convergent vers Porto Pollo (ou Porto Puddu) et l'Isola Dei Gabbiani, à 7 km à l'ouest de Palau, où les eaux cristallines et la brise soutenue créent des conditions optimales.

Le long de la plage, divers loueurs de matériel sont installés, qui proposent également des cours. Le **Sporting Club Sardinia** (☎0789 70 40 01 ; www.portopollo.it) organise ainsi des cours de planche à voile, de kitesurf et de voile, et possède un bar décontracté. Comptez 90 € pour 2 cours de planche à voile d'une heure et demie, 260 € pour une formule de 5 cours de kitesurf, et 6/18/25/30 € l'heure pour louer kayak/planche à voile/bateau/kitesurf. Les 4 cours de planche à voile pour enfants (30 min chacun) coûtent 100 €.

Autre adresse réputée, le **Pro Center MB** (☎0789 70 42 06 ; www.procenter.it ; Baia dei Delfini) organise des cours d'initiation à la planche à voile de 2 heures à 59 €, et des stages de 2 jours pour 160 €, location de matériel compris.

Les bus qui circulent de Palau à Santa Teresa di Gallura s'arrêtent au panneau de signalisation situé à la jonction des deux routes. De là, il faut parcourir 2 km à pied.

Palau

4 500 HABITANTS

Les rues de Palau, station estivale animée, sont bordées de boutiques de surf, de bars et de restaurants. Palau est aussi le principal port d'embarquement à destination des îles de l'Arcipelago della Maddalena. La côte alentour présente des paysages de rochers battus par les vents comme la Roccia dell'Orso, 6 km à l'est de Palau.

À voir et à faire

Fortezza di Monte Altura FORTERESSE

(Tarif plein/réduit 2,50/2 € ; visites guidées toutes les heures 10h15-12h25 et 15h15-19h15 en été, fermé en hiver). Montant la garde sur un rocher escarpé, ce solide bastion du XIXe siècle fut érigé pour protéger la côte nord et l'archipel de la Maddalena d'invasions, qui n'eurent jamais lieu. Visite guidée (45 min) pour découvrir tours de guet et remparts avec vue panoramique sur la mer. La forteresse (indiquée) se trouve en retrait la SS125, à 3 km à l'ouest de la ville.

Roccia dell'Orso BELVÉDÈRE

(Tarif plein/réduit 2/1 € ; 9h-19h30 tlj, 9h-21h en été ;). Cette sculpture de granit se situe sur une hauteur, à 6 km à l'est de Palau. De près, la Roccia dell'Orso (roche de l'ours) a beaucoup moins l'air d'un ours que d'un dragon.

Petag CIRCUITS EN BATEAU

(0789 70 86 81 ; www.petag.it). L'une des agences du port qui proposent des excursions en bateau dans les îles de la Maddalena. Comptez environ 35 € par personne avec le déjeuner et du temps pour se baigner.

Nautilus CLUB DE PLONGÉE

(0789 70 90 58 ; www.divesardegna.com ; Piazza G Fresi 8 ;). La réserve marine possède de superbes sites de plongée. Ce club accrédité PADI organise des sorties sur 40 sites. Environ 50 € la plongée simple. Initiation à la plongée pour les enfants.

Où se restaurer

Comme partout ailleurs sur la côte, la plupart des restaurants sont fermés en hiver.

San Giorgio SARDE €€

(0789 70 80 07 ; Via La Maddalena 4 ; pizzas 6-9 €, repas environ 30 € ; mer-lun). Une grande cuisine ouverte et un accueil chaleureux caractérisent cet établissement animé, à la fois pizzeria et restaurant. Les spaghettis *allo scoglio* (aux fruits de mer) sont un excellent choix, tout comme le poisson grillé. Réservation recommandée.

Il Porticciolo SARDE €

(0789 70 70 51 ; Piazza del Comune 7 ; pizzas 3-7 €, repas environ 20 € ; fermé ven). Les gens du coin ne jurent que par les *antipasti*, les pâtes et le poisson de ce restaurant sans prétention installé sur le port. Offrez-vous un déjeuner d'un bon rapport qualité/prix, ou venez déguster une pizza le soir.

La Gritta ITALIEN MODERNE €€€

(0789 70 80 45 ; www.ristorantelagritta.it ; Località Porto Faro ; repas 70-80 € ; jeu-mar). Une table mémorable, idéale pour une grande occasion. D'immenses baies vitrées offrent une vue merveilleuse sur la côte, et la cuisine, spécialisée dans les produits de la mer, revisite les classiques avec modernité. Les amateurs de fromage se régaleront et les desserts sardes feront l'unanimité.

Renseignements

Le personnel polyglotte de l'**office du tourisme** (0789 70 70 25 ; www.palauturismo.com ; Palazzo Fresi ; 9h-13h et 16h-20h tlj en été, 9h-13h et 15h-17h30 lun-ven en hiver) saura vous fournir des renseignements sur la région, notamment sur l'Arcipelago della Maddalena.

Depuis/vers Palau

Bateau

Les car-ferries à destination de l'Isola Maddalena sont gérés par **Saremar** (892 123 ; www.saremar.it) et **Delcomar** (0781 85 71 23 ; www.delcomar.it). Saremar assure la traversée toutes les demi-heures entre 7h30 et 19h30. Delcomar propose 6 traversées de nuit entre 0h30 et 5h30, puis une traversée environ toutes les heures de 8h15 à 23h15. Le trajet (15 min) coûte 5,30 € par passager, et 7,90 € pour une petite voiture. Pour les ferries à destination de Gênes, voir l'encadré p. 262.

Bus

Les bus ARST relient Palau à Olbia (3 €, 1 heure 15, 8/j), Santa Teresa di Gallura (2 €, 1 heure, 5/j) et Arzachena (1,50 €, 25 min, 5/j).

En été, **Nicos-Caramelli** (0789 67 064 13) couvre des destinations proches telles que l'Isola dei Gabbiani (2 €, 40 min), Porto Pollo (1,50 €, 35 min), Capo d'Orso (1,20 €, 20 min),

Baia Sardinia (3 €, 35 min) et Porto Corvo (3 €, 50 min).

Durant cette même période estivale, les bus **Turmo Travel** (☎0789 2 14 87) relient Palau à l'aéroport d'Olbia (6 €, 50 min, 6/j).

Tous les bus partent du port et vous pouvez acheter les billets à bord ou au **Stefy's Bar** (Via Razzoli 12), tout en haut de la ville.

Train

Le charmant *trenino verde* circule entre Palau et Tempio Pausania (11 €, 1 heure 45, 1/j mer-sam) de mi-juin à mi-septembre. Long périple sur une voie étroite qui traverse une jolie campagne.

PARCO NAZIONALE DELL'ARCIPELAGO DI LA MADDALENA

Battu par la mer et les vents, l'Arcipelago di La Maddalena fait partie des sites les plus admirés de Sardaigne. Parc national depuis 1996, le **Parco Nazionale dell'Arcipelago di La Maddalena** (www.lamaddalenapark.net) est un archipel de 7 grandes îles, 40 îlots de granit, et quelques autres petites îles au sud. Les îles principales correspondent à des reliefs qui occupaient autrefois la cuvette reliant la Sardaigne à la Corse. Lorsque ces deux îles se détachèrent, les eaux envahirent cette dernière, formant le détroit aujourd'hui connu sous le nom de Bouches de Bonifacio (*Bocche di Bonifacio*). Au fil des siècles, le *maestrale* (mistral) a transformé les blocs de granit qui ornent l'archipel en de véritables sculptures naturelles.

La région constitue un important habitat naturel et, bien qu'elle soit protégée par son statut de parc national, son écosystème demeure fragile. C'est la raison pour laquelle une réserve marine franco-italienne, le **Parco Marino Internazionale delle Bocche di Bonifacio** (www.pmibb.com), devrait voir le jour en 2013. Le Parco Nazionale dell'Arcipelago di La Maddalena est sur la liste provisoire des sites classés au patrimoine mondial de l'Unesco depuis 2006.

Isola Maddalena

11 900 HABITANTS

Au large de Palau, l'île de granit rose de Maddalena se trouve au cœur de l'archipel. Dès que l'on débarque sur l'Isola Maddalena, on tombe sous le charme discret de ses places pavées et de ses marchés couverts et de son atmosphère de vacances perpétuelles.

Jusqu'à la fin du XVIIe siècle, la population habitait surtout l'intérieur de l'île, tirant peu d'une terre ingrate. Aussi lorsque le baron des Geneys et sa flotte sardo-piémontaise débarquèrent en 1767 pour établir une base navale, les habitants abandonnèrent volontiers leurs collines pour s'installer dans le village qui se développa autour de Cala Gavetta, là où se trouve aujourd'hui le port principal de La Maddalena.

À voir et à faire

Au-delà de son port, l'île a pour atout principal ses magnifiques paysages marins. Les plongeurs ne tarissent pas d'éloges sur ses eaux saphir où la vie marine est d'une richesse foisonnante. Une route panoramique de 20 km qui fait le tour de l'île permet d'accéder facilement à de jolies baies telles que **Giardinelli**, **Monti della Rena**, **Lo Strangolato** et **Cala Spalmatore**.

Museo Diocesano MUSÉE
(☎0789 73 74 00 ; Via Baron Manno ; 1 € ; ⌚10h-12h30 et 15h30-20h mar-dim en été, 10h-12h, 15h-19h mar-dim en hiver). Ce musée installé à l'arrière de la moderne Chiesa Santa Maria Maddalena expose toutes sortes d'objets religieux.

Museo Archeologico Navale MUSÉE
(☎0789 79 06 33 ; Località Mongiardino ; 4 € ; ⌚sur rdv 9h30-12h30 et 15h30-18h30). À 1 km environ de la ville, sur la route de Cala Spalmatore, ce musée présente des pièces trouvées dans une épave du Ier siècle. Ses deux salles, bien que modestes, renferment l'impressionnante section transversale restaurée d'un navire romain contenant plus de 200 amphores.

Sea World Scuba Centre CLUB DE PLONGÉE
(☎0789 73 73 31 ; www.seaworldscuba.com ; Piazza XXIII Febbraio). Le parc réserve aux plongeurs un spectacle magnifique, et ce club organise des sorties plongées à partir de 40 €. Ses horaires étant parfois aléatoires, mieux vaut téléphoner à l'avance ou envoyer un e-mail via son site Internet.

Oasis Charter CIRCUITS EN BATEAU
(☎333 590 9750 ; www.oasischarter.it). Pour des excursions autour de l'île, plusieurs agences vous attendent à Cala Mangiavolpe (à l'est de Cala Gavetta). Oasis Charter propose des croisières sur une superbe goélette de 20 m (80-100 €/pers pour la journée, déjeuner à base de langouste compris).

Saint Tropez SPORTS NAUTIQUES
(☎0789 72 77 68, 335 654 5214 ; Via Giuseppe Mari 15). Pour faire du ski nautique, du wakeboard

ou du canoë sur les eaux calmes du Passo della Moneta, adressez-vous à cette agence, près du pont menant à l'Isola Caprera.

Où se restaurer et prendre un verre

Les meilleurs restaurants se trouvent en dans l'agglomération de La Maddalena. Principale activité du soir, une balade dans le centre animé avec, pourquoi pas, une pause-café dans la Via Vittorio Emanuele ou sur la Piazza Garibaldi, cœur de la rituelle *passeggiata* (promenade du soir). Les établissements ferment l'hiver.

Trattoria Pizzeria L'Olimpo PIZZERIA €
(☎0789 73 77 95 ; Via Principe Amedeo 45-47 ; pizzas 6 €, repas 25 € ; ⏲tlj). Cela vaut la peine de dénicher cette trattoria populaire dans les rues quelconques à l'est du centre. La cuisine y est excellente – pizzas et choix de pâtes, viandes grillées, poisson et fruits de mer – et le service, très sympathique.

Sottovento POISSON ET FRUITS DE MER €€
(☎0789 73 77 49 ; www.ristorantilamaddalena.it, en italien ; Via E Dandolo 9, La Maddalena ; repas 40 € ; ⏲mar-dim). La carte de ce bistrot à une courte distance à pied au nord du port affiche une cuisine familiale. Optez pour des *antipasti* aux fruits de mer, des pâtes maison et du poisson.

Renseignements

L'**office du tourisme** (☎0789 73 63 21 ; www.comune.lamaddalena.ot.it, en italien ; Cala Gavetta ; ⏲8h30-13h et 15h30-17h30 lun-ven, 9h-13h sam en été, horaires réduits en hiver), à droite du port quand on est face à la mer, dispose d'informations limitées sur l'archipel. Heures d'ouverture variables.

Depuis/vers La Maddalena

Pour des informations sur les ferries entre le continent et l'Isola Maddalena, voir p. 161. Arrivées et départs ne se font pas au même endroit.

Parco Nazionale dell'Arcipelago di La Maddalena

NE MANQUEZ PAS

CHIC MILITAIRE

Lorsque l'US Navy s'est retirée de La Maddalena en 2008 au terme d'un séjour controversé de 35 ans, tout le monde se posait la question de savoir ce qu'il allait advenir de la base militaire. Cette dernière devait accueillir le sommet du G8 de 2009, lequel a finalement eu lieu dans les Abruzzes suite au tremblement de terre qui a frappé L'Aquila. Pourtant, les travaux de rénovation étaient déjà bien avancés, et ont donné naissance pour finir au **Maddalena Hotel & Yacht Club** (☎0789 79 42 73 ; www.lamaddalenahyc.com ; Piazza Faravelli, Località Moneta ; d 200-500 €, ste 450-1 100 € ; ❄📶🏊), un établissement d'allure très contemporaine. Là où se trouvaient anciennement des casernes en piètre état, on peut aujourd'hui flâner dans de vastes espaces inondés de lumière, admirer le lustre futuriste de Zaha Hadid qui illumine la réception, ainsi que le centre de conférences aux motifs géométriques en verre de Murano imaginé par Stefano Boeri. Outre ses chambres, illustration parfaite du chic minimaliste, l'hôtel s'enorgueillit d'une piscine sur un toit en terrasse avec vue panoramique sur la mer, de superbes jardins paysagers, d'un restaurant haut de gamme et d'un spa. Au cas où, vous pourrez amarrer votre yacht ou poser votre hélicoptère... Si votre budget ne vous autorise pas un séjour cinq étoiles, vous pouvez toujours vous offrir un soin au spa, prendre un verre au bar ou bien réserver une table au restaurant.

ℹ Comment circuler

Deux bus locaux Turmo Travel partent de la Via Amendola, sur le front de mer. L'un d'eux dessert le complexe de Compendio Garibaldi sur l'Isola Caprera, l'autre parcourt toute l'île en passant par le Museo Archeologico Navale et par quelques plages, dont la Cala Spalmatore et la Spiaggia Bassa Trinita.

Vous pouvez louer vélos et scooters à **Noleggio Vacanze** (☎0789 73 52 00, 339 265 5837; Via Mazzini 1 ; ⏲9h-13h et 15h-20h), un peu en retrait du front de mer. Comptez environ 15 €/j pour un vélo et à partir de 30 € pour un scooter.

Isola Caprera

"Éden" de Giuseppe Garibaldi, l'Isola Caprera est une île sauvage, couverte de pinèdes vertes qui offrent un superbe contraste avec le bleu de la mer et les falaises de granit aux contours déchiquetés. En quittant la ville de La Maddalena par l'est, vous passez devant des constructions abandonnées avant d'atteindre l'étroite voie surélevée qui franchit le Passo della Moneta entre l'Isola Maddalena et l'Isola Caprera.

À voir

Giuseppe Garibaldi, héros de l'unité italienne, acheta la moitié de l'île en 1855, et l'autre moitié dix ans plus tard. Il en fit sa résidence et son lieu de retraite après avoir livré ses nombreuses batailles pour la liberté. Vous pouvez visiter sa maison, le **Compendio Garibaldino** (☎0789 72 71 62 ; tarif plein/réduit 5/2,50 € ; ⏲9h-19h15 mar-dim), un lieu de pèlerinage pour de nombreux Italiens. Les visites se font uniquement avec un guide (en italien).

Le célèbre patriote commença par vivre dans une cabane dressée dans la cour en attendant que la Casa Bianca soit achevée. On entre dans la demeure par un atrium où l'on peut admirer son portrait, un drapeau de la guerre d'indépendance du Pérou et un fauteuil roulant inclinable offert par la ville de Milan lorsque sa santé se dégrada quelques années avant sa mort. Puis viennent les chambres à coucher. La cuisine est équipée d'une pompe à eau, luxe incroyable en un tel lieu dans les années 1870. Dans ce qui était l'ancienne salle à manger sont rassemblés des souvenirs, dont les binocles et la fameuse chemise rouge du patriote. La dernière pièce abrite son lit de mort, qui fait face à la fenêtre et à la mer qu'il pouvait ainsi observer, rêvant jusqu'à la fin de retourner dans sa ville natale, Nice.

Dehors, on peut voir sa tombe de granit brut et celles de sa famille (il avait eu sept enfants de ses trois femmes, et un d'une gouvernante).

À faire

Caprera, verte et ombragée, est un endroit idéal pour la randonnée grâce à de nombreux sentiers traversant les pinèdes. Un escalier grimpe jusqu'au sommet de l'île (212 m) dominé par un belvédère, la tour

de **Teialone**. Vous apercev
des mouettes royales, des co
faucons pèlerins.

La côte découpée de l
criques tentantes. Celles d
Mari, au sud, où des eaux tu
le sable fin, attirent beau
Mais vous pouvez égaleme
au nord du Compendio G
1,5 km, jusqu'à un sentier c
pieds de la falaise et à la j
de **Cala Coticcio**. Sinon, op
Brigantina, plus facile d'acc
Compendio Garibaldino.

Cavalla Marsala
(☎347 235 9064 ; Località
Caprera). Les balades à cheva
Cavalla Marsala sur la plag
rant maquis ont un charme tout particulier en début de soirée. Comptez 35 € la balade d'une heure et demie.

Où se restaurer

Agriturismo Garibaldi AGROTOURISME €€
(☎0789 72 74 49 ; repas 30 € ; tlj en été). Installé dans les bâtiments où vivaient les fermiers de Garibaldi, ce sympathique *agriturismo* vous régalera avec sa cuisine traditionnelle sarde. Miel, légumes, agneau et porc, qui figurent régulièrement aux menus à prix fixe, sont tous produits à la ferme. Il est nécessaire de réserver. Pour y accéder, suivez les panneaux sur la gauche après avoir traversé le pont qui part de l'Isola Maddalena.

Autres îles

Pour visiter les cinq autres îles principales de l'archipel, le bateau s'impose. Des excursions diverses et variées partent de l'Isola Maddalena, de Palau et de Santa Teresa di Gallura. Vous pouvez également louer un bateau à moteur afin de pouvoir circuler librement.

Depuis que les troupes de l'OTAN ont quitté l' **Isola Santo Stefano** en 2008, celle-ci est redevenue une île verdoyante et paisible. L'**Isola Spargi**, à l'ouest de l'Isola Maddalena, est entourée de criques sablonneuses et de plages. L'une des plus belles, **Cala Corsara**, est baignée d'eaux couleur topaze. Si vous avez votre propre bateau et le temps de canoter un peu, vous pourrez explorer les nombreuses criques et plages des trois îles du nord, l'**Isola Budelli**, l'**Isola Razzoli** et l'**Isola Santa Maria**. Dans le cadre d'un circuit organisé en bateau,

milliardaires, l'arrière-pays granitique de la Gallura reste très isolé et résolument rural. Cette terre fertile a attiré des vagues d'immigration de Corses qui s'y sont installés pour exploiter les forêts de chênes-lièges et planter des vignes de Vermentino. Le liège, longtemps un des piliers de l'économie locale, est toujours récolté.

Tempio Pausania

14 300 HABITANTS

Construite au-dessus de la plaine galluraise et ceinte d'une dense forêt de chênes-lièges, Tempio Pausania ne perd pas son calme, même au plus fort de l'été. Ville sans prétention, dotée d'un centre historique, c'est, avec Olbia, l'autre chef-lieu de la province d'Olbia Tempio.

Fondée par les Romains au IIe siècle av. J.-C., Tempio Pausania devint au Moyen Âge le centre administratif du Giudicato de Gallura. Elle connut son heure de gloire sous les Espagnols et les Savoie, quand furent construites nombre des églises qui ornent le centre-ville. Aujourd'hui, la ville est un lieu détendu où flâner, et la campagne environnante n'attend que d'être explorée. Non loin, le Monte Limbara offre de nombreuses possibilités de randonnée.

À voir

Les églises sont omniprésentes dans la ville. La présence d'un ancien couvent du XVIIe siècle, le **Convento degli Scolopi** (frères des écoles chrétiennes ; Piazza Mazzini) atteste également de l'importance de Tempio Pausania à l'époque. Le bâtiment abrite aujourd'hui une université, mais

Tempio Pausania

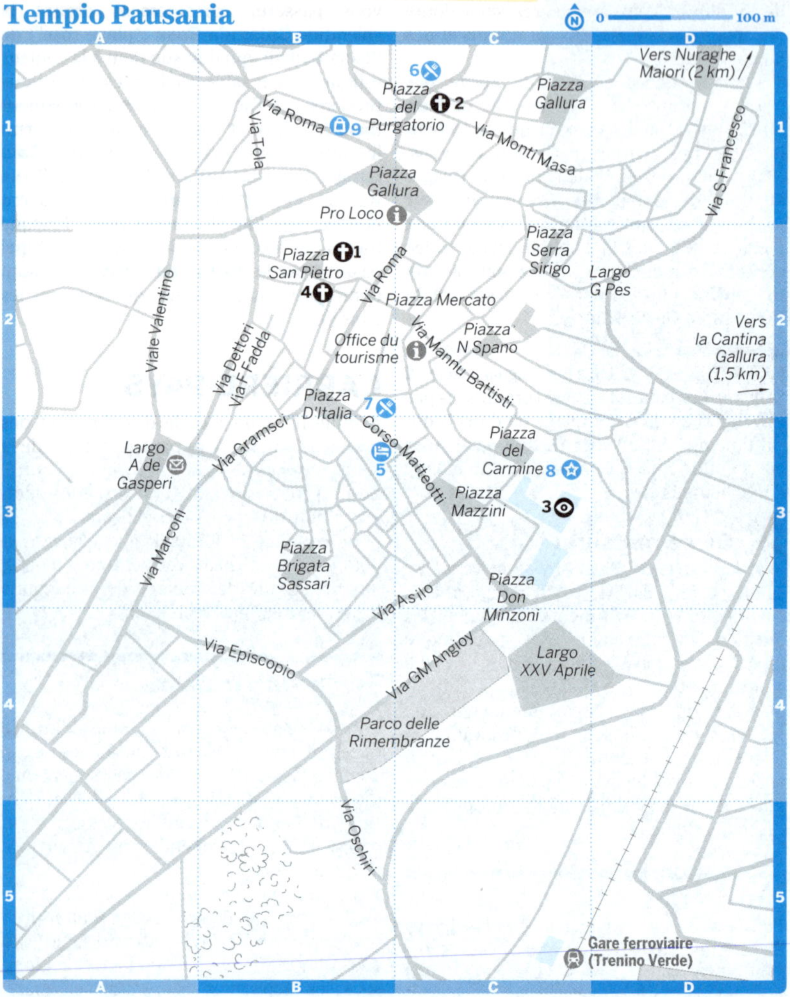

vous pourrez vous aventurer jusqu'au cloître ombragé depuis la Piazza del Carmine.

Cattedrale di San Pietro CATHÉDRALE
(Piazza San Pietro ; 8h-12h30 et 15h-20h). Cette imposante cathédrale de granit est la pièce maîtresse de la ville. De la construction originale du XVe siècle ne subsistent que le clocher et le portail. De l'autre côté de la place, l'**Oratorio del Rosario** date de l'occupation espagnole.

Chiesa del Purgatorio ÉGLISE
(Piazza del Purgatorio). Cette modeste église du XVIIe siècle se dresse sur la place du même nom. L'histoire raconte qu'à cet endroit précis, un noble de la famille Misorro se serait rendu coupable d'un massacre. Le pape lui demanda de bâtir cette église pour expier ses péchés. Depuis cette époque, les habitants de la ville ont l'habitude de venir y prier après des funérailles.

Fonti di Rinaggiu THERMES
La ville est célèbre depuis l'époque romaine pour ses sources : les Fonti di Rinaggiu, au sud-ouest du centre-ville, peuvent faire l'objet d'une agréable promenade d'un kilomètre (prendre la Via San Lorenzo et suivre les panneaux "Alle Terme").

Cantina Gallura CAVE/DOMAINE VITICOLE
(079 63 12 41 ; www.cantinagallura.com ; Via Val di Cossu 9 ; 9h-12h et 15h30-19h). Pour faire

Tempio Pausania

À voir

1 Cattedrale di San Pietro B2
2 Chiesa del Purgatorio C1
3 Convento degli Scolopi C3
4 Oratorio del Rosario B2

Où se loger

5 Il Gallo di Gallura B3

Où se restaurer

6 Ristorante Il Purgatorio C1
7 Trattoria Gallurese B2

Où sortir

8 Teatro del Carmine C3

Achats

9 Casa Mundula B1

provision de Vermentino di Gallura DOCG local, rendez-vous dans cette *cantina*, située à 1,5 km à l'est de la ville.

Fêtes et festivals

Tempio Pausania accueille un grand nombre de fêtes et de manifestations : concerts, représentations folkloriques ou fêtes religieuses.

Le **Carnevale** de la ville (en février) est célébré avec faste. Pâques est aussi une fête essentielle et, le Vendredi saint, tous les membres des *confraternitas* (confréries) revêtent leurs austères soutanes à capuche pour la procession aux chandelles de la **Via Crucis**. Le **Festival d'Estate**, manifestation musicale, a lieu de juillet à la mi-août.

Où se restaurer

Sur la Piazza d'Italia et la Piazza Gallura, vous trouverez quelques terrasse de café à l'ombre des arbres, parfaites pour boire un expresso, déguster un *panino* ou une pizza.

Trattoria Gallurese SARDE €
(079 63 93 012 ; Via Novara 2 ; menu 15 €, repas 20-25 € ; fermé dîner lun). Accueil chaleureux et savoureuse cuisine locale servie dans une salle à manger rustique, à l'étage. Pour respecter la tradition, commandez des *lumache piccante* (escargots piquants) ou de la *pecora alla gallurese* (agneau à la galluraise). Terminez par un délicieux tiramisu et une liqueur maison de menthe sauvage.

Ristorante Il Purgatorio SARDE €€
(079 63 43 94 ; Piazza del Purgatorio 9 ; repas environ 45 € ; mer-lun). Considéré comme l'une des meilleures tables de la ville, ce restaurant aux murs de pierre sert des produits de saison et des produits de la mer frais. Parmi ses spécialités figurent le *cinghiale in umido* (ragoût de sanglier) et les *ravioli carciofi e bottarga* (raviolis aux artichauts et aux œufs de mulet).

Où sortir

Teatro del Carmine THÉÂTRE
(079 67 15 80 ; Piazza del Carmine). Programmation variée, surtout pendant le Festival d'Estate (opérettes, concerts de musique classique, etc.).

Achats

Casa Mundula ARTISANAT
(www.casamundula.com ; Via Roma 102). Cette boutique pleine de cachet est une étape incontournable pour se procurer des objets en liège, des céramiques, des bijoux en filigrane, des couteaux de fabrication artisanale, ainsi que des spécialités sardes comme le *pane carasau*, du miel, du vin, du thon de Carloforte, etc.

Renseignements

Bureau de poste (Largo A. de Gasperi)

Office du tourisme (079 639 00 80 ; www.comune.tempiopausania.ss.it ; Piazza Mercato 3 ; 9h-13h et 16h-20h lun-sam, 10h-13h dim). Le personnel efficace parle plusieurs langues.

Pro Loco (079 63 12 73 ; Piazza Gallura 2 ; 10h-13h et 16h-19h lun-ven, 10h-13h sam). Office du tourisme extrêmement sympathique.

Depuis/vers Tempio Pausania

Depuis Olbia (3,50 €, 1 heure 15), 7 bus ARST rallient Tempio chaque jour en semaine, et 3/j dim.

La gare ferroviaire, en contrebas du centre-ville, s'anime en été grâce au **trenino verde** (070 58 02 46 ; www.treninoverde.com) depuis/vers Sassari (14,50 €, 2 heures 30, 1/j jeu), Arzachena (11 €, 70 min, 2/j mer, 1/j jeu-sam) et Palau (13 €, 1 heure 45, 2/j mer, 1/j jeu-sam).

Environs de Tempio Pausania

NURAGHE MAIORI

Situé 2 km au nord de Tempio Pausania par la SS133, et indiqué par des panneaux sur la droite, le **Nuraghe Maiori** (3 € ; 9h-20h), se cache au cœur d'une forêt de chênes-lièges.

Comme son nom l'indique (Maiori signifie "majeur"), ce *nuraghe* se distingue des autres ruines disséminées aux alentours par sa taille plus importante.

Un sentier mène à travers d'odorants jardins de plantes aromatiques jusqu'à la tour, flanquée d'une salle de part et d'autre, et d'une rampe conduisant à une troisième salle ouverte sur l'arrière. L'escalier de gauche permettent de monter au sommet. Il fait noir comme dans un four à l'intérieur des salles, aussi apportez une lampe frontale (ou empruntez une torche) afin de distinguer les grappes de petits rhinolophes fer à cheval (une espèce rare de chauve-souris).

MONTE LIMBARA

À 17 km au sud-est de Tempio Pausania se dresse le sommet déchiqueté du Monte Limbara (1 359 m), qui surplombe un paysage rude. Pour y accéder, mieux vaut être motorisé. Quittez Tempio Pausania par le sud en passant devant la gare ferroviaire et suivez la route SS392 en direction d'Oschiri. Après 8 km, bifurquez à gauche vers la montagne.

La route traverse d'abord d'épaisses forêts de pins. Quand elle débouche au-dessus de la ligne des forêts, vous verrez indiqués plusieurs *punti panoramici* (belvédères) d'où la vue sur tout le nord de la Sardaigne est époustouflante. Sur l'un de ces points de vue se dresse une statue de Vierge à l'Enfant, à côté de la petite **Chiesa di Santa Maria delle Neve**.

Puis la route s'aplanit jusqu'au point de vue de Punta Balistreri (1 359 m), où est installé un relais de la RAI, la chaîne de TV nationale. L'air y est frais, même l'été en pleine journée. La vue vers l'ouest porte jusqu'à Sassari et au-delà et, vers le nord, jusqu'en Corse.

Le Monte Limbara est également fréquenté par les randonneurs. Si vous cherchez un guide, adressez-vous à **Gallura Viaggio Avventura** (☎079 63 36 80), qui organise des randonnées à pied ou à VTT sur cette montagne.

CALANGIANUS ET SES ENVIRONS

Les amateurs d'archéologie pourront faire une escapade jusqu'à Calangianus (accessoirement capitale du bouchon de liège de la Sardaigne), à 10 km à l'est de Tempio Pausania, pour voir sa **Tomba dei Giganti di Pascaredda**, l'une des mieux préservées de la région.

Non loin, la petite ville de Luras mérite aussi une halte pour le **dolmen de Ladas** et son petit musée. Le **Museo Etnografico Galluras** (☎368 33 76 321 ; www.galluras.it ; Via Nazionale 35a ; tarif plein/réduit 5/2,50 € ; ⏲sur rdv) conserve une collection d'outils agricoles et présente la reconstitution d'une maison de village. Parmi les objets exposés, notez bien l'étrange marteau (*Sa femina Accabadora*) : il était traditionnellement utilisé pour mettre fin aux souffrances des malades en phase terminale.

N'hésitez pas à vous attarder à Luras pour dîner chez **Li Licci** (☎079 66 51 14 ; www.lilicci.com ; Località Valentino ; repas 44 € ; ⏲dîner), une adorable retraite champêtre (voir p. 214) cachée au milieu des chênes-lièges. On mange sous la véranda en été,

LE LIÈGE SARDE MENACÉ ?

Ajoutez votre pierre à l'édifice de la protection de l'environnement sarde en achetant des bouteilles de vin munies de bouchons de liège. Le liège est de longue date un pilier de l'économie locale, mais cette industrie est à présent menacée par la généralisation des bouchons en plastique.

D'après un rapport du World Wildlife Fund datant de 2006, le recours croissant à ces derniers pourrait conduire en dix ans à la disparition de près des trois-quarts des forêts de chênes-lièges de Méditerranée.

L'impact de ce phénomène sur la Sardaigne serait dévastateur. L'île fournit en effet 80% de la production de liège italienne, et cette industrie est l'un des principaux employeurs dans les villes du Nord comme Calangianus et Tempio Pausania. Chaque année, environ 120 quintaux d'écorce de liège sont récoltés, dont la majeure partie est vendue aux usines d'embouteillage du vin.

Outre l'aspect économique du problème, on s'inquiète aussi de son aspect environnemental. La récolte du liège ne nuit aucunement aux arbres puisqu'on se contente de retirer l'écorce du tronc. En revanche, si celle-ci n'était pas effectuée, les arbres en pâtiraient. Or, si les usines de conditionnement du liège ne protègent pas elles-mêmes les forêts de chênes-lièges (ce qu'elles ne feront probablement pas si elles n'y ont pas d'intérêt économique), qui s'en chargera ?

VAUT LE DÉTOUR

PAYSAGES LUNAIRES

Il faut parcourir quelques kilomètres au nord-ouest d'Aggius en direction de Trinita d'Agultu pour rejoindre la **Valle della Luna**, paysage irréel où de gros rochers de granit jonchent des collines ondoyantes et des terres cultivées tels des géants de marbre. Le belvédère, situé sur la SP74, offre une vue fantastique sur toute la campagne environnante, émaillée de rochers sculptés. La vallée est idéale pour une balade à bicyclette. La route descend ensuite jusqu'à la mer dans un décor éblouissant.

et un feu de cheminée réchauffe la salle les soirs d'hiver. Le menu est un vrai festin de spécialités locales : aux pâtes fraîches et à la *zuppa cuata* (soupe de pain et de fromage) succèdent un cochon de lait croustillant et des *sebadas* (beignets) au miel. Réservation impérative. L'*agriturismo* est indiqué sur la SP38 entre Olbia et Sant'Antonio di Gallura.

AGGIUS ET LUOGOSANTO

Blotti au pied des pics granitiques, le village très traditionnel d'Aggius se déploie autour d'un centre historique composé de maisons trapues en pierre et de ruelles tortueuses. Ses polyphonies de voix masculines l'ont rendu célèbre, tout comme ses tapis dont la tradition date des années 1900. Près de 4 000 métiers à tisser fonctionnaient alors dans la région.

On peut les voir, aux côtés de quelques riches costumes de brocard portés pour les fêtes, ainsi que des expositions sur le liège et le granit, au **Museo Etnografico "Olivia Carta Cannas"** (☎079 62 10 29 ; www.museomeoc.com ; Via Monti di Lizu 6 ; tarif plein/réduit 4/3 € ; ⏲10h-13h et 16h-19h).

Le tout nouveau **Museo del Banditismo** (☎079 62 10 29 ; Via Pretura ; tarif plein/réduit 4/3 € ; ⏲10h-13h et 16h-18h) offre quant à lui un aperçu plus sinistre du passé d'Aggius. Aménagé dans l'ancien tribunal, il traite de l'histoire du banditisme dans la Gallura (un problème encore aigu dans les années 1990) au travers d'une collection d'armes, de rapports de police et de photos des hors-la-loi les plus recherchés de l'île.

Depuis Aggius, vous pouvez rejoindre la SS133 en direction de **Luogosanto** ("lieu saint"), une jolie ville connue pour ses églises, et en particulier pour la grande **Basilica di Nostra Signora di Luogosanto**, construite en 1227. Le pape Onorio III lui accorda le titre de basilique en consacrant sa porte sainte. Celle-ci n'est ouverte que tous les sept ans, comme celle de la basilique Saint-Pierre de Rome. Non loin, perchée sur une hauteur, la **Chiesa di San Trano**, du XIIIe siècle, a été édifiée autour de la grotte de granit où auraient vécu les ermites Trano et Nicola au IVe siècle.

Lago di Coghinas, Oschiri et Berchidda

Pour les voyageurs motorisés, une excursion au sud du Monte Limbara est envisageable. Au pied de la montagne, engagez-vous à gauche sur la SS392 en direction (sud) d'Oschiri. Après avoir contourné le versant ouest du massif, la route passe par des forêts de chênes-lièges et de pins, puis franchit le Passo (col) della Limbara (646 m) avant de redescendre. Environ 12 km plus loin, des champs couleur de paille brûlée succèdent à la verdure ; les eaux bleues du Lago di Coghinas, un lac artificiel, surgissent alors, tel un mirage.

Juste avant le pont qui traverse le lac, une étroite route asphaltée bifurque vers l'est en direction de Berchidda et contourne le flanc nord du **Monte Acuto** (493 m), la colline boisée où, au XIVe siècle, Eleonora d'Arborea se cacha pendant un temps. Berchidda est un bourg rural où règne une forte tradition viticole. Le **Museo del Vino** (☎079 70 45 87 ; tarif plein/réduit 3/2,50 € ; ⏲10h-13h et 15h-18h mar-ven, jusqu'à 19h sam et dim) vous en apprendra davantage sur la culture du Vermentino, que vous pourrez déguster. La ville organise au mois d'août un festival multiethnique d'une semaine, **Time in Jazz** (www.timeinjazz.it), qui accueille aussi bien des quatuors à cordes que des musiciens d'Afrique subsaharienne.

À la **Cantina del Vermentino** (☎0789 4 40 12 ; www.vermentinomonti.it ; Via San Paolo 2, Monti ; ⏲8h30-18h lun-ven, 8h30-12h sam), à Monti, à un peu plus de 15 km à l'est de Berchidda, vous pourrez goûter et acheter les meilleurs crus de la région, notamment le Vermentino di Gallura, unique vin sarde portant une appellation d'origine contôlée.

Un bus ARST quotidien passe par Berchidda sur la ligne allant de Nuoro (7 €, 1 heure 15) à Olbia (3 €, 2 heures).

Nuoro et l'Est

Dans ce chapitre »

Le top des restaurants

» La Locanda (p. 176)
» Su Gologone (p. 180)
» Ristorante Ispinigoli (p. 190)
» Agriturismo Nuraghe Mannu (p. 194)

Le top des hébergements

» Agriturismo Guthiddai (p. 215)
» The Lemon House (p. 217)
» Hotel L'Oasi (p. 216)
» Silvia e Paolo (p. 215)
» Albergo Diffuso Mannois (p. 216)

Pourquoi y aller

Nulle part ailleurs en Sardaigne, le paysage n'est aussi sauvage et ne dégage une telle force que dans l'Est, où les majestueuses montagnes calcaires du Supramonte descendent jusqu'aux falaises et aux eaux aigue-marine du Golfo di Orosei. Qui sait où mènent les petites routes de campagne sinueuses ? Peut-être au fond des vallées où se cachent grottes préhistoriques et *nuraghi* (fortifications de l'âge du bronze) ; peut-être jusqu'aux villages isolés de la Barbagia où flotte encore le mystère des bandits légendaires ; ou bien encore vers des forêts de chênes verts centenaires, peuplées de cochons sauvages qui fouissent les sols. Ni le temps ni la mode ne semblent avoir de prise sur cette région, demeurée authentique.

C'est aussi un territoire fait pour les activités de plein air : le long de la côte, où l'on peut jeter l'ancre dans un chapelet de petites criques frangées de sable blanc, au flanc des falaises à escalader en surplomb de la mer, sur les anciens sentiers muletiers à explorer à VTT, sur les sommets et dans les ravins uniquement accessibles à pied. S'il est vrai que la Costa Smeralda attire plus de célébrités, gageons que vous tomberez d'accord avec nous pour dire que les paysages de cette région sont les vraies stars.

Quand partir

Les *mamuthones* revêtus de peaux de mouton et de masques en bois se déchaînent lors du carnaval de Mamoiada, au mois de février. Les fleurs sauvages du printemps et les feuillages mordorés de l'automne parent la nature de splendides couleurs. Le tarif des chambres baisse considérablement en basse saison, la meilleure période pour randonner, faire du vélo et de l'escalade, sans avoir à subir la chaleur et la foule des touristes. L'été se prête bien sûr au farniente sur la plage, avec bains de soleil et sports nautiques de rigueur.

Le mois d'août est particulièrement festif : les pèlerins se pressent à la grande fête folklorique Sagra del Redentore, à Nuoro, ainsi qu'à la Festa dell'Assunta, à Orgosolo.

NUORO

36 500 HABITANTS

Autrefois village de montagne isolé, Nuoro a connu une renaissance culturelle au XIXe siècle et au début du XXe siècle en devenant un creuset de talents artistiques. Aujourd'hui, les musées du centre rendent hommage aux légendes locales comme le Prix Nobel de littérature Grazia Deledda, le poète renommé Sebastiano Satta, le romancier Salvatore Satta et le sculpteur Francesco Ciusa.

La ville a pour spectaculaire arrière-plan le pic de granit du Monte Ortobene (955 m), coiffé d'une statue en bronze du Redentore (Christ Rédempteur) haute de 7 m. Le sommet boisé offre une vue panoramique sur la vallée en contrebas et les montagnes de calcaire encadrant Oliena, juste en face.

Histoire

Les archéologues ont révélé les traces de plusieurs sites préhistoriques nuragiques dans la région de Nuoro. On dit que la ville aurait été fondée par des habitants qui, opposés aux Romains, se regroupèrent autour du Monte Ortobene. En réalité, on ignore presque tout de Nuoro avant le Moyen Âge, époque où elle passa entre les mains de diverses familles avant de tomber sous la coupe des Aragonais puis des Espagnols.

Au XVIIIe siècle, Nuoro, alors sous l'égide des Piémontais, comptait environ 3 000 habitants en majorité paysans ou bergers. Théâtre d'épisodes souvent violents, elle se souleva en 1868 contre la privatisation des terres publiques (réforme qui destinait celles-ci aux riches propriétaires terriens), et les citoyens mirent le feu à la mairie. Cet acte, resté dans l'histoire sous le nom de Su Connuttu, confirma la nation italienne dans la vision qu'elle se faisait alors de la région de Nuoro, considérée comme une "zone de criminalité". Ce qui ne fit que renforcer la solidarité des Nuoresi et leur méfiance vis-à-vis du pouvoir central.

Nommée capitale provinciale en 1927, Nuoro se transforma vite en un centre administratif animé. Le banditisme a quasiment disparu et la ville présente désormais un visage plutôt souriant, mais des difficultés demeurent – à l'exemple du fort taux de chômage qui contraint nombre de jeunes à partir chercher du travail ailleurs.

À voir et à faire

Museo della Vita e delle Tradizioni Sarde MUSÉE

(☎0784 25 70 35 ; Via Antonio Mereu 56 ; tarif plein/réduit 3/1 € ; 9h-20h tlj en été, 9h-13h et 15h-18h mar-dim en hiver). Consacré au folklore sarde, ce musée renferme une collection sans pareille de bijoux en filigrane, de tapis et tapisseries, de riches broderies, d'instruments de musique, d'armes et de masques. Point d'orgue, l'exposition de costumes traditionnels dont les styles, les couleurs et les motifs distinguent les villages et leurs habitants.

Dans d'autres salles, certaines des fêtes les plus remarquables de l'île sont reconstituées grandeur nature. Notamment les *mamuthones* de Mamoiada, avec leurs masques menaçants et leurs peaux de mouton, ou les *boes* d'Ottana revêtus de leur immense pèlerine, de leurs bottes en fourrure et de leur petit masque d'antilope.

Depuis le musée, une brève ascension conduit jusqu'au paisible **Parco Colle Sant'Onofrio**. Du point le plus élevé, on peut voir jusqu'au Monte Ortobene et, plus au sud, jusqu'à Oliena et Orgosolo.

Museo d'Arte (MAN) MUSÉE D'ART CONTEMPORAIN

(☎0784 25 21 10 ; www.museoman.it ; Via Satta 15 ; tarif plein/réduit 3/2 € ; 10 h-13h et 16h30-20h30 mar-dim). Installé dans une maison du XIXe siècle, le MAN est le seul musée d'art contemporain de Sardaigne. Sa collection regroupe quelque 400 œuvres des meilleurs peintres sardes du XXe siècle, comme Antonio Ballero, Giovanni Ciusa-Romagna, Mario Delitalia ou l'artiste abstrait Mauro Manca. Les sculpteurs Francesco Ciusa et Constantino Nivola sont également représentés. Pour voir une copie en bronze de *La Madre dell'Ucciso* (Mère de l'Homme tué) de Francesco Ciusa, qui remporta un prix à la Biennale de Venise en 1907, il faudra vous rendre à

DISTANCES (KM)

	Aritzo	Cala Gonone	Nuoro	Orosei
Cala Gonone	85			
Nuoro	53	32		
Orosei	88	20	35	
Tortoli	65	54	72	69

À ne pas manquer

1 Une randonnée dans les paysages sauvages de la **Gola Su Gorropu** (p. 191), le "Grand Canyon de l'Europe"

2 Les calanques secrètes et les plages isolées du **Golfo di Orosei** (p. 187), baignées par des eaux aigue-marine scintillantes

3 Le parcours tortueux de la **SS125** (p. 189) qui offre une vue splendide sur les montagnes et la Méditerranée

4 Les mystérieux vestiges nuragiques de **Tiscali** (p. 191) haut perchés dans le Supramonte

5 Changer de monde en explorant l'étrange plateau de l'**Altopiano del Golgo** (p. 198)

6 Une escalade sur la côte à **Cala Gonone** (p. 192) avant un bain rafraîchissant dans la grande bleue

7 Les canyons et falaises cachés dans les collines d'**Ulassai** (p. 199)

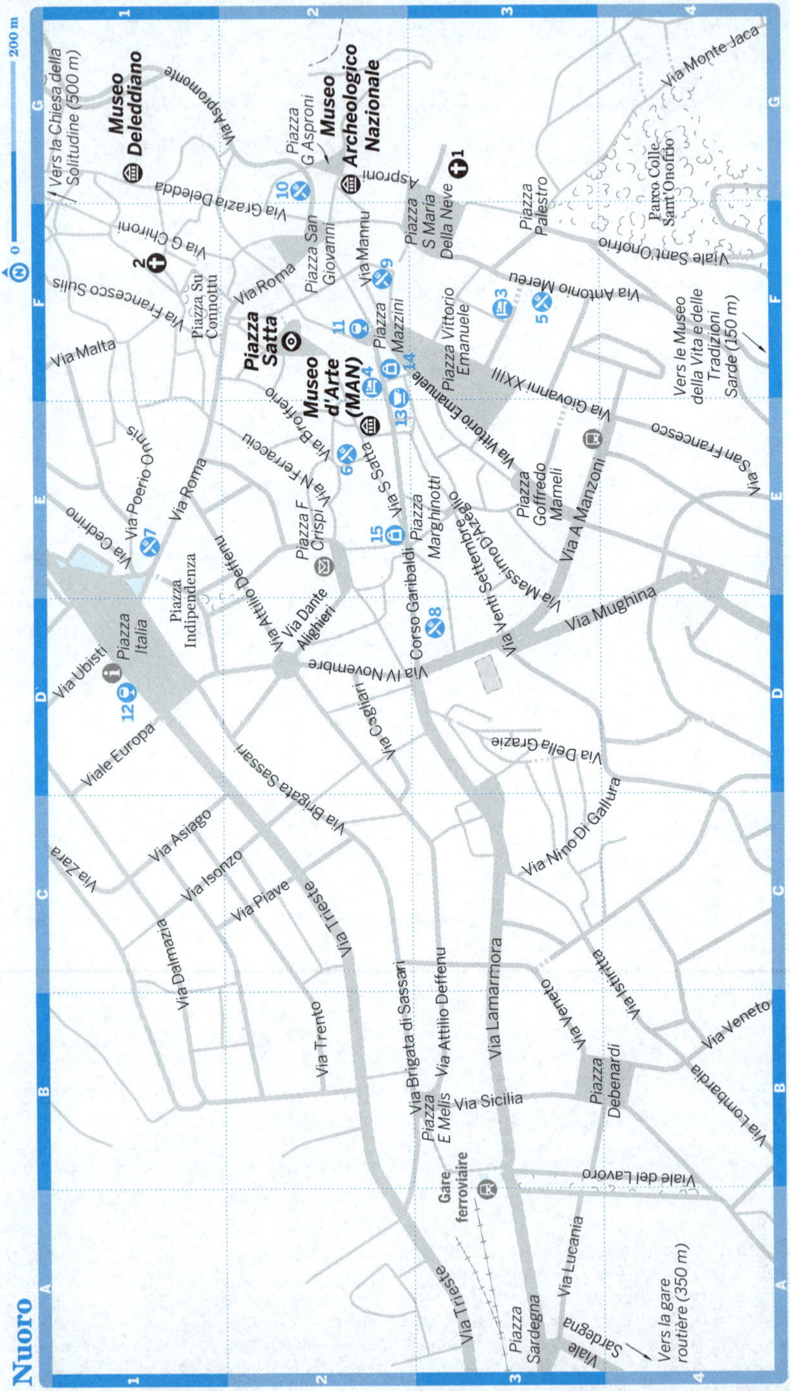
Nuoro
Museo Deleddiano
Museo Archeologico Nazionale
Piazza G Asproni
Piazza Satta
Museo d'Arte (MAN)
Piazza San Giovanni
Piazza Su Connottu
Piazza Mazzini
Piazza S Maria Della Neve
Piazza Vittorio Emanuele
Piazza Palestro
Parco Colle Sant'Onofrio
Piazza F Crispi
Piazza Marghinotti
Piazza Goffredo Mameli
Piazza Italia
Piazza Indipendenza
Piazza E Melis
Piazza Debenardi
Piazza Sardegna
Gare ferroviaire
Vers la Chiesa della Solitudine (500 m)
Vers le Museo della Vita e delle Tradizioni Sarde (150 m)
Vers la gare routière (350 m)
Via Aspromonte
Via Grazia Deledda
Via G Chironi
Via Francesco Sulis
Via Roma
Via Mannu
Asproni
Via Malta
Via Brofferio
Via N Ferraccio
Via S Satta
Via Poerio Omnis
Via Cedrino
Via Attilio Deffenu
Via Dante Alighieri
Via IV Novembre
Corso Garibaldi
Via Vittorio Emanuele
Via Venti Settembre
Via Massimo D'Azeglio
Via Antonio Mereu
Via Giovanni XXIII
Via A Manzoni
Via San Francesco
Via Mughina
Viale Sant'Onofrio
Via Monte Jaca
Via Ubisti
Viale Europa
Via Brigata Sassari
Via Cagliari
Via Della Grazie
Via Nino Di Gallura
Via Asiago
Via Isonzo
Via Piave
Via Zara
Via Trieste
Via Dalmazia
Via Trento
Via Brigata di Sassari
Via Attilio Deffenu
Via Lamarmora
Via Veneto
Via Istria
Via Sicilia
Via Lombardia
Viale del Lavoro
Via Lucania
Viale Sardegna
200 m
0

Nuoro

Les incontournables

Museo Archeologico Nazionale G2
Museo d'Arte (MAN) E2
Museo Deleddiano G1
Piazza Satta F2

À voir

1 Cattedrale di Santa Maria della Neve G3
2 Chiesa di San Carlo F1

Où se loger

3 Nuraghe Oro F3
4 Silvia e Paolo F2

Où se restaurer

5 Il Rifugio F3
6 La Locanda E2
7 Monti Blu E1
8 Premiata Pasticceria Il Golosastro D3
9 Ristorante Il Portico F2
10 Ristorante Tascusì G2

Où prendre un verre

11 Bar Nuovo F2
12 Café America D1
13 Caffè Tettamanzi Bar Mayore F2

Achats

14 Coltelli Sardi F2
15 Galleria Il Portico E2

la **Chiesa di San Carlo** (Piazza San Carlo ; horaires variables).

Ce musée accueille également des expositions temporaires sur des thèmes plus vastes, généralement présentées au rez-de-chaussée et au dernier étage.

Museo Deleddiano — MUSÉE

(0784 25 80 88 ; Via Grazia Deledda 53 ; tarif plein/réduit 3/1 € ; 9h-19h tlj en été, 10h-13h et 15h-17h mar-dim en hiver). Installée dans la partie la plus ancienne de la ville, la maison natale de Grazia Deledda (1871-1936) a été transformée en un ravissant petit musée. Les pièces, fidèlement restaurées dans l'esprit d'une demeure cossue de Nuoro au XIXe siècle, contiennent des objets liés à l'écrivain : stylos, lettres, photos de famille, etc. On y trouve aussi un sellier, une cour intérieure et une grande cuisine, et surtout des pièces relatives à son prix Nobel : un télégramme de félicitations du roi d'Italie et les photos de la cérémonie de remise du prix où l'on peut voir Grazia entourée d'hommes guindés dans leur costume.

Décédée à 65 ans, Deledda vécut 36 ans à Rome, mais toute son œuvre resta inspirée par Nuoro et ses drames. Après sa mort, on la ramena sur sa terre natale pour l'enterrer dans la sobre église de son enfance, la **Chiesa della Solitudine** (Viale della Solitudine). Son sarcophage en granit se trouve à droite de l'autel.

Piazza Satta — PLACE

Depuis le MAN, remontez la Via Satta jusqu'à la petite place du même nom dédiée au grand poète Sebastiano Satta (1867-1914), né dans une maison sur la *piazza*. Pour célébrer le centenaire de sa naissance, la place a été refaite en 1967 par le sculpteur Costantino Nivola. Ce dernier fit blanchir à la chaux les maisons qui l'entourent afin de mettre en valeur son œuvre insolite : une série de sculptures en granit plantées sur la place tels des menhirs. Dans chaque sculpture s'ouvre une niche qui abrite une figurine en bronze (clin d'œil aux *bronzetti* préhistoriques), représentant un personnage des poèmes de Satta.

Museo Archeologico Nazionale — MUSÉE

(0784 3 16 88 ; Via Mannu 1 ; www.museoarcheologiconuoro.it ; tarif plein/réduit 2/1 € ; 9h-13h mar-sam, plus 15h-17h30 mar-jeu). Ce musée présente une collection d'objets découverts sur des sites de la région, tels des céramiques anciennes, de beaux *bronzetti*, un crâne datant de 1600 av. J.-C. et des objets d'époque romaine ou du haut Moyen Âge. Reconstitution d'un temple et d'un ancien atelier de travail du bronze de la civilisation nuragique.

Cattedrale di Santa Maria della Neve — CATHÉDRALE

(Piazza Santa Maria Della Neve). Sorte de grosse pièce montée rose, la Cattedrale di Santa Maria della Neve, du XIXe siècle, est l'une des quelque 300 églises italiennes consacrées à la Madonna della Neve. Cette sainte Marie de la Neige serait apparue en rêve au pape Liberius (IVe siècle), lui demandant de bâtir une église là où la neige tomberait le lendemain matin ; il neigea effectivement à cet endroit le lendemain et le pape fit construire ce qui allait devenir la basilique Santa Maria Maggiore à Rome. De style néoclassique, la façade de la cathédrale de Nuoro donne sur un intérieur à nef unique. On peut y voir la *Disputa de Gesù Fra i Dottori* (Enfant Jésus discutant avec les docteurs), une toile

VAUT LE DÉTOUR

MONTE ORTOBENE

À 7 km au nord-est de Nuoro, le pic granitique du **Monte Ortobene** (955 m), dominé par une statue en bronze du Redentore (Christ Rédempteur) de 7 m de haut, est parsemé de roches densément tapissées de houx, pins, sapins et peupliers. Appréciée pour les pique-niques, la montagne est le théâtre de la **Sagra del Redentore** (fête du Rédempteur). Le 29 août, les fidèles vêtus de costumes traditionnels aux couleurs vives partent en pèlerinage depuis la cathédrale, s'arrêtent à la **Chiesa di Nostra Signora del Monte** pour la messe, puis continuent jusqu'à la statue.

La statue du Redentore fut érigée en 1901 pour répondre au vœu du pape Léon XIII de voir s'élever à travers l'Italie 19 statues du Christ, symboles des 19 siècles de christianisme. Depuis lors, cette statue, représentant le Christ foulant au pied le démon, attire les pèlerins qui lui attribuent toutes sortes de guérisons et d'interventions.

La vue sur la vallée et au loin, sur Oliena et le Monte Corrasi, est à couper le souffle depuis le belvédère proche du sommet, en particulier au crépuscule, quand les derniers feux du couchant illuminent de rose les pics de calcaire. Pour rejoindre le sommet par les transports en commun, prenez le bus n°8 dans la Via A Manzoni à Nuoro.

du XVIIe siècle attribuée à l'école de Luca Giordano, accrochée entre la première et la deuxième chapelle sur la droite.

Fête

La **Sagra del Redentore** (fête du Christ Rédempteur), la dernière semaine d'août, est la principale fête de Nuoro et l'une des plus exubérantes de Sardaigne. Remontant à 1901, elle attire aujourd'hui des participants costumés venant de toute l'île et s'accompagne de parades, de musique et de danses. retraite aux flambeaux le soir du 28 août.

Où se restaurer

La rue principale, le Corso Garibaldi, croise un dédale de petites rues où vous trouverez plusieurs restaurants et des cafés populaires.

La Locanda SARDE €
(0784 3 10 32 ; Via Brofferio 31 ; repas 15-20 € ; lun-sam). Cette trattoria sympathique et sans prétention concentre tous ses efforts sur la cuisine. La formule déjeuner à 9,20 € est d'ailleurs une excellente affaire. Une fois à table, régalez-vous d'*antipasti*, de pâtes fraîches et de viande grillée, à arroser de la très bonne cuvée maison (6 € le litre).

Ristorante Il Portico SARDE €€
(0784 21 76 41 ; Via Monsignor Bua 13 ; repas 35 € ; jeu-mar). L'accueil est très chaleureux dans ce restaurant dont les murs s'ornent de peintures abstraites, et où l'on entend du jazz en fond sonore. En coulisses, un couple talentueux concocte des plats locaux comme les *spaghetti ai ricci* (spaghettis aux oursins) et les gnocchis frais au *ragù* d'agneau. Gardez un peu de place pour le succulent *semifreddo* caramel-nougat.

Il Rifugio SARDE €€
(0784 23 23 55 ; Via Antonio Mereu 28-36 ; repas 30 € ; jeu-mar). Cette adresse pleine de gaieté, et l'une des plus appréciée de Nuoro, doit sa fidèle clientèle à son approche inventive des recettes classiques : risotto aux légumes, crevettes et safran, et *pecora alla nuorese con cipolline* (agneau de Nuoro aux oignons). Les prix sont très raisonnables.

Premiata Pasticceria Il Golosastro FRIANDISES ET PÂTISSERIES
(Corso Garibaldi 173-5). Leur finesse de dentelle rend ces gâteaux presque trop beaux pour être mangés. Le duo de magiciennes (récompensé) que forment Felicina et Antonietta Mele confectionne de superbes bouquets comestibles, de délicates pâtisseries, du *torrone* (nougat)... Tout est divin.

Monti Blu SARDE €€
(0784 23 14 43 ; Via Roma 22 ; repas 25-40 € ; mar-dim). Dans cet élégant petit restaurant, les recettes comme la *tagliata di tonno* (steak de thon au *pecorino*) subliment les saveurs méditerranéennes. On peut terminer le repas dans le salon de thé et faire provision avant de partir de *pecorino*, ou de confitures dans la partie épicerie fine.

Ristorante Tascusì TRATTORIA €
(☎0784 3 72 87 ; Via Aspromonte 15 ; repas 10-25 € ; ⏲lun-sam). Une bonne adresse pour un repas copieux composé de plats sans chichis. Les tables sont disposées dans une salle blanche ensoleillée où l'on se régale de pâtes, de pizzas et de plats de viande préparés avec simplicité.

Où prendre un verre

Nuoro est une ville très vivante qui compte de nombreux cafés. À vous de choisir la terrasse du centre historique qui vous conviendra le mieux pour prendre un verre ou grignoter un morceau.

Caffè Tettamanzi Bar Mayore CAFÉ
(Corso Garbaldi 71 ; ⏲6h-3h, fermé dim matin). Le plus vieux café de Nuoro est une véritable institution depuis 1875. L'intérieur, avec ses fresques murales, ses tables au plateau de marbre et ses profonds fauteuils de velours, où l'on peut lire les œuvres de Grazia Deledda et du poète Sebastiano Satta, rappelle son âge d'or. Mais si vous voulez observer l'animation de la rue en grignotant un *panino*, attablez-vous en terrasse.

Bar Nuovo BAR, CAFÉ
(Piazza Mazzini 6 ; ⏲7h-minuit). Idéalement placé sur la Piazza Mazzini, le lieu est parfait pour savourer une bière fraîche en observant la place, lire le journal le matin ou pour prendre l'apéritif en fin de journée.

Café America BAR, CAFÉ
(Piazza Italia 5 ; ⏲7h-minuit, jusqu'à 2h sam). Café fréquenté en journée, bar branché le soir. Les jeunes de la ville viennent siroter un verre dans les alcôves en bois et se relaxer sur fond de jazz. Les concerts occasionnels contribuent à l'atmosphère.

Achats

Le Corso Garibaldi, bordé de boutiques de mode, s'anime encore plus le deuxième samedi du mois, jour où il est investi par un marché d'antiquités.

Galleria Il Portico ART
(Piazza del Popolo 3). Cette galerie d'art présente les œuvres d'artistes contemporains comme Antonio Corriga, Vittorio Calvi ou Franco Carenti. Huiles et aquarelles dominent.

Coltelli Sardi COUTEAUX
(Corso Garibaldi 53). Fidèle à l'héritage pastoral de Nuoro, Francesco Piredda fabrique de superbes couteaux sardes, dont le fameux canif de Pattada avec lame en forme de feuille de myrte et manche sculpté en corne de mouflon ou de bélier.

Renseignements

Les gares routière et ferroviaire se trouvent dans la Via Lamarmora, qui prolonge le Corso Garibaldi.

Vous trouverez des banques avec DAB et des librairies dans le Corso Garibaldi. La **poste principale** se trouve sur la Piazza F Crispi.

L'**office du tourisme** (☎0784 23 88 78 ; www.provincia.nuoro.it, en italien ; Piazza Italia 19 ; ⏲8h30-14h et 15h30-19h tlj en été, mêmes horaires lun-ven en hiver) fournit quantité d'informations utiles sur Nuoro et sa région.

Depuis/vers Nuoro

Bus

Les bus **ARST** (☎0784 29 08 00 ; www.arst.sardegna.it, en italien) partent de la **gare routière** dans Viale Sardegna en direction de toute l'île : Dorgali (3 €, 45 min, 6/j), Orosei (3 €, 1 heure, 10/j), La Caletta (4,50 €, 1 heure, 7/j), San Teodoro (8 €, 1 heure 50, 5/j), Baunei (6 €, 2 heures, 4/j), Santa Maria Navarrese (7 €, 2 heures 25, 5/j) et Tortolì (6 €, 2 heures 40, 5/j). Des bus réguliers desservent aussi Oliena (1,50 €, 20 min) et Orgosolo (2 €, 35 min). Deux bus par jour relient Cagliari sans arrêts (15,50 €, 2 heures 30 à 5 heures).

Pour Olbia, il existe un bus ARST (8,50 €), et **Deplano** (☎0784 29 50 30 ; www.deplanobus.it, en italien et en anglais) met également en circulation jusqu'à 5 bus par jour pour l'aéroport d'Olbia (12 €, 1 heure 45) via Budoni (6 €, 1 heure) et San Teodoro (6 €, 1 heure 15).

À destination d'Alghero, **Redentours** (☎0784 3 03 25 ; www.redentours.com, en italien) propose 3 bus par jour (18 €, 2 heures 15). Réservation obligatoire.

Train

La **gare ferroviaire** se situe à l'ouest de la ville, à l'angle de la Via Lamarmora et de la Via G. Ciusa Romagna. Des trains relient Nuoro à la gare plus importante de Macomer (3,10 €, 1 heure 15, 7/j), d'où les lignes Trenitalia permettent de rallier d'autres destinations telles que Cagliari (10,15 €, 2 heures 15, 9/j).

Voiture et moto

La SS131dcn, voie rapide entre Olbia et Abbasanta (où elle rejoint la SS131 Carlo Felice nord-sud), contourne Nuoro par le nord. La SS129 est la route la plus rapide vers l'est pour rejoindre Orosei et Dorgali. En direction du sud, plusieurs routes desservent Oliena, Orgosolo et Mamoia.

RANDONNÉE SÛRE ET RESPONSABLE

Avant de partir en randonnée, tenez compte des conseils suivants afin de ne pas vous mettre en danger, et de respecter l'environnement et la beauté de la Sardaigne :

» Acquittez-vous de tous les frais et procurez-vous tous les permis requis par les autorités locales.

» Procurez-vous des informations fiables concernant les conditions du terrain et de l'environnement sur votre parcours (auprès des gardes forestiers, par exemple).

» Gardez à l'esprit les lois, règles et coutumes locales concernant la nature et l'environnement.

» Ne randonnez que dans des contrées et sur des chemins du niveau de vos compétences.

» Les flancs des collines et des montagnes sont sujets à l'érosion, surtout en altitude. Restez sur les sentiers existants et évitez les raccourcis.

» S'il n'y a pas de toilettes, creusez un trou de 15 cm de profondeur, à au moins 100 m de tout cours d'eau, et rebouchez-le ensuite.

» Remportez tous vos détritus.

» Demandez toujours la permission aux propriétaires avant de planter votre tente sur un terrain.

» Souvenez-vous que les conditions météorologiques et topographiques varient beaucoup d'une région et même d'un itinéraire à l'autre.

Comment circuler

Les bus **ATP** (☎0784 3 51 95 ; www.atpnuoro.it, en italien) locaux n°2 et 3 sont pratiques pour rejoindre la gare ferroviaire et la gare routière ARST, et le bus n°8 depuis Via Manzoni pour se rendre au Monte Ortobene (1,50 €). Pour circuler en ville, les billets sont valables 90 minutes et coûtent 1 €.

On peut appeler un **taxi** (☎0784 20 33 76) ou héler un dans la Via Lamarmora.

NORD DE NUORO

Au nord de Nuoro, la campagne isolée abrite quelques merveilleux sites archéologiques – pas évidents à dénicher, même si vous êtes motorisé, mais vous serez largement récompensé à votre arrivée.

Fonte Sacra Su Tempiesu

Trônant sur une colline spectaculaire près de la poussiéreuse ville d'Orune, la **Fonte Sacra Su Tempiesu** (☎328 756 5148 ; adulte/enfant 3/2 € ; ⏲9h-19h en été, 9h-17h en hiver) est un puits sacré nuragique à la structure complexe. Son nom n'a rien à voir avec son ancienne fonction religieuse de temple ; il fait référence au fermier de Tempio qui l'a découvert en 1953.

Depuis l'entrée en forme de trou de serrure, un escalier donne accès au fond du puits. L'orientation est telle que, le jour du solstice d'été, les rayons du soleil tombent droit dans l'axe du puits. L'eau atteint le haut des marches. Un bec verseur creusé dans la margelle permet au trop-plein de s'écouler dans un deuxième bassin, qui fait partie du temple d'origine, plus primitif, construit environ en 1600 av. J.-C. Le temple principal (en partie restauré), qui date d'environ 1000 av. J.-C., est un chef-d'œuvre. Une structure en A, faite de pierres de basalte et de trachyte soigneusement taillées et scellées avec du plomb pour assurer l'étanchéité, surmonte le puits et l'escalier. Certaines pierres ont été transportées depuis Dorgali. Ce monument, qui n'a pas d'équivalent en Sardaigne, fut recouvert par un glissement de terrain à l'âge du fer, restant ainsi caché durant des siècles jusqu'à ce que le site commence à être fouillé en 1981.

Pour y accéder, gagnez Orune, 18 km au nord-est de Nuoro : pour cela, suivre la SS131dcn jusqu'à la sortie Ponte Marreri puis une route qui monte sur 11 km jusqu'à la ville. De là, une piste assez mauvaise conduit au site après 5 km (la direction est indiquée). Depuis la billetterie, à l'entrée, il faut encore descendre la colline sur 800 m pour arriver au puits. Un guide peut vous accompagner pour la visite (en italien).

Bitti et le site nuragique Romanzesu

D'Orune, la SS389 continue sur 12 km jusqu'à la ville agricole de Bitti, qui doit sa récente célébrité au Tenores di Bitti, un quatuor vocal qui reprend des chants harmoniques traditionnels de l'île. Pour en savoir plus, visitez le **Museo Multimediale del Canto a Tenore** (☎0784 41 43 14 ; Via Mameli 57 ; tarif plein/réduit 2,60/2,10 € ; ⏲9h30-12h30 et 15h-17h30 tlj), où vous pourrez écouter des enregistrements de différents groupes.

Treize kilomètres après Bitti en suivant la route de Budduso, vous atteignez le **Complesso Nuragico Romanzesu** (site nuragique Romanzesu ; ☎0784 41 43 14 ; 3,10 €, billet combiné avec le Museo Multimediale del Canto a Tenore 3,60 € ; ⏲9h-13h et 15h-19h lun-sam, 9h30-13h et 14h30-19h dim). Sur plus de 7 hectares d'une épaisse forêt de chênes-lièges, ce sanctuaire nuragique qui remonte au XVIIe siècle av. J.-C. se compose de plusieurs bâtiments religieux et de huttes. Le point d'orgue est le puits sacré, recouvert par une *tholos* typique reliée à un amphithéâtre semi-elliptique. Six visites guidées quotidiennes (la plupart en italien).

Un peu avant l'arrivée au site, un panneau indique l'**Agriturismo Romanzesu** (☎0784 41 57 16 ; Località Romanzesu). L'établissement ne loue pas de chambre, mais vous pourrez vous adonner à un véritable festin à base de produits faits maison (pâtes, saucisson, cochon de lait, agneau...). Et tout cela pour la somme de 28 €. Pensez à réserver.

SUPRAMONTE

Au sud-est de Nuoro, le grand massif calcaire du Supramonte barre le paysage de ses parois abruptes. Son point culminant, le Monte Corrasi, atteint tout juste 1 463 m, mais il est impressionnant par son caractère sauvage, par les ravins et les défilés déchiquetés qui entaillent son plateau dénudé. Ce paysage brut était autrefois réputé être le cœur du banditisme sarde.

Le Supramonte permet de faire quelques splendides randonnées. Toutefois, les sentiers peuvent être parfois difficiles à discerner. Au printemps et à l'automne, il est plus prudent de consulter les prévisions météo avant de s'y aventurer Vous pouvez engager un guide local auprès de l'une des coopératives d'Oliena ou de Dorgali.

VAUT LE DÉTOUR

VALLE DI LANAITTU

En route pour les paysages karstiques du Supramonte, à découvrir à pied, à vélo ou en voiture dans cette vallée enchanteresse de 7 km, indiquée à partir de la route Oliena-Dorgali. D'imposantes montagnes de calcaire, des falaises et des grottes dominent l'étroite vallée émaillée de merveilles naturelles et archéologiques. Romarin et pistachiers lentisques, raisin et olives s'épanouissent dans cette vallée, peuplée notamment de martres, d'oiseaux de proie, de sangliers et de chèvres.

Les amateurs d'archéologie seront dans leur élément en découvrant des sites habités depuis le milieu du néolithique. Des squelettes et des objets funéraires, en particulier des récipients et des outils en os, ont été retrouvés dans la **Grotta Rifugio**, qui servait de site funéraire aux Bonu Ighinu (4700 à 4000 av. J.-C.). Au cours des fouilles des années 1970, deux divinités païennes féminines, des céramiques et des ustensiles de cuisine ont été mis au jour dans la **Grotta del Guano** qu'occupait la civilisation néolithique d'Ozieri (3800 à 2900 av. J.-C.).

Près du *rifugio* (refuge), se trouvent les incontournables **Grotta Sa Oche & Su Ventu** (2 € ; ⏲9h-18h avr-sept), deux grottes reliées par un siphon naturel. La première, la "grotte de la Voix" tient son nom de l'eau qui murmure dans ses entrailles ; la seconde, ornée de superbes stalactites et stalagmites, servit de cachette au célèbre bandit sarde Corbeddu à la fin du XIXe siècle.

Trois cents mètres au nord du *rifugio* s'étend sur 5 hectares le site de **Sa Sedda 'e Sos Carros** (tarif plein/réduit 5/3 € ; ⏲9h-18h avr-sept) où subsistent les vestiges des quelque 150 constructions nuragiques. Les ruines les plus intéressantes sont celles du **temple du Puits sacré**, édifice circulaire entouré de trouées en pierre qui devaient alimenter en eau de source un gigantesque bassin central.

Oliena

7 440 HABITANTS

Peu de paysages sardes sont aussi saisissants que le magnifique pic du Monte Corrasi (1 463 m) lorsque la lumière du crépuscule fait resplendir son sommet calcaire. De Nuoro déjà, on aperçoit les toits multicolores d'Oliena. Le bourg lui-même, un lieu modeste doté d'un centre en pierre grise, fait un camp de base pratique pour explorer le Supramonte.

La ville fut probablement fondée à l'époque romaine, bien que son nom fasse référence aux peuples Iliens, descendants des Troyens qui auraient fui leur ville en flamme pour se réfugier dans la région. L'histoire n'est pas attestée. L'arrivée des Jésuites au XVIIe siècle est mieux documentée : ils ont encouragé l'essor de l'industrie locale de la soie en incitant les fermiers à cultiver les coteaux des environs. Les leçons ont été retenues, et Oliena est maintenant réputée pour ses broderies sur soie et pour son Cannonau rouge, le Nepente di Oliena.

À voir

La Piazza Santa Maria, où s'élève la **Chiesa di Santa Maria** du XIIIe siècle, constitue le cœur du bourg et accueille un marché le samedi. Tout près se dresse la **Chiesa di San Lussorio** (Via Cavour), église du XIVe siècle aux lignes épurées. Lorsque vous aurez vu ces églises et arpenté les ruelles grises escarpées du centre-ville, vous aurez à peu près fait le tour d'Oliena. Tâchez de repérer des fresques murales, notamment celle représentant Giovanni Corbeddu Sali (1844-1898), bandit notoire natif d'Oliena, et un peu plus loin sur une maison rose proche de la Via Cavour, celle dépeignant une vieille dame en noir, un fusil à la main, qui symbolise les célébrations S'Incontru qui ont lieu à Pâques.

La région autour d'Oliena est propice à de belles randonnées. Le sentier qui grimpe jusqu'aux plus hauts sommets du Supramonte débute 4 km au sud de la ville, dans les bois de Maccione. Appelé la **Scala 'e Pradu** (l'escalier du plateau), ce parcours vertigineux et sinueux offre des vues à couper le souffle et culmine au sommet de la **Punta sos Nidos** (pic des nids).

Pour rejoindre le chemin, dirigez vos pas vers la **Cooperativa Enis** (☎0784 28 83 63 ; www.coopenis.it ; Località Monte Maccione), un centre de randonnée qui peut organiser des marches ou des excursions en 4x4. **Sardegna Nascosta** (☎0784 28 85 50 ; www.sardegnanascosta.it, en italien) et **Barbagia Insolita** (☎0784 28 60 05 ; Corso Vittoria Emanuele 48) organisent des excursions, des randonnées, du canoë, des descentes en rappel, de l'escalade et de l'équitation.

Fêtes et manifestations culturelles

Settimana Santa CULTURE

L'effervescence règne sur le village pendant la semaine de Pâques. Le point culminant des célébrations est la S'Incontru (la Rencontre), une procession haute en couleur qui a lieu le dimanche de Pâques : une statue du Christ est transportée à la rencontre d'une effigie de la Vierge Marie, sur la Piazza Santa Maria.

Autunno in Barbagia CULTURE

De septembre à décembre, 27 villages de montagne de la Barbagia accueillent chacun à leur tour un week-end de manifestations culturelles variées allant d'ateliers de fabrication du fromage à des expositions et démonstrations d'artisanat. Les habitants ouvrent leur porte aux visiteurs et préparent de vrais festins. L'occasion rêvée d'acheter des produits du terroir.

Où se restaurer

Vous trouverez Su Gologone et l'Agriturismo Guthiddai en prenant la direction de Dorgali, puis en tournant à droite en direction de la Valle di Lanaittu (suivez les panneaux).

♥ **Su Gologone** SARDE €€€

(☎0784 28 75 12 ; www.sugologone.it ; Località Su Gologone ; repas environ 55 € ; ⊙mars-nov). Nichée au pied des montagnes, cette délicieuse retraite champêtre comporte une terrasse drapée de bougainvillées. Le *porceddu* est cuit à la perfection dans une énorme cheminée, et le Cannonau se marie très bien avec les classiques sardes du menu.

Agriturismo Guthiddai AGROTOURISME €€

(☎0784 28 60 17 ; www.agriturismoguthiddai.com ; Località Guthiddai ; repas 30 € ; ⊙Pâques/mi-nov ; 👪). On est accueilli chaleureusement dans cet *agriturismo* au milieu des vignes et des oliveraies. Le vin, l'huile d'olive et les légumes qui atterrissent sur votre table sont produits sur place. Spécialité maison : La *pecora in cappotto* (ragoût d'agnelle).

Ristorante Masiloghi
(☎0784 28 56 96 ; Via Galiani 68 ; rep
30 € ; ⏲tlj). Ce restaurant éléga
route principale menant au bou
des œuvres d'artistes locaux
salle rustique. Spécialités : pâte
agneau de la région et civet de
Possibilité de dîner sous la vérar

Depuis/vers Oliena

BUS De fréquents bus ARST partent
Roma en direction de Nuoro (1,50 €,
jusqu'à 12/j lun-sam, 6/j dim).

LA BARBAGIA

Le cœur géographique et spi
Sardaigne est une région r
montagneuse. Elle est connue sous le nom de Barbagia. Ce nom dérive du latin "Barbaria" (qui vient lui-même du grec *barbaros*, "étranger, barbare") que les Romains donnèrent à la région pour n'avoir jamais réussi à la conquérir. Les reliefs vertigineux et les habitants pugnaces ont toujours su repousser les légionnaires, comme ils repoussent depuis lors le monde extérieur, animés par une fierté farouche. Les fêtes traditionnelles y sont toujours célébrées avec une grande ferveur. .

Au cœur de la région s'étendent les hauteurs arides balayées par le vent du massif du Gennargentu, où culminent les plus hauts sommets de l'île, entre 1 000 et 1 834 m (Punta La Marmora). C'est aussi le centre du Parco Nazionale del Golfo di Orosei e del Gennargentu, le plus étendu des parcs nationaux de Sardaigne.

Barbagia Ollolai

ORGOSOLO

4 440 HABITANTS

Haut perchée dans d'impressionnantes montagnes, Orgosolo, longtemps synonyme de banditisme et de violence, est la ville la plus connue de Sardaigne. Aujourd'hui, l'ambiance s'est apaisée et la ville se réinvente en se tournant vers le tourisme. Il n'est plus inhabituel de voir des visiteurs déambuler dans la rue principale en prenant des clichés des peintures murales colorées qui ornent les bâtiments du village.

À voir et à faire

Telle un support géant, la ville arbore sur ses murs un art vivant au message chargé d'émotion. La majeure partie des **murales**

grands événements
et XXIe siècles, ainsi que le combat permanent des opprimés contre un pouvoir puissant et souvent corrompu. Les défaillances politiques de l'Italie sont largement mises en relief, en particulier le procès de l'ancien Premier ministre Giulio Andreotti, caricaturé avec des bulles dans lesquelles il répète son refrain laconique : "Je ne me souviens pas." La Seconde Guerre mondiale, la bombe atomique, les grèves des mineurs de l'Iglesiente... tous

PRENDRE SES REPÈRES

Émaillée de dizaines de villages, la Barbagia se subdivise en districts autour du Gennargentu : la **Barbagia Ollolai** au nord, le **Mandrolisai** à l'ouest, la **Barbagia di Belvi** au sud-ouest et la **Barbagia di Seulo** au sud. La région n'est pas très peuplée, et les routes entre les villes se limitent souvent à une seule voie, sinueuse. L'accès à la région par les transports publics est difficile, il vaut donc vraiment la peine de louer une voiture si l'on veut la visiter en toute liberté.

Les meilleures sources d'information sont les offices du tourisme de Nuoro, d'Oliena et de Dorgali. Les cartes les plus pratiques sont celle du *Parco del Gennargentu* (1/100 000 ; 6 €) publiée par Belletti Editore et celle de Nuoro (1/200 000 ; 6,50 €) publiée par Litografia Artistica Cartografica.

SANGLANTES RIVALITÉS

L'histoire d'Orgosolo a de quoi donner froid dans le dos. Entre 1901 et 1950, le village déplorait un meurtre tous les deux mois, conséquence dramatique de la guerre d'héritage à laquelle se livraient deux familles rivales. Dans son livre *Colombi e Sparvieri* (*Colombes et Éperviers*, 1912), Grazia Deledda décrit les efforts mis en œuvre pour tenter de désamorcer les tensions qui menaient ces deux familles à s'entretuer. Après la Seconde Guerre mondiale, les vols de moutons cédèrent la place aux enlèvements de personnes, plus lucratifs, sous la conduite du plus tristement célèbre enfant du village, Graziano Mesina. Celui-ci passa une bonne partie des années 1960 à se faire une réputation de Robin des bois en volant les riches pour donner aux pauvres. Capturé en 1968 et emprisonné sur le continent, il fut libéré en 1992 pour aider à négocier la libération de Saudi Farouk Kassam, un enfant de huit ans enlevé sur la Costa Smeralda et retenu en otage sur le Monte Albo, près de Siniscola.

les sujets sont abordés. Quelques jours seulement après les attaques contre les Twin Towers de New York, en 2001, une peinture était consacrée à l'événement au coin de la Via Monni.

En longeant le Corso Repubblica vers le nord, on rejoint la Via Gramsci jalonnée de fresques colorées dépeignant Che Guevara, Marx, Engels et Lénine.

À 5 km au sud de la ville, la route secondaire SP48 monte vers les hauteurs de Montes. Treize kilomètres plus au sud, la **Funtana Bona** est la source qui donne naissance à la Cedrino. On passe au milieu des chênes verts de la **Foresta de Montes**.

Fête

La **Festa dell'Assunta** (fête de l'Assomption), le 15 août, est le moment idéal pour découvrir Orogosolo : les habitants y affluent de toute la Barbagia pour suivre l'une des processions les plus hautes en couleur de la région.

Où se restaurer

Le Corso Repubblica compte quelques cafés-bars et pizzerias bon marché, ainsi que le **Cortile del Formaggio** (Corso Repubblica 216 ; ⌚10h-13h et 15h-20h lun-ven avr-oct), une petite maison donnant sur une cour où vous pourrez acheter du *fiore sardo* – le *pecorino* fabriqué avec du lait cru d'agnelle et vieilli au minimum pendant trois mois – frais, fumé ou cu

Il Portico PIZZERIA €
(☎0784 40 29 29 ; Via Giovanni XXIII ; pizza 3,50-6 €, repas 15-20 € ; ⌚tlj). Un excellent restaurant-pizzeria qui sert de belles pizzas au feu de bois bien garnies, et de savoureux produits du terroir (viande et légumes). La salle est spacieuse et le service souriant.

A Dommo TRATTORIA €
(☎0784 40 29 29 ; Corso Repubblica 206 ; repas 10-12 € ; ⌚déj avr-oct). Des photos d'Orgosolo en noir et blanc tapissent les murs de cette trattoria moderne. Une adresse correcte pour le déjeuner, qui sert entre autres des *antipasti*, du pain maison et les classiques à base de viande (comme le *ragù* de sanglier).

Depuis/vers Orgosolo

BUS Des bus circulent régulièrement entre Orgosolo et Nuoro (2 €, 35 min, 6/j lun-sam, 3/j dim).

MAMOIADA

2 590 HABITANTS

À 14 km au sud de Nuoro, Mamoiada est un village quelconque qui organise toutefois le carnaval le plus étonnant de Sardaigne. Les festivités démarrent lors de la **Festa di Sant'Antonio,** les 16 et 17 janvier. Selon la légende, saint Antoine vola le feu des Enfers pour l'offrir aux hommes : en hommage, des feux de joie sont allumés un peu partout en ville. Outre les feux d'artifice, ce sont surtout les *mamuthones*, des personnages costumés qui valent à la ville sa célébrité. Ces apparitions monstrueuses reviennent à Mardi gras et le dimanche précédent lors du grand **Carnevale**. Jusqu'à 200 hommes prennent l'apparence des *mamuthones*. Revêtus de peaux de mouton à longs poils bruns, de masques en bois primitifs et portant sur eux jusqu'à 30 kg de *campanacce* (cloches de vaches), ils offrent un spectacle qui se veut effrayant. Les anthropologues pensent que ces *mamuthones* incarnaient toutes les frayeurs des populations rurales, cette parade rituelle tentant d'exorciser les démons de la nature avant l'arrivée du printemps. Les *mamuthones* défilent tenus en laisse par des *issokadores*, déguisés en gendarmes chargés de les chasser de la ville.

Si vous ne pouvez être sur place pour le carnaval, allez vous en faire une idée au **Museo delle Maschere Mediterranee** (☎0784 56 90 18 ; www.museodellemaschere.it ; Piazza Europa 15 ; tarif plein/réduit 4/2,60 € ; ⌚9h-13h et 15h-19h tlj juillet et août), où vous verrez notamment des mannequins portant les fameuses peaux de mouton aux longs poils hérissés.

En ville, plusieurs magasins vendent les masques en bois des *mamuthones*. Comptez 100 € pour un masque de bonne facture.

Pour un morceau sur le pouce, essayez **La Campagnola** (☎0784 56 63 96 ; Via Satta 2 ; pizza 4,50-6 €, repas 25 € environ ; ⌚mar-dim), un restaurant ensoleillé proposant des pizzas et des pâtes.

Quelques bus ARST circulent jusqu'à Nuoro (2 €, 20 min, 5/j lun-sam, 1/j dim).

ORANI ET OTTANA

Village gris et somnolent, Orani n'offre pas grand intérêt en dehors du **Museo Nivola** (☎0784 73 00 63 ; www.museonivola.it ; Via Gonare 2 ; tarif plein/réduit 1 €/gratuit ; ⌚9h-13h et 16h-21h en été, 9h-13h et 16h-20h en hiver). Il est consacré au sculpteur Costantino Nivola, fils d'un tailleur de pierre local et inventeur d'une nouvelle technique de fonte, celle des moules au sable. Après avoir quitté la Sardaigne en 1938 pour fuir les persécutions fascistes, il passa sa vie aux États-Unis. À l'heure où nous écrivons, une partie du musée est fermée pour rénovation.

Cinq kilomètres au sud d'Orani, le bourg de Sarule s'étend au pied du Monte Gonare (1 083 m). Le lieu ne justifie pas vraiment une halte, mais une petite rue étroite, en direction de l'est, mène au **Santuario di Nostra Signora di Gonare**, un sanctuaire fortifié du XVIIe siècle qui dresse sa masse grise au sommet d'une colline isolée. C'est un important lieu de pèlerinage autour duquel les villageois se rassemblent tous les ans, entre le 5 et le 8 septembre, pour célébrer la Madonna di Gonare par des courses hippiques, des chants et des danses.

À **Ottana**, un village voisin, le carnaval du Mardi gras donne lieu à des festivités autrement spectaculaires. Rivalisant avec le carnaval de Mamoiada, les célébrations atteignent leur paroxysme lors d'un défilé rappelant les rites anciens : les *boes* portant des masques aux traits bovins sont accompagnés par les *merdules* représentant les bergers qui capturent le bétail.

GAVOI

2 820 HABITANTS

Connu pour son *fiore sardo* (*pecorino*) et son festival de littérature, Gavoi est l'un des plus jolis villages de Barbagia. Son centre historique préservé abrite un réseau de rues étroites encadrées par de jolies maisons en pierre. À 3 km au sud, le **Lago di Gusana** scintille au milieu des forêts de chênes-lièges, de yeuses et de houx.

Au cœur du village, la **Chiesa di San Gavino**, du XVIe siècle, de style gothique catalan, comme en témoignent la façade sobre en trachyte et la magnifique rosace. De la *piazza* devant l'église, les ruelles pavées mènent au *borgo* (bourg) médiéval.

De belles excursions sont possibles autour du lac, où l'on vient pêcher. **Barbagia No Limits** (☎0784 182 0373 ; www.barbagianolimits.it ; Via Cagliari 186), loue des canoës (25 € par jour) et organise treks, canyoning, kayak, exploration de grottes et circuits en 4x4.

Dans le village, le rustique **Ristorante Sante Rughe** (☎0784 5 37 74 ; Via Carlo Felice 2 ; repas 30 € environ ; ⌚lun-sam) prépare de

NE MANQUEZ PAS

LITTÉRATURE EN BARBAGIA

Le petit village de Gavoi, en Barbagia, est un site bien incongru pour rencontrer Jonathan Coe, Nick Hornby ou Zadie Smith. Et pourtant, ces auteurs britanniques à succès ne sont que quelques-uns des grands noms de la littérature qui ont visité ce village lors de son festival littéraire annuel.

Avec un succès incontestable, **l'Isola delle Storie** gagne chaque année en popularité depuis son inauguration en 2003. Durant quatre jours début juillet, le village se transforme en scène à ciel ouvert où se succèdent lectures, concerts, pièces de théâtre, projections et conférences. Pour plus d'informations, consulter le site du festival www.isoladellestorie.it (en italien).

VAUT LE DÉTOUR

BALADE AU SOMMET

Depuis Fonni ou Desulo, il est relativement aisé d'atteindre les deux plus hauts sommets de l'île. Pour rejoindre le sentier de la **Bruncu Spina**, suivez la route menant de Fonni à Desulo jusqu'à l'embranchement situé à 5 km de Fonni. De là, la route serpente sur 10 km à travers un paysage dénudé jusqu'au pied d'un remonte-pente. Un kilomètre avant d'y parvenir, vous verrez sur la droite un chemin de terre escarpé menant à un sentier (3 km) qui conduit directement au sommet (1 829 m). Là s'étend une vue à 360° sur toute l'île. En hiver, ces versants sont modestement enneigés et il est possible de faire du ski. Comptez environ 30 € par jour pour un forfait remonte-pente et la location de skis ; pour plus de détails, consultez www.bruncuspina.com (en italien).

Pour contempler la vue de 5 m plus haut, il faut marcher environ 1 heure 30 en direction du sud jusqu'à la **Punta La Marmora** (1 834 m). Bien que cette ascension paraisse assez facile depuis la Bruncu Spina, il vous faut une bonne carte de randonnée ou l'aide d'un guide, ainsi que des provisions d'eau suffisantes en été.

bonnes recettes locales. La spécialité de la maison est *lu su erbuzzu*, une savoureuse soupe aromatisée aux herbes sauvages, mêlant lard, saucisses, fromage et haricots. L'assiette de fromage est un vrai plaisir et les pizzas (en soirée seulement) sont excellentes.

En semaine, quatre bus ARST desservent Gavoi depuis Nuoro (3 €, 1 heure 10), ainsi qu'un bus le dimanche.

FONNI ET DESULO

Fonni, située à 1 000 m d'altitude est le plus haut village de Sardaigne. C'est une base très prisée des randonneurs qui viennent explorer les plus hauts pics de Sardaigne : la Bruncu Spina (1 829 m) et la Punta La Marmora (1 834 m).

Tout en haut du village, juste à côté de la Piazza Europa, se dresse l'imposante **Basilica della Madonna dei Martiri**, du XVIIe siècle. Entouré de *cumbessias* (cabanes de pèlerins), cet édifice baroque, l'un des plus importants de Barbagia, renferme une image de la Vierge qui serait faite avec les os pilés de martyrs. La basilique est au centre des deux principales fêtes religieuses de la ville, la Festa della Madonna dei Martiri, le lundi qui suit le premier dimanche de juin, et la Festa di San Giovanni, le 24 juin.

Devant l'église, deux arbres ont été transformés par des sculpteurs en scènes religieuses, dont l'une montrant le Christ et les deux larrons crucifiés.

De Fonni, une route panoramique (SP7) serpente vers le sud à travers des paysages verdoyants et des forêts de chênes. Vues grandioses sur les pics de calcaire et les vallées encaissées. **Desulo**, 27 km au sud de Fonni, est une ville tout en longueur formée par la réunion de trois villages. Il n'y a rien de particulier à y voir mais, comme Fonni, c'est une bonne base de randonnée en raison de sa proximité avec le Gennargentu.

Où se restaurer

Ristorante Albergo Il Cinghialetto SARDE **€€**
(☎0784 5 76 60 ; Via Grazia Deledda 193 ; repas 25-30 € ; ⏲fermé mer). En bas de la partie moderne du village, cette sympathique adresse sert des plats de viande et des pizzas. Bonne cheminée pour l'hiver.

Depuis/vers Fonni et Desulo

BUS De Nuoro, des bus ARST mènent à Fonni (3 €, 40 min, 8/j lun-sam, 2/j dim) et Desulo (4,50 €, 1 heure 20, 1/j lun-sam).

Barbagia di Belvi

ARITZO

1 390 HABITANTS

Station de montagne bien vivante, Aritzo (796 m) attire les visiteurs depuis le XIXe siècle. Son climat frais et son charme alpin ont attiré la noblesse piémontaise qui y venait chasser le sanglier.

Mais bien avant que le tourisme ne prenne ses marques, le village était déjà florissant grâce au ramassage fort lucratif de la neige. Pendant cinq siècles, le village a eu le monopole du ramassage de la glace dont elle alimentait toute la Sardaigne. Les "fermiers de la neige", ou *niargios*, recueillaient l'or blanc sur la **Punta di Funtana Cungiada** (1 458 m) et la conservaient dans des coffres en bois et en paille avant de l'envoyer aux grandes tables de Cagliari.

On peut voir des spécimens de ces coffres au petit **Museo Etnografico** (☎0784 62 98 01 ; Via Guglielmo Marconi ; tarif plein/réduit 2,50/2 € ; ⏲10h-13h et 15h-18h mar-dim), situé dans l'école élémentaire. Le musée expose aussi une collection disparate de costumes traditionnels et de masques, de matériel agricole et d'objets de la vie quotidienne

Le même billet donne accès à **Sa Bovida Prigione Spagnola** (Via Scale Carceri ; ⏲mêmes horaires que le musée), une prison du XVIe siècle, un peu en retrait de l'artère principale, qui servit de prison de haute sécurité jusqu'aux années 1940.

À quelques pas de là, la **Chiesa di San Michele Arcangelo** ne reflète plus vraiment ses origines gothiques. À l'intérieur se trouvent une *pietà* du XVIIIe siècle et un portrait de San Cristoforo, du XVIIe siècle. De l'autre côté de la rue, le point de vue permet d'observer le **Monte Textile**, un pic calcaire classé monument naturel.

De nombreux sentiers de randonnée balisés sillonnent les alentours du village, que l'on peut pratiquer seul pour la plupart.

Deux fêtes gastronomiques ont lieu à Aritzo. Mi-août, la **Festa de San Carapigna** célèbre le fameux sorbet au citron du village (*carapigna*). Le dernier dimanche d'octobre, les gens affluent lors de la Sagra delle Castagne pour s'approvisionner en chataignes.

Barbagia di Seulo

Au sud et à l'est d'Aritzo, la Barbagia di Seulo s'étend entre les pics rocheux du parc national du Gennargentu. C'est une région déserte où l'on peut voir quelques rares petits villages le long de routes sinueuses.

Depuis Aritzo, la route continue vers le sud-est et traverse les petites villes de **Seulo** et **Seui**, cette dernière présentant quelques maisons traditionnelles aux balcons en fer forgé. En continuant en direction d'Ulassai, après environ 9 km la route bifurque vers Cantoniera Arcueri. Suivez Montarbu et, encore 9 km plus loin, vous arriverez au plus grand *nuraghe* de Sardaigne, le **Nuraghe Ardasai**, sur votre gauche. Bâti sur un affleurement rocheux surplombant la vallée du Flumendosa, le site offre des panoramas spectaculaires. Six kilomètres plus loin, un embranchement mène à l'épaisse **Foresta di Montarbu**, dominée par la montagne du même nom (1 304 m). Enfin, après quelques kilomètres, le **Monte Perda Liana**, à 1 293 m, est encore plus impressionnant.

De là, la route descend jusqu'à la rive sud du **Lago Alto della Flumendosa**, puis continue vers l'est sur 10 km environ avant de croiser à plusieurs reprises la ligne du *trenino verde*. Elle rejoint enfin la route principale Nuoro-Lanusei.

SARCIDANO

Laconi

2 090 HABITANTS

À cheval sur la SS128 qui bifurque vers le sud, Laconi est une charmante bourgade de montagne, vivant à un rythme paisible, et bénéficiant d'une vue enchanteresse sur la campagne vallonnée. Ses ruelles pavées recèlent quelques curiosités, en particulier un musée archéologique, la maison natale de l'unique saint sarde et un parc boisé doté d'un château.

À voir et à faire

Museo delle Statue Menhir MUSÉE

(☎0782 69 32 38 ; Via Amsicora ; tarif plein/réduit 5/3 € ; ⏲10h-13h et 15h-18h mar-dim). Installé dans un élégant *palazzo* du XIXe siècle, ce merveilleux musée présente une collection de 40 statues-menhirs trouvés sur les sites de la région. Ces mégalithes anthropomorphes seraient liés aux rites funéraires préhistoriques. Exposés dans la pénombre, ils paraissent encore plus mystérieux, les jeux d'ombre et de lumière faisant ressortir les reliefs sculptés érodés suggérant leur caractère “mâle” ou “femelle”. À Pranu Mutteddu, plus au sud, on peut voir d'autres menhirs semblables *in situ*.

Casa Natale di Sant'Ignazio MAISON

(Via Sant'Ignazio 58). La modeste maison de deux pièces où serait né saint Ignace (mort en 1781) est nichée dans une ruelle pavée. Avec son plafond bas à poutres et ses murs de pierre, la pièce située à l'arrière donne un bon aperçu des maisons des pauvres au XVIIIe siècle. À l'intérieur, un simple autel dédié à saint Ignace est éclairé par une bougie. Il n'y a pas d'horaires d'ouverture officiels, mais la maison est presque toujours ouverte. Si ce n'est pas le cas, renseignez-vous auprès de l'office du tourisme.

VAUT LE DÉTOUR

ESCAPADE À SORGONO

Aussi bien pour le trajet qui y mène que pour le village lui-même, **Sorgono** vaut le détour. En plein cœur du Mandrolisai, une région vallonnée et reculée à l'ouest du Gennargentu, le village est entouré par d'immenses forêts de chênes-lièges, de houx, de châtaigniers et de noisetiers. Dans les environs, le site archéologique de **Biru 'e Concas** présente l'une des plus grandes collections de menhirs de Sardaigne. En ville, la **Cantina del Mandrolisai** (☎0784 6 01 13 ; www.mandrolisai.com ; Corso IV Novembre 20) est l'un des principaux producteurs de vins, réputés pour ses rouges robustes.

Il est possible de rejoindre Sorgono par le *trenino verde*. En voiture, vous devrez parcourir 25 km sur la sinueuse SS295 depuis Aritzo.

Parco Laconi PARC

(⏲8h-19h en été, 8h-16h en hiver). En continuant dans la Via Sant'Ignazio après la maison de saint Ignace et en prenant la première à gauche, vous arriverez à ce parc sensationnel de 22 ha. Plantés d'arbres exotiques, dont un imposant cèdre du Liban et des eucalyptus, il abrite des sources, des lacs et des grottes, ainsi que les vestiges du **Castello Aymerich**. De là, on jouit d'une belle vue sur le parc et le paysage verdoyant autour de Laconi.

Où se restaurer

Albergo Ristorante Sardegna SARDE €€

(☎0782 86 90 33 ; www.albergosardegna.it ; repas 25-30 € ; ⏲tlj). À l'entrée nord du bourg, ce restaurant familial sert une bonne cuisine à l'ancienne. Goûtez aux délicieux *culurgiones* (raviolis) maison et au bœuf bio, ou optez pour les spécialités de saison comme les pâtes au *ragù de cinghiale* (sanglier).

Renseignements

Laconi est également l'une des rares villes de la région où est implanté un **office du tourisme** (☎0782 86 70 13 ; Piazza Marconi ; ⏲9h-13h lun-ven). Il se trouve face au *municipio* (hôtel de ville), de style néoclassique, sur la place centrale.

Depuis/vers Laconi

BUS Les bus en direction de Laconi sont assez rares, et la plupart ne circulent que très tôt le matin ou en fin d'après-midi. Ils relient le village à Isili (2 €, 35 min, 1/j), Aritzo (2,50 €, 40 min, 3/j lun-sam) et Barumini (2,50 €, 35 min, 2/j lun-sam).

TRAIN Laconi est l'un des arrêts du *trenino verde* (11 €, 1 heure 15, un train le mardi), sur la ligne Mandas-Sorgono. La gare se trouve à environ 1 km à l'ouest du centre-ville.

Sud de Laconi

À 20 km au sud de Laconi, près du centre sportif d'Isili, le **Nuraghe Is Paras** (☎0782 80 26 41 ; tarif plein/réduit 3/2 € ; ⏲10h-13h et 16h-19h en été, 10h-13h et 15h-17h en hiver, fermé lun) est connu pour sa *tholos* (coupole) de 11,8 m, la plus haute de Sardaigne. Réputé pour ses rochers escarpés et ses surplombs rocheux, Isili attire les amateurs d'escalade expérimentés. On y recense 250 voies dont le niveau de difficulté va de 5a à 8b.

Environ 15 km plus loin, à la fin d'une route spectaculaire entre la Giara de Gesturi, d'un côté, et le Gennargentu, de l'autre, après le petit village de Serri, le **Santuario Santa Vittoria** (☎388 049 24 51 ; tarif plein/réduit 4/2 €, billet combiné avec le Nuraghe Arrubiu et Prano Mutteddu 9/4,50 € ; ⏲9h-19h en été, 9h-17h en hiver) est l'un des plus grands sites nuragiques de toute l'île. Il a été découvert en 1907, puis fouillé à partir de 1962. À ce jour, sur 22 hectares, seuls 4 hectares ont été entièrement mis au jour.

Ce que l'on voit aujourd'hui se subdivise en trois zones. La zone centrale, le **Recinto delle Riunioni** (enceinte de réunion) correspond à une enclave unique qui abritait, pense-t-on, le siège du pouvoir civil. C'est un espace ovale renfermant des tours et différentes salles, entouré d'une enceinte.

Derrière, la zone religieuse englobe le **Tempietto a Pozzo** (puits sacré), un deuxième puits, une construction qui devait être la **Capanna del Sacerdote** (cabane du prêtre), des tranchées défensives, ainsi qu'un ajout plus tardif, la **Chiesa di Santa Vittoria**, petite église de campagne à laquelle le site doit son nom actuel. Séparée de ces deux zones, la **Casa del Capo** (maison du chef) a peut-être été ainsi nommée car c'est l'habitation la mieux préservée, avec des murs qui atteignent 3 m de haut. Enfin, une zone distincte, constituée de plusieurs constructions circulaires, correspondrait au principal quartier d'habitation.

Nuraghe Arrubiu

Surplombant la plaine de Sarcidano, environ 10 km au sud d'Orroli, le **Nuraghe Arrubiu** (☎0782 84 72 69 ; tarif plein/réduit 4/2 €, billet combiné avec le Santuario Santa Vittoria et Prano Mutteddu 9/4,50 € ; ⌚9h30-13h et 15h-19h30 tlj en été, jusqu'à 17h en hiver), doit son nom (*arrubiu* signifie "rouge" en sarde) à la couleur que lui donne la trachyte. Il s'agit d'une construction impressionnante, centrée autour d'une tour massive de 16 m de hauteur, qui aurait atteint 30 m à l'origine. Celle-ci est entourée par cinq tours défensives et, au-delà, par les vestiges d'une enceinte extérieure et d'un village. Les objets retrouvés prouvent que le site fut occupé également par les Romains.

Pranu Mutteddu

Près du village de Goni, **Pranu Mutteddu** (☎0782 84 72 69 ; tarif plein/réduit 4/2 €, billet combiné avec le nuraghe Arrubiu et le Santuario Santa Vittoria 9/4,50 € ; ⌚9h30-13h et 15h-19h30 tlj en été, jusqu'à 17h en hiver) est un site funéraire qui remonte au néolithique Ozieri (entre le 3e et 4e millénaire av. J.-C.). Une série de *domus de janas* ("maison des fées") domine ce site hérissé de 50 menhirs, dont 20 alignés d'est en ouest, en fonction, sans doute, de la trajectoire du soleil. Ce spectacle, unique en Sardaigne, rappelle certains sites similaires de Corse.

Pour y accéder, empruntez la même route vers le sud sur 11,5 km jusqu'à Escalaplano, puis sur 8 km encore en direction de Ballao. Prenez la première route à gauche vers Goni, que vous atteindrez au bout de 9 km. Le site apparaît quelques kilomètres plus loin, un peu au nord de la route.

GOLFO DI OROSEI

Ce golfe d'une beauté à couper le souffle forme la partie marine du **Parco Nazionale del Golfo di Orosei e del Gennargentu** (www.parcogennargentu.it, en italien), le plus grand parc national de Sardaigne, qui englobe le plateau du Supramonte et le Golfo di Orosei. Ici, les hautes montagnes du Gennargentu tombent à pic dans la mer, dessinant un arc de falaises grandioses, émaillé de calanques et de baies en fer à cheval baignées d'une eau cristalline. Les plages sont une destination de choix l'été, mais il y a des possibilités d'hébergement pour tout le monde, notamment dans l'arrière-pays, au paysage accidenté et rustique.

Orosei

6 790 HABITANTS

Bénéficiant d'un superbe emplacement à la pointe la plus septentrionale du golfe, entre des carrières de marbre et des vergers, Orosei est un trésor méconnu. Au fil des siècles, l'envasement du fleuve, le Rio Cedrino, l'incurie des Espagnols, la malaria et les attaques de pirates ont malmené la ville, jadis un grand port pisan. Aujourd'hui, son centre historique plein de cachet se compose de ruelles pavées qui sinuent entre de jolies maisons en pierre, des églises médiévales et des places ombragées idéales pour se détendre et regarder le temps passer.

À voir et à faire

Dominant la Piazza del Popolo, la **Chiesa di San Giacomo**, église de style espagnol, se distingue par sa façade néoclassique et ses dômes couverts de tuiles. Sa terrasse offre une vue imprenable sur les montagnes. De l'autre côté de la place, la **Chiesa del Rosario** est un édifice baroque ocre doté de trois croix de bois. La ruelle qui part sur son flanc gauche mène à la Piazza Sas Animas et à l'église en pierre éponyme, d'allure vaguement ibérique. En face se dresse la carcasse vide, haute de 15 m, de la **Prigione Vecchia**, ou Castello, une tour qui subsiste d'un ancien château médiéval. Bâtiment humble mais d'un charme fou, la **Chiesa di San Sebastiano**, église du VIIIe siècle, se dresse sur la Piazza San Sebastiano. Avec ses trois arches en pierre et son plafond en roseau tressé, c'est la plus ravissante des églises d'Orosei.

À la lisière du centre historique, la **Chiesa di Sant'Antonio** remonte en grande partie au XVe siècle, mais elle a été largement remaniée au fil du temps. Le vaste parvis au pavage inégal qui entoure l'église est bordé de *cumbessias* (maisons de pèlerins) basses. Une tour de guet pisane s'y dresse, solitaire.

Où se restaurer et prendre un verre

Enoteca Osteria Il Portico OSTERIA €
(☎0784 99 93 56 ; Via A de Gasperi 11 ; repas 20-25 € ; ⏲tlj en été, fermé dim en hiver). Aménagée autour d'un jardin clos, cette *osteria* au plafond voûté et aux murs en briques propose d'excellents poissons et viandes grillés. Mais l'on peut aussi marier les vins et les *antipasti* pour deux (12 €) – les *crostini* au pâté maison sont délicieux. À l'avant de l'établissement, l'*enoteca* vend un beau choix de vins locaux et de confitures.

La Taverna SARDE €€
(☎0784 99 83 30 ; Piazza G Marconi 6 ; repas 25-30 € ; ⏲tlj mai-oct). Régalez-vous des poissons du golfe ou de copieux plats de viande (au sanglier, par exemple) que sert cette authentique taverne, dont les tables occupent une place ombragée à deux pas de la Piazza Sas Animas.

Yesterday Bar BAR
(Via Nazionale 48). Agréable bar bohème aménagé sur le thème des Beatles et installé autour d'une minuscule cour. Un lieu décontracté, parfait pour grignoter un en-cas, siroter une bière fraîche ou un cocktail.

Renseignements

Une fois en ville, suivez les indications pour le *centro* : vous atteindrez la Piazza del Popolo où se trouve l'**office du tourisme** (☎0784 99 83 67 ; Piazza del Popolo 13 ; ⏲ 10h-12h30 tlj).

Depuis/vers Orosei

BUS Plusieurs bus quotidiens relient Orosei à Nuoro (3 €, environ 1 heure, 5/j lun-sam, 3/j dim) et à Dorgali (2 €, 25 min, 2/j lun-sam, 1/j dim).

Environs d'Orosei

PLAGES D'OROSEI

La plage d'Orosei, la **Marina di Orosei**, se situe à 2,5 km à l'est de la ville. Elle marque la pointe nord du Golfo di Orosei, sur lequel elle offre un large point de vue. La plage de la Marina di Orosei est cernée au nord par le cours du Cedrino ; derrière les plages s'étendent des lagunes, les **Stagni di Cedrino**.

Une bande de sable blond léché par des eaux topaze s'étire sur 5 km vers le sud en changeant de nom à plusieurs reprises : **Spiaggia Su Barone**, **Spiaggia Isporoddai**, puis **Spiaggia Osalla**, trois plages séduisantes, bordées par une pinède. Vous pouvez y pique-niquer à l'ombre ou même y faire un barbecue (des équipements sont disséminés au milieu des pins). De la Spiaggia Osalla, au-delà d'une grande digue, on atteint la **Caletta di Osalla**, deuxième bande de sable après la plage principale.

D'autres plages superbes festonnent la côte au nord de la Marina di Orosei, notamment **Cala Liberotto**, adossée à une pinède, et **Cala Ginepro**, dont les eaux peu profondes et le camping plaisent aux familles. Plus au nord, voici **Bidderosa**, qui fait partie d'une réserve naturelle et ne souffre jamais de surpeuplement car le nombre de visiteurs est limité. Un sentier de 4 km descend jusqu'à la plage, magnifique étendue de sable blanc flanquée de pins, d'eucalyptus et de genévriers, et baignée d'une eau bleu cobalt. La partie nord débouche sur une autre belle plage appelée **Berchida**.

GALTELLI

2 480 HABITANTS

Tapie au pied du Monte Tuttavista et entourée d'oliveraies, de vignes et d'herbages où broutent les brebis, Galtelli est une bourgade de carte postale. Son minuscule centre médiéval, tout en ruelles tortueuses, vieilles maisons en pierre et places tachetées de soleil, se prête à la flânerie. Si vous souhaitez vous écarter quelque temps des sentiers battus, vous êtes à la bonne adresse.

L'**office du tourisme** (☎0784 9 01 50 ; www.galtelli.com ; Via Sassari 12 ; ⏲9h-12h et 16h-19hen été, 10h-12h mar-dim en hiver), dans la vieille ville, vous apporter des renseignements utiles.

Galtelli peut se vanter d'avoir été citée dans le roman le plus connu de Grazia Deledda, *Canne al Vento* (*Des roseaux sous le vent*, 1913), un conte passionnant sur la chute d'une famille aristocrate de propriétaires. L'office du tourisme peut vous conseiller des itinéraires sur les traces de l'auteur qui vous mèneront à la **Chiesa di San Pietro**, une église romano-pisane près du cimetière, et à la **Casa delle Dame Pintor**, demeure fictive des trois sœurs Nieddu (héroïnes du roman de l'auteur), construite au XVIIe siècle.

Dans une belle villa du XVIIIe siècle, le **Museo Etnografico Sa Domo 'e sos Marras** ((☎0784 9 04 72 ; Via Garibaldi 12 ; tarif plein/réduit 3/2.50 € ; ⏲9h-13h et 16h-20h mar-dim en été, 10h-12h et 16h-18h en hiver) expose une intéressante collection d'objets

VAUT LE DÉTOUR

SUR LA ROUTE

N'hésitez pas à prendre le volant pour parcourir les 60 km de route qui serpentent de Dorgali à Santa Maria Navarrese. Sinueuse et donnant parfois le frisson, la SS125 franchit les cols des montagnes et bénéficie d'une vue magnifique : à droite, les pics de calcaire déchiquetés du Supramonte se dressent au-dessus des bois, et des gorges s'insinuent dans la large vallée ; à gauche, les montagnes dévalent vers le bleu étincelant de la mer. La vue s'ouvre pour embrasser tout le paysage lorsqu'on franchit le col vertigineux de **Genna 'e Silana**, à 1 017 m. Presque aussitôt après, près de l'embranchement pour Urzulei, on aperçoit les **Formaggi Gruthas** (☎0782 64 80 08 ; Località Giustizieri) où l'on peut s'arrêter pour acheter du *pecorino* de la ferme. Le Monte Scoine (647 m) marque les abords de Santa Maria Navarrese. Si vous voulez effectuer un magnifique détour en revenant, suivez les panneaux depuis Lotzorai en direction de Talana, puis d'Urzulei. La route sinue à travers une vallée aux airs de canyon, le long d'une rivière, et se faufile au milieu d'affleurements de granit rouge, de vignes et versants émaillés de cactus, avant de rejoindre de nouveau la SS125 à Urzulei.

C'est sans doute au printemps que la nature est la plus belle : les fleurs sauvages tapissent alors les collines, et les genêts apportent une touche dorée au paysage. Hormis une ou deux Fiat lancées à toute allure, il y a peu de circulation. Attention toutefois, à la tombée de la nuit, aux cochons sauvages, chèvres, brebis et vaches qui descendent sur la route et provoquent des éboulements de pierres.

ruraux et quelques jouets d'enfants. À l'étage, les pièces ont été décorées dans leur style original du XVIIIe siècle.

Jusqu'à 5 bus par jour circulent entre Galtelli et Orosei (1,20 €, 10 min).

Dorgali

8 520 HABITANTS

Petite ville modeste au cœur d'un paysage grandiose, Dorgali se love au pied du Monte Bardia, au milieu des vignes et des oliveraies. Les pics de calcaire dominent les maisons aux tons pastel et les rues étroites et escarpées du centre, telle une invite adressée aux randonneurs et aux passionnés d'escalade.

Si d'autres activités de plein air vous tentent, le Golfo di Orosei et les paysages accidentés du Supramonte sont tout proches.

À voir et à faire

En ville, les boutiques d'artisanat occupent le haut du pavé : Dorgali est en effet réputée pour ses articles en cuir, ses céramiques, ses tapis et ses bijoux en filigrane. Une fois que vous en aurez fait le tour – et c'est ce que Dorgali a de meilleur à offrir – tournez-vous vers ses majestueux paysages de calcaire. Plusieurs agences dans la ville proposent des excursions en 4x4, des randonnées et des sorties de spéléologie.

Museo Archeologico MUSÉE
(☎349 442 55 52 ; Via Vittorio Emanuele ; tarif plein/réduit 3/1,50 € ; ⌚9h-13h et 15h30-18h, jusqu'à 19h juil et août). Ce modeste musée archéologique retrace le passé de la région à travers divers objets, de l'époque prénuragique au Moyen Âge.

Cooperativa Ghivine TREKKING
(☎0784 9 67 21 ; www.ghivine.com ; Via Lamarmora 69e). Incontournable, cette agence organise un large éventail d'activités (sorties en bateau, escalade, expéditions archéologiques, etc.). Parmi les meilleures randonnées, citons la Gola Su Gorropu (40 €) et Tiscali (40 €).

Atlantikà SORTIES SPORTIVES
(☎328 972 97 19 ; www.atlantika.it, en italien ; Via Lamarmora 195). Afin d'explorer plus avant l'arrière-pays rocheux et la côte, adressez-vous à ces guides locaux qui organisent excursions à la Gola Su Gorropu et à Tiscali (35 € chaque), canoë, vélo, spéléologie, plongée et canyoning.

Où se restaurer

La Via Lamarmora, l'artère principale, est jalonnée de snack-bars, pizzerias et pâtisseries bon marché.

Ristorante Colibrì SARDE €€
(☎0784 9 60 54 ; Via Gramsci 14 ; repas environ 30 € ; ⌚lun-sam). Établi dans une zone résidentielle (suivez les nombreux panneaux),

ce restaurant aux murs jaune citron propose des plats comme le *cinghiale al rosmarino* (sanglier au romarin), la *capra alla selvatiza* (chèvre au thym) et le *porceddu*.

Renseignements

L'**office du tourisme** (☎0784 9 62 43 ; www.dorgali.it, en italien ; Via Lamarmora 108b ; ⏲10h-13h et 16h-20h lun-ven, plus sam en juil-août) fournit des informations sur Dorgali et Cala Gonone, ainsi que des contacts pour des excursions ou des hébergements.

Depuis/vers Dorgali

BUS Les bus ARST relient Dorgali à Nuoro (3,50 €, 50 min, 8/j lun-sam, 4/j dim) ainsi qu'à Olbia (7 €, 50 min, 2/j lun-sam, 1/j dim). Jusqu'à 7 bus par jour (4 le dimanche) effectuent l'aller-retour entre Dorgali et Cala Gonone (1,50 €, 20 min). Plusieurs arrêts jalonnent la Via Lamarmora. Les billets s'achètent au bar situé à l'angle de la Via Lamarmora et du Corso Umberto.

Nord de Dorgali

GROTTA DI ISPINIGOLI

Un court trajet en voiture au nord de Dorgali mène à la **Grotta di Ispinigoli** (tarif plein/réduit 7,50/3,50 € ; ⏲visites à l'heure pile 9h-20h en été, 9h-12h et 15h-17h en hiver), grotte féérique abritant une véritable forêt de formations rocheuses, dont la deuxième plus grande stalagmite du monde (la première, de 40 m de hauteur, se trouve au Mexique).

Contrairement aux autres grottes de ce type dans lesquelles on pénètre en principe par le côté, on accède à celle-ci par un "puits" géant de 60 m de profondeur au centre duquel se dresse la grandiose stalagmite, haute de 38 m.

Découvertes par un berger en 1950, les grottes n'ont fait l'objet d'une exploration systématique qu'à partir des années 1960. Au total, on y a découvert depuis lors un réseau de 15 km de galeries ainsi que huit rivières souterraines. Les spéléologues peuvent s'inscrire pour des expéditions parcourant jusqu'à 8 km auprès des divers organismes à Dorgali ou à Cala Gonone. Des objets nuragiques ont été retrouvés sur le sol du puits principal et des bijoux phéniciens sur celui du deuxième grand "puits", situé 40 m plus bas. Lors de la visite ouverte à tous, on ne pénètre pas dans le conduit menant à la deuxième cavité, également appelé l'**Abbisso delle Vergini** (gouffre des vierges). Les bijoux retrouvés ont amené à penser que les Phéniciens pratiquaient des sacrifices humains rituels consistant à jeter des jeunes filles dans le puits.

Prenez le temps de dîner et d'admirer la vue panoramique au coucher du soleil au **Ristorante Ispinigoli** (☎0784 9 52 68 ; www.hotelispinigoli.com, en italien ; repas environ 30 € ; ⏲fermé sam et dim en basse saison), un peu en contrebas de l'entrée de la grotte. Situé dans l'Hotel Ispinigoli, ce restaurant réputé sert des spécialités locales comme la *fregola con arselle* (pâtes sardes et soupe aux palourdes), du chevreau rôti aux herbes et un grand choix de *formaggi*.

S'ABBA FRISCA

À 5 km de la Grotta di Ispinigoli, sur la route de campagne allant à Cala Gonone, **S'Abba Frisca** (☎335 656 9072 www.sabbafrisca.com, en italien ; tarif plein/réduit 7/4 € ; ⏲9h-12h et 15h-19h en été, sur rdv en hiver) est une vraie malle aux trésors ethnographiques. L'endroit mérite la visite ne serait-ce que pour ses jardins, plantés d'oliviers centenaires, d'arbustes odorants et de plantes médicinales. Le patrimoine culturel sarde est également mis en valeur : on y voit notamment une cabane de berger en basalte et en bois de genévrier, de vieux pressoirs à olives et à raisin, et un four traditionnel servant à cuire le *pane carasau*.

SERRA ORRIOS ET S'ENA 'E THOMES

À 11 km au nord-ouest de Dorgali (et à 3 km de la route Dorgali-Oliena), les ruines de **Serra Orrios** (tarif plein/réduit 5/2,50 € ; ⏲visites ttes les heures 9h-13h et 15h-18h, horaires restreints en hiver) sont celles d'un village nuragique occupé entre 1500 et 250 av. J.-C. Nichés parmi les oliviers, les vestiges se composent de quelque 70 huttes en forme de fer à cheval, groupées autour de deux temples en basalte taillé : le Tempietto A, dont on pense qu'il était fréquenté par des pèlerins de passage, et le Tempietto B, réservé aux villageois. La découverte d'un troisième temple a conduit les spécialistes à penser que le site avait peut-être été un important centre religieux. Un schéma près de l'entrée explique l'organisation de l'ensemble (visites guidées en italien).

Après quoi, vous pouvez continuer vers le nord pour voir un bel exemple de *tomba dei giganti* ("tombe de géants", une sépulture collective) datant de l'apogée de la période nuragique. Après le croisement,

NE MANQUEZ PAS

RANDONNÉE JUSQU'À TISCALI

Spectaculaire, la randonnée jusqu'à Tiscali traverse les paysages majestueux du cœur du Supramonte. Le point de départ du sentier se trouve au **pont de Sa Barva**, de l'autre côté du Rio Flumineddu. C'est le même que celui du sentier menant à la Gola Su Gorropu. Vous aurez besoin de chaussures solides et confortables afin de pouvoir sauter aisément de rocher en rocher, même si la majeure partie du chemin (indiqué par des flèches rouges) est facile à parcourir, d'autant que les genévriers et les chênes-lièges permettent de marcher parfois à l'ombre. Le sentier, balisé, se parcourt en 1 heure 30 à 2 heures ; prévoyez 5 heures aller-retour, en incluant des pauses et la visite de Tiscali. Si vous avez du temps, profitez-en pour visiter le **Domus de Jana Biduai** (entrée libre ; ⏲aube-crépuscule), sur la route qui ramène à Dorgali. Des pierres de gué permettent de traverser la rivière pour rejoindre cette ancienne tombe nuragique. De nombreux prestataires à Oliena, Dorgali et Cala Gonone proposent des excursions à Tiscali. Comptez environ 40 € par personne, le déjeuner étant parfois inclus.

continuez sur 3 km vers le nord sur la route Nuoro-Orosei : le **S'Ena 'e Thomes** (entrée libre ; ⏲aube-crépuscule) est indiqué sur la droite. Un chemin étroit serpente à travers des terres marécageuses pour rejoindre la stèle centrale en pierre, de forme ovale (3,65 m de haut et 2,10 m de large) qui ferme l'accès à l'ancienne chambre funéraire.

Sud de Dorgali

GOLA SU GORROPU

Surnommée le Grand Canyon de l'Europe, la **Gola Su Gorropu** (☎328 897 65 63 ; www.gorropu.info ; tarif plein/réduit 5/3 € ; ⏲visites 10h30-15h30 tlj) est une gorge spectaculaire dont les parois de calcaire s'élèvent à 400 m de hauteur. L'*Aquilegia nuragica*, une plante endémique, ne pousse qu'ici, et, aux moments les plus calmes, on peut aussi apercevoir des mouflons et des aigles royaux. Depuis le lit du Rio Flumineddu, il est possible de parcourir environ 1 km dans le ravin jonché de gros rochers, sans matériel d'escalade ; restez sur la berge de droite et suivez les cairns. Au bout de 500 m, on atteint le point de passage le plus étroit (4 m de large), et le formidable **Hotel Supramonte**, une ascension difficile de niveau 8b à plusieurs longueurs, le long d'une paroi verticale de 400 m.

Pour randonner dans la gorge, vous devrez vous équiper de chaussures solides et emporter suffisamment d'eau. Il existe deux itinéraires principaux. Le plus spectaculaire part du parking situé en face de l'Hotel Silana, au col de **Genna 'e Silana**, sur la SS125, au kilomètre 183. Le sentier (1 heure 15) est indiqué et assez facile, surtout en descente. Il passe au milieu de bois de chênes verts, de pentes jonchées de gros rochers et de falaises creusées d'innombrables grottes. Pour bénéficier d'une vue en plongée sur la gorge, vous pouvez emprunter le sentier de crête (1 heure 15) qui va du parking jusqu'à la **Punta Cucuttos** (888 m).

Le second chemin, un peu moins difficile, menant à Gorropu, passe par le **pont de Sa Barva**, à 15 km de Dorgali. Pour y accéder, empruntez la SS125 et repérez le panneau sur la droite indiquant la Gola Su Gorropu et Tiscali, entre les kilomètres 200 et 201. Suivez cette direction et continuez jusqu'à la fin de la route asphaltée (environ 20 min après). Garez-vous à cet endroit, franchissez le pont de Sa Barva, et vous verrez le sentier menant à la Gola indiqué sur la gauche. À partir de ce point, comptez environ 2 heures d'une belle marche le long du Rio Flumineddu jusqu'à l'embouchure de la gorge.

Si vous préférez être accompagné, Sandra et Franco, de la **Cooperativa Gorropu** (☎0782 64 92 82, 333 850 71 57 ; www.gorropu.com ; Via Sa Preda Lada 2, Urzulei), organisent des excursions et activités (randonnée, canyoning, spéléologie, cours de cuisine, etc.). Consultez leur site Internet pour connaître les tarifs. Leur agence se trouve à Urzulei, mais ils gèrent aussi un petit centre d'information au col de Genna 'e Silana.

TISCALI

Caché au creux d'une cavité surplombant la Valle di Lanaittu, le village nuragique de **Tiscali** (tarif plein/réduit 5/2 € ; ⏲9h-19h en été, jusqu'à 17h en hiver) est l'un des grands sites archéologiques de Sardaigne.

Remontant au VIe siècle av. J.-C. et habité jusqu'à l'époque romaine, ce village ne fut redécouvert qu'à la fin du XIXe siècle. Relativement intact à l'époque, le site fut ensuite dévalisé par des pilleurs de tombes, qui arrachèrent les pierres coniques et les huttes en terre (autrefois surmontées d'un toit en bois de genévrier) pour ne laisser que les vestiges que l'on voit aujourd'hui. Un spectacle saisissant vous attend : un fouillis de ruines parmi les chênes-verts et les pistachiers, blotties dans la pénombre du surplomb calcaire. Les habitants de Sa Sedda 'e Sos Carros venaient se réfugier ici en cas de danger, ce qui leur a permis d'échapper à toute domination jusqu'au IIe siècle av. J.-C.

Cala Gonone

1 280 HABITANTS

Les amateurs d'escalade, de plongée, de kayak de mer, de bains de soleil et de randonnée trouvent leur bonheur à Cala Gonone. Il suffit de regarder autour de soi pour comprendre : d'imposants pics de calcaire encadrent le panorama grandiose sur le Golfo di Orosei, des falaises abruptes plongent dans la mer, et des sentiers serpentent à travers des ravins vert émeraude pour rejoindre les plages de sable blanc. Même le trajet jusqu'ici est une aventure en soi, car chaque virage en épingle à cheveux rapproche parfois dangereusement de l'étendue azurée de la mer.

Installée au bord d'une promenade plantée de pins le long de la mer, la station balnéaire a conservé l'atmosphère tranquille et familiale du petit village de pêcheurs qu'elle était autrefois. Excepté au mois d'août, les plages ne sont pas bondées et les tarifs des chambres restent abordables. La station plonge dans la léthargie en hiver, fermant d'octobre à Pâques.

À voir et à faire

Cala Gonone est le point de départ idéal pour explorer les baies les plus jolies du golfe, disséminées tout le long de la côte. Les plus belles plages et grottes n'étant accessibles qu'en randonnée ou en jetant l'ancre tout près, elles ont un charme d'île déserte.

Plages de Cala Gonone PLAGES

En ville, la **Spiaggia Centrale**, petite plage de galets, est correcte pour une baignade rapide, mais les plages les plus agréables se trouvent plus au sud. Plus loin sur le front de mer, la **Spiaggia Palmasera** consiste en d'étroites bandes de sables séparées par des avancées rocheuses (attention aux oursins). Pour se baigner, il est préférable de marcher encore 1 km vers le sud jusqu'à la **Spiaggia Sos Dorroles**, adossée à une paroi rocheuse jaune orangé.

Cala Fuili PLAGE

À 3,5 km au sud de la ville (suivez la Via Bue Marino), cette petite calanque rocheuse est précédée d'une verte vallée. D'ici, vous

TOP 5 DES ESCALADES

» **Cala Fuili** Baie aisément accessible, parfaite pour les débutants, avec 117 voies de niveau 5a à 8b+, des falaises surplombant la plage et quantité de surplombs rocheux dans la gorge, pour satisfaire tous les goûts et tous les niveaux.

» **La Poltrona** Imposant amphithéâtre de calcaire proche du centre de Cala Gonone, avec roche compacte, 75 voies avec points d'ancrage de niveau 4 à 8a et une hauteur maximum de 175 m. L'été, attendez la fin de l'après-midi, avant il fait trop chaud.

» **Cala Luna** Superbe escalade au-dessus d'une baie splendide, accessible à pied ou en bateau. Les 56 voies de niveau 5c à 8b+ comportent de délicates voies à une longueur dans des grottes avec surplombs rocheux.

» **S'atta Ruia** Un lieu de grimpe très prisé à Dorgali, consistant en une longue falaise calcaire avec parois verticales et surplombs rocheux. En tout, 81 voies de niveau 5a à 7b. Escaladez-les le matin pour être à l'ombre.

» **Biddiriscottai** Un peu avant la baie de Cartoe, Biddiriscottai bénéficie d'un décor montagneux splendide avec vue majestueuse sur la mer. Les falaises et les rochers escarpés se dressent au-dessus d'une grotte. Escalade technique sur 50 voies avec bons points d'ancrage de niveau 5b à 8a+.

NE MANQUEZ PAS

LE CROISSANT BLEU

S'il est une excursion à faire en Sardaigne, c'est bien la découverte en bateau des 20 km de côtes méridionales du Golfo di Orosei. De vertigineuses falaises calcaires tombent à pic dans la mer, interrompues de temps à autre par de ravissantes plages, des criques et des grottes. Usant d'une palette toujours changeante de sable, de rochers, de galets, de coquillages et d'eau cristalline, les forces de la nature se sont conjuguées pour composer un avant-goût de paradis. La côte resplendit de couleurs jusque vers 15h, heure à laquelle le soleil commence à disparaître derrière les falaises.

En partant du port de Cala Gonone vers le sud, vous atteindrez d'abord la **Grotta del Bue Marino**. Première plage après la grotte, la **Cala Luna** dessine un croissant fermé au sud par de hautes falaises. Prochaine plage de dimension conséquente, la **Cala Sisine** offre elle aussi un mélange de sable et de galets, au débouché d'une vallée verdoyante. La **Cala Biriola** la jouxte presque, puis suivent plusieurs sites enchanteurs où la mer, au pied des falaises élancées, forme des taches d'un bleu intense.

La **Cala Mariolu** est sans doute l'un des endroits les plus sublimes de la côte. Coupée en deux par des rochers calcaires étincelants, elle ne comporte quasiment pas de sable. Mais ne vous laissez pas dissuader par ses petits galets, blancs et lisses. L'eau qui baigne cette plage évolue d'un blanc transparent, tout au bord, à une gamme de bleus ciel qui prennent une nuance violacée plus au large.

pouvez partir en randonnée vers le sommet des falaises jusqu'à la splendide **Cala Luna**, à 4 km (environ 2h de marche). Le sentier, qui passe à travers les genévriers et les pistachiers lentisques, est facile à suivre (des triangles et des cercles figurent sur les rochers). À l'approche de Cala Luna, la vue sur la côte est époustouflante.

Cala Luna — PLAGE

Rendez-vous favori des amateurs d'escalade, cette baie en demi-lune, d'une beauté sauvage, s'adosse à un ravin luxuriant. Elle est encadrée de falaises creusées de grottes, et baignée d'eaux turquoise. Après le départ des bateaux, on se sent seul au monde. Si vous avez un bon sens de l'orientation, vous pouvez poursuivre par un sentier difficile et non balisé jusqu'à l'arche rocheuse appelée **Arco Lupiru** (environ 1 heure 30) ou jusqu'à **Cala Sisine** (4 heures).

Cala Cartoe — PLAGE

Nichée au nord de la ville, la Cala Cartoe est une autre belle bande de sable soyeux qui s'étend entre des eaux émeraude et une zone densément boisée. Pour y accéder, suivez la Via Marco Polo en voiture depuis le port jusqu'à une fourche : la baie est indiquée vers la droite (nord).

Nuraghe Mannu — SITE ARCHÉOLOGIQUE

(Tarif plein/réduit 3/2 € ; ⏲9h-12h et 15h-18h en hiver, jusqu'à 19h en été). Pour jouir d'une vision panoramique de la côte, suivez les panneaux depuis la route Cala Gonone-Dorgali afin de rejoindre ce *nuraghe*. Après 3 km, la piste rocailleuse débouche sur un promontoire sauvage d'où l'on voit presque entièrement la courbure du golfe. Du *nuraghe* lui-même, il ne reste que de maigres vestiges, mais le site est follement romantique avec ses blocs gris argenté disséminés sous les oliviers.

Grotta del Bue Marino — GROTTE

(Tarif plein/réduit 8/4 € ; ⏲visites à l'heure pile 9h-13h et 15h-17h tlj en été). Une magnifique balade de 40 minutes au départ de Cala Fuili, ou un rapide trajet en bateau depuis Cala Gonone, permettent de rallier cette grotte, dernier refuge sur l'île du phoque moine, une espèce rare que les pêcheurs locaux appellent "*bue marino*" ou "bœuf marin". Avec les pétroglyphes du néolithique qui ornent ses parois, cette grotte marine ne manque pas d'impressionner. Des visites guidées ont lieu jusqu'à sept fois par jour. En haute saison, vous devrez peut-être réserver.

Acquario di Cala Gonone — AQUARIUM

(☎0784 9 30 47 ; www.acquariocalagonone.it ; Via La Favorita ; tarif plein/réduit 10/6 € ; ⏲9h30-19h30 tlj ; 👪). Avant de les découvrir en plongée, faites connaissance avec les créatures marines du coin dans cet aquarium flambant neuf, conçu par les architectes Peter Chermayeff et Sebastiano Gaias. Les 25 bassins sont peuplés d'hippocampes, de méduses, de raies, de poissons clowns, d'anémones.

PRÉPARATIFS

Pour vous procurer cartes et guides de randonnée et d'escalade, rendez-vous chez **Namaste** (☎0784 937 23 ; Via Colombo di Gometz 11 ; ⌚9h-13h et 15h-19h tlj). Vous y trouverez l'ouvrage de Maurizio Oviglia, *Pietra di Luna* (30 €), guide d'escalade complet englobant les secteurs de Cala Gonone, Jerzu et Baunei ; *Il Sentiero Selvaggio Blu* (16 €), de Corrado Conca, qui traite de la superbe randonnée de 7 jours appelée Selvaggio Blu ; et *La Sardegna in Bicicletta* (13,90 €), qui détaille 1 000 km d'itinéraires à vélo. Vous trouverez aussi sur place des itinéraires de balade et des guides de voyage.

Circuits organisés

Une flotte de bateaux, allant des puissants canots pneumatiques jusqu'aux petits yachts ou aux gracieux voiliers, vous attend dans le port de Cala Gonone pour vous faire découvrir le littoral. Les bateaux sont en activité de mars à début octobre environ, selon la demande. Les prix varient, la "très haute saison" se situant entre le 11 et le 25 août. Les agences en ville ou les guichets sur le port vous renseigneront.

Prima Sardegna RANDONNÉE, 4X4
(☎0784 9 33 67 ; www.primasardegna.com ; Via Lungomare Palmasera 32 ; ⌚9h-12h et 16h-19h). L'adresse incontournable pour des informations sur l'escalade, de l'aide à l'organisation et la location de matériel (à partir de 5 € la pièce). L'agence organise aussi des excursions à Tiscali et à Gorropu (40 €), ainsi que des randonnées et des excursions en 4x4 dans le Supramonte. La location à la journée d'un vélo/scooter/kayak simple/kayak double coûte respectivement 24/48/30/55 €.

Nuovo Consorzio Trasporti Marittimi BATEAU
(☎0784 93 305 ; www.calagononecrociere.it, en italien ; Via Millelire 14). Cette agence propose des balades aller-retour à Cala Luna (12 €), Cala Sisine (18 €), Cala Mariolu (26 €) et Cala Gabbiani (26 €). Le trajet jusqu'à la Grotta Bue Marino coûte 16,50 €, entrée de la grotte comprise. Tous les circuits coûtent environ 5 € de plus en juillet et août. Horaires sur le site Internet.

Argonauta PLONGÉE
(☎0784 93 046, 349 473 86 52 ; www.argonauta.it ; Via dei Lecci 10). Ce centre agréé PADI propose des sorties snorkeling (adulte/enfant 25/15 €), une initiation à la plongée (90 €), des plongées dans des grottes ou sur épave, et des excursions de canyoning (40 €).

Cielomar BATEAU
(☎0784 92 00 14 ; Località Palmasera). Circuits d'une journée dans le golfe à partir de 40 € par personne, et location de *gommoni* (canots pneumatiques à moteur) moyennant 80 € à 120 € par jour, sans le carburant (environ 25 € en plus).

Dolmen 4X4
(☎0784 932 60 ; www.sardegnadascoprire.it ; Via Vasco da Gama 18). Autre agence fiable, Dolmen organise des circuits en 4x4 au Supramonte et des sorties canyoning au Gorropu. Elle loue des vélos, des scooters et des canots pneumatiques. Appelez pour connaître les horaires et les tarifs.

Où se restaurer et prendre un verre

Outre les établissements ci-après, il existe quantité de snack-bars, glaciers et pizzerias sur le front de mer ou à proximité. La plupart ferment de novembre à mars.

♥ **Agriturismo Nuraghe Mannu** SARDE €
(☎0784 9 32 64 ; www.agriturismonuraghemannu.com ; à côté de la route SP26 Dorgali-Cala Gonone ; repas 25 € ; ⌚dîner). Joliment installé au-dessus du golfe et au milieu des oliviers, cet *agriturismo* propose un véritable festin de *pecorino*, salami, olives, vin, pâtes maison, suivi d'un succulent agneau ou chevreau rôti, et de douceurs sardes.

Il Pescatore POISSON ET FRUITS DE MER €€
(☎0784 9 31 74 ; Via Acqua Dolce 7 ; repas 25-35 € ; ⌚tlj). Ce restaurant authentique a pour spécialité les poissons et fruits de mer frais. Installez-vous en terrasse pour déguster des pâtes aux *ricci* ou encore des spaghettis aux palourdes et à la *bottarga* (œufs de mulet), à accompagner d'un pichet de la cuvée maison (vin blanc, 5 € les 50 cl).

Road House Blues ITALIEN €€
(☎0784 93 187 ; Lungomare Palmasera 28 ; repas 20-30 € ; ⌚tlj). Pas de meilleure adresse

pour une bière ou un plat que ce restaurant décontracté du *lungomare* (bord de mer). Offrez-vous une pizza ou des plats sardes comme les pâtes maison aux blettes et au pecorino. Cuvée maison à 8 € le litre.

Ristorante Acquarius PIZZERIA, SARDE **€€**
(☎0784 9 34 28 ; Lungomare Palmasera 34 ; pizza 6-8 €, repas environ 30 € ; ⊙tlj). Il règne toujours une bonne ambiance dans ce restaurant du *lungomare*. Les pizzas au feu de bois sont parfaites, tout comme le *porceddu* (cochon de lait) servi avec des pommes de terre au romarin. Pour finir, dégustez un rafraîchissant sorbet au myrte.

Hotel Bue Marino ITALIEN **€€**
(☎0784 92 00 78 ; www.hotelbuemarino.it ; Via Vespucci 8 ; repas environ 30 € ; ⊙tlj). Le bar face à la mer de cet élégant hôtel attire une clientèle chic en début de soirée. Le restaurant du 4e étage prépare des plats à base de produits du terroir. Goûtez au poisson pêché dans le golfe d'Orosei et aux fromages de Dorgali.

Renseignements

Vous trouverez des informations auprès de l'**office du tourisme** (☎0784 9 36 96 ; www.calagonone.com ; Viale Bue Marino 1a ; ⊙9h-13h et 15h-19h en été, jusqu'à 21h en juil et août, 9h30-11h30 ven-mer en hiver), dans le petit parc sur votre droite lorsque vous entrez en ville.

Un DAB est installé sur le port. Vous pouvez consulter vos e-mails et utiliser Skype à **Internet Point** (Piazza Da Verrazzano 3 ; Internet/Wi-Fi 5/4 € de l'heure ; ⊙ 8h30-12h30 et 16h-19h30 lun-sam).

Depuis/vers Cala Gonone

BUS Les bus desservent Cala Gonone depuis Dorgale (1,50 €, 20 min, 7/j lun-sam, 4/j dim) et Nuoro (3,50 €, 70 min, 6/j lun-sam, 3/j dim). Les billets s'achètent au **Bar La Pineta** (Viale C. Colombo).

L'OGLIASTRA

Coincé entre les provinces de Nuoro et de Cagliari, bien plus vastes, l'Ogliastra, présente quelques-uns des paysages les plus spectaculaires de l'île. L'intérieur des terres est une mosaïque de vallées sauvages, de forêts et de parois rocheuses. Quant à la côte, elle est de plus en plus époustouflante à mesure que l'on approche du Golfo di Orosei.

Circuler dans la région, notamment dans l'arrière-pays, demande du temps. Les distances ne sont pas grandes, mais les routes sont raides et souvent très sinueuses. Il est possible de se déplacer en bus, mais mieux vaut louer un véhicule pour découvrir les recoins de la région.

Tortolì et Arbatax

10 800 HABITANTS

La première impression que vous aurez de Tortolì, la capitale animée de l'Ogliastra, dépend d'où vous arrivez. Si vous débarquez du ferry en provenance du continent, vous risquez d'être déçu par l'apparence moderne et quelconque de la ville. Mais si vous arrivez par l'arrière-pays, les boutiques de souvenirs et les grands hôtels vous apparaîtront comme un changement bienvenu après l'épais silence de la campagne.

Les ferries en provenance de Cagliari accostent au port d'Arbatax, à 4 km en prenant le Viale Monsignor Virgilio, d'où partent des balades en bateau le long de la côte jusqu'au Golfo di Orosei. L'été, vous pourrez également prendre le *trenino verde* à la gare d'Arbatax.

À voir et à faire

Tortolì et Arbatax sont des stations balnéaires, aussi comptent-elles peu de sites à visiter. Au port, vous pouvez organiser des excursions en bateau vers

KAYAK À CARDEDU

Il n'existe pas de meilleur moyen de découvrir les calanques, les grottes et les formations rocheuses d'Ogliastra que de glisser au fil de l'eau sur un kayak. À Cardedu, à 16 km au sud de Tortolì, le spécialiste du kayak Francesco Muntoni, de **Cardedu Kayak** (☎0782 75185 ; www.cardedu-kayak.com ; Località Perda Rubia), partage sa passion avec des kayakistes de tous niveaux. Comptez 150 € les 5 cours de 2 heures chacun, ou, si vous préférez vous débrouiller seul, un minimum de 25 € par personne pour la location d'un kayak à la journée. Pensez à apporter votre maillot de bain en été. Francesco organise aussi des sorties plus longues et des expéditions "camping nautique" pour ceux qui souhaitent pêcher en kayak et dormir sur des plages désertes.

les plages et les grottes du Golfo di Orosei. Les prix se situent entre 40 € et 50 € par personne.

Plages d'Arbatax PLAGES

Les plages s'étendent de part et d'autre d'Arbatax. Vous découvrirez les belles criques sablonneuses et les eaux cristallines de la **Spiaggia Orri,** de la **Spiaggia Musculedda** et de la **Spiaggia Is Scogliu Arrubius**, environ 4 km au sud de Porto Frailis, où se succèdent les hôtels. Encore un peu plus au sud, on atteint une plage presque intacte, la **Spiaggia Cala Francese**, à la hauteur de la **Marina di Gairo**.

Rocce Rosse SITE REMARQUABLE

Si vous avez un peu de temps à Arbatax, traversez la route depuis le port et continuez après la station-service jusqu'aux Rocce Rosse (rochers rouges). Les étranges formations rocheuses sculptées par l'érosion qui plongent dans la mer valent bien une photo. Elles sont encadrées au loin par les falaises du sud de l'Ogliastra et du Golfo di Orosei.

Où se restaurer

Vous trouverez quelques pizzerias et snack-bars, corrects sans plus, dans le port d'Arbatax ; presque tous ferment de novembre à mars.

Ittiturismo La Peschiera POISSON ET FRUITS DE MER €€

(☎0782 66 44 15 ; Spiaggia della Cartiera ; repas environ 30 € ; ⌚tlj). Dans cet Ittiturismo géré par la coopérative de pêcheurs de Tortolì, les poissons que l'on vous sert au déjeuner sont pêchés du matin. Cette humble cabane a beau être excentrée, elle mérite le détour. Suivez les panneaux à l'entrée de la ville et marchez 5 minutes le long de la rivière.

La Bitta ITALIEN €€€

(☎0782 66 70 80 ; Località Porto Frailis ; repas 40-55 € ; ⌚tlj). Pour un dîner raffiné à Porto Frailis, cette adresse est imbattable. Mettez-vous sur votre trente et un et délectez-vous d'une cuisine succulente : pâtes maison à la raie et au pesto à l'aneth, ou macaronis aux artichauts, à la ricotta et à la *bottarga* (œufs de mulet).

Renseignements

À Arbatax, l'**office du tourisme** (☎07 82 66 76 90 ; Via Lungomare 21 ; ⌚en été uniquement) se trouve près du terminus du *trenino verde*.

À Tortoli, dans l'artère principale, **Frailis Viaggi** (☎0782 62 00 21 ; www.frailisviaggi.it ; Via Roma 12 ; ⌚9h-13h et 16h30-20h lun-ven) est une agence de voyages bien pratique où vous pouvez réserver vos billets de ferry et d'avion, organiser des excursions en bateau (50 €/pers) et louer une voiture (70 €/j)

Depuis/vers Tortoli et Arbatax

AVION Le petit **aérodrome** (☎0782 62 43 00 ; www.aeroportotortoliarbatax.it) d'Arbatax-Tortolì est à 1,5 km environ au sud de Tortolì. Il est desservi, en été seulement, par des vols charters depuis certaines villes italiennes, dont Rome et Albenga, en Ligurie.

BATEAU Tirrenia (☎892 123 ; www.tirrenia.it) est la plus grande compagnie de ferries qui dessert Arbatax. Les bateaux naviguent depuis/vers Gênes (59 €, 18 heures, 2/sem), Civitavecchia (49 €, 10 heures 30, 2/sem) et, de fin juin jusqu'en août, Fiumicino (63 €, 4 heures 30, 2/sem). Des liaisons sont également organisées vers Cagliari (33 €, 5 heures 15, 2/sem) et Olbia (31,50 €, 4 heures 30, 2/sem). Vous pourrez obtenir des renseignements et vos billets à la billetterie de Tirrenia, **Torchiani & Co** (☎0782 66 78 41 ; Via Venezia 10), sur le port.

BUS Les bus ARST relient Tortolì à Santa Maria Navarrese (1,20 €, 15 min, 11/j lun-sam 2/j dim), Dorgali (5 €, 1 heure 50, 1/j lun-sam), Nuoro (7 €, 2 heures 30 à 3 heures, 4/j lun-sam), ainsi que de nombreuses localités de la côte.

TRAIN Vous trouverez près du port le terminus du **trenino verde** (☎070 58 02 46 ; www.treninoverde.com) circulant entre Arbatax et Mandas (19 €, 5 heures) 2 fois par jour, sauf le mardi, de mi-juin à mi-septembre. Il s'arrête notamment à Lanusei, Arzana, Ussassai et Seui. L'itinéraire entre Arbatax et Mandas est le plus beau de l'île, car il traverse des paysages de montagne vertigineux et inaccessibles.

Nord de Tortoli et Arbatax

LOTZORAI

2 190 HABITANTS

Environ 6 km au nord de Tortolì, Lotzorai ne présente guère d'intérêt, mais la ville jouxte de belles plages bordées de pinèdes, telles que la **Spiaggia delle Rose**. Pour y accéder, suivez la direction des trois campings regroupés juste derrière la plage.

Le **Ristorante Sant'Efisio** (☎0782 64 69 21 ; www.hotel-santefisio.com ; Località Sant'Efisio ; repas 25-30 € ; ⌚déj et dîner tlj ; 👪), de style rustique, se trouve sur la route de campagne menant à Talana, à 4 km de Lotzorai. On vous servira des plats régionaux en salle ou sur la terrasse fleurie. Goûtez aux *culurgione* (raviolis) maison farcis de fromage frais et de menthe, au sanglier cuit à la broche ou aux *tacculas* (cailles au myrte) accompagnés d'un Cannonau rouge.

SANTA MARIA NAVARRESE

Au sud du Golfo di Orosei, la petite ville séduisante de Santa Maria Navarrese est une station balnéaire prisée. Sa petite église dédiée à Santa Maria di Navarra fut édifiée en 1502 par des marins basques sur ordre de la princesse de Navarre, qui avait survécu à leurs côtés à un naufrage. L'église est construite à l'ombre d'un grand olivier auquel on prête près de 2 000 ans d'âge.

À voir et à faire

Des pins et des eucalyptus majestueux bordent une jolie plage aux eaux translucides (d'autres plages de sable s'étendent vers le sud). Au large, plusieurs îlots émergent de l'eau, comme l'**Isolotto di Ogliastra**, une roche porphyrique rose qui culmine à 47 m. L'extrémité nord de la plage est boisée et dominée par une tour de guet bâtie jadis pour contrer les attaques des Sarrasins.

Environ 500 m plus loin au nord, un petit port de plaisance abrite plusieurs opérateurs organisant des excursions le long de la côte, de plus en plus sauvage en allant vers le sud. Le **Consorzio Marittimo Ogliastra** (☎0782 61 51 73 ; www.mareogliastra.com) propose des visites des grottes sous-marines et emmène les passagers nager dans de splendides spots à Cala Goloritzè, Cala Mariolu, et Cala Sisine (30-35 €/pers). Pour une immersion

INTERVIEW

PETER ET ANNE, EXPERTS EN ACTIVITÉS DE PLEIN AIR

Propriétaires de la Lemon House (p. 217) à Lotzorai, Peter et Anne explorent les paysages sauvages d'Ogliastra depuis les années 1990. Peter a installé les points d'ancrage de quelques-unes des 800 voies d'escalade du secteur, il est le co-fondateur de Mountain Bike Ogliastra (www.mountainbikeogliastra.it), et il a détaillé 25 itinéraires de VTT pour la nouvelle édition du guide *Versante Sud*. Vous trouverez des conseils, des itinéraires et des vidéos sur le site www.peteranne.it.

Escalade

Ceux qui aiment grimper en solo se feront plaisir sur les parois granitiques de **Vascone**, site aisément accessible au sud de Cala 'e Luas. Le piton de l'**Aguglia**, à Cala Goloritzè, offre une magnifique voie à plusieurs longueurs ; le surplomb rocheux de niveau 6b+ est la partie la plus difficile.

Kayak de mer

Les rochers de granit rouge de la **Spiaggetta**, près de Baunei, sont d'une beauté saisissante. On peut aussi pagayer entre les rochers et les grottes de **Cardedu** jusqu'à **Cala e' Luas**, en faisant des arrêts sur la plage pour se baigner. Les kayakistes plus expérimentés pourront poursuivre au nord jusqu'à **Goloritzè** en passant devant la Pedra Longa, magnifique flèche rocheuse, et devant des falaises se dressant à 300 m, où l'on voit parfois des faucons d'Éléonore.

Randonnée

Une superbe randonnée d'une demi-journée, qui convient tout à fait aux familles, va de Golgo à **Cala Goloritzè**. La vue sur la mer turquoise et le piton Aguglia est spectaculaire. La plus belle randonnée de plusieurs jours est de loin celle de **Selvaggio Blu**, qui longe la côte.

VTT

Le trajet de 50 km via un vieux sentier muletier allant du plateau de Golgo à **Cala Sisine**, et retour jusqu'à la Codula, est fantastique. Ce parcours présente de plus un intérêt technique, car il inclut 1 000 m de descente verticale vers la mer. Autre itinéraire un peu difficile mais très prisé : le trajet tout terrain (2 heures) de **Locorbu** à Santa Maria Navarrese.

complète, **Nautica Centro Sub** (☎0782 61 55 22), juste à côté, organise des plongées (à partir de 35 €) dans de splendides sites sous-marins.

Le **Monte Scoine** et ses voies à points d'ancrage (niveau 4b à 6b) attirent les amateurs d'escalade, en particulier l'été car le rocher reste à l'ombre jusqu'en milieu d'après-midi.

Où se restaurer et prendre un verre

Vous trouverez quelques bars et pizzerias en ville et sur le front de mer, notamment le **Bar L'Olivastro** (☎0782 61 55 13 ; Via Lungomare Montesanto 1 ; 8h-1h tlj), dont les tables en terrasse sont installées à l'ombre du célèbre olivier de la ville.

Depuis/vers Santa Maria Navarrese

BUS Plusieurs bus ARST relient Santa Maria Navarrese à Tortoli (1,20 €, 15 min, 11/j lun-sam 2/j dim), Dorgali (4 €, 1 heure 30, 2/j), Nuoro (7 €, 2 heures 30, 4/j lun-sam, 2/j dim) et Cagliari (9,50 €, 4 heures, 4/j lun-sam).

Baunei et l'Altopiano del Golgo

3 780 HABITANTS

En continuant vers le nord le long de la côte, après 9 km environ, vous arrivez à Baunei, un village de bergers. Rien n'incite à s'y arrêter, mais en revanche, l'**Altopiano del Golgo**, cet étrange plateau où chèvres, cochons et ânes paissent dans le maquis et les bois, vaut vraiment le détour de 10 km. De là, une route descend en serpentant jusqu'à la flèche rocheuse de **Pedra Longa**, merveille naturelle et point de départ de la plus belle randonnée côtière de Sardaigne, le Selvaggio Blu.

À voir et à faire

Cala Goloritzè PLAGE

Ultime petite plage du golfe, Cala Goloritzè n'a rien à envier aux plus ravissantes de ses grandes sœurs. À son extrémité sud, des roches calcaires s'élancent du flanc de la falaise, dont le superbe Monte Caroddi ou l'Aguglia, flèche rocheuse haute de 148 m que chérissent les passionnés d'escalade. En suivant les panneaux depuis la Cooperativa Goloritzè sur le plateau de Golgo, il faut une heure de marche facile en descente (et 1 heure 30 un peu plus difficile au retour) pour rejoindre Cala Goloritzè. Convenant aux familles, cette randonnée emprunte un ancien sentier muletier qui passe à travers un beau canyon calcaire à l'ombre des genévriers et des chênes verts, devant des falaises creusées de grottes, des arches rocheuses, des surplombs et des pitons rocheux.

Au bout d'un quart d'heure de marche, on entraperçoit pour la première fois le bleu magnifique de la baie. Repérez aussi la bergerie traditionnelle et la pointe de l'Aguglia à l'approche de la baie. Des marches descendent ensuite vers le croissant de galets blancs (l'endroit rêvé pour pique-niquer). Pensez à emporter votre maillot pour piquer une tête dans l'eau d'un bleu étonnant.

Il Golgo MONUMENT NATUREL

Ce plateau, accessible par une route de 2 km en lacets serrés, est indiqué depuis la ville. Roulez vers le nord, et après 8 km, suivez sur moins de 1 km les panneaux indiquant Su Sterru (Il Golgo). Laissez-y votre voiture et partez découvrir un exploit de la nature : un gouffre de 270 m de profondeur, large d'à peine 40 m à sa base. Si l'ouverture en forme de cheminée est maintenant protégée par une barrière, un seul coup d'œil dans le vide suffira à vous donner le vertige.

Chiesa di San Pietro ÉGLISE

Juste derrière les étables des écuries du refuge la Locanda Il Rifugio, cette église date de la fin du XVIe siècle. Humble construction, elle est entourée de *cumbessias*, sortes de cabanes ouvertes bien peu confortables où les pèlerins passaient la nuit pour célébrer la Saint-Pierre.

Cooperativa Goloritzè RANDONNÉES

(☎0782 61 05 99 ; Località Golgo ; www.coopgoloritze.com, en italien). Basée au refuge Locanda Il Refugio, cette coopérative très respectée organise des excursions diverses, du trekking aux circuits en 4x4. La plupart des randonnées consistent à descendre le plateau par les canyons, comme la Codula di Luna ou la Codula de Sisine, pour gagner les plages de rêve du Golfo di Orosei. Le personnel du refuge peut également fournir une assistance logistique et des guides pour les randonneurs qui souhaiteraient s'essayer au Selvaggio Blu, le trek mythique de Sardaigne. Si vous souhaitez tenter votre chance, organisez votre excursion bien à l'avance. Les prix des activités dépendent des itinéraires

– que vous pourrez choisir au préalable – et du nombre de participants.

Cooperative Turistica Golgo RANDONNÉES
(☎0782 61 06 75 ; www.golgotrekking.com ; Località Golgo). Agence semblable à la Cooperativa Goloritzè, qui organise des randonnées jusqu'aux baies et aux grottes de la côte.

Où se restaurer et prendre un verre

Ristorante Golgo SARDE €€
(☎337 81 18 28 ; Località Golgo ; repas 25-30 € ; ⏲tlj avr-sept). Installé au milieu des oliviers et jouissant d'une vue magique sur la campagne, ce pittoresque restaurant en pierre sert de délicieuses viandes rôties. Suivez le panneau en face de l'embranchement pour Su Sterru.

Locanda Il Rifugio SARDE €€
(☎0782 61 05 99 ; Località Golgo ; www.coopgoloritze.com, en italien ; repas environ 30 € ; ⏲tlj avr-oct). Gérée par la Cooperativa Goloritzè, cette ancienne ferme, superbe, propose une généreuse cuisine régionale comme les *ladeddos* (gnocchis aux pommes de terre) et le chevreau rôti, à déguster avec du vin rouge Cannonau.

L'Ogliastra intérieure

JERZU

3 240 HABITANTS

Jerzu, baptisée *Citta del Vino* (ville du vin), est connue pour son vin rouge, le Cannonau. La ville semble tenir de manière précaire sur le flanc d'une montagne vertigineuse. Ses maisons s'empilent entre les imposantes tours calcaires, les *tacchi* (talons), et quelque 800 hectares de vignoble. Chaque année, 50 000 tonnes de raisin sont cueillies et transformées en 2 millions de bouteilles de vin dans la cave moderne de la ville, l'**Antichi Poderi di Jerzu** (☎0782 7 00 28 ; www.jerzuantichipoderi.it ; Via Umberto I ; ⏲8h30-13h et 14h-17h lun-ven).

ULASSAI ET OSINI

1 550 HABITANTS

Au nord de Jerzu, la route serpente sur le flanc de montagnes titanesques avant de déboucher sur Ulassai, dominé par les pics rocheux du Bruncu Pranedda et du Bruncu Matzei, et réserve des vues extraordinaires. Le village d'Ulassai s'inscrit dans un cadre naturel qui est sans doute le plus intimidant et le plus impénétrable de Sardaigne, vaste terrain de jeu pour les amoureux de la nature offrant de superbes parcours d'escalade et de randonnée.

LE SELVAGGIO BLU

Pour les randonneurs chevronnés, le Selvaggio Blu est une sorte de Graal : cet itinéraire de 7 jours et 45 km le long des côtes sauvages du Golfo di Orosei traverse des ravins densément boisés et croise des formations calcaires aux silhouettes insolites, des grottes et des falaises vertigineuses. Sur ce parcours souvent considéré comme le plus difficile d'Italie, le paysage tout comme la marche en elle-même sont de nature à vous couper (littéralement !) le souffle.

L'itinéraire suit les sentiers très érodés – et souvent invisibles – des chevriers et des charbonniers d'antan, qui épousent le contour des falaises plongeant en à-pic dans la mer. En raison de la difficulté du terrain, la randonnée exige une bonne condition physique et une expérience de la varappe (il faut parfois effectuer de courtes escalades et de la descente en rappel). En estimant la durée du périple à 7 jours, on part du principe que les randonneurs marchent au rythme de 6 à 8 heures par jour. Il faut également prévoir un sac bivouac ou une tente ultralégère, du matériel d'escalade (dont 2 cordes de 45 m), un tapis de sol, des chaussures solides, une boussole, et des provisions en quantité.

Il est recommandé de se faire accompagner d'un guide car le sentier n'est pas bien balisé et il n'y a aucune source d'eau potable en chemin (les guides s'organisent pour en faire livrer par bateau). Pour vous mettre en appétit, consultez le site www.selvaggioblu.it (en italien).

Corrado Conca (☎347 2 90 31 01 ; corrado@segnavia.it), auteur d'*Arrampicare a Cala Gonone* (18 €) et d'*Il Sentiero Selvaggio Blu* (16 €), est un peu le gourou de la randonnée et de l'escalade en Sardaigne, et c'est surtout un guide hors pair pour ce trek. Comptez environ 500 € par personne. Corrado étant souvent parti en randonnée, prévenez-le longtemps à l'avance.

Les grimpeurs, tout particulièrement, seront comblés : les parois rocheuses escarpées du canyon Bruncu Pranedda et des falaises de Lecori présentent quelque 80 itinéraires, avec quelques montées vraiment difficiles. Les marcheurs peuvent longer le canyon ou effectuer une randonnée de 7 km vers le sud-ouest pour admirer la spectaculaire cascade **Cascata Lequarci**, avant de pique-niquer dans les environs idylliques du **Santuario di Santa Barbara**. Le site www.ulassai.net vous sera très utile.

Aménagée dans l'ancienne gare ferroviaire, la splendide **Stazione dell'Arte Maria Lai** (☎0782 78 70 55 ; www.stazionedelarte.it ; tarif plein/réduit 5/3 € ; ⏲9h-21h tlj en été ; jusqu'à 19h mer-dim en hiver) expose les œuvres de Maria Lai. Née à Ulassai en 1919 (et toujours en activité à l'âge de 92 ans !), Maria Lai compte parmi les artistes les plus importants de Sardaigne.

Pour faire l'emplette de tapis, serviettes de toilette, rideaux ou couvre-lits aux motifs naturalistes imaginés par l'artiste, visitez la **Cooperativa Tessile Artigiana Su Marmuri** (☎0782 7 90 76 Via Funtana Serì ; ⏲8h-12h et 14h-19h lun-sam en été, 8h-12h et 14h-18h lun-ven en hiver) où un groupe de femmes se consacre à l'art traditionnel du tissage à la main. Vous pourrez également y voir des métiers à tisser à l'œuvre. Comptez un minimum de 20 € pour une serviette de toilette.

Haut perchée au-dessus d'Ulassai, la gigantesque **Grotta di Su Marmuri** (☎0782 7 98 59 ; tarif plein/réduit 10/6 € ; ⏲visites 11h, 14h, 16h, 18h en été, 11h, 14h30 et 17h en hiver) est un réseau de grottes de 35 m de hauteur. Les visites sont obligatoirement guidées (4 personnes minimum). En 1 heure environ, on arpente 1 kilomètre de galeries où foisonnent stalactites et stalagmites. Près du parking et de la billetterie, la trattoria **Su Bullicciu** (☎0782 7 98 59) prépare de délicieux plats de viande rôtie pour environ 20 € par personne.

Un peu plus loin au nord, accessible par le village d'Osini, la **Scala di San Giorgio** est une gorge étroite. Elle doit son nom à un saint qui aurait ouvert la roche en deux durant sa campagne de prosélytisme en 1117. Du sommet, vous jouirez d'une belle vue d'ensemble sur la vallée et les villages abandonnés d'Osini Vecchio et de Gairo Vecchio, détruits par un glissement de terrain en 1951.

À ne pas manquer non plus, les vastes ruines du **Complesso Nuragico di Serbissi**. Elles renferment une curieuse grotte souterraine qui servait à stocker les aliments. Vous pouvez explorer la région par vous-même, mais vous en apprendrez bien plus avec un guide. Près du village voisin d'Osini, **Archeo Taccu** (☎329 764 33 43 ; Via Eleonora D'Arborea) est une petite coopérative qui organise des visites guidées.

Hébergement

Dans ce chapitre »

Le top des hébergements

» Il Cagliarese (p. 203)
» Mandra Edera (p. 209)
» Villa Las Tronas (p. 210)
» The Lemon House (p. 217)

Le top des B&B

» B&B Lu Pastruccialeddu (p. 213)
» La Babbajola B&B (p. 205)
» Silvia e Paolo (p. 215)

Le top des hôtels de charme

» Hotel Panorama (p. 211)
» Corte Fiorita (p. 209)
» Hotel Lucrezia (p. 208)
» Hotel Su Gologone (p. 215)

Où se loger

Un B&B dans un palais restauré de Nuoro, un appartement chic dans le quartier médiéval de la citadelle de Cagliari ou un *agriturismo* (gîte rural) au milieu des forêts de chênes de la Gallura : les lieux pittoresques ne manquent pas, plaçant ainsi le voyageur face à un choix difficile.

Si vous venez en Sardaigne pour un séjour balnéaire, la sereine Costa Verde au sud-ouest, les douces plages de sable de la Costa del Sud au sud et le côté luxe et paillettes de la Costa Smeralda, au nord-est, vous combleront. Ceux qui préfèrent l'aventure opteront plutôt pour Cala Gonone, Dorgali ou Santa Maria Navarrese à l'est, qui sont des bases idéales pour faire de l'escalade, des treks de haute montagne, de splendides randonnées côtières et s'adonner aussi à des sports nautiques.

À condition de s'organiser à l'avance, l'hébergement ne coûte pas nécessairement les yeux de la tête. En dehors de la haute saison (mi-juin à août), les tarifs baissent toujours, souvent jusqu'à 50%. En général, plus on s'éloigne de la mer, moins ils sont élevés. Notez que la plupart des hôtels ferment de mi-octobre à Pâques.

Dans ce chapitre, nous nous sommes efforcés de sélectionner des adresses indépendantes, bien situées, combinant charme, bon rapport qualité/prix et accueil chaleureux. Celles-ci figurent selon l'ordre de préférence de l'auteur.

Tarifs

Les catégories de prix utilisées dans ce guide se basent sur le coût d'une chambre double avec salle de bains et, sauf mention contraire, petit-déjeuner. Nous précisons, le cas échéant, s'il s'agit d'une formule en demi-pension (petit-déjeuner et dîner) ou en pension complète (petit-déjeuner, déjeuner et dîner).

CATÉGORIE	PRIX
€ petits budgets	moins de 100 €
€€ catégorie moyenne	100-200 €
€€€ catégorie supérieure	plus de 200 €

Agrotourisme

Balades tonifiantes dans la campagne, apéritifs sous les oliviers et réveil aux sons de la nature : si tout cela vous tente, vous serez à votre aise dans un *agriturismo*. Souvent enfouies dans la verdure au bout de longues routes de terre, ces exploitations agricoles, bien adaptées aux vacances en famille, séduisent ceux qui privilégient le calme plutôt que le confort.

Aménagées dans un *stazzo* (corps de ferme) traditionnel ou une maisonnette en pierre, les chambres, simples et douillettes, coûtent quelque 70-100 € pour une double et s'accompagnent d'un petit-déjeuner copieux. Nombre d'*agriturismi* proposent aussi des formules en demi-pension (60-80 €/pers), où le dîner en commun, convivial, se compose d'un festin de légumes, viandes, fromages et vins de production local. Seul inconvénient : vous devrez disposer d'un véhicule pour y accéder.

Les sites www.agriturismodisardegna.it, www.agriturismo.it et www.tuttoagriturismo.net (en italien) regroupent des adresses par région.

Chambres d'hôte

Comme les *agriturismi,* les chambres d'hôte et les B&B offrent souvent un bon rapport qualité/prix, surtout comparés aux hôtels locaux. Il n'existe aucune chaîne sarde pour les chambres d'hôte, mais les offices du tourisme pourront vous donner des adresses. À Cagliari, **Domus Karalitanae** (www.domuskaralitanae.it) propose une liste exhaustive des chambres d'hôte de la ville. D'autres adresses sont disponibles sur le site www.bed-and-breakfast.it.

En moyenne, prévoyez entre 25 € et 45 € par personne et par nuit en chambre d'hôte et en B&B.

Camping

Les campeurs seront heureux en Sardaigne, avec des terrains pour la plupart bien située, sur la côte, et dotés de bonnes installations telles que piscines, restaurants, supermarchés et clubs pour les enfants. Beaucoup comportent également des bungalows. Les prix peuvent atteindre des niveaux étonnamment élevés en juillet et août, période à laquelle il vaut mieux réserver. Attendez-vous à payer 30-40 € l'emplacement pour 2 personnes et une voiture, plus le coût des sanitaires et de l'électricité. Les campings sont habituellement ouverts de Pâques à mi-octobre.

Le camping sauvage est officiellement interdit. Toutefois, en dehors de la saison estivale, et à l'écart des grands pôles touristiques, vous pourrez sans problème camper en pleine nature, à condition de rester discret et de ne pas allumer de feu. Demandez toujours la permission avant de planter votre tente sur une propriété privée.

Procurez-vous une liste des campings auprès des offices du tourisme ou consultez les sites www.campeggi.com et www.camping.it.

Auberges de jeunesse

Les six auberges de jeunesse de Sardaigne sont gérées par l'**Associazione Italiana Algerghi per la Gioventù** (☎06 487 11 52 ; www.aighostels.com), affiliée à la fédération **Hostelling International** (HI ; www.hihostels.com). Vous aurez besoin d'une carte HI (18 €) pour y loger. Les lits en dortoir coûtent 15-25 €, petit-déjeuner compris. Tous ces établissements possèdent aussi des chambres individuelles, facturées autour de 20 € par personne.

Hôtels

En Sardaigne, la qualité (et les tarifs) des hôtels varie considérablement, allant de la petite *pensione* (pension) familiale d'une poignée de chambres à l'immense village de vacance balnéaire sur la côte, avec plages privées, courts de tennis, spas, etc. De surcroît, le système de notation par étoile manque de fiabilité.

Pour loger à coup sûr dans un hôtel confortable ayant du cachet, assurez-vous de la présence à l'entrée de l'enseigne "Charme e Relax" (www.charmerelax.it). Cette association italienne rassemble des établissements de petites et moyennes dimensions, d'ordinaire installés dans des bâtiments typiques (monastères, châteaux, vieilles auberges...) ou dans un cadre particulier.

Les offices du tourisme mettent à disposition des voyageurs des brochures répertoriant toutes les adresses de la région et leurs tarifs.

CAGLIARI ET LE SARRABUS

Cagliari

En matière de charme, de rapport qualité/prix et d'acccueil à l'ancienne, les B&B de Cagliari dament le pion à ses hôtels, assez décevants. Choisissez le quartier de la

Marina et de la citadelle pour une situation centrale, ou, pour des tarifs un peu plus doux, le quartier de Villanova, à l'est du Castello.

Il Cagliarese B&B €
(Carte p. 38 ; ☎070 81 03 46 ; www.ilcagliarese.com ; Via Vittorio Porcile 19 ; s 40-70 €, d 60-90 € ;). En plein quartier de la Marina, ce B&B douillet est une perle. Mauro se plie en quatre pour plaire à ses hôtes, et sa sœur, Titziana, prépare pour le petit-déjeuner un délicieux tiramisu et autres pâtisseries. Chambres impeccables, très chaleureuses, agrémentées de tissus brodés et de meubles en bois sculpté.

Hostel Marina AUBERGE DE JEUNESSE €
(Carte p. 38 ; ☎070 67 08 18 ; Scalette San Sepolcro ; dort/s/d 22/40/60 € ;). Un couvent vieux de huit siècles superbement restauré, transformé en auberge de jeunesse au charme historique – voûtes et poutres apparentes. Nombre des dortoirs, spacieux et bien tenus, dominent la ville. Pain frais, café et fruits au petit-déjeuner. Location de vélos, leçons de voile et cours d'italien possibles – il suffit de demander.

La Peonia B&B €
(☎070 51 31 64 ; www.lapeonia.com ; Via Riva Villasanta 77 ; s 50-60 €, d 72-88 € ;). Antonello et Vanna vous accueillent dans leur romantique demeure de style néogothique, où le décor du début du XXe siècle, composé de meubles en bois ciré, contraste avec des sdb monochromes aux lignes épurées. Le bus M au départ de la Piazza Matteotti s'arrête devant le B&B, à 2,5 km au nord-est de la ville.

T Hotel HÔTEL €€
(☎070 4 74 00 ; www.thotel.it ; Via dei Giudicati ; s/d/ste/f 139/159/199/249 € ;). Touche de modernité au cœur de Cagliari, le T a pris ses quartiers dans une tour de verre et d'acier impossible à manquer. Belles chambres au look dépouillé et contemporain. Spa pourvu d'un bassin d'hydrothérapie et autres équipements. De la Piazza Matteotti, prenez le bus M jusqu'à la Via Bacaredda et marchez sur 200 m.

LOCATION D'APPARTEMENTS ET DE VILLAS

Si vous envisagez de passer une semaine ou plus au même endroit, un logement indépendant peut se révéler fort avantageux. Pour un appartement de deux à quatre lits, les tarifs s'échelonnent d'ordinaire entre 350 et 600 € par semaine en basse saison, entre 500 et 900 € en haute saison. Comptez le double pour une villa plus luxueuse, avec piscine et vue sur la mer. Renseignez-vous bien au sujet d'éventuels suppléments concernant l'électricité, l'eau, les draps et le ménage final.

Ces appartements bénéficient en général d'un bon emplacement, d'une kitchenette et d'une terrasse ou d'un balcon. La durée minimum de location est habituellement de 7 nuitées, avec, parfois, des jours de rotation fixes. On peut vous demander de payer un acompte d'environ 30% par carte de crédit ou virement bancaire au moment de la réservation et, éventuellement, de régler la somme restante avant votre arrivée.

Les offices du tourisme fournissent la liste des appartements et villas à louer. Autrement, cherchez votre bonheur sur les sites suivants :

» **Costa Smeralda Holidays** (www.costasmeralda-holidays.com). Des villas de grand standing sur la Costa Smeralda, avec des agréments tels que court de tennis, verger de citronniers et/ou plage privée.

» **Holiday Lettings** (www.holidaylettings.co.uk). Intéressante sélection d'appartements d'un bon rapport qualité/prix dans toute l'île, répertoriés par région.

» **HomeAway** (www.holiday-rentals.co.uk). Quelque 1 500 logements indépendants allant de la retraite campagnarde des environs d'Alghero à la maison de ville d'Olbia.

» **Owners Direct** (www.ownersdirect.co.uk). Un site simple d'utilisation, qui décline un large éventail de locations pour toutes les bourses.

» **Rent Sardinia** (www.rent-sardinia.com). Une liste de 1 000 villas et appartements dans toute la Sardaigne, consultable par région et selon d'autres critères.

» **Sardegne.com** (www.sardegne.com/residence). Appartement à louer, B&B, *agriturismi* et hôtels.

Residenza Kastrum B&B €

(Carte p. 38 ; ☎070 66 23 04 ; www.kastrum.eu ; Via Canelles 78 ; d 70-90 €, tr 90-120 €, qua 120-160 € ;). Ce B&B plein de cachet, situé dans le haut de la citadelle, jouit d'une vue splendide sur la ville. Les chambres sont parfaites en famille (berceaux disponibles). La terrasse donne envie de s'attarder au petit-déjeuner et de revenir pour contempler un somptueux coucher de soleil.

La Ghirlanda B&B €

(Carte p. 38 ; ☎070 20 40 610 ; www.laghirlandacagliari.it ; Via Baylle 7 ; s 48-60 €, d 75-90 €, tr 100-120 € ;). Un bel hôtel particulier de la Marina, datant au XVIIIe siècle, paré de fresques et d'antiquités. Couleurs pastel, parquet et hauts plafonds dans les chambres, lumineuses et de bon goût. Le prix comprend le petit-déjeuner dans un bar du voisinage.

Suite Sul Corso B&B €€

(Carte p. 38 ; ☎349 446 9789 ; www.lesuitesulcorso.it ; Corso Vittorio Emanuelle 8 ; s 70-90 €, d 90-120 €, tr 130-160 €, ste 130-170 € ;). Pour ne pas faire les choses à moitié, choisissez ce B&B de charme, juste en retrait de la Piazza Yenne. Pierres apparentes, tissus vaporeux et mosaïques de verre égayent des chambres à l'élégance minimaliste, équipées d'une TV à écran plat et d'une bouilloire. La triple dispose d'une baignoire à remous. Des photos originales prises par le propriétaire ornent les couloirs.

Il Girasole B&B €

(Carte p. 38 ; ☎070 81 03 46 ; www.ilgirasole.sardegna.it ; Vico Barcellona 6 ; d 70-85 € ;). Un endroit gai et lumineux à tendance branchée, rempli de bibelots ethniques et d'art africain, où l'insouciant Luca assure un honnête petit-déjeuner. Les hôtes peuvent utiliser la cuisine et se prélasser dans le salon ou sur la terrasse.

Hotel Due Colonne HÔTEL €€

(Carte p. 38; ☎070 65 87 10 ; www.hotel2colonne.it ; Via Sardegna 4 ; s 68-85 €, d 110-140 €, tr 145 € ; @). Un établissement de charme, sis dans l'une des rues les plus vivantes du quartier de la Marina. Des draps en satin ajoutent une touche de classe aux chambres, et les sdb étincellent littéralement. Nombreux restaurants et cafés dans les parages immédiats.

B&B La Marina B&B €

(Carte p. 38 ; ☎070 67 00 65 ; www.la-marina.it ; Via Porcile 23 ; d 70-75 € ;). Une adresse d'un bon rapport qualité/prix, très bien tenue, dans le pittoresque quartier de la

TOP DIX DE L'AGROTOURISME

Le meilleur moyen de s'essayer à l'authentique gastronomie sarde est de manger dans un *agriturismo* (établissement d'agrotourisme, dans une ferme). L'île en compte des centaines, mais voici nos préférés :

» **Agriturismo Ca' La Somara** (p. 213). Ferme accueillante, agrémentée d'un grand jardin. Plats végétariens à base de produits du cru, et adorables ânes.

» **Su Pranu** (p. 208). Une exploitation agricole de la sauvage péninsule du Sinis. Légumes et fruits cultivés sur place. Restaurant de bonne réputation.

» **Porticciolo** (p. 210). Une ferme de 24 ha, près d'Alghero, avec un élevage d'une centaine de cochons.

» **Rena** (p. 213) Échappez aux hordes de touristes de la Costa Smeralda en vous réfugiant dans ce coin de campagne. Fromage, viande et vin maison.

» **Agriturismo Su Boschettu** (p. 208) Un charmant gîte rural caché parmi les oliviers et les arbres fruitiers.

» **Bio Agriturismo Bainas** (p. 209) Un modeste *agriturismo*, entouré de vergers d'orangers et d'oliviers.

» **Guthiddai** (p. 215) Une charmante bâtisse blanchie à la chaux, dans la région du massif du Supramonte.

» **Nuraghe Mannu** (p. 217) Une ferme écologique, avec terrasse, qui surplombe la spectaculaire côte d'Orosei.

» **Li Licci** (p. 214) Caché au milieu des chênes, au cœur de la verdoyante Gallura.

» **Agriturismo L'Aquila** (p. 206) Une ferme en activité, rustique et confortable, où se régaler de produits locaux.

Marina. Les 4 chambres, avec poutres apparentes, sont impeccables. Salles communes pour le petit-déjeuner pourvues de frigos à l'usage des clients.

La Terrazza sul Porto B&B €
(Carte p. 38 ; ☎070 65 89 97 ; www.laterrazzasulporto.com ; Largo Carlo Felice 36 ; s 50-60 €, d 70-100 € ; ❄@). Franco a transformé son grand appartement du XIXe siècle, au dernier étage, en B&B *gay friendly* d'une merveilleuse excentricité. Chambres hautes de plafond au style original, cuisine équipée et toit-terrasse baigné de soleil. Le plus : on peut prendre le petit-déjeuner aussi tard qu'on le souhaite.

Il Profumo del Mare B&B €
(☎338 1 44 82 75 ; Viale Poetto 196 ; d 55-80 € ; P❄). Passez outre la façade, quelconque, car il s'agit d'une adresse économique épatante, à un jet de pierre de la plage de Poetto. Chambres pimpantes aux tons bleu ciel. Terrasse offrant une vue imprenable sur la mer. Antonio se fera un plaisir de vous renseigner sur Cagliari. Prenez le bus PF ou PQ sur la Piazza Matteotti.

Villasimius

Hotel Mariposas HÔTEL €€
(☎070 79 00 84 ; www.hotelmariposas.it ; Viale Matteotti ; s 74-167 €, d 96-216 €, f 129-291 € ; P❄). À courte distance de la plage, un bel hôtel tout en longueur plutôt qu'en hauteur, au milieu d'un jardin luxuriant, qui renferme des chambres spacieuses, avec terrasse ou balcon. La grande piscine, très attrayante, invite à lézarder l'après-midi.

Stella Maris HÔTEL €€€
(☎070 79 71 00 ; www.stella-maris.com ; Località Campulongu ; demi-pension 155-255 €/pers ; P❄). Sur la route du Porto Turistico, ce magnifique complexe hôtelier, au cœur d'une pinède, donne sur une plage d'un blanc neigeux. Les élégantes chambres sont décorées de tissus sardes et d'un joli mobilier. Le jardin et la piscine à débordement, sur deux niveaux, sont parfaits pour se détendre et se divertir.

Spiaggia del Riso CAMPING €
(☎070 79 10 52 ; www.villaggiospiaggiadelriso.it ; Località Campulongu ; 2 pers, voiture et tente 21-40 €, bungalows 4 pers pers 80-160 € ; P). Situé dans une pinède près du Porto Turistico, ce vaste camping en bord de plage comprend emplacements de tente, bungalows, supermarché et aire de jeux pour les enfants. Réservation indispensable en été.

BONNES AFFAIRES

Les sites suivants proposent des offres de dernière minute intéressantes pour se loger en Sardaigne :

» www.alpharooms.com
» www.lastminute.com
» www.laterooms.com
» www.priceline.com
» www.travelsupermarket.com

Costa Rei

Albaruja Hotel HÔTEL €€
(☎070 99 15 57 ; www.albaruja.it ; Via Colombo ; d 98-198 €, demi-pension 65-119 €/pers ; P❄). Un cran au-dessus de la moyenne des hôtels de la Costa Rei, ces jolies résidences, posées dans un jardin fleuri, sont à seulement deux minutes à pied de la plage. Piscine bordée de palmiers et terrain de jeux pour les enfants.

Camping Capo Ferrato CAMPING €
(☎070 99 10 12 ; www.campingcapoferrato.it ; Costa Rei ; 2 pers, voiture et tente 16-37,50 €, bungalows 4 pers 59-124 €). Des emplacements de tente sous les eucalyptus et les mimosas, avec accès direct à la plage. Près de l'entrée sud de la station balnéaire. Miniclub l'été et terrain de jeux pour les enfants.

IGLESIAS ET LE SUD-OUEST

Iglesias

La Babbajola B&B B&B €
(Carte p. 58 ; ☎347 614 46 21 ; www.lababbajola.com ; Via Giordano 13 ; 27-30 €/pers). Un B&B à l'atmosphère décontractée, dans une superbe demeure ancienne du centre historique. Cette "Coccinelle" est tenue par la sympathique Carla Cani et sa mère. On y dort dans un petit appartement ou dans l'une des trois grandes chambres doubles (deux se partagent une sdb), toutes agrémentées de couleurs vives, de vieux carrelage à motifs et de jolis meubles. Cuisine et salle TV à disposition des hôtes.

Eurohotel HÔTEL €€
(Carte p. 58 ; ☎078 12 26 43 ; www.eurohoteliglesias.it, en italien ; Via Fratelli Bandieri 34 ; s 60-80 €, d 85-110 € ; P❄). Imitation kitsch d'une villa pompéienne, l'Eurohotel et son

portique pompeux ne passent pas inaperçus au milieu des immeubles modernes qui l'encerclent. L'intérieur est de la même veine, avec des chambres garnies de chaises aux fausses dorures, de lustres en imitation Murano et de sombres peintures à l'huile accrochées aux murs.

L'Iglesiente

Hotel Golfo del Leone HÔTEL €

(☎0781 5 49 52 ; www.golfodelleone.it ; Localita Caburu de Figu ; s 48-58 €, d 63-90 €). Tout de rose paré, cet hôtel abrite des chambres lumineuses, face à la mer, à 1 km de la plage de Portixeddu. Le personnel peut vous aider à organiser des excursions à cheval. Le restaurant attenant sert une cuisine locale très correcte, pour quelque 25 € par personne.

Ostello Su Mannau HÔTEL €

(☎347 009 53 67 ; www.ostellosumannau.com ; Grotta de Su Mannau ; ch 50-70 €). Sur la route de la Grotta de Su Mannau (à quelque 200 m du parking de la grotte), un établissement trois-étoiles paisible. Les chambres sont claires et proprettes, et l'emplacement idyllique, dans les bois et la verdure.

Costa Verde

Agriturismo L'Aquila AGROTOURISME €

(☎347 822 24 26 ; www.aglaquila.com ; Localita Is Gennas Arbus, Montevecchio ; ch 30 €/pers, demi-pension 42-55 €/pers ;). Une excellente adresse pour découvrir une cuisine du cru, à base de produits de la ferme, et loger dans des chambres simples et rustiques tout à fait confortables. Prenez la sortie indiquée sur la SP65 et suivez le chemin de terre sur 2,5 km environ.

Verdemare B&B €€

(☎070 97 72 72 ; www.verdemare.com ; Via Colombo, Torre dei Corsari ; s 46-68 €, d 70-104 € ; Pâques-nov ;). Le Verdemare est caché dans un jardin luxuriant, et sa grande terrasse donne sur la mer, au loin. Chambres claires et fraîches. Ajoutez 3 € pour la clim, mais cela vous reviendra moins cher d'ouvrir la fenêtre et de placer la moustiquaire au-dessus de votre lit.

Hotel Caletta HÔTEL €

(☎070 97 71 33 ; www.lacaletta.it ; Torre dei Corsari ; demi-pension 58-98 €/pers ; fin avr-sept ; P). Un grand trois-étoiles qui domine la mer du haut des rochers. Chambres tout confort, piscine en forme de boomerang et petite discothèque. Séjour minimum de 15 nuitées durant la période de Ferragosto (15 août).

Carbonia et ses environs

La Ghinghetta HÔTEL €€

(☎078 150 81 43 ; www.laghinghetta.com ; Via Cavour 26, Portoscuso ; s 130-135 €, d 130-140 €, demi-pension 130-175 € ; mai-oct ;). Cet hôtel allie charme, confort et gastronomie. Les chambres au thème marin sont installées dans une grande maison de pêcheur ancienne, aux murs blanchis à la chaux, qui donne sur la plage. Le restaurant, très couru, est spécialisé dans les fruits de mer, avec des menus à partir de 65 €.

Narcao

Agriturismo Santa Croce AGROTOURISME €

(☎349 879 11 39 ; Localita Santa Croce ; s 22-35 €, d 42-60 €). À la sortie de Narcao, ce bungalow rose, en bordure de route, abrite des chambres modestes. L'excellent restaurant (menus 10-22 € ; dîner sur réservation) propose de bons plats locaux, dont de l'agneau et du porc élevés sur la propriété.

Les îles

ISOLA DI SAN PIETRO

♥ **Hotel Riviera** HÔTEL €€

(☎0781 85 41 01 ; www.hotelriviera-carloforte.com, en italien ; Corso Battellieri 26, Carloforte ; s 75-120 €, d 120-190 €, ste 250-370 € ;). Sur le front de mer, ce quatre-étoiles fait dans le chic urbain décontracté. Chambres carrelées modernes, avec lits à baldaquin, meubles crème et luxueuses sdb en marbre. Comptez jusqu'à 30 € de plus pour profiter d'un balcon avec vue sur la mer.

Hotel Hieracon HÔTEL €€€

(☎0781 85 40 28 ; www.hotelhieracon.com ; Corso Cavour 63, Carloforte ; d avec/sans vue 150-250/100-170 € ;). Une magnifique demeure Art nouveau en bord de mer, récemment rénovée. Les chambres sont dotées de mobilier d'époque et de peintures à l'huile originales. Quant au jardin tranquille, on peut y faire la sieste, à l'ombre des palmiers. Comptez au moins 30 € pour manger au restaurant.

Hotel California PENSION €

(☎078 185 44 70 ; www.hotelcaliforniacarloforte.com ; Via Cavallera 15, Carloforte ; s 35-50 €, d 45-100 € ;). Cette sympathique *pensione* familiale se trouve dans une rue résidentielle, à deux pâtés de maisons de la promenade du front de mer. L'endroit est modeste mais spacieux, avec des chambres ensoleillées très convenables et un emplacement qui garantit une bonne nuit de sommeil.

Hotel La Valle HÔTEL €€

(☎078 185 70 01 ; www.hotellavalle.com ; Localita Commende, Carloforte ; s 60-100 €, d 120-200 € ; P ❄ ≈ 👪). Indiqué sur la route du Capo Sandalo, au bout d'un long chemin de terre, cet établissement rose saumon s'inscrit dans un environnement rural à la végétation dense. Soit un agréable refuge, avec des chambres claires, un court de tennis et une piscine.

ISOLA DI SANT'ANTIOCO

SANT'ANTIOCO

Hotel del Corso HÔTEL €

(☎0781 80 02 65 ; www.hoteldelcorso.it ; Corso Vittorio Emanuele 32 € ; s 44-60 €, d 69-100 € ; ❄). En plein cœur de l'action, ce trois-étoiles impeccable est installé au-dessus du Cafè del Corso, l'une des adresses les plus chics et fréquentées de la ville. Chambres bien équipées à défaut d'avoir du cachet.

Hotel L'Eden HÔTEL €

(☎078 184 07 68 ; www.ledenhotel.com ; Piazza Parrocchia 15 ; s 45 €, d 65 € ; ❄). Un hôtel qui possède des catacombes : voilà qui n'est pas banal ! Demandez au patron de vous faire visiter les sous-sols et il vous montrera fièrement les crânes et autres ossements qui traînent dans les grottes humides. Plus familial qu'élégant, l'établissement comporte des chambres parfois petites, qui commencent à montrer des signes de fatigue.

À TRAVERS L'ÎLE

Hotel Luci del Faro HÔTEL €€

(☎0781 81 00 89 ; www.hotelucidelfaro.com ; Localita Mangiabarche ; s 50-109 €, d 100-218 € ; P ❄ @ ≈). À quelques kilomètres seulement de Calasetta, cet hôtel (bien indiqué) trône, dans une belle solitude, sur une plaine exposée près de la Spiaggia Grande, plage la plus célèbre de l'île. Il s'agit d'un excellent point de chute pour les familles, avec des chambres ensoleillées sans prétention et une atmosphère détendue. Le Luci del Faro est également apprécié des cyclistes.

Campeggio Tonnara CAMPING €

(☎078 180 90 58 ; www.campingtonnara.it ; Localita Cala Saboni ; 2 pers, tente et voiture 50-110 € ; ⏲avr-sept). Avant d'atteindre la plage, vous passerez devant ce terrain de camping bien équipé et agréablement isolé. Idéal pour décompresser dans un environnement naturel.

Côte sud

DE PORTO BOTTE À PORTO DI TEULADA

Camping Sardegna CAMPING €

(☎/fax 0781 96 70 13 ; 2 pers, tente et voiture 35 €, bungalows 4 pers 50-65 € ; ⏲mi-mai-sept ; 👪). Juste en retrait de la route principale menant à Porto Pino, ce terrain loue des emplacements sommaires, dans une pinède proche de la plage.

Hotel Cala dei Pini HÔTEL €

(☎0781 50 87 ; www.cortehotels.com ; Localita Porto Pino ; B&B 40-50 €/pers, pension complète 400-990 €/pers et semaine ; P ❄ ≈). Un grand établissement moderne apprécié des tour-opérateurs. C'est une bonne solution hors saison, mais entre juin et septembre, il impose un séjour de 7 nuitées minimum.

DE CHIA À SANTA MARGHERITA DI PULA

B&B S'Olivariu B&B €

(☎339 367 40 88 ; www.solivariu.it ; SS195, km 33, Santa Margherita di Pula ; 30-50 €/pers ; ❄ 👪). À 500 m de la plage, cette ferme sans prétention loge ses hôtes dans 3 chambres aérées et 4 studios colorés, au milieu de vergers – en hiver, vous n'avez qu'à tendre le bras pour cueillir les oranges. On vient surtout ici pour profiter de l'hospitalité sarde, authentique, et des copieux petits-déjeuners (à base de *pecorino* et de fruits).

Forte Village HÔTEL €€€

(☎070 92 15 16 ; www.fortevillage.com ; s 290-1 910 €, d 380-2 158 €, demi-pension 220-1 110 € ; Santa Margherita di Pula ; P ❄ @ ≈). C'est au cœur d'une pinède, en retrait de la SS195, que vous trouverez ce complexe hôtelier exceptionnel, le premier de Sardaigne. Protégé du monde extérieur par de hautes grilles, ce domaine de 25 000 ha se pose en bastion du luxe, avec pas moins de 7 hôtels, 10 piscines, des centres commerciaux, des bowlings, des discothèques et un kilomètre de plage.

Camping Flumendosa CAMPING €

(☎070 920 83 64 ; www.campingflumendosa.it ; SS195 km 33, Santa Margherita di Pula ; pers/tente/voiture 8,50/8,50/2,50 € ; 👪). Un terrain pratique, pourvu d'installations convenables, à seulement 50 m de la plage.

PULA

Hotel Baia di Nora HÔTEL €€

(☎070 924 55 51 ; www.hotelbaiadinora.com ; Localita Su Guventeddu ; demi-pension 95-205 €/pers ; ⏲avr-oct ; P ❄ ≈). Un somptueux quatre-étoiles, avec tous les équipements en rapport, que vous ne voudrez plus quitter. Tout au plus parviendrez-vous à passer du jardin parfaitement entretenu au bar de la piscine, ou peut-être même à la plage privée.

La Marmilla

VILLANOVAFORRU ET NURAGHE GENNA MARIA

Agriturismo Su Boschettu AGROTOURISME €
(☎070 93 96 95, 3334797401 ; www.suboschettu.it ; Localita Pranu Laccu ; B&B 35 €/pers, repas autour de 20-25 € ;). Un charmant gîte rural, niché parmi les oliviers et les arbres fruitiers. Les chambres sont modestes, le cadre est merveilleusement reposant et la cuisine locale n'a pas son pareil.

Hotel Funtana Noa HÔTEL €
(☎070 933 10 19 ; www.residencefuntananoa.it ; Via Vittorio Emanuele III 66-68 ; s/d 45/65 €, demi-pension 55 €/pers ;). Quoi de mieux qu'un hébergement trois-étoiles dans un grand *palazzo* (pensez style rustique, lourdes poutres, voûtes en brique et mobilier ancien), à deux pas du centre du village. Profitez des soirées d'été en prenant un verre dans la magnifique cour intérieure.

BARUMINI

Albergo Sa Lolla CHAMBRE D'HÔTE €
(☎070 936 84 19 ; Via Cavour 49 s 42-47 €, d 55-65 €, demi-pension 55-60 €/pers ; P). Une ferme joliment rénovée, qui regroupe 7 chambres correctes et un bon restaurant (repas 25 €, petit-déj 6 €). Réservation indispensable en juillet et août.

ORISTANO ET L'OUEST

Oristano

Eleonora B&B B&B €
(Carte p. 88 ; ☎0783 7 04 35 ; www.eleonora-bed-and-breakfast.com ; Piazza Eleonora d'Arborea 12 ; s 35-50 €, d 60-70 €, app 80 € ;). B&B parmi les plus charmants de Sardaigne, dans un palais médiéval sur la grand-place d'Oristano. Chambres au goût sûr, rehaussées de carrelages anciens au sol et de meubles d'époque. Pour les séjours plus longs, il y a un élégant appartement de 2 chambres sous les toits.

Duomo Albergo HÔTEL €€
(Carte p. 88 ; ☎0783 77 80 61 ; www.hotelduomo.net ; Via Vittorio Emanuele II 34 ; s 70-80 €, d 108-130 € ; @). D'une élégance discrète et raffinée, ce quatre-étoiles est le meilleur hôtel d'Oristano. Chambres à la décoration douce, jouant sur les teintes pastel, les tissus légers et un mobilier sobre.

B&B L'Arco B&B €
(Carte p. 88 ; ☎0783 7 28 49 ; www.arcobedandbreak fast.it ; Vico Ammirato 12 ; s/d sans sdb 40/65 €). Au calme, dans une impasse proche de la Piazza Martini, un B&B intime tenu par un couple. Les deux spacieuses chambres d'hôte présentent un décor de poutres apparentes, carreaux de terre cuite et meubles en bois sombre. Petit-déjeuner servi dans la cuisine familiale et terrasse à l'étage.

Sud d'Oristano

ARBOREA

Horse Country Resort HÔTEL €€
(☎0783 80 51 73 ; www.horsecountry.it ; Strada a Mare 24 ; demi-pension 71-128 € ; P@). Ce vaste complexe hôtelier – 1 000 lits, 2 piscines et d'excellentes installations sportives – est aussi le plus grand centre équestre de Sardaigne. Au programme : des cours d'équitation, ainsi que des randonnées d'une journée à Marceddi, à Tharros et sur la Costa Verde.

Péninsule du Sinis

SAN SALVATORE

Agriturismo Su Pranu AGROTOURISME €
(☎0783 39 25 61 ; www.agriturismosupranu.com ; Localita San Salvatore ; demi-pension 52-65 €/pers ;). Une ferme en activité, qui dispose de 6 chambres d'hôte lumineuses, simples et nettes. Donnant sur le jardin, la terrasse commune est parfaite à l'heure de l'apéritif.

Agriturismo Sinis AGROTOURISME €
(☎0783 39 25 61 ; www.agriturismoilsinis.it ; Localita San Salvatore ; demi-pension 52-65 €/pers ;). De l'autre côté de la route, cet *agriturismo*, géré par la même famille que le précédent, renferme 6 chambres proprettes et sans chichis. Terrasse avec vue sur le jardin luxuriant.

RIOLA SARDO

Hotel Lucrezia HÔTEL €€
(☎0783 41 20 78 ; www.hotellucrezia.it ; Via Roma 14a, Riola Sardo ; s 75-90 €, d 120-150 € ; @). Hôtel installé dans une demeure ayant appartenu au grand-père de l'actuel propriétaire. Les chambres donnent sur le *cortile*, une cour intérieure abritant des figuiers, des citronniers et une pergola

croulant sous la glycine. Décor rustique de hauts lits du XVIIIe siècle et de lourds meubles en bois. Le personnel organise régulièrement des dégustations de vin, ainsi que des cours de cuisine et de peinture. Vélos à disposition.

Francesca's House APPARTEMENT €
(0783 41 14 56, 340 501 74 64 ; www.francescahouse.net ; Via Marconi 11, 2 pers 280-350 €/semaine ;). Cette ravissante maisonnette bleue, avec chambre, cuisine, coin salon et jardin, conviendra à ceux qui cherchent un point de chute indépendant pour explorer les environs. Elle jouxte la superbe maison en pisé de Francesca, la propriétaire, qui a également été restaurée de fond en comble.

Nord d'Oristano

BOSA

Corte Fiorita HÔTEL €€
(Carte p. 96 ; 0785 37 70 58 ; www.albergodiffuso.it ; Via Lungo Temo de Gasperi 45 ; s 45-90 €, d 65-115 € ;). Cet *albergo diffuso* (établissement réparti sur plusieurs sites) loue de belles chambres, spacieuses, dans quatre *palazzi* rénovés : l'un au bord du fleuve et trois dans le centre historique. Aucune ne ressemble à l'autre, mais toutes ont le même chic rustique avec pierres apparentes, poutres et plafonds voûtés. La réception s'effectue au Palme, d'où le propriétaire vous emmène en buggy électrique (une bonne manière de découvrir le *centro storico*) là où vous logerez.

Bio Agriturismo Bainas AGROTOURISME €
(339 209 09 67, 0785 37 31 29 ; www.agriturismobainasbosa.com ; Via San Pietro ; s 30-45 €, d 60-75 €, qua 118-136 €, repas 20 €). À 1 km de la ville, au milieu des champs d'artichauts, des oliviers et des orangers, ce modeste *agriturismo* loue 4 chambres propres, sans prétention, qui font parfaitement l'affaire. Vue bucolique depuis la véranda.

La Torre di Alice B&B €
(Carte p. 96 ; 0785 850 404 ; www.latorredialice.it ; Via del Carmine 7 ; s 30-40€, d 50-70 € ;). Baptisée du nom de celle qui tient les lieux avec son mari, cette merveilleuse maison ancienne du centre médiéval se reconnaît à ses couleurs vives et son enseigne loufoque. Les chambres nettes et confortables, au décor reposant, s'agrémentent de lits en fer forgé, la cuisine au rez-de-chaussée d'une table commune rustique et de vaisselle multicolore. Une bonne adresse économique, au cœur de la ville.

Montiferru et Lago Omodeo

SANTU LUSSURGIU

Antica Dimora del Gruccione HÔTEL €
(0783 55 20 35 ; www.anticadimora.com ; Via Michele Obinu 31 ; ch/demi-pension 45/70 € par pers ;). Un *albergo diffuso* plein de cachet, réparti dans une demeure du XVIIe siècle superbement restaurée et d'autres bâtiments historiques alentour. Les plus belles chambres occupent le premier étage du corps principal, qui se distingue par une belle cage d'escalier, des arcades de pierre et des parquets grinçants.

NURAGHE LOSA ET SES ENVIRONS

Mandra Edera HÔTEL €
(320 151 51 70 ; www.mandraedera.com ; ch 49-59 €/pers, ste 59-69 €, demi-pension 69-89 €/pers ; fin avr-1re semaine d'oct ;). Un hôtel de style ranch accueillant, notamment pour les familles, situé au milieu des grands chênes et des vergers. Les chambres occupent des bungalows disséminés sur des pelouses soignées. Il y a aussi un restaurant (repas autour de 23 €) chic.

ALGHERO ET LE NORD-OUEST

Alghero

Angedras Hotel HÔTEL €€
(Carte p. 118 ; 079 973 50 34 ; www.angedras.it ; Via Frank 2 ; s 60-140 €, d 75-150 € ;). Exemple typique du style méditerranéen aux murs blanchis à la chaux, l'Angedras possède des chambres fraîches, claires et spacieuses, dont les grandes portes-fenêtres donnent sur des patios ensoleillés. L'élégante terrasse, où l'on prend le petit-déjeuner en été, est bien agréable pour siroter un verre en soirée. Les clients ont droit à 10% de réduction au restaurant éponyme, sur les Bastioni Marco Polo (voir p. 119).

Camping La Mariposa CAMPING €
(Hors carte p. 118 ; 079 95 03 60 ; www.lamariposa.it ; Via Lido 22 ; 2 pers, tente et voiture 39 €, bungalows 4 pers 50-80 € ; avr-oct ;). À 2 km au nord du centre, ce camping est installé sur la plage, entre les pins et les eucalyptus. Son bel emplacement, ainsi que ses excellents services (dont une école de planche à voile et un centre de plongée) en font un très bon choix.

Villa Las Tronas HÔTEL €€€
(Carte p. 118 ; ☎079 98 18 18 ; www.hotelvillalastronas.it ; Via Lungomare Valencia 1 ; s 150-250 €, d 190-410 € ; P ❄ @ ≋). Ancienne villégiature de la royauté italienne, ce ravissant palais Art nouveau trône sur un promontoire privé, dans un jardin luxuriant. Ses chambres sont décorées dans le plus pur style de la fin du XIXe siècle, avec une multitude de brocarts, d'antiquités et de sombres peintures à l'huile. Centre de beauté, piscine couverte, espace massage, hammam et salle de gym ajoutent au faste de l'ensemble.

Mario & Giovanna's B&B B&B €
(Carte p. 118 ; ☎339 890 35 63 ; www.marioandgiovanna.com ; Via Canepa 51 ; d 55-80 €). Joyeusement décoré de bibelots, de peintures et des chères porcelaines anglaises de Giovanna, ce B&B comprend 3 chambres ensoleillées et un petit jardin dans la cour. Il se situe dans la partie plus terne de la ville, à 15 minutes à pied du centre historique. Mario loue également plusieurs appartements indépendants.

Hotel San Francesco HÔTEL €€
(Carte p. 120; ☎079 98 03 30 ; www.sanfrancescohotel.com ; Via Ambrogio Machin 2 ; s 52-63 €, d 82-101 € ; ❄ @ ᯤ). Vous devrez réserver bien à l'avance pour obtenir une chambre dans l'unique hôtel du *centro storico* d'Alghero, surtout l'été. Installées dans un ancien monastère – des moines occupent toujours le 3e étage –, les chambres sont simples mais confortables, avec murs blancs, carrelage brun et meubles en pin. Demandez si possible l'une de celles qui donnent sur le cloître médiéval.

Riviera del Corallo

NORD DU CAPO CACCIA

♥ **Agriturismo Porticciolo** AGROTOURISME €
(☎079 91 80 00 ; www.agriturismoporticciolo.it ; Localita Porticciolo ; B&B 30-45 €/pers, app 4 pers 600-1 000 €/semaine ; ❄ 👪). Une ferme de 24 ha, avec un élevage d'une centaine de cochons. Les chambres sont situées dans de petits appartements plaisants. Le restaurant – une vaste grange avec de lourdes poutres et une immense cheminée –, est réputé pour sa succulente cuisine maison.

♥ **Hotel El Faro** HÔTEL €€€
(☎079 94 20 30 ; www.elfarohotel.it ; Porto Conte ; s 160-420 €, d 232-920 € ; P ❄ @ ≋). Un magnifique complexe hôtelier, à la pointe sud de la baie, près d'une tour catalano-aragonaise et d'un phare, où la route s'arrête. Élégantes chambres, deux piscines et un embarcadère privé. Un bel endroit, en pleine nature.

La côte nord

Évitez, si possible, d'avoir à passer la nuit à Porto Torres. Le cas échéant, vous trouverez deux adresses sans prétention près du port.

OUEST DE PORTO TORRES

Albergo Silvestrino HÔTEL €€
(☎079 52 34 73 ; www.hotelsilvestrino.it ; Via XXI Aprile 4, Stintino ; s 35-67 €, d 70-150 € ; ❄). À l'extrémité de la rue principale, côté mer, cet honnête trois-étoiles est immanquable. Les chambres estivales ont un sol carrelé et des meubles fonctionnels. Le restaurant, le meilleur de Stintino, sert de délicieux fruits de mer (repas 35-40 €).

La Pelosetta Residence Hotel HÔTEL €€
(☎079 52 71 88 ; www.lapelosetta.it ; Capo del Falcone ; d demi-pension 60-170 €/pers ; ⏱mai-sept ; 👪). L'une des adresses de choix de la région, magnifiquement située. Son restaurant raffiné (repas 40 €) se tient pratiquement sur la Spiaggia della Pelosa. Les chambres (disponibles pour une nuit) et les appartements indépendants (à la semaine) profitent tous d'une vue dégagée sur la mer. Demi-pension obligatoire.

EST DE PORTO TORRES

Casa Doria B&B €
(☎349 355 78 82 ; www.casadoria.it ; Via Garibaldi 10, Castelsardo ; ch 55-80 €/pers ; ❄). Parmi les nombreux B&B du centre médiéval, vous trouverez ici tout ce qui fait le charme d'une maison d'hôte rustique : mobilier d'époque, lits en fer forgé et plafonds en bois. Les trois chambres sont décorées sobrement et la salle à manger, au 3e étage, offre une vue superbe.

Sassari

Casa Chiara B&B €
(Carte p. 136 ; ☎079 200 50 52, 333 695 71 18 ; www.casachiara.net ; Vicolo Bertolinis 7 ; s/d 35/70 € ; @). Une *casa* à l'ambiance accueillante et enjouée, dans le quartier universitaire animé. Sembable à un appartement d'étudiant bien tenu, elle se compose de chambres colorées, d'une salle à manger et d'une cuisine joyeusement encombrée.

Hotel Vittorio Emanuele HÔTEL €
(Carte p. 132 ; ☎079 23 55 38 ; www.hotelvittorioemanuele.ss.it, en italien ; Corso Vittorio Emanuele II 100-102 ; s 50-70 €, d 70-89 € ; ❄@). Aménagé dans un *palazzo* médieval restauré, cet élégant trois-étoiles offre le confort d'un hôtel d'affaires, à un tarif raisonnable. Chambres claires et spacieuses dans des tons doux.

OLBIA, LA COSTA SMERALDA ET LA GALLURA

Olbia

♥ **Hotel Panorama** HÔTEL €€
(Carte p. 146 ; ☎0789 2 66 56 ; www.hotelpanoramaolbia.it ; Via Mazzini 7 ; s 65-119 €, d 79-159 € ; P❄📶). Tout est résumé dans le nom : le toit-terrasse de ce sympathique hôtel central offre une vue panoramique sans pareil sur les toits d'Olbia, la mer et le Monte Limbara. Les chambres fraîches et coquettes ont un parquet ciré et une sdb en marbre. Jacuzzi et sauna pour se délasser.

La Locanda del Conte Mameli B&B €€
(Carte p. 146 ; ☎0789 20 30 40 ; www.lalocandadelcontemameli.com ; Via delle Terme 8 ; ch 80-140 €, ste 100-180 € ; ❄📶). D'un standing supérieur, cette *locanda* (auberge) de charme a élu domicile dans une propriété du XVIIIe siècle, construite pour le comte Mameli. Un escalier en spirale, orné d'une balustrade en fer forgé, dessert d'élégantes chambres dans les tons crème et caramel, assorties d'une sdb en marbre d'Orosei. La salle voûtée du petit-déjeuner s'agrémente d'un puits et d'autres vestiges d'époque romaine.

Ciro's House B&B €
(Hors carte p. 146 ; ☎0789 2 40 75 ; www.bbolbia.com ; Via Aspromonte 7 ; s 25-55 €, d 50-90 € ; 📶). Eduardo vous accueille avec le sourire dans sa formidable petite villa, à 1,5 km à l'ouest du centre d'Olbia. Décorées dans un mélange de styles hétéroclites, les chambres sans prétention, très douillettes, comportent une sdb au carrelage coloré. Les sommeils légers trouveront peut-être la rue un rien bruyante.

B&B Lu Aldareddu B&B €€
(☎335 6 85 15 08 ; www.lualdareddu.com ; Località Monte Plebi ; ch 70-100 € ; ❄). Cette ferme du XVIIIe siècle est installée sur les pentes boisées du Monte Plebi, petite colline à 10 km au nord d'Olbia (près de la SS125 en direction d'Arzachena). Elle dispose de 4 chambres d'hôte pimpantes, de style campagnard. De là, on peut facilement rejoindre à vélo les plus belles plages de la Costa Smeralda.

CHAMBRES AVEC VUE

Hotel L'Oasi, Cala Gonone

Ostello Bellavista, Santa Maria Navarrese

Hotel El Faro, Porto Conte

Hotel Panorama, Olbia

La Villa Giulia, Costa Smeralda

Il Profumo del Mare, Cagliari

Verdemare, Costa Verde

Casa Solotti, Nuoro

Agriturismo Guthiddai, près d'Oliena

La Pelosetta Residence Hotel, Capo del Falcone

Environs d'Olbia

GOLFO ARANCI

La Lampara HÔTEL €€
(☎0789 61 51 40 ; www.lalamparahotel.com ; Via Magellano ; d 75-130 €, tr 90-145 € ; ⏲mars-oct, ❄📶). Un charmant hôtel familial proche de la rue principale. Il y a 10 chambres estivales bleu et blanc, avec du carrelage au sol et des meubles sans chichis.

Hotel Gabbiano Azzurro HÔTEL €€
(☎0789 4 69 29 ; www.hotelgabbianoazzurro.com ; Via dei Gabbiani ; demi-pension 93-180 € ; P❄≋). Surplombant les eaux bleu-vert de la Spiaggia Terzo, ce grand complexe hôtelier cache, derrière son aspect anonyme, bien des atouts : piscine équipée de sièges à jets, restaurant face à la mer et ravissante plage privée, pour n'en citer que quelques-uns. Cours de cuisine, dégustations de vin, pêche sportive, trekking et autres activités possibles.

Côte sud

Pour trouver un choix d'hôtels, d'*agriturismi* et d'appartements, connectez-vous sur www.visitsanteodoro.com. Autrement, le site www.bbsanteodoro.com répertorie 22 B&B dans le secteur.

Agriturismo L'Aglientu AGROTOURISME €€ (0789 4 10 91 ; www.turismorurale.org ; Via l'Aglientu 1, Porto San Paolo ; s 50-75 €, d 70-100 €, tr 90-130 € ;). Noyée dans la verdure, cette ferme tranquille constitue un agréable refuge rural. Les chambres sont claires et rustiques, dans les tons citron, olive et lilas. Le salon à l'ambiance décontractée est rempli de livres et de jeux à disposition des hôtes.

Hotel L'Esagono HÔTEL €€ (0784 86 57 83 ; www.hotelesagono.com ; Via Cala d'Ambra 141, San Teodoro ; demi-pension 50-122 €/pers ;). Un élégant complexe hôtelier, au bord de la plage, doté d'une piscine, d'un jardin planté de palmiers et d'un restaurant avec vue sur la mer. Chambres claires et ensoleillées, aménagées dans des bâtiments bas au milieu de la végétation, agrémentées de couvre-lits brodés locaux d'une simplicité rafraîchissante.

Camping San Teodoro La Cinta CAMPING € (0784 86 57 77 ; www.campingsanteodoro.com ; Via del Tirreno, San Teodoro ; 2 pers, voiture et tente 18,50-35,50 €, bungalows 4 pers 70-118 € ;). Installé sur un vaste site arboré, à l'extrémité sud de la plage de La Cinta, ce camping remporte un franc succès. À 800 m du centre de San Teodoro.

La Costa Smeralda et ses environs

SUD DE PORTO CERVO

La Villa Giulia B&B € (348 511 12 69 ; www.lavillagiulia.it ; Monticanaglia ; d 65-89 €). Tout au bout d'une piste cahoteuse, une villa en pierre rustique abrite 6 chambres d'hôtes élégamment décorées, aux murs blanchis à la chaux et aux sdb carrelées. La beauté du cadre naturel, l'accueil chaleureux et les tarifs en font une adresse de choix. On peut aussi louer un appartement avec kitchenette et cheminée. La villa se situe à 2 km de la Spiaggia Liscia Ruia, vers l'intérieur des terres, par un embranchement signalé depuis la principale route côtière.

Villaggio Camping La Cugnana CAMPING € (0789 3 31 84 ; www.campingcugnana.it ; Località Cugnana ; 2 pers, voiture et tente 20,50-30 €, bungalows 2 pers 190-599 €/semaine ;). Ce camping en bordure de mer se trouve sur la grand-route juste au nord de Porto Rotondo. Grâce à la piscine, au terrain de jeux et aux activités organisées, les enfants ne risquent pas de s'ennuyer. Une navette gratuite dessert certaines des plus belles plages de la Costa Smeralda.

Hotel Capriccioli HÔTEL €€ (0789 9 60 04 ; www.hotelcapriccioli.it ; Località Capriccioli ; demi-pension 90-170 €/pers ;). Dans un secteur dominé par les chaînes hôtelières de luxe, on apprécie ce chaleureux hôtel familial, qui donne littéralement sur la plage de Capriccioli. Chambres lumineuses décorées dans un style sarde typique – lits en fer forgé et tissus traditionnels.

PORTO CERVO ET SES ENVIRONS

Les tarifs pratiqués ici ne sont guère économiques, et vous bénéficierez certainement d'un meilleur rapport qualité/prix en séjournant un peu à l'écart de la riche enclave de Porto Cervo.

B&B Costa Smeralda B&B €€ (0789 9 98 11 ; www.bbcostasmeralda.com ; Lu Cumitoni ; d 80-130 € ;). Un adorable B&B, caché dans les collines dominant le port naturel de Poltu Quatu, aux allures de fjord, à 3 km au nord de Porto Cervo. Chambres aux tons bleus et blancs où le soleil entre à flot. Magnifique vue depuis la véranda où les hôtes prennent le petit-déjeuner, composé de pains et de pâtisseries préparés par Luciana.

Hotel Le Ginestre HÔTEL €€€ (0789 9 20 30 ; www.leginestrehotel.com ; Località Porto Cervo ; demi-pension 115-250 €/pers ;). Ravissant hôtel à 1 km au sud de Porto Cervo, typique du style de la Costa Smeralda. Les belles chambres lumineuses sont aménagées dans des bâtiments bas de couleur ocre, disséminés au milieu de pelouses soignées, des palmiers et des bougainvilliers. Service impeccable assuré par un personnel en uniforme. Piscine et centre de beauté.

La Murichessa HÔTEL € (339 5 31 65 32 ; www.lamurichessa.it ; Località Vaddimala ; d 50-100 €, tr 70-130 € ;). Si vous rêvez d'un séjour au calme, rien de tel que cette demeure campagnarde d'où l'on profite de vues sur les montagnes, les oliviers centenaires et la mer. Des luminaires en forme de coquillage et autres touches artistiques égayent les chambres. Anna Lisa est une cuisinière accomplie – n'oubliez pas de goûter sa confiture maison au petit-déjeuner. Pour vous y rendre, suivez la SP59 Porto Cervo-Arzachena et guettez attentivement le panneau en bois.

La Rocca Resort & Spa HÔTEL €€€
(☎0789 93 31 31 ; www.laroccaresort.com ; Località Pulicino, Baia Sardinia ; demi-pension 125-240 €/pers ; P ❄ ≋). Une luxueuse retraite digne d'une carte postale, composée de villas rose pâle, de vertes pelouses et d'allées fleuries. Chambres fraîches estivales, excellents équipements et piscine avec fontaine rocheuse naturelle. Navette gratuite pour rallier la plage privée, 800 m plus loin, à Cala di Ginepre.

Arrière-pays de la Costa Smeralda

SAN PANTALEO

Agriturismo Ca' La Somara AGROTOURISME €€
(☎0789 98 969 ; www.calasomara.it ; ch 58-116 €, pers supp demi-pension 20 € ; P ≋). À 1 km sur la route d'Arzachena, cette vieille ferme à l'atmosphère accueillante compte 12 chambres sans prétention et quantité de recoins pour se balancer sur un hamac, se promener dans le jardin et profiter du spa installé dans la nature. Côté cuisine, l'accent est mis sur les plats végétariens, à base de produits issus de l'exploitation, servis dans la salle à manger rustique. Enfants non acceptés. Pas de cartes de crédit.

Hotel Sant'Andrea HÔTEL €€
(☎0789 6 52 98 ; www.giagonigroup.com, en italien ; Via Zara 43 ; s 72-105 €, d 120-180 €, pers supp demi-pension 30-50 € ; P ❄ ≋). Près de l'entrée du village, cet hôtel tranquille comporte des chambres claires et une piscine encadrée de bougainvilliers. La même famille gère le Ristorante Giagoni (p. 155), très réputé, d'où un savoureux petit-déjeuner incluant des pâtisseries maison.

Hotel Arathena HÔTEL €€
(☎0789 6 54 51 ; www.arathena.it ; Via Pompei ; d 120-256 € ; P ❄ @ ≋). Les poutres noueuses et les murs ocre donnent le ton dans ce séduisant hôtel. La décoration des chambres joue sur la terre cuite, le bois et les textiles naturels. La piscine à débordement se fond dans le sublime paysage de montagnes verdoyantes.

ARZACHENA ET SES ENVIRONS

Pour rejoindre les deux premières adresses depuis Arzachena, tournez à droite juste après le supermarché Galmarket, à la lisière nord de la ville.

B&B Lu Pastrucciale ddu B&B €€
(☎0789 8 17 77 ; www.pastruccialeddu.com ; Località Lu Pastruccialeddu, Arzachena ; s 50-100 €, d 75-120 € ; P ≋). Un superbe B&B installé dans une ferme en pierre typique, qui abrite des chambres immaculées. Agréable belle piscine et deux ânes à demeure. Caterina Ruzittu, la très hospitalière propriétaire, prépare un petit-déjeuner mémorable : assortiment de biscuits, yaourts, gâteaux maison, charcuterie, fromage et céréales.

Agriturismo Rena AGROTOURISME €
(☎0789 8 25 32 ; www.agriturismorena.it ; Località Rena ; demi-pension 45-60 €/pers ; P). Perché sur une colline, cet *agriturismo* propose obligatoirement la demi-pension, mais cela ne représente pas un sacrifice tant la cuisine est délicieuse (fromage, miel, viande et vin produits sur place). Les chambres adoptent un style campagnard, avec poutres centenaires et lourd mobilier en bois.

Hotel del Porto HÔTEL €€
(☎0789 89 20 55 ; www.hoteldelporto.com, en italien ; Via Nazionale 94, Cannigione ; d 90-206 €, demi-pension 59-123 €/pers ; ❄ @). Dominant la marina de Cannigione, ce bon hôtel central dispose de chambres gaies, simplement rehaussées de textiles sardes et de carreaux vernissés.

Côte nord

SANTA TERESA DI GALLURA

B&B Domus de Janas B&B €€
(Carte p. 158 ; ☎338 4 99 02 21 ; www.bbdomusdejanas.it ; Via Carlo Felice 20a ; d 60-120 €, tr 80-140 € ; ❄). Daria et Simon sont les aimables hôtes de ce charmant B&B du centre-ville. Magnifique vue sur la mer depuis la terrasse ; chambres égayées d'œuvres d'art et de bibelots.

Hotel Moderno HÔTEL €€
(Carte p. 158 ; ☎0789 75 42 33, 0789 75 51 08 ; www.modernohotel.eu ; Via Umberto 39 ; s 50-80 €, d 65-140 € ; ❄). Une adresse familiale chaleuseuse, proche de la place centrale. Plutôt sobres, les chambres claires et spacieuses ont des couvre-lits bleu et blanc typiques de la Gallura et un minuscule balcon.

Camping La Liccia CAMPING €
(☎0789 75 51 90 ; www.campinglaliccia.com ; SP pour Castelsardo km 59 ; 2 pers, voiture et tente 18-35 €, bungalows 2 pers 50-96 €). Un camping écologique, à 5 km à l'ouest

du bourg, sur la route de Castelsardo, qui dispose de remarquables installations, dont un terrain de jeux et un espace sportif.

Hotel Marinaro HÔTEL €€

(Carte p. 158 ; ☎0789 75 41 12 ; www.hotelmarinaro.com ; Via Angioi 48 ; s 40-110 €, d 60-140 € ; ❄ @ 👪). Ses chambres fraîches sans prétention (certaines communiquent pour loger les familles), son personnel aimable et son emplacement, non loin de l'animation de la place principale, font de cet hôtel un endroit très couru.

PALAU

L'Orso e Il Mare B&B €

(☎331 22 22 000 ; www.orsoeilmare.com ; Vicolo Diaz 1, Palau ; d 60-100 €, tr 70-120 € ; ❄). Pietro fait de son mieux pour que l'on se sente bien dans ses grandes chambres bleu et blanc, à deux pas de la Piazza Fresi. Délicieux petit-déjeuner comprenant gâteaux, biscuits et salade de fruits frais.

Camping Baia Sardegna CAMPING €

(☎0789 70 94 03 ; www.baiasaraceno.com ; Località Punta Nera, Palau ; 2 pers, tente et voiture 16-37 €, bungalows 2 pers 90-174 €). Magnifiquement situé sur la plage de Palau, à l'ombre des pins, ce camping dispose d'une pizzeria, d'un terrain de jeux et d'un centre de plongée.

Hotel La Roccia HÔTEL €€

(☎0789 70 95 28 ; www.hotellaroccia.com ; Via dei Mille 15, Palau ; s 50-90 €, d 80-150 € ; P ❄). Un sympathique trois-étoiles aux chambres claires et spacieuses d'un excellent rapport qualité/prix. Décoration nautique, tout en bleu et blanc, et les balcons offrent une vue superbe.

Parco Nazionale Dell'arcipelago di La Maddalena

B&B Petite Maison B&B €€

(Carte p. 163 ; ☎0789 73 84 32 ; www.lapetitmaison.net ; Via Livenza 7, La Maddalena ; d 70-110 €). Généreusement orné de tableaux et de meubles Art déco, ce B&B se trouve à 5 minutes à pied de la place principale. Les délices maison du petit-déjeuner de Miriam, présentés avec art, se dégustent dans un jardin rempli de bougainvilliers.

Camping Abbatoggia CAMPING €

(Carte p. 163 ; ☎0789 73 91 73 ; www.campingabbatog gia.it, en italien ; 2 pers, voiture et tente 17,50-23 €). Confort spartiate, mais emplacement idéal près de deux superbes plages. Location de canoës et de planches à voile.

L'arrière-pays

Li Licci AGROTOURISME €€

(☎079 66 51 14 ; www.lilicci.com ; Località Valentino ; d 90-100 €, demi-pension 65-75 €/pers ; 👪). Pour véritablement apprécier le silence qui enveloppe le secteur, il faut passer une nuit ou deux dans cette belle ferme en pierre, cachée au fond d'une forêt de chênes. Li Licci, l'un des meilleurs *agriturismi* de la région, dispose de chambres sans prétention, et son restaurant (voir p. 168) est fort renommé. Sa propriétaire anglaise, Jane Ridd, organise volontiers des excursions et prodigue des conseils concernant la randonnée, l'équitation et l'escalade. Indiqué sur la SP38, entre Olbia et Sant'Antonio di Gallura.

Agriturismo Muto di Gallura AGROTOURISME €

(☎079 62 05 59 ; www.mutodigallura.com ; Località Fraiga, Aggius ; d 96 €, demi-pension 84 €/pers ; P 🏊 👪). Un gîte rural tel qu'on le rêve : de jolies maisonnettes en pierre nichées dans une forêt de chênes-lièges, un paysage bucolique à souhait et une piscine tranquille – en plus d'ânes, vaches, chèvres, moutons et poulets qui déambulent librement. Pour parfaire le tout, fromages, viandes, légumes et vin bio, produits sur place, arrivent sur la table du dîner. Promenades à cheval, excursions en 4x4 et treks à dos d'âne possibles.

Tenuta Lochiri AGROTOURISME €

(☎339 1 19 72 66 ; www.tenutalochiri.com ; ch 40-45 €/pers, app 600-700 €/semaine ; P). Un charmant *agriturismo*, avec une large vue sur le Monte Acuto, au bout d'un chemin de terre de 3 km, en retrait de la route reliant Berchidda à Oschiri. La ferme est réputée pour sa production d'huile d'olive, de vin, de miel et de liqueur, que vous pourrez goûter dans son restaurant panoramique (repas 35-40 €).

Il Gallo di Gallura B&B €

(☎079 481 21 67 ; www.ilgallodigallura.com ; Corso Matteotti 28, Tempio Pausania ; d 60-80 € ; P ❄ @). Cette adresse familiale, pratiquement dans le centre historique de Tempio Pausania, occupe un *palazzo* du début du XIXe siècle. Chambres douces et ensoleillées, agrémentées de tissus traditionnels sardes. Petit-déjeuner appétissant à base de fruits frais, pâtisseries et conserves. Repérez l'enseigne portant un coq.

Nuoro

Silvia e Paolo B&B €

(Carte p. 174 ; 0784 312 80 ; www.silviaepaolo.it, Corso Garibaldi 58 ; s 30-35 €, d 50-60 €, tr 70 €). Silvia et Paolo tiennent ce ravissant B&B, où des objets de famille donnent un air familier aux spacieuses chambres claires. Le toit-terrasse permet d'observer l'animation du Corso Garibaldi le jour, le ciel étoilé la nuit. Il y a aussi un agréable salon bien fourni en films, livres et cartes de la Sardaigne.

Casa Solotti B&B €

(0784 3 39 54 ; www.casasolotti.it ; 26-35 €/pers ; P). Situé à 7 km à l'est de Nuoro, cet accueillant B&B est posé dans un jardin désordonné, près du sommet du Monte Ortobene, dans une zone de luxuriantes forêts de chênes sillonnnées de sentiers de randonnée. Il s'agit d'un lieu détendu, aux chambres rustiques en pierre et poutres – certaines avec cheminée. Balades à cheval, randonnées guidées dans le Supramonte et paniers repas peuvent être envisagés. En tansports publics, prenez le bus n°8 sur la Via A Manzoni.

Nuraghe Oro B&B €

(Carte p. 174 ; 0784 182 32 55 ; www.nugheoro.it ; Via Matteotti 14 ; s 30-45 €, d 50-70 €, tr 85-95 €). Au 6e étage d'un élégant hôtel particulier vous attendent des chambres claires, spacieuses et bien tenues, ainsi qu'une véranda avec vue sur la ville. Max et Clara, les sympathiques propriétaires, préparent un bon petit-déjeuner comprenant des fruits locaux, des gâteaux et des produits laitiers. Lits d'enfant à disposition.

Agriturismo Testone AGROTOURISME €

(0784 23 05 39 ; www.agriturismotestone.com, en italien ; Via Giuseppe Verdi ; ch 76-90 €, demi-pension 55-65 €/pers ; P). À une vingtaine de kilomètres de Nuoro, cet *agriturismo* est installé dans une ferme en pierre, au cœur d'une forêt de chênes-lièges. La décoration s'accorde avec le cadre général : murs en pierre apparente, robuste mobilier en bois et pots suspendus. Pour y accéder depuis la SS131dcn, prenez la sortie de la SS389 en direction de Bitti, roulez sur 10 km jusqu'à l'embranchement pour Benetutti. Tournez à gauche, puis à droite 3 km plus loin et suivez les panneaux.

Supramonte

OLIENA

Agriturismo Guthiddai AGROTOURISME €€

(0784 28 60 17 ; www.agriturismoguthiddai.com ; Nuoro-Dorgali bivio Su Gologone ; demi-pension 60-75 €/pers). Sur la route de Su Gologone, cette jolie ferme aux murs blanchis à la chaux est entourée de figuiers, d'oliviers et d'autres arbres fruitiers, au pied de monts escarpés. L'huile d'olive, le vin (du Cannonau), ainsi que les fruits et légumes qui atterissent sur votre table y sont produits. Les chambres sont joliment carrelées, dans les tons vert pâle et bleu cobalt.

Hotel Su Gologone HÔTEL €€€

(0784 28 75 12 ; www.hotelsugologone.com ; s 105-160 €, d 140-240 €, ste 340-440 € ; P). Venez goûter au luxe rural dans ce magnifique coin de campagne, à 7 km à l'est d'Oliena. Les chambres, décorées d'œuvres d'art originales et d'objets artisanaux, vont de pair avec des équipements de premier ordre : piscine, cave à vin et l'un des meilleurs restaurants de Sardaigne (repas autour de 55 €).

Hotel Monte Maccione HÔTEL €

(0784 28 83 63 ; www.coopenis.it ; s 39-49 €, d 66-80 € ; P). Géré par la Cooperativa Enis, cet établissement aux chambres simples et rustiques trône sur les hauteurs, à 4 km d'Oliena – d'où la vue, magnifique.

Hotel Cikappa HÔTEL €

(0784 28 80 24 ; www.cikappa.com ; Corso Martin Luther King 2-4 ; s/d/tr 40/70/85 €). Des chambres modestes, au-dessus d'un restaurant fréquenté du centre d'Oliena (repas 25-45 €). Les meilleures disposent d'un balcon donnant sur les montagnes environnantes.

La Barbagia

BARBAGIA OLLOLAI

Hotel Sa Orte HÔTEL €

(0784 5 80 20 ; www.hotelsaorte.it ; Via Roma 14 ; s 35-40 €, d 60-80 €, tr 85-110 €). L'un des meilleurs hôtels de Fonni, dans un *palazzo* restauré du centre historique. La façade sombre, en granit, ouvre sur un bel intérieur moderne qui combine murs mandarine, parquets et meubles en bois blanchi.

Hotel Sa Valasa HÔTEL €

(0784 5 34 23 ; http://hotelsavalasa.com ; Località Sa Valasa ; s/d 25/60 €, demi-pension

40-45 €/pers ; P). Un grand deux-étoiles, au calme dans la verdure, sur un domaine situé au bord d'un lac. Jolies chambres meublées de pin. En bas, le restaurant-pizzeria est l'occasion d'un repas agréable et détendu.

BARBAGIA DI BELVI

Sa Muvara HÔTEL €€
(☎0784 62 93 36 ; www.samuvarahotel.com ; Aritzo ; s/d/f 85/130/200 €, demi-pension 90-150 €/pers ;). Une retraite perdue dans la montagne, parfaite pour les randonneurs et les cyclistes, hébergés dans de spacieuses chambres lumineuses garnies de meubles en bois sculpté. La piscine d'eau de source, le jardin luxuriant et le minispa invitent à la relaxation, avant de se régaler de spécialités du terroir au restaurant (repas autour de 40 €).

Hotel La Capannina HÔTEL €
(☎0784 62 91 21 ; www.hotelcapannina.net ; Via A Maxia 36, Aritzo ; s/d 50/70 €, demi-pension 60 €/pers). À quelques kilomètres du village, cet élégant chalet alpin abrite des chambres simples baignées de lumière.

SARCIDANO

Antico Borgo B&B €
(☎0782 86 90 47 ; www.anticoborgoweb.it ; Via Sant'Ambrogio 5, Laconi ; s/d 45/70 € ;). Peppe et Tomasina vous réservent un accueil chaleureux dans ce *palazzo* restauré du XVIIIe siècle, situé en face de l'église paroissiale. L'endroit est plein de caractère, avec des meubles d'époque, une cheminée et des chambres douillettes. Délicieux petit-déjeuner composé de fruits frais, jus, pains et pâtisseries maison.

Golfo di Orosei

OROSEI ET SES ENVIRONS

Albergo Diffuso Mannois B&B €€
(☎0784 99 10 40 ; www.mannois.it ; Via G Angioy 32 ; s 40-85 €, d 70-140 € ;). Un endroit très particulier, réparti dans trois bâtiments soigneusement restaurés du centre médiéval d'Orosei. Chacune des chambres, aux teintes pastel, remplies de lumière, affiche une décoration différente, rehaussée de pierres apparentes, de tissus et de poutre en genévrier. Diverses excursions, dont des promenades à cheval et des sorties de plongée, peuvent être organisées.

Anticos Palathos HÔTEL €€
(☎0784 9 86 04 ; www.anticospalathos.com ; Via Nazionale 51 ; s 85-135 €, d 120-180 € ;). Entourant une belle cour intérieure, cette maison de ville en pierre a une belle allure rustique, avec sa salle du petit-déjeuner voûtée et ses chambres pleines de cachet, agrémentées de lits en fer forgé et d'une cheminée ornementale. Pain et pâtisseries tout juste sortis du four servis au petit-déjeuner.

Antico Borgo HÔTEL €
(☎0784 9 02 88 ; www.borgodigaltelli.it ; Via Sassari, Galtelli ; s/d 35/70 €, demi-pension 65 €/pers ;). Caché dans une ruelle tranquille du ravissant village de Galtelli, cet hôtel familial est aménagé autour d'un *cortile*, une cour intérieure. Élégantes chambres avec plafond en bois, sol en brique et lits en fer forgé.

DORGALI

Pour trouver un hébergement à Dorgali, contactez le service de réservation **Cala 'e Luna Bookings** (☎0784 92 80 87 ; www.calaeluna.com ; Via Lamarmora 4).

Hotel Il Querceto HÔTEL €€
(☎0784 9 65 09 ; www.ilquerceto.com ; Via Lamarmora 4 ; s 43-124 €, d 67-140 €, pers supp demi-pension 19 € ; P). Énergie solaire et géothermie sont les priorités de cet établissement écologique, au sud-ouest de Dorgali. Chambres tranquilles décorées dans des tons clairs. Piscines et jardin ombragé de chênes. Le restaurant met l'accent sur la cuisine de saison.

Sa Corte Antica B&B €
(☎0784 9 43 17 ; www.sacorteantica.it, en italien ; Via Mannu 17 ; d 50-60 €, tr 65-75 € ;). Un charme indéniable se dégage des briques et des poutres de cette maison de ville du XVIIIe siècle organisée autour d'une vieille cour en pierre. Ses chambres calmes et traditionnelles présentent un plafond en roseaux et des lits en fer forgé. Pains et biscuits maison au petit-déjeuner.

Hotel S'Adde HÔTEL €€
(☎0784 9 44 12 ; Via Concordia 38 ; s 40-70 €, d 70-110 €, demi-pension 60-80 €/pers ; P). Une courte marche (bien indiquée) depuis l'artère principale mène à ce chalet alpin. Les chambres possèdent une terrasse donnant sur la verdure. Le restaurant-pizzeria (repas 25-30 €) ouvre également sur une terrasse au 1er étage. Extra de 5 € pour le petit-déjeuner.

CALA GONONE

Hotel L'Oasi B&B €€
(☎0784 9 31 11 ; www.loasihotel.it ; Via Garcia Lorca 13 ; s 53-79 €, d 68-136 € ; P). Perché

sur les falaises au-dessus de Cala Gonone et posé dans un jardin fleuri, ce B&B offre des vues de choix depuis la plupart de ses chambres aérées. Débourser quelque 15 € de plus pour la demi-pension en vaut la chandelle, car les 3 plats du dîner sont préparés avec des produits frais du cru. La famille Carlesso vous conseillera sur les activités possibles, telles l'escalade et la plongée. L'Oasi est à 700 m à pied par une montée, depuis la baie de Cala Gonone.

Agriturismo Nuraghe Mannu AGROTOURISME €
(0784 9 32 64 ; www.agriturismonuraghe-mannu.com ; près de la SP26 Dorgali-Cala Gonone ; d 54-68 €, demi-pension 43-48 €/pers ;). Noyée dans la végétation, avec une vue royale sur la mer, cette ferme écologique, en activité, dispose de 4 chambres sans prétention, de 5 emplacements de tente (9-12 €/pers) et d'un restaurant ouvert à tous. Pain, lait, *ricotta* et pâtisseries maison figurent au petit-déjeuner.

Hotel Villa Gustui Maris HÔTEL €€
(0784 92 00 76 ; www.villagustuimaris.it ; Via Marco Polo 57 ; s 80-160 €, d 98-188 €, tr 180-305 € ;). Une montée abrupte conduit à cet hôtel de style villa méditerranéenne, à 800 m à pied du centre de la cité balnéaire. Au réveil, vous pourrez contempler la courbe majestueuse du Golfo di Orosei depuis votre chambre carrelée, vaste et lumineuse, en sortant sur le balcon ou la terrasse. La piscine domine un magnifique paysage.

Hotel Costa Dorada HÔTEL €€
(0784 9 33 32 ; www.hotelcostadorada.it ; Lungomare Palmasera 45 ; s 71-120 €, d 108-190 € ;). Situé à l'extrémité sud du *lungomare*, juste en face de la plage, cet hôtel couvert de vigne se distingue par sa vue de rêve sur la mer et ses chambres à la décoration sûre (meubles en bois peint et artisanat local), dans les tons pastel. Le jardin fleuri est un paradis pour les oiseaux – et les tortues.

Hotel Nettuno B&B €
(0784 9 33 10 ; www.nettuno-hotel.it ; Via Vasco de Gama 26 ; s 40-75 €, d 55-100 €, tr 75-140 €, qua 80-155 € ;). Une maison familiale on ne peut plus centrale, à deux pas de la plage. Chambres carrelées, simples et impeccables, avec balcon si vous déboursez 10 € de plus. Agréable jardin ombragé.

Hotel Miramare HÔTEL €€
(0784 931 40 ; www.htlmiramare.it ; Piazza Giardini 12 ; s 40-75 €, d 60-140 € ;). Ouvert en 1955, cet hôtel blanc pimpant, proche de la baie, est le doyen de Cala Gonone. Chambres carrelées sans prétention, rafraîchies par la brise marine – les meilleures ont une terrasse face à la mer et les moins chères regardent l'église et la montagne. Prenez une chaise longue sur le toit-terrasse pour vous délasser et contempler la vue.

Camping Cala Gonone CAMPING €
(0784 9 31 65 ; www.campingcalagonone.it ; Via Collodi ; 2 pers, voiture et tente 30-39 €, bungalows 2 lits 51-105 € ;). Près de l'entrée de la ville, sur la grand-route en provenance de Dorgali, un agréable camping à l'ombre des pins. Excellentes installations, parmi lesquelles piscine, court de tennis, espace barbecue, supérette et pizzeria.

Ogliastra

TORTOLI ET ARBATAX

Pour des complexes hôteliers en bordure de plage, direction Porto Frailis, près d'Arbatax.

La Bitta HÔTEL €€€
(0782 66 70 80 ; www.hotellabitta.it ; Località Porto Frailis ; demi-pension 59-178 €/pers ;). Un grand et luxueux complexe hôtelier installé sur la plage de Porto Frailis. Chambres voûtées dignes d'un palais (celles avec vue sur la mer sont plus chères), piscine regardant la mer et centre de beauté (shiatsu, drainage lymphatique, etc.). Il y a aussi un nouveau bar-lounge, très raffiné, centré sur un immense aquarium.

La Vecchia Marina HÔTEL €€
(0782 66 70 20 ; www.hotellavecchiamarina.com ; Via Praga 1, Località Porto Frailis ; d 70-140 € ;). Poutres, sols en terre cuite et jardin planté de palmiers donnent à ce bâtiment bas, blanchi à la chaux, une atmosphère presque exotique. Il dispose de grandes chambres claires au mobilier artisanal, à 5 minutes à pied de la plage.

NORD DE TORTOLI ET ARBATAX

The Lemon House B&B €
(0782 66 95 07 ; www.peteranne.it ; Via Dante 10, Lotzorai ; 30-42 €/pers ;). Peter et Anne tiennent ce B&B dans les tons vert jaune, qui fait un formidable camp de base pour des escapades en plein air. Les grimpeurs apprécieront le mur d'escalade, les autres le farniente sur le toit-terrasse. Sportif dans l'âme, le couple dispense de précieux conseils concernant la randonnée,

l'escalade, le VTT et le kayak. Location de vélos, transferts et prêt de GPS possibles. Ne manquez pas la marmelade de citron du petit-déjeuner.

Ostello Bellavista HÔTEL €
(☎0782 61 40 39 ; www.ostelloinogliastra.com ; Via Pedra Longa, Santa Maria Navarrese ; 35-65 €, d 50-100 € ; ❄📶). Une joyeuse auberge sur les hauteurs, qui s'apparente plus à un hôtel et jouit d'une vue superbe, en rapport avec son nom. Les chambres sobres, certaines avec balcons, occupent une série de bâtiments étagés à flanc de colline (plus vous montez, plus la perspective est belle).

Albergo Santa Maria HÔTEL €€
(☎0782 61 53 15 ; www.albergosantamaria.it ; Via Plammas 30, Santa Maria Navarrese ; demi-pension 64-95 €/pers ; P❄📶). À courte distance à pied de la plage, un hôtel bas, aux murs chaulés, où l'on vous réserve un accueil chaleureux. Ses chambres colorées ouvrent sur des balcons surplombant la cour ou le jardin fleuri. Autres atouts : un petit-déjeuner substantiel et une salle de gym pour éliminer les calories superflues.

ULASSAI

♥ **Hotel Su Marmuri** HÔTEL €
(☎0782 79 00 3 ; www.hotelsumarmuri.com ; Corso Vittorio Emanuele 20 ; s 30-50 €, d 60-80 €, tr 75-95 €). À Ulassai, l'infatigable Tonino Lai et sa femme vous accueillent chez eux et vous ouvrent les portes de chambres simples et nettes bénéficiant d'une vue splendide. Le patron connaît la région comme sa poche et aime faire découvrir ses moindres recoins aux visiteurs, des grottes voisines aux lieux de pique-nique pittoresques.

Comprendre la Sardaigne

Population au km²

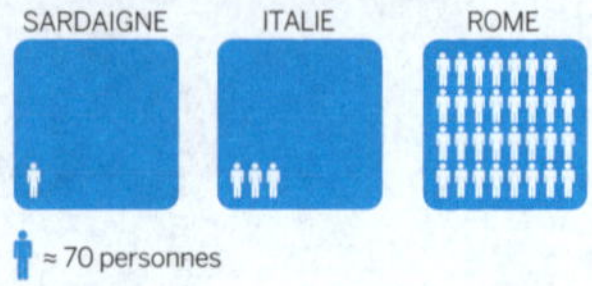

La Sardaigne aujourd'hui

De gauche à droite

Les élections régionales de 2009 ont signé la fin de la présidence de centre-gauche de Renato Soru au profit d'Ugo Cappellacci, représentant du parti de droite Popolo della Libertà (PDL) de Silvio Berlusconi. Si d'aucuns ont déploré le départ de Soru, d'autres étaient las de son côté Robin des bois. L'ancien président de la région avait promulgué la loi *salvacoste* controversée limitant de manière drastique le développement du littoral. Saluée par le WWF comme la première grande mesure politique prise par l'Italie en matière de protection de l'environnement, celle-ci avait pourtant laissé de marbre les promoteurs. Malgré la promesse de Cappellacci d'alléger les restrictions, la querelle perdure et aucun boom significatif de la construction ne s'est fait sentir jusqu'à présent.

Le nouveau président de la région tente d'apporter quelques réponses à la crise, notamment à celle de la hausse du tarif des ferries, qui a entraîné une baisse du tourisme de 30% à l'été 2011. Pour cela, il a lancé la *flotta sarda*, une compagnie de navigation sarde destinée à concurrencer les opérateurs privés. L'ancien gouvernement Berlusconi a tenté de l'en dissuader, mais en vain.

» Population : 1,67 million d'habitants

» Superficie : 24 090 km²

» PIB par habitant : 15 895 €

» Croissance du PIB : 1,3%

» Inflation: 2,4%

» Taux de chômage : 13,6%

Le marasme économique

En 2010, l'inflation atteignait le chiffre record de 2,4%, le chômage tournait autour de 13,6% et les jeunes entrant sur le marché du travail n'avaient guère de perspectives.

L'industrie chimique autour de Porto Torres est en crise. Des travailleurs ont occupé la prison de haute sécurité abandonnée de l'Isola Asinara en février 2010, mais leur protestation est passée largement inaperçue. Pendant ce temps, l'élevage ovin est au bord du gouffre, car le lait de brebis s'achète en dessous du prix de revient. Criblés de dettes, leurs moyens d'existence menacés, les paysans ont récemment manifesté

Pas d'impair !

» Ne refusez pas les marques d'hospitalité (un verre de vin, de bière ou de *mirto*, par exemple).

» Intéressez-vous à la culture de l'île. Savoir que le Prix Nobel de littérature Grazia Deledda est sarde fait bonne impression !

» Ne dites jamais que le sarde est un dialecte italien, il s'agit d'une langue à part entière.

» Apprenez un peu d'italien, beaucoup de Sardes ne parlent ni français ni anglais.

Films à voir

Padre Padrone (1977). La dure existence du berger sarde Gavino Ledda, tirée de son roman éponyme. Un film réalisé par les frères Taviani, Palme d'or à Cannes en 1977.

Ballo a tre passi (2003). Quatre instantanés de la vie

Surface (%)

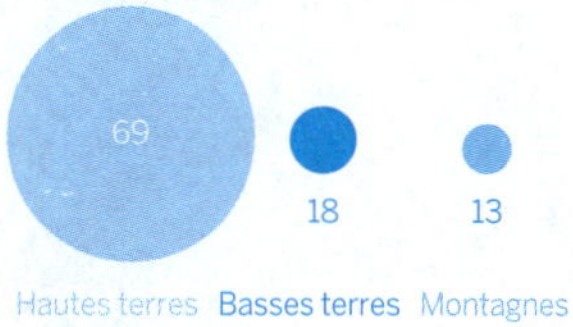

Langues parlées
(en % de la population)

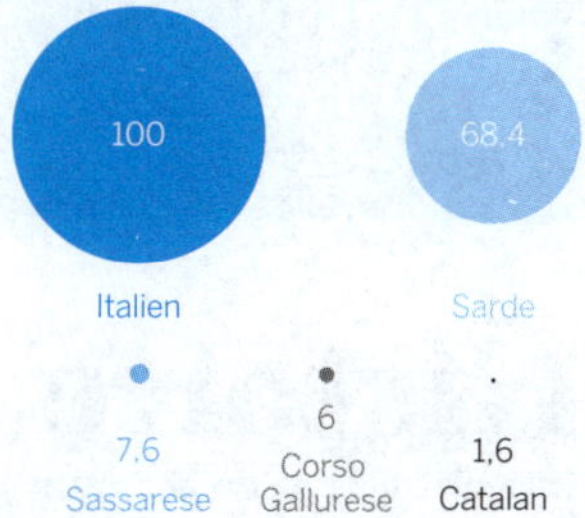

aux terminaux maritimes et dans la capitale contre l'importation de bétail. À cette occasion, le Movimento Pastori Sardi (MPS ; Mouvement des bergers sardes) s'est particulièrement fait entendre.

La crise du lait de brebis ne viendrait pas d'un défaut de compétitivité, mais d'un manque de réformes structurelles et de modernisation du secteur, les producteurs peu performants percevant des subventions de l'État à long terme. D'autres secteurs, comme ceux du vin et du lait de vache, s'en tirent mieux et il faut espérer que l'élevage ovin leur emboîtera le pas.

L'avenir vert

Malgré la crise, l'industrie touristique demeure plutôt stable. Dans une tentative de rendre cette activité durable, la Sardaigne a commencé à se présenter non plus comme un lieu de villégiature balnéaire estival, mais comme une destination possible tout au long de l'année. Le projet de créer un parc marin franco-italien, le Parco Marino Internazionale delle Bocche di Bonifacio, devrait aider à protéger le fragile écosystème du splendide archipel de La Maddalena.

Lors du référendum de mai 2011, les Sardes se sont prononcés à 98% contre l'énergie nucléaire. Toujours en 2011, les écologistes ont également accueilli avec joie l'annonce de la construction par l'Enel (Ente Nazionale per l'Energia Elettrica ; société nationale italienne d'électricité) d'un parc d'éoliennes de 90 MW à Portoscuso. Plus grand du genre en Italie, il sera capable de générer chaque année 185 millions de kWh, soit de quoi alimenter en électricité quelque 70 000 foyers.

Des 20 régions italiennes, 5 disposent d'une autonomie élargie : la Sardaigne, la Sicile, le Val d'Aoste, le Trentin-Haut-Adige et le Frioul-Vénétie Julienne.

en Sardaigne. Film réalisé par Salvatore Mereu.

La Destinazione (2003). L'histoire d'un carabinier envoyé dans un village de la Barbagia pour enquêter sur le meurtre d'un berger. Film réalisé par Piero Sanna.

Sites Internet

Get Around Sardinia (www.getaroundsardinia.com, en anglais). Des conseils utiles pour ceux qui souhaitent visiter la Sardaigne en empruntant les transports publics.

Sardegne.com (www.sardegne.com, en italien). Hébergements, restaurants, transports et météo.

Sardegna Turismo (www.sardegnaturismo.it, en français). Le portail officiel du tourisme sarde, complet et simple à utiliser.

Histoire

L'histoire de la Sardaigne, intimement liée à celle de sa proche voisine la Corse, s'inscrit dans celle du bassin Thyrrhénien, où s'affrontèrent et s'implantèrent les grandes puissances méditerranéennes (Phéniciens, Carthaginois, Étrusques, Hellènes et Romains), et dans une géographie internationale où l'Italie, au nord et à l'est, et l'Afrique, au sud et à l'ouest, ont joué un rôle essentiel. Les réserves minérales de l'île et sa position stratégique ont été source de convoitise pour un flot constant de visiteurs indésirables. Toutefois, les envahisseurs n'ont jamais eu la tâche facile, face à un paludisme endémique et à des reliefs impénétrables qui ont souvent permis aux Sardes de résister. Culture néolithique et ère nuragique, romanisation, incursions arabes et dominations italienne, espagnole, autrichienne… alternance de prospérité et de misère, cette histoire passionnante comporte bien des chapitres, qui ont forgé une singularité insulaire faite d'apports multiples.

Panorama des nuraghi et mégalithes sardes, par Roger Joussaume, chercheur au CNRS et auteur de plusieurs ouvrages sur : www.clio.fr/bibliotheque

Les débuts

Cette île qui ne forma qu'un seul bloc avec la Corse jusqu'en 9500 av. J.-C, séparé de la côte de Toscane par un étroit bras de mer, figure parmi les plus anciens fragments terrestres de l'Europe. Au fil des années, les fouilles archéologiques y ont mis au jour des vestiges retraçant toute l'évolution de la civilisation humaine depuis l'ère paléolithique (âge de la pierre taillée). En 1979, la découverte d'outils en silex à Perfugas, dans le nord de l'île, a conduit les archéologues à situer l'arrivée de groupes humains à 35 000 ans av. J.-C. Ceux-ci auraient effectué la traversée depuis les côtes toscanes, d'autres ayant pu venir d'Afrique du Nord et de la péninsule Ibérique via les îles Baléares.

Il faudra cependant attendre encore plusieurs centaines de milliers d'années avant que n'émerge réellement une population sarde. En 6000 av. J.-C., l'ère néolithique est à son apogée, marquée par la pratique de l'élevage et de l'agriculture, l'exploitation minière, la fabrication

CHRONOLOGIE	35000 av. J.-C.	4000-2700 av. J.-C.	1800-500 av. J.-C.
	Des fragments d'outils en silex attestent une présence humaine sur l'île. Selon certains chercheurs, l'origine de ces premiers habitants pourrait être la Toscane ou la péninsule Ibérique.	Les communautés chalcolithiques se développent autour d'Ozieri. Les premières *domus de janas* ("maisons des fées") apparaissent. Les archéologues parlent de "culture d'Ozieri" pour décrire ce mode de vie.	Ère des *nuraghi* : la majorité des ruines sardes remontent à cette période. Les quelque 30 000 tours de pierre fortifiées érigées sur l'île servaient de tours de guet militaire.

d'armes et une vie villageoise intense. La Sardaigne offre alors toutes les richesses naturelles propices au développement de son peuplement avec d'épaisses forêts giboyeuses, de riches terres agricoles et pastorales et, surtout, des gisements d'obsidienne : utilisée pour créer des outils tranchants et des pointes de flèche, cette roche volcanique noire et vitreuse est alors convoitée dans tout le bassin méditerranéen où elle constitue la marchandise la plus précieuse de l'époque. La route de l'obsidienne sarde passait alors par la Corse et atteignait la Provence.

En 3000 av. J.-C., des villages parsèment toute l'île. Les archéologues parlent de la "culture d'Ozieri" en raison des découvertes faites autour de cette ville et dans la Valle Lanaittu. Les premiers signes de rituels funéraires complexes datent également de cette période, qui voit la construction des premières nécropoles creusées dans la roche, les *domus de janas* ("maisons des fées").

Cinq merveilles du néolithique

» Pranu Muttedu, Goni

» Museo delle Statue Menhir, Laconi

» Grottes de la Valle Lanaittu, province de Nuoro

» Museo Archeologico, Ozieri

» Dolmen Sa Coveccada, Mores

L'ère des *nuraghi*

Tout change entre 1800 et 1500 av. J.-C., au début de l'âge du bronze. Les Sardes commencent à ériger les *nuraghi*, des tours de pierre massives. Ces fortifications datant de l'âge du bronze, qui se comptaient par milliers sur l'île, servaient de tours de guet, de lieux sacrés dédiés aux rites religieux, de lieux de rassemblement, et permettent à ce titre de mieux connaître la civilisation nuragique. Pour plus de détails sur les *nuraghi*, voir l'encadré p. 77.

La découverte de céramiques mycéniennes en Sardaigne et de poterie nuragique en Crète témoigne d'échanges commerciaux dès cette époque. On sait que les peuples nuragiques se livraient à des pratiques religieuses : les vestiges de *pozzi sacri* ("puits sacrés") construits à partir de 1000 av. J.-C., dont un bel exemple subsiste à Santa Cristina, en attestent. Mais c'est surtout l'art florissant des *bronzetti* (figurines de bronze), dont des spécimens sont exposés dans de nombreux musées archéologiques de l'île, notamment ceux de Cagliari et de Sassari, qui nous en apprend le plus sur cette civilisation qui impressionna les géographes et historiens grecs par son raffinement. Figurines d'êtres humains, d'animaux et miniatures d'objets usuels, d'outils, de bateaux ou d'armes, ces bronzes permettent d'imaginer les activités et la composition de cette société. Les peuples nuragiques voyageaient et commerçaient, bâtissaient leurs temples avec des pierres sèches taillées avec une grande précision, et se consacraient notamment à l'art de la céramique et des bijoux.

Les Phéniciens et Carthage

Si les Mycéniens croisent près de la Sardaigne dès 1200 av. J.-C. dans le cadre d'échanges commerciaux, les Phéniciens ont d'autres vues sur la Sardaigne. Ces marins et commerçants émérites (dont le territoire

1500 av. J.-C.

Le Nuraghe Su Nuraxi, le plus important de Sardaigne, est érigé près de Barumini.

1100 av. J.-C.

Les Phéniciens bâtissent la ville de Nora, sur la côte sud-ouest. Maintenant submergée, c'était l'un des grands comptoirs phéniciens avec Karalis (Cagliari) et Tharros.

JOHN BORTHWICK / LONELY PLANET IMAGES ©

» Tour à Nora

correspond à l'actuel Liban) possèdent alors des comptoirs un peu partout en Méditerranée. Des inscriptions sémitiques suggèrent que les Phéniciens installés en Espagne se seraient établis à Nora, sur la côte sud de l'île, dès 1100 av. J.-C.

Entre les IXe et VIIe siècles av. J.-C., les Phéniciens établissent et développent leurs comptoirs : Karalis (Cagliari), Bithia (près de l'actuelle Chia), Sulci (l'actuelle Sant'Antioco), Tharros et Bosa. Ils conquièrent bientôt l'arrière-pays et exploitent les riches mines de plomb et d'argent dont ils contrôlent les voies d'accès. Des postes avancés et des forteresses intérieures – la première est érigée sur le Monte Sirai en 650 av. J.-C. – permettent aux Phéniciens de contenir l'hostilité des populations nuragiques, qui finissent par contre-attaquer. Venant à la rescousse de ses cités sœurs phéniciennes de Sardaigne, Carthage, après un premier échec militaire contre les Sardes en 540 av. J.-C., contraint bientôt les îliens à choisir entre l'esclavage ou la liberté et la misère dans les montagnes.

Les Carthaginois consolident leur contrôle sur la majeure partie de l'île, laissant les régions montagneuses de la Barbagia aux populations insoumises. La Sardaigne devient alors une colonie prospère de l'Empire punique.

Les vestiges du grand port phénicien de Tharros, fondé en 730 av. J.-C., sont l'un des sites les plus extraordinaires de l'île. Le centre historique de Sant'Antioco abrite les ruines de plusieurs nécropoles et d'un *tophet* intact. Sur le Monte Sirai, près de Carbonia, on peut voir les ruines d'un fort phénicien datant de 650 av. J.-C.

Mais les visées de Carthage en Méditerranée se heurtent bientôt à celles de Rome.

Les plus beaux sites nuragiques

- » Nuraghe Su Nuraxi
- » Tiscali
- » Nuraghe Losa
- » Santuario Santa Vittoria
- » Nuraghe di Palmavera
- » S'Ena 'e Thomes et Serra Orrios

Rome prend le pouvoir

L'ambitieuse République romaine cherche à prendre le contrôle de la Sicile, alors sous domination carthaginoise. S'ensuit la première guerre punique (264-241 av. J.-C.) qui s'achève par le départ des Carthaginois de Sicile en 241 et a pour conséquence l'annexion brutale de la Sardaigne par les Romains en 238 av. J.-C.

Les Romains développent les villes carthaginoises, construisent un réseau de routes pour faciliter les communications et organisent un système d'agriculture efficace. La région du Campidano, importante productrice de blé, devient, avec la Sicile et l'Afrique du Nord occupée, le grenier de l'Empire romain. Le commerce avec la péninsule italienne, l'Ibérie et surtout l'Afrique du Nord, prospère.

Asseoir leur contrôle sur l'île ne s'avère pas une tâche aisée, et les Romains sont fréquemment contraints de réprimer des insurrections, notamment dans l'irréductible Barbagia – une région qu'ils baptisent

1000 av. J.-C.

Les peuples nuragiques commencent à construire des *pozzi sacri* (puits sacrés) très élaborés.

650 av. J.-C.

Suite à des affrontements avec les Sardes, les Phéniciens érigent leur première forteresse dans l'arrière-pays, sur le Monte Sirai.

500 av. J.-C.

La domination carthaginoise, qui fait des Sardes de véritables prisonniers sur leur île, signe le déclin de la civilisation nuragique.

238 av. J.-C.

Rome envahit l'île, mais les Carthaginois résistent jusqu'en 216 av. J.-C. Les centres urbains de Karalis (Cagliari), Nora, Sulcis, Tharros, Olbia et Turris Libisonis (Porto Torres) voient le jour.

ainsi en raison du courage “barbare” de ses habitants. Ainsi, la première campagne de conquête dure sept ans, et l'île ne devient la province romaine de Sardinia, qui la réunit à la Corse, qu'en 227 av. J.-C. La "guerre de Corse" contre Rome aura été aussi tout aussi longue et violente.

Emmenés par le chef Ampsicora, les Sardes font alliance avec Carthage au cours de la deuxième guerre punique et se révoltent contre Rome. En 215 av. J.-C., ils sont défaits lors de la seconde bataille de Cornus. La rébellion demeurera toutefois latente pendant deux siècles encore. Dans la seule année 177 av. J.-C., 12 000 Sardes trouvent la mort et 50 000 autres sont envoyés à Rome en tant qu'esclaves.

Durant la domination romaine règne un équilibre fragile. Les villes romanisées et les habitants des régions côtières et agricoles s'opposent aux bergers indomptables de la Barbagia.

L'invasion des Vandales

Après la chute de Rome au début du Ve siècle, la Sardaigne se retrouve dans une situation vulnérable. Des réfugiés arrivent du continent, bientôt suivis par des envahisseurs. Les Vandales, qui avaient fondé un royaume en Afrique du Nord, débarquent en Sardaigne en 456 et en Corse peu de temps après. Ils envoient en exil sur l'île des chrétiens gênants, surtout des évêques et des notables d'Afrique du Nord.

Des chroniqueurs byzantins décrivent les quatre décennies de domination vandale comme une période de pillage et de misère. Toutefois, les rares éléments dont disposent les historiens sur cette époque modèrent ce constat : Karalis et d'autres villes portuaires demeurèrent prospères, notamment grâce au commerce entre l'île et l'Afrique du Nord.

La revanche de l'Empire byzantin

Au début du VIe siècle, il ne subsiste de l'Empire romain que sa partie orientale, dont la capitale est Byzance, son territoire couvrant approximativement la Grèce et la Turquie actuelles. Nostalgique de la grandeur romaine, l'empereur Justinien se lance dans une campagne visant à rétablir la puissance impériale. Après avoir reconquis la péninsule italienne, Belisarios, son général le plus célèbre, reprend aux Vandales la majeure partie de l'Afrique du Nord. Vaincus en 534, ces derniers abandonnent la Sardaigne, qui devient l'une des sept provinces africaines de Byzance.

Les Byzantins créent la première administration officielle de l'île. En haut de la hiérarchie se trouve le *dux,* un chef militaire qui dirige la garnison de Forum Traiani (Fordongianus). L'île est divisée en quatre *judex provinciae* (provinces contrôlées par un juge), lesquelles sont à leur tour fractionnées en *partes* (municipalités). Les villages possèdent

Les sites phéniciens et romains incontournables

- » Tharros, péninsule du Sinis
- » Nora, Pula
- » Villa di Tigellio, Cagliari
- » Sant'Antioco, Isola di Sant'Antioco
- » Monte Sirai, Carbonia
- » Anfiteatro Romano, Cagliari

227 av. J.-C.
Création de la *provincia* romaine de Sardinia, liant le destin de la Sardaigne à celui de la Corse.

177 av. J.-C.
Quelque 12 000 Sardes périssent sous le joug romain, et près de 50 000 sont envoyés à Rome comme esclaves.

27 av. J.-C.
Sous le règne d'Auguste (27 av. J.-C.-14 apr. J.-C.), avec la fondation de la colonie romaine de Turris Libisonis (actuelle Porto Torres), la citoyenneté romaine est accordée aux habitants de plusieurs villes.

456-534
Après la chute de Rome, les Vandales envahissent l'île. Des chroniqueurs byzantins, certes partiaux, décrivent les 80 années de domination vandale comme une période de pillage et de misère.

leur propre *maiore* (maire), complétant un système qui, du moins dans les grandes lignes, ressemble fortement à l'organisation administrative actuelle. C'est aussi pendant l'ère byzantine que le christianisme se répand dans l'île.

Les *giudicati* et l'occupation arabe

Au début du VIIIe siècle, les Arabes ont conquis l'Afrique du Nord et une grande partie de l'Espagne. Leurs expéditions, accompagnées d'exactions, se succèderont alors en Sardaigne jusqu'au début du XIe siècle. Menacés sur plusieurs fronts, les Byzantins ne sont plus en mesure d'assurer la protection de leur lointaine colonie sarde.

Devant l'affaiblissement de l'autorité extérieure, les quatre gouverneurs provinciaux (*giudici*) du système byzantin prennent leur indépendance et les *giudicati* (provinces) se transforment lentement en mini-royaumes. Les territoires sont délimités selon les anciennes divisions byzantines : Cagliari au sud, Arborea à l'ouest, Logudoro (ou Torres) au nord-ouest et Gallura au nord-est. Pour la première fois depuis la conquête carthaginoise, les Sardes gèrent eux-mêmes leurs affaires. Les *giudici* exercent un pouvoir équivalent à celui de rois, même s'ils sont placés sous le contrôle de la *Corona de logu* (Conseil des nobles).

Mais les *giudici* se révèlent incapables de faire face aux raids des pirates et des Arabes. À partir de 827, la Sardaigne est occupée par les Arabes, dont le blocus maritime la force à vivre en autarcie.

La plupart des vestiges de l'époque carthaginoise et romaine à Nora ont été submergés par la mer. Pour une immersion historique totale, contactez un club de plongée local et descendez les explorer.

Par crainte que les Arabes ne s'emparent de la Sardaigne et ne s'élancent de là à la conquête de l'Italie et du reste de l'Europe, le pape Benoît VIII convainc Pise et Gênes d'envoyer des forces navales à la rescousse des troupes des *giudicati*. Une fois la victoire remportée sur les Sarrasins en 1016 au large des côtes sardes, les Pisans et les Génois (deux puissances marchandes rivales) voient tout l'intérêt de la situation. La Sardaigne possède d'abondantes ressources naturelles et elle est située sur les principales routes commerciales qui partent du sud de l'Italie. À la fin du XIe siècle, des ordres religieux comme les moines victoriens (proches de Pise) se voient attribuer des terres et des concessions dans le *giudicato* de Cagliari. Débute alors entre les deux puissances une rivalité acharnée qui durera trois siècles.

Pise et Gênes pour le contrôle de l'île

Au cours d'une longue série de batailles, d'échauffourées et d'intrigues, Génois et Pisans se disputent le contrôle de l'île par *giudicati* interposés. Malgré tout, la période reste dans l'ensemble prospère. De puissants monastères veillent à ce que les insulaires reçoivent le message des

600

La religion chrétienne est imposée dans la région de la Barbagia, la dernière à succomber au prosélytisme byzantin. Les anciens rites païens y sont toujours célébrés lors de certaines fêtes.

DALLAS STRIBLEY / LONELY PLANET IMAGES ©

» Oristano

711

Les Arabes débarquent en Sardaigne et s'emparent de Cagliari. Les incursions ne prennent fin qu'en 1015 lorsque les Sardes reçoivent l'aide de Gênes et de Pise.

1000-1400

La Sardaigne est divisée en quatre *giudicati* (provinces). Le plus puissant est le Giudicato d'Arborea, autour d'Oristano. Génois et Pisans se disputeront longtemps leur allégeance.

Évangiles. Les églises de basalte du Logudoro, dans le Nord-Ouest, de style roman pisan, sont un remarquable témoignage de cette époque.

Pise domine tout d'abord la coalition entre les deux républiques italiennes. Après 1130, le *guidice* d'Arborea, Comita, qui tente de se rendre maître de l'île malgré l'opposition des trois autres *giudice*, reçoit le soutien de Gênes. Sa rivale obtient alors celui du *giudicato* de Logudoro. Barisone d'Arborea poursuit la lutte de son prédécesseur pour le contrôle de l'île et obtient de l'empereur Frédéric Barberousse d'être proclamé roi de l'île en 1164.

En 1235, le dernier *giudice*, Barisone III, est assassiné, et ses terres réparties entre les Génois Dorias et Malaspinas. Dans le même temps, les Pisans confortent leur position dans le Giudicato di Gallura, dont ils s'emparent en 1297. La politique qui consiste à gouverner le territoire sarde directement depuis Pise est étendue au Giudicato di Cagliari suite à la disgrâce d'Ugolino della Gherardesca, en 1288. La même année, Nino Visconti, dernier *giudice* de Gallura, est renversé. Il meurt l'année suivante sans héritier.

Seul le Giudicato d'Arborea demeure indépendant. Mais ses liens étroits avec le royaume d'Aragon (en 1157, Barisone d'Arborea avait épousé une descendante de la famille royale de Barcelone) vont signer sa perte. Depuis la florissante Barcelone, le royaume catalano-aragonais lorgne sur l'île C'est probablement la raison pour laquelle le pape Boniface VIII décide, en 1297, de donner en fief le *Regnum Sardiniae et Corsicae* (royaume de Sardaigne et de Corse) à Jacques II, roi d'Aragon.

La couronne d'Aragon

Dans un premier temps, Jacques II intervient peu dans la gestion de ce nouveau territoire. Ce n'est qu'en 1323 que son armée, transportée par 300 vaisseaux de guerre, débarque sur la côte sud-ouest de l'île pour en déloger les représentants locaux de Pise et asseoir son pouvoir.

Alliés au Giudicato d'Arborea, les nouveaux venus s'emparent rapidement de Cagliari et d'Iglesias, et concluent des accords de vassalité avec d'autres nobles sur toute l'île. Cependant, lorsque Barcelone réalise que les seigneurs d'Arborea cherchent à prendre le contrôle de l'île toute entière, les relations se détériorent. En 1353, les Catalano-Aragonais conquièrent la ville portuaire d'Alghero, après s'être heurtés à trente années de résistance. Toute la population de la ville est chassée et remplacée par des colons catalans. Aujourd'hui encore, on y parle le catalan, et les panneaux des rues, comme les menus des restaurants, sont souvent libellés dans les deux langues.

De 1356 à 1404, les souverains d'Arborea (les rois Mariano IV et Ugone III, et la reine Eleonora) tiennent tête aux Catalano-Aragonais.

1015

Pise et Gênes, venues aider la Sardaigne à mettre en déroute les Arabes, commencent leur longue lutte pour la domination de l'île. À la fin du XIIe siècle, les trois quarts du territoire sont sous leur contrôle.

1297

Sous la pression des Catalans, le pape Boniface VIII instaure le *Regnum Sardiniae et Corsicae* ; Jacques II d'Aragon est déclaré roi de Corse et de Sardaigne.

1323

Les Aragonais envahissent la côte sud-ouest et prennent possession de l'île.

1392

Eleonora d'Arborea, héroïne sarde et gouverneur du Giudicato d'Arborea, publie la *Carta de Logu*, premier Code des lois de Sardaigne.

Cette longue résistance est due à la détermination sans faille et à l'habileté politique de la reine Eleonora (1340-1404), qui gagne le respect des habitants grâce à son administration équitable et à la promulgation d'une charte progressiste, la *Carta de Logu* (Code des lois ; voir l'encadré ci-contre). Cinq ans après la mort de cette figure charismatique de la Sardaigne médiévale, les Sardes sont vaincus à la bataille de Sanluri. Toutefois, la révolte se poursuit et atteint son paroxysme dans les années 1470 lors d'un soulèvement général, écrasé par les Aragonais en 1478.

Le bourbier espagnol

En 1479, le mariage de Ferdinand et d'Isabelle réunit les couronnes de Castille et d'Aragon. Sous les Espagnols, les structures féodales instaurées par les Catalano-Aragonais sont renforcées, laissant la majeure partie de la population rurale dans une misère profonde. D'immenses zones tombent dans l'escarcelle de puissants nobles espagnols (un siècle après la fin de la domination espagnole, la noblesse ibérique détiendra encore une large part des terres sardes). Aux XVIe et XVIIe siècles, les paysans sont accablés d'impôts exorbitants, l'économie de l'île stagne et l'Espagne est en déclin. Ironie du sort, ce sont des marchands génois (dont les banquiers étaient devenus l'une des principales sources de revenus de Madrid) qui remplacent peu à peu les Catalans à la tête du commerce international de l'île.

En 1700, le roi Charles II de la maison des Habsbourg meurt sans descendance. L'île se retrouve une fois de plus sans maître. En Sardaigne comme en Espagne, la société est divisée entre les factions autrichienne, partisane des Habsbourg, et française, partisane des Bourbons, qui se disputent les restes de l'immense Empire espagnol. Le décès de Charles II déclenche la guerre de la Succession d'Espagne, un conflit qui implique la plupart des puissances européennes. En 1708, les forces autrichiennes appuyées par la flotte navale anglaise occupent la Sardaigne.

Philippe V, prétendant Bourbon au trône d'Espagne, soutenu par les Français, obtient gain de cause. Toutefois, le coût pour l'Espagne est considérable : Madrid perd bon nombre de ses territoires, dont la Sardaigne, laquelle est attribuée à l'Autriche par le traité d'Utrecht de 1713. Vienne, qui ne tient guère à sa nouvelle possession, n'oppose qu'une faible résistance à une tentative espagnole de reconquête de l'île en 1717. Le reste de l'Europe, en revanche, s'indigne : un an plus tard, le traité de Londres oblige les Espagnols à se retirer.

La Sardaigne est attribuée au duché de Savoie. Les ducs auraient certes préféré la Sicile aux campagnes désolées de la Sardaigne, mais ils n'en obtiennent pas moins une couronne royale très convoitée.

Merveilles du Moyen Âge

- » Torre dell'Elefante, Cagliari
- » Basilica della Santissima Trinità di Saccargia, Logudoro
- » Chiesa di San Simplicio, Olbia
- » Castello Malaspina, Bosa
- » *Centro storico*, Iglesias
- » Torre Porta a Terra, Alghero

1400-1500
Depuis l'Espagne, les nobles catalano-aragonais imposent de lourdes taxes aux habitants. Ceux-ci luttent seuls contre la famine et les épidémies, qui déciment près de 50% de la population de l'île.

1478
Le 19 mai, la résistance sarde, emmenée par le marquis d'Oristano, est écrasée par l'armée aragonaise lors de la bataille de Macomer.

1700
Charles II, de la maison des Habsbourg, meurt sans descendance. Une fois de plus, la Sardaigne se retrouve sans maître.

1708
Les forces anglaises et autrichiennes prennent la Sardaigne au roi Philippe V d'Espagne durant la guerre de la Succession d'Espagne. L'empire des Habsbourg est démantelé.

Une période difficile

Le contexte économique déplorable de l'île est un choc pour les vice-rois piémontais, mais ils sont résolus à tirer le meilleur parti de la situation. Attribuant la faiblesse de la production agricole à une insuffisance démographique (300 000 habitants à l'époque), ils encouragent la colonisation. Seule l'installation de pêcheurs liguriens venus de Tabarqa (Tunisie) sur l'île de San Pietro en 1738, où ils font de Carloforte un port de pêche prospère, connaîtra le succès.

En dépit d'un XVIIIe siècle marqué par une série de famines, la production agricole de l'île augmente néanmoins. La population s'accroît, atteignant 436 000 personnes en 1782. Le système féodal de propriété foncière est modernisé et les universités, moribondes, de Cagliari et Sassari, connaissent un nouveau souffle.

L'île connaît de nouveaux troubles avec la Révolution française. En 1792, la milice sarde repousse une tentative de débarquement des forces françaises (au nombre desquelles se trouvait Napoléon, sur l'archipel de La Maddalena). Invoquant ce témoignage de loyauté, une délégation de Sardes se rend à Turin auprès du roi Victor-Amédée III pour demander une plus grande autonomie. La quasi-totalité de ses requêtes est rejetée.

Les Sardes ne tarderont pas à se révolter eux aussi. En 1795, deux hauts responsables piémontais sont tués à Cagliari par une foule en colère. Les insurgés sont menés par un juge radical, Giovanni Maria Angioi, qui tente, en vain, de marcher sur Cagliari. Lorsque, en 1799, la famille royale de Savoie, chassée du continent par Napoléon Bonaparte, est forcée de s'installer dans cette ville, il ne reste pourtant aucune trace de ce mouvement révolutionnaire.

LA CARTA DE LOGU : JUSTICE ET ÉGALITÉ POUR TOUS

Eleonora d'Arborea, Giudicessa (gouverneur) d'Arborea, laisse un héritage de taille : la *Carta de Logu*, un Code des lois qu'elle promulgue en 1392, après avoir révisé et complété celui ébauché par son père, Mariano. À la satisfaction des insulaires, ce code est publié en langue sarde, favorisant ainsi la naissance d'une conscience nationale. Progressiste, fondé sur la loi romaine, il est très en avance sur la législation de l'époque. Pour la première fois, les délicates questions de la jouissance des terres et de la possibilité de soutenir une action en justice sont codifiées. Les femmes se voient accorder une série de droits, dont celui de refuser un mariage et – fait important pour une société rurale – des droits de propriété. Alphonse V fut si impressionné qu'il l'appliqua à l'ensemble de l'île en 1421. Le code resta en vigueur jusqu'en 1871.

Eleonora ne put apprécier l'importance de son legs. Elle mourut de la peste en 1404 et, cinq ans après sa mort, les Aragonais prenaient le contrôle d'Arborea. Elle demeure la figure historique la plus respectée sur l'île.

1720

Le duc Victor-Amédée II de Savoie devient roi du Piémont et de Sardaigne, mettant fin à l'alternance au pouvoir entre l'Autriche et l'Espagne.

1795-1799

Les Piémontais ayant refusé une plus grande autonomie de la Sardaigne, la population se révolte et assassine à Cagliari des dignitaires de Savoie. En 1799, le mouvement révolutionnaire s'éteint de lui-même.

1823

La loi sur la propriété foncière, qui promeut la propriété chez les ruraux, se traduit par la vente des terres communales séculaires et l'abolition des droits communaux, provoquant des émeutes.

1840

La loi accorde à l'État (le duché de Savoie) le contrôle des richesses minières et initie par là un boom minier.

Timides progrès et unité

Au début du XIXe siècle, le calme est revenu. Le roi Charles-Félix de Savoie fait construire une route entre Cagliari et Porto Torres, instaure un enseignement de base, et tente de mettre un terme aux conflits permanents entre bergers et paysans sur le partage des terres en promulguant une première loi sur la privatisation des terres communales. Une nouvelle loi est promulguée en 1829, visant à transformer les terres communales en parcelles privées afin d'améliorer les rendements. L'intention économique est louable mais la loi se révèle malheureuse en excluant, au profit des plus riches, les paysans pauvres et les bergers, qui perdent l'usage des terres communales. Désespérés, ceux-ci se tournent vers le banditisme.

L'abolition des privilèges féodaux en 1835 représente également une grande avancée. Toutefois, les petits agriculteurs qui achètent les terres s'endettent considérablement auprès de l'État.

En 1847, enhardie par des réformes introduites dans les territoires savoyards du continent, une délégation réclame "l'unité totale" entre le royaume de Sardaigne et le Piémont, dans l'espoir de bénéficier d'un régime plus équitable. La requête est acceptée. Dès lors, l'île sera gouvernée directement depuis Turin.

Par ailleurs, la situation évolue rapidement dans le reste de la péninsule italienne. En 1848, le roi Charles-Albert prend la tête des États italiens lors de la guerre d'indépendance contre l'Autriche. Après son échec, c'est son fils Victor-Emmanuel qui, une dizaine d'années plus tard, grâce aux manœuvres diplomatiques de Cavour ainsi qu'à une série de campagnes militaires audacieuses dirigées par Giuseppe Garibaldi, parvient à unifier la péninsule italienne autour du Piémont pour créer le royaume d'Italie (un processus qui ne s'achèvera qu'en 1870).

Le régime en Italie diffère peu du piémontais, mais des améliorations sont réalisées : la première ligne de chemin de fer est inaugurée dans les années 1870, l'enseignement est développé, les produits laitiers sont exportés sur le continent, et les premières banques permettent d'accéder au crédit. En 1913, la Sardaigne élit son premier député socialiste au Parlement italien. La vie reste pourtant difficile, et les années précédant la Première Guerre mondiale sont marquées par des grèves de mineurs, une recrudescence du banditisme et des émeutes de la faim.

GIUSEPPE GARIBALDI

Le héros révolutionnaire de l'Italie, Giuseppe Garibaldi, est mort le 2 juin 1882 sur l'Isola Caprera, son île privée dans l'Arcipelago della Maddalena. On peut aujourd'hui visiter sa maison, le Compendio Garibaldino, et apprendre à mieux connaître l'homme qui parvint à unifier l'Italie.

Les guerres mondiales

En 1915, la décision de l'Italie d'entrer en guerre aux côtés des Alliés est motivée par le désir de s'emparer de ce qu'elle considère comme des territoires italiens aux mains de l'Autriche. Le pays n'était pas préparé à un conflit d'une telle ampleur et allait payer un lourd tribut humain.

1847

La requête émise par le royaume de Sardaigne, alors entité séparée gouvernée par un vice-roi, de rejoindre le royaume du Piémont est acceptée. Dès lors, l'île sera gouvernée depuis Turin.

1861

Suite aux campagnes militaires menées par Giuseppe Garibaldi, le roi Victor-Emmanuel II annexe l'Italie continentale et crée le royaume d'Italie.

1915

La Brigata Sassari est envoyée dans les tranchées alpines de la Première Guerre mondiale. Les soldats sardes s'illustrent mais subissent de lourdes pertes : 2 164 morts, 12 858 blessés ou disparus.

1921

Le Partito Sardo d'Azione (Parti d'action sarde) est créé par des vétérans de la Brigata Sassari. Ses objectifs : l'autonomie de l'île et une prise de conscience politique du peuple sarde.

DE L'ISOLEMENT À L'INDÉPENDANCE

Si l'île n'est pas envahie durant la Seconde Guerre mondiale, la ville de Cagliari est détruite aux trois quarts par les bombardements alliés durant les six premiers mois de 1943. La guerre provoque l'isolement quasi total de l'île. Le ferry reliant le continent à Olbia ne reprendra son service quotidien qu'en 1947.

Au cours du référendum de 1946, la population vote contre la monarchie et en faveur de la création d'une république parlementaire. En 1948, la Sardaigne et quatre autres régions se voient accorder leur propre parlement ainsi que le pouvoir de légiférer dans certains domaines, mais ces mesures ne satisfont pas entièrement les attentes de nombreux Sardes.

Les “diables rouges” de la Brigata Sassari se distinguent dans les combats qui ravagent les tranchées du nord de l'Italie. Dès le début du conflit, les hommes et officiers de la brigade sont loués pour leur bravoure. Les régiments sardes recevront de nombreuses décorations.

Lorsque les survivants rentrent chez eux àla fin de la guerre, en 1918, ils ne sont plus les mêmes. Paysans illettrés lors de leur départ, ils reviennent politisé. Nombre d'entre eux rejoignent le nouveau Partito Sardo d'Azione (PSA ; Parti sarde d'action), dont l'objectif premier est l'autonomie administrative de l'île. Sous l'influence d'intellectuels tels Emilio Lussu (l'un de ses fondateurs) et Antonio Gramsci (fondateur du Parti communiste italien), le PSA milite aussi en faveur des droits civiques des ouvriers et d'une intégration des paysans et des bergers dans la vie politique et sociale. Ce parti représentera la plus forte opposition à Mussolini jusqu'à ce que celui-ci prenne le pouvoir à Rome en 1922.

Arrêté en 1928 par la police fasciste, Antonio Gramsci meurt en prison en 1937. Ses *Lettres de prison*, publiées pour la première fois entre 1948 et 1951, sont un chef-d'œuvre de la littérature italienne.

Affichant sa volonté de sortir l'île de sa pauvreté, le régime fasciste n'en est pas moins déterminé à écraser toute vélléité d'autonomie. L'exploitation minière est relancée, et l'extraction de lignite est stimulée par la création d'une ville, Carbonia. La bonification de terres autour de deux villes nouvelles, Mussolinia (l'actuelle Arborea) et Fertilia, dégage des surfaces agricoles supplémentaires, mais loin de l'objectif prévu. La réforme agraire de 1933, qui vise à exploiter près du quart des terres de l'île, elle aussi, est loin d'atteindre cet objectif.

La Sardaigne souffre des tentatives fascistes de rendre l'Italie économiquement autonome (l'excluant ainsi des circuits commerciaux internationaux). L'alliance avec Hitler pendant la Seconde Guerre mondiale ne fait qu'empirer les choses dans l'île qui n'est pas envahie mais pratiquement coupée du monde extérieur (voir l'encadré p. 233).

ANDY CHRISTIANI / LONELY PLANET IMAGES ©

» La ville de Cagliari

1928-1938

Mussolini, qui veut rendre l'Italie autosuffisante, lance en Sardaigne de grands projets (irrigation, infrastructures, bonification des terres agricoles). De nouvelles villes sont bâties.

1943

Les raids aériens des Alliés détruisent les trois quarts de la ville de Cagliari.

Éradication du paludisme et modernité

Depuis l'époque romaine, une grande partie de la côte sarde était couverte de marais impaludés. Mené entre 1946 et 1950 par l'armée américaine et financé par la Fondation Rockefeller, le Sardinia Project donnera des résultats spectaculaires : drainés et traités aux pesticides, les marais sont débarrassés des moustiques, et le paludisme (malaria), éradiqué. Dans les années 1920, on dénombrait en moyenne 78 000 cas de paludisme par an. Ce chiffre tombe à 40 000 en 1947, et aucun nouveau cas n'est signalé en 1950.

Banditi a Orgosolo (Bandits à Orgosolo), film de Vittorio de Seta sorti en 1961, décrit parfaitement la dure réalité de la vie rurale dans la Sardaigne des années 1950.

La même année, la Sardaigne est désignée comme l'un des bénéficiaires majeurs de la Cassa per il Mezzogiorno ("Caisse du Midi"), un fonds de développement national visant à redresser l'économie désastreuse du sud de l'Italie. L'argent ainsi injecté dans l'économie de l'île pendant plusieurs décennies ne sera cependant pas toujours employé à bon escient, comme l'illustrent les projets de grandes usines retenus à cette époque. Nombre d'entre elles, comme celles de Porto Torres, de Portovesme et de Sarroch, sont des raffineries et des usines pétrochimiques qui ne parviennent pas à fournir les emplois locaux nécessaires et constituent rapidement un casse-tête écologique et économique. Dans les années 1970, l'effondrement du secteur dû à la crise pétrolière se traduit par des licenciements massifs qui plongent l'île dans la récession. Quant aux mines de l'Iglesiente (région d'Iglesias), elles ferment au milieu des années 1990.

Les réformes agricoles et administratives tardent à venir. Si le niveau de vie progresse en Sardaigne entre les années 1950 et 1980, de sérieux problèmes subsistent. En témoigne la vague d'émigration qui touche l'île à partir de la fin des années 1940. Dans les années 1960, 10% de la population quittent la Sardaigne.

Dans les années 1940, 60% des Sardes souffraient du paludisme.

Jusqu'à l'éradication du paludisme au milieu du siècle dernier, les visiteurs, aux intentions pacifiques du moins, ne se bousculaient pas en Sardaigne. Lors de son célèbre voyage dans l'île en 1921, D.H. Lawrence dressa un tableau sombre de la misère des Sardes et de l'isolement de l'île. Celle-ci lui paraîtrait bien différente aujourd'hui. La pauvreté existe encore, en particulier dans l'intérieur rural, et le chômage atteint un niveau inquiétant (13,6% en 2010), mais la Sardaigne est méconnaissable.

Avant que l'Aga Khan "découvre" la Costa Smeralda à la fin des années 1950 et que son consortium international la livre aux promoteurs la décennie suivante, la côte nord-est de la Gallura était encore sauvage et isolée, à peine capable de faire vivre les bergers installés sur ces terres. C'est aujourd'hui l'une des destinations les plus luxueuses du monde et ses plages sont le terrain de jeu des milliardaires.

1948

La Sardaigne est déclarée région semi-autonome. Son assemblée régionale peut légiférer en matière d'agriculture, d'aménagement urbain, de tourisme et de sécurité.

1946-1951

Le Sardinia Project parvient à éradiquer le paludisme. L'armée américaine répand 10 000 tonnes de DDT sur l'île. On en ignore encore les effets secondaires.

1962

L'Aga Khan crée son Consorzio della Costa Smeralda pour développer le littoral nord-est. Le tourisme se développe sur l'île et la jet-set afflue sur ses plages paradisiaques.

1985

Francesco Cossiga, natif de Sassari, est élu président de la République italienne. Il était ministre de l'Intérieur lors de l'enlèvement et de l'assassinat d'Aldo Moro par les Brigades rouges en 1978.

La Sardaigne aujourd'hui

Dans les années 1980, le Partito Sardo d'Azione, en sommeil depuis sa création dans les années 1920, revient sur le devant de la scène. Cette émergence correspond à un regain d'intérêt de la population sarde pour sa langue, sa culture et son histoire, et la redécouverte de la *sardità* (identité sarde). Le débat sur le statut politique de l'île s'intensifie, même si le rêve séparatiste d'une Sardaigne indépendante est utopique.

La plupart des Sardes admettent que la situation de l'île a progressé depuis la fin de la guerre. Néanmoins, si la Sardaigne est envahie de touristes trois mois dans l'année, elle est le reste du temps largement livrée à elle-même. En 1999, l'île a reçu de l'Union européenne une importante subvention pour améliorer ses infrastructures de base et investir dans des projets d'éducation et d'emploi. Le gouvernement n'a toutefois pas respecté ses objectifs budgétaires et, en 2004, une part de la somme restante a dû être restituée.

En juin 2004, l'élection de Renato Soru à la présidence de la région a suscité des espoirs. Surnommé le Bill Gates sarde, ce milliardaire né en 1957 à Sanluri dans une famille modeste, a fondé l'entreprise de télécommunications Tiscali en 1998, devenant l'un des hommes les plus riches d'Italie. Après avoir fait ses premières armes en politique en 2003, il est élu un an plus tard président de la région Sardaigne sous l'étiquette du parti de centre gauche Progetto Sardegna (Projet Sardaigne).

Après avoir interdit toute construction à moins de 2 km du littoral afin de protéger le paysage, Renato Soru a imposé une "taxe sur le luxe" concernant les yachts, les avions privés, les résidences secondaires et les chambres d'hôtel. L'un des plus grands succès du président sarde est d'avoir obtenu, après 36 ans de présence, le retrait des forces nucléaires navales américaines du fragile Arcipelago della Maddalena, où elles étaient stationnées depuis 36 ans.

Le 26 février 2009, lors des élections régionales, c'est Ugo Cappellacci, représentant du Popolo della Libertà (Peuple de la Liberté, parti politique fondé et présidé par Silvio Berlusconi), qui est élu. Il était le moins connu des deux candidats et son élection, avec 51,9% des voix, a porté un coup dur au Partito Democratico (voir p. 220).

Malgré l'objectif de Cappellacci de réduire le nombre de demandeurs d'emplois, l'horizon économique reste sombre pour la Sardaigne. En 2010, l'inflation atteignait le chiffre record de 2,4%, le chômage tournait autour de 13,6% et les jeunes entrant sur le marché du travail n'avaient guère de perspectives.

2004

Renato Soru, fondateur du fournisseur d'accès Internet Tiscali, est élu président de Sardaigne. Son plan de protection de l'environnement suscite de vives controverses.

2008

Après 36 ans de présence, la marine américaine se retire de l'Arcipelago della Maddalena. Le départ de l'US Navy – et avec elle de marins aux portefeuilles bien remplis – divise l'opinion.

2009

Le président sortant Renato Soru, qui avait interdit toute construction à moins de 2 km des côtes, est battu aux élections régionales de février par le centre-droit Ugo Cappellacci.

2011

Lors du référendum de mai, 98% des Sardes se prononcent contre l'énergie nucléaire. Enel obtient le feu vert pour construire une ferme éolienne de 90 mégawatts à Portoscuso.

La société sarde

Les Sardes ne sont pas aussi volubiles que les autres Italiens ; ils n'ont ni leur souplesse ni leur insouciance. Cela ne les empêchent nullement d'être aimables avec les visiteurs. Ils sont d'ailleurs réputés dans toute l'Italie pour leur générosité et réussissent même l'exploit de mettre les étrangers à l'aise sans jamais se départir de leur réserve.

Au cours de l'histoire, les Sardes n'ont guère eu l'occasion de s'exprimer. Des siècles de colonisation ont engendré un sentiment d'injustice qui n'a fait qu'exacerber la fierté qui les caractérise. La géographie de l'île n'est pas étrangère non plus à ce caractère. Les chaînons de montagnes disséminés ici et là ont longtemps entravé les échanges et engendré une mosaïque de communautés très distinctes les unes des autres. Si cet isolement a permis à l'île de préserver nombre de ses particularismes, il a aussi fait obstacle à la construction d'une identité commune. L'écart est énorme entre les villes très ouvertes sur la modernité, telles Alghero, Sassari, Olbia et Cagliari, et les villages où prévalent encore des modes de vie traditionnels. C'est pourquoi Giovanni Lilliu, un des plus grands spécialistes de la civilisation sarde, évoque une "nation incomplète", qu'il souhaiterait voir s'unifier et s'affirmer pleinement.

La Sardaigne est une île de bergers où l'on compte environ quatre millions de moutons (environ 2,5 par habitant).

Les Sardes partagent néanmoins un fort sentiment fraternel, le sens de la tradition et l'amour qu'ils vouent à leur île. Ils sont également modestes et réfléchis, très enclins à débattre des questions politiques régionales. Et par-dessus tout, ils aiment la bonne chère et la *festa*. Vous trouverez parmi eux des poètes, des écrivains, des musiciens et des artistes talentueux, passionnés par leur cadre de vie.

Mode de vie

La vie des Sardes est organisée autour de la famille qui exercent une pression sur toutes les sphères de la société. Dans le passé, un code moral drastique avait force de loi coutumière. Dans ses romans, Grazia Deledda (p. 239) décrit une île traditionnelle, écartelée entre l'Église et le progrès, le devoir et le plaisir. Le Sarde se montre individualiste, soucieux de préserver sa vie privée. Mais dépassez cet obstacle et vous serez chaleureusement accueilli, et même nourri plus que de raison. D'ailleurs, Deledda trouvait que la poésie du bonheur familial et domestique résidait au cœur de la cuisine. Famille et amis continuent par exemple de se rassembler le dimanche autour d'un déjeuner traditionnel.

En 2007, Rafaella Monni, la femme la plus âgée d'Italie, est décédé à Arzana dans la province de l'Ogliastra, à 109 ans. Cinq ans plus tôt, Antonio Todde, 112 ans, était mort à Tiana, province de Nuoro.

Jusque dans les années 1950, la Sardaigne restait une des régions les plus pauvres de l'Italie, fort mal représentée politiquement ; 22% de la population était illettrée (contre 4% aujourd'hui, soit le double de la moyenne nationale). Aujourd'hui, beaucoup de gens mènent encore une existence difficile ; et si l'on est riche, c'est sans excès. Aujourd'hui, 30% des insulaires travaillent encore dans l'agriculture. On comprendra dès lors que la vie sur l'île est simple et sans prétention.

Compte tenu de ces réalités économiques, la plupart des jeunes Sardes demeurent chez leurs parents jusqu'à la fin de leurs études (28 ans environ) ou jusqu'à leur mariage. Conséquences : les familles et les communautés sont ainsi très soudées.

L'éducation, l'arrivée du tourisme et l'exode rural (près de la moitié de la population vit dans la zone de Cagliari) pallient peu à peu certains de ces problèmes sociaux. Mais, à l'intérieur des terres, et en particulier en Barbagia où les vieilles coutumes et une morale rigide prévalent, la vie demeure très traditionnelle.

Population

La population sarde décroît car beaucoup d'insulaires ont émigré sur le continent ou à l'étranger, en particulier entre 1950 et 1980. Sur une population italienne totale de 58 millions d'habitants, on compte seulement 1 650 020 sardes.

La moitié d'entre eux se concentrent au sud, dans la province de Cagliari (765 000) – qui connaît également le plus haut taux de chômage, surtout dans sa partie sud-ouest. Puis vient Sassari (460 700), suivie de Nuoro (264 000) et d'Oristano (153 400).

La densité de la population n'est que de 69 habitants par km^2, contre 192 dans l'ensemble de l'Italie et 425 en Campanie. Cela fait de la Sardaigne la région la moins densément peuplée du pays.

Avec un taux de natalité peu élevé, une faible immigration et le départ des jeunes vers le continent, la population insulaire semble condamnée à se réduire. L'Institut national de statistique (Istat) prédit même que la population de l'île pourrait chuter à 1 246 000 d'ici à 50 ans.

Le sarde, langue native de l'île comprend 67 dialectes.

Hommes et femmes

Comme dans la plupart des communautés rurales, le rôle de chacun est traditionnellement réparti en fonction du sexe. L'existence étant particulièrement difficile en Sardaigne – la campagne est très inhospitalière –, la division du travail est de mise. Pendant que les hommes font paître leurs troupeaux loin de chez eux, les femmes tiennent les maisons et élèvent les enfants.

Les femmes sardes ont toujours été très actives dans la vie communautaire, et c'est probablement ce qui a permis à deux d'entre

LE GÈNE DES CENTENAIRES

A kent'annos ! (Puissiez-vous vivre 100 ans !). Ce salut traditionnel n'a rien d'un vœu pieux et correspond en Sardaigne à une réalité démographique. Oubliez les régimes macrobiotiques et les compléments alimentaires censés vous faire rajeunir, car l'île détient apparemment le secret de la longévité avec quelque 150 centenaires pour une population de 1,67 million, soit environ le triple de la moyenne des pays développés. Si vous demandez aux Sardes la raison de ce phénomène, vous obtiendrez à chaque fois une réponse différente : l'atmosphère, la vie au grand air, la bonne chère, le vin, voire Dieu.

Les premières études ont mis en avant des facteurs environnementaux et le mode de vie (les vins locaux issus du cépage Cannonau sont riches en procyanidines, polyphénols ayant un effet protecteur sur les cellules vasculaires et ayant un rôle anti-hypertenseur) pour expliquer cette longévité. Toutefois, les chercheurs de l'université de Sassari demeurent convaincus qu'il s'agit d'une prédisposition génétique.

Les habitants de la province montagneuse de l'Ogliastra sont longtemps restés à l'écart du monde extérieur. De ce fait l'endogamie a produit un patrimoine génétique remarquablement homogène, véritable mine d'or pour les chercheurs.

L'équipe scientifique conduite par le professeur Luca Deiana a dévoilé les découvertes de l'étude A Kent'Annos (AKeA) lors d'une conférence à Pavie et à Bareggio en mai 2011. En plus de démontrer qu'un certain nombre de centenaires sardes partageaient les mêmes caractéristiques génétiques, elle a mis en lumière d'autres similarités : la plupart sont des optimistes équilibrés qui bénéficient d'un bon réseau social et familial, manifestent un fort sentiment identitaire et ont un régime alimentaire riche en antioxydants.

LA LANGUE

Le *sardo* (sarde) est la langue minoritaire la plus importante d'Italie et la première de l'île. Elle comprend trois familles distinctes : le *logudorese* (dans le Nord-Ouest), le *nuorese* (dans l'Est et le Centre) et le *campidanese* (dans le Sud, exception faite de Cagliari qui possède son propre dialecte). On considère le logudorese comme la plus vieille et la plus pure forme du sarde (proche du latin que les Romains ont introduit dans l'île).

La grammaire et le vocabulaire sont en grande partie issus de la langue latine, même si certains mots remontent à des temps plus anciens comme *nuraghe* (tour de pierre) et *giara* (sorte de plateau) – la plupart de ces mots désignant des réalités géologiques ou des animaux. De même, les noms de lieu qui comportent de nombreuses voyelles (comme Orgosolo, Ollolai et Orotelli) datent probablement de l'époque des bâtisseurs de *nuraghi*. L'espagnol et le catalan, qui ont été les langues officielles de l'île pendant 400 ans, ont eu également un impact. À Alghero, on parle aujourd'hui encore une variante du catalan et, sur l'île de San Pietro, une forme du génois datant du XVIe siècle. Les dialectes de Gallura et de Sassari sont proches du corse.

Le sarde est un des éléments essentiels de l'identité de l'île. Dans les années 1970, il a été demandé au gouvernement italien de le reconnaître comme langue officielle de l'île, ce que la multiplicité des dialectes a rendu impossible. Le problème est tel que tous les grands écrivains sardes ont choisi d'écrire en italien.

La langue italienne prédomine dans les médias, et la jeune génération l'utilise dans les affaires. Cela n'empêche pas 80% des insulaires de continuer à parler le sarde chez eux. Mais personne n'a éprouvé le besoin de l'introduire dans les programmes scolaires, du moins pour le moment.

elles, Eleonora d'Arborea (p. 229) et Grazia Deledda, de devenir des emblèmes de l'histoire et de la culture sardes.

Néanmoins, il a fallu attendre jusque dans les années 1980 pour que les femmes bénéficient de l'évolution des mœurs et, encore maintenant, elles assument toujours un rôle traditionnel dans la société.

Les zones rurales mises à part, la Sardaigne ne diffère pas du reste de l'Italie. Depuis les années 1960, l'éducation s'est efforcée de modifier la répartition des rôles entre hommes et femmes. Beaucoup de femmes aujourd'hui connaissent d'ailleurs une carrière professionnelle réussie, même si les hommes continuent d'occuper les plus hautes fonctions du secteur privé et dominent presque exclusivement la scène politique.

Religion

Les Sardes sont catholiques, encore qu'un bon nombre de leurs traditions et fêtes plongent leurs racines dans un passé païen. Il n'y a pas si longtemps, la crainte du châtiment, à la fois humain et divin, pesait constamment sur la vie rurale, où toute atteinte à l'honneur engendrait une vendetta sans pitié. Ailleurs en Italie, la fréquentation des églises a baissé depuis la Seconde Guerre mondiale, mais en Sardaigne, elles sont régulièrement pleines à l'heure de la messe, même en semaine.

Le calendrier sarde est ponctué de fêtes religieuses, dont certaines rappellent les longs siècles de domination espagnole. C'est particulièrement évident lors de certaines célébrations pascales : Castelsardo, Iglesias et Tempio Pausania sont le théâtre de processions nocturnes conduites par des frères issus d'ordres religieux plus hispaniques qu'italiens.

D'autres coutumes sont plus spécifiques à l'île. La Sardaigne, par exemple, est parsemée de *chiese novenari*, petites chapelles rurales où ont lieu, une ou plusieurs fois par an, des pèlerinages de neuf jours. Elles sont généralement entourées de *cumbessias* (aussi appelées *muristenes*), hébergements destinés à accueillir les pèlerins venus vénérer le saint des lieux.

Arts et culture

Musique

Le chant

Protégées des influences extérieures, les traditions musicales sardes ne ressemblent à aucune autre et inspirent aujourd'hui de nombreux albums de world music. Cela ne contribue-t-il pas à altérer la culture de l'île ? Sans doute, mais cela attire surtout de nouveaux auditeurs, et participe ainsi à préserver une musique originale et de grande qualité.

Les deux principales traditions sont le *launeddas* dans le Sud, et le *canto a tenore* (chant polyphonique) dans les régions du Centre et du Nord. Toutes deux, en déclin dans les années 1970, rencontrent depuis deux décennies un regain d'intérêt. Groupes et pratiques individuelles fleurissent un peu partout sur l'île.

Les polyphonies masculines appartiennent à deux registres : l'*a tenore* profane et le *cuncordu* sacré. De nombreuses villes ont des chœurs de qualité, notamment, pour l'*a tenore*, Oniferi, Orune et Orgosolo. Les Tenores di Bitti sont les plus célèbres. Pour les *cuncordu*, il faut se rendre à Castelsardo, Orosei ou Santu Lussurgiu. Les voix polyphoniques de Gallura sont plus douces que les *a tenore* ; on peut les écouter sur le disque de Coro Gabriel, *Taxa* (1996).

Pour en savoir plus sur le groupe traditionnel le plus connu de l'île et goûter à ces polyphonies masculines rendez-vous sur www.tenoresdibitti.com.

Parmi les nombreuses et superbes voix féminines, la plus célèbre du XXe siècle est la légendaire Maria Carta. L'enclave catalane, Alghero, possède sa diva, Franca Masu, même si les accords folk d'Elena Ledda sont probablement plus connus. Les *launeddas* dans le Sud et les guitares dans le Nord accompagnent les solos, tandis que Ledda chante accompagnée du merveilleux Mauro Palmas à la mandoline.

Le *Launeddas*

Bien que l'on retrouve ce curieux instrument à vent dans des gravures sur roche du Xe siècle en Irlande et Écosse, le *launeddas* ne survit qu'en Sardaigne. Ses trois cannes, de longueurs différentes, apportent avec elles un écho de l'âge du bronze.

Pour avoir un aperçu de la musique sarde, visitez le site www.sardegnacultura.it (en italien), qui possède des enregistrements de musique traditionnelle sarde.

Autrefois, jouer du *launeddas* était une profession à part entière qui exigeait détermination et pugnacité. Son enseignement était pour ainsi dire inexistant, si bien que les postulants devaient se rendre secrètement de fête en fête pour tenter de voler aux maîtres leur répertoire jalousement gardé. Et si la tradition est si vivace aujourd'hui, c'est grâce aux enregistrements effectués par un jeune ethnologue danois de 1957 à 1962.

Jusque dans les années 1930, chaque village avait son propre joueur de *launeddas* et les jeunes garçons étaient prêts à débourser une coquette somme pour que les meilleurs interprètes restent fidèles au village. Car, le dimanche, les célibataires se rencontraient au son du *launeddas* au *ballu*, sur la place, coutume à laquelle Mussolini mit tristement fin.

SARDAIGNE ET MÉDITERRANÉE

Les grands espaces sauvages et hostiles de la Sardaigne ainsi que ses traditions millénaires enflammèrent l'imagination du grand écrivain britannique D. H. Lawrence (1885-1930). Les neuf jours qu'il passa sur l'île, avec son épouse Frieda, lui inspirèrent en effet l'une de ses œuvres les plus exaltées, *Sardaigne et Méditerranée* (1921), que l'auteur lui-même qualifiait de "merveille de véracité".

Voyageant à bord du *trenino verde*, le couple visita Cagliari, Mandas, Sorgono et Nuoro, avant d'embarquer pour la Sicile, où D. H. Lawrence écrivit son livre de mémoire en six semaines. Sa prose enthousiaste capture admirablement l'esprit de l'île qu'il décrit "en dehors du temps et de l'histoire", comme la "liberté même". Si vous prévoyez d'effectuer un lent périple en petit train à travers la Sardaigne, cet ouvrage fera un parfait compagnon de voyage. Pour marcher sur les traces de l'écrivain, consultez les pages *Itinerari* du site www.sardegnaturismo.it.

Il existe huit types de *launeddas*, chacun avec son propre répertoire (*Mediana*, *Fiorassiu*, *Punt'e Organu*, etc.). Deux des cannes qui le composent possèdent quatre trous ; la troisième canne, la plus longue, en est dépourvue, ne pouvant produire qu'un seul son grave. Les notes, d'une canne à l'autre, se répondent et s'accompagnent, donnant l'illusion d'un staccato.

Dans les années 1930, les fascistes ont censuré les *cantadores* (poètes) sardes ; leurs attaques contre l'Église et l'État étaient considérées comme dangereuses et subversives.

Dans la région du Campidano, pas une procession n'a lieu sans son joueur de *launeddas*. Ceux qui ne peuvent y assister achèteront l'album légendaire d'Efisio Melis et Antonio Lara, *Launeddas*. Franco Melis, Luigi Lai, Andria Pisu et Franco Orlando Mascia sont d'autres grands joueurs de *launeddas* ; quant à Furias et Sonos Isolanos, ils font partie des meilleurs groupes de folklore.

Poésie

Les *gare poetiche* (joutes poétiques) sont une curiosité remontant au moins au XIXe siècle, époque à laquelle les villageois se retrouvaient dans les fêtes pour s'affronter. Deux adversaires se lançaient des répliques rimées, sarcastiques, ironiques ou tout bonnement insultantes. Les auditeurs, qui adoraient ces jeux, se jetaient alors dans la joute avec leurs propres improvisations. Il existe peu de transcriptions de ces échanges, mais les duos classiques de Remundo Piras et Peppe Suzu, datant du milieu du XXe siècle, sont aujourd'hui disponibles en CD.

Les villages de montagne organisent encore des concours de poésie ; ceux d'Ozieri, Premio di Ozieri (p. 142) et Seneghe (Settembre dei Poeti, p. 100) comptent parmi les plus importants.

Signalons aussi le célèbre poète Sebastiano Satta (1867-1914), dont les magnifiques *Versi Ribelli* et *Canti Barbaricini* vantent les beautés de l'île.

Pour connaître les événements culturels de l'île (expositions, concerts, cinéma, etc.), rendez-vous sur www.marenostrum.it (en italien).

Danse et festivités

Ballo Sardo

En Sardaigne, aucune fête sarde digne de ce nom ne se déroule sans danses populaires traditionnelles, désignées par les termes génériques de *ballo sardo* (danse sarde) ou *su ballu tundu* (ronde), qui diffèrent légèrement d'une région à l'autre. Très semblables aux autres danses méditerranéennes, elles se dansent en rond ou en couple ; dans ce dernier cas, les deux partenaires, qui se tiennent par la taille, regardent dans la même direction. Les pas se succèdent, rapides et variés, souvent accompagnés de mouvements alertes, et accélèrent en même temps que la musique. Ces danses ne sont pas sans évoquer la sardane catalane pratiquée dans le nord-est de l'Espagne.

Le *launeddas* figure souvent dans les airs de danse, tandis que le *canto a tenore* accompagne parfois les morceaux plus lents. À l'instar du premier, le *ballo sardo* remonterait à la civilisation nuragique.

L'art de la fête

C'est à travers la musique, les danses et les costumes folkloriques savamment brodés des fêtes traditionnelles que s'exprime de façon plus vibrante l'identité culturelle sarde. Beaucoup de ces fêtes sont d'essence religieuse, à l'image des processions solennelles de la Semaine sainte et des pèlerinages comme la Festa di Sant'Efisio à Cagliari et la Festa del Redentore à Nuoro. Territoire rural avant tout, l'île célèbre aussi ses produits saisonniers – asperges, châtaignes, vin, thon... – à l'occasion de nombreuses foires.

Dans l'ouest, de fougueuses courses de chevaux et des défilés font revivre de grands épisodes historiques. La Cavalcata Sarda de Sassari marque ainsi la victoire sur les sarrasins en l'an 1000, la S'Ardia de Sedilo celle de l'empereur romain Constantin sur son rival Maxence en 312.

Pour plus de détails sur le calendrier des fêtes, voir p. 19.

Pour tout renseignement sur le premier événement littéraire de Sardaigne, le Festival Letterario della Sardegna qui a lieu à Gavoi, rendez-vous sur www.isoladellestorie.it.

Littérature

Grazia Deledda (1871-1936), née à Nuoro, est la figure dominante de la littérature sarde. C'est même un des écrivains réalistes les plus importants du XXe siècle italien. À partir de 1900, elle s'installe à Rome et reçoit, en 1926, le prix Nobel. Mais toute son œuvre reste inspirée par ses années passées en Sardaigne. Plusieurs de ses romans ont été traduits en français comme *Les Tentations* (Petite Bibliothèque Ombres, 2006), *Dans l'ombre, la mère* (Autrement 2000), *Le Pays sous le vent* (Autrement, 2006) ou *Braise* (Autrement, 1999).

Impossible également de voyager sur l'île sans le roman de Salvatore Satta (1902-1975, lui aussi originaire de Nuoro), *Il Giorno del giudizio*, 1975 (*Le Jour du jugement*, Folio Gallimard, 1990). Sa description des rivalités familiales, de la vie politique régionale, des conflits fonciers ou des paysages, la profondeur historique de son unique roman rappellent le grand classique sicilien de Giuseppe Tomasi di Lampedusa *Il Gattopardo*, 1958 (*Le Guépard*, Seuil, 2007).

On connaît mieux le contemporain de Satta, Giuseppe Dessì (1909-1977), célèbre pour son réalisme implacable. *Il Disertore* (*Le Déserteur*, Julliard, 1964) met en scène un soldat tiraillé entre son sens du devoir et ses valeurs morales durant la Première Guerre mondiale. Deux auteurs de la même époque que Dessì sont également à retenir : Salvatore Cambosu (1895-1962), dont les œuvres ne sont pas disponibles en français, et le célèbre intellectuel et homme politique Emilio Lussu (1890-1975). *La marche sur Rome et autres lieux* (Le Félin, 2009) est un témoignage de l'auteur sur la période 1919-1929, dans l'Italie marquée par la montée du fascisme.

Dans plusieurs de ses romans, Grazia Deledda donne un aperçu de la vie dans les campagnes sardes à la fin du XIXe siècle et au début du XXe siècle.

Après la Seconde Guerre mondiale, une nouvelle génération d'écrivains se fait remarquer. Paride Rombi (1921-1997) s'engage aux côtés des travailleurs du Sulcis, et Maria Giacobbe (née en 1928), dans son *Diario di una Maestrina*, 1957 (*Institutrice en Sardaigne*, Éditions ouvrières), décrit la vie d'une enseignante dans une petite ville.

La réputation de Gavino Ledda (né en 1938) dépasse largement les frontières de l'île. Son autobiographie, *Padre Padrone*, ne lui valut pas que des amis ; il y raconte sa dure vie de berger et son apprentissage de la lecture au sein de l'armée qui le sortira de sa condition miséreuse. En 1977, les frères Taviani en feront un film célèbre et tout aussi poignant.

Plus récemment, c'est la littérature policière qui prospère. Le célèbre Massimo Carlotto (né en 1956) a élu domicile à Cagliari ; Marcello Fois (né en 1960) et Flavio Soriga (né en 1975) s'inscrivent dans sa lignée. Le

ARTISANAT SARDE

» **Bijoux en filigrane** Cagliari, Alghero et Dorgali sont les meilleurs endroits pour acheter des bijoux en or ou en argent finement ouvragés.

» **Corail rouge** Le corail le plus réputé provient de la Riviera del Corallo, à Alghero, et on l'utilise souvent pour orner des pièces en filigrane.

» **Céramiques** Oristano, Sassari et Assemini (au nord de Cagliari) se distinguent par leur production de céramiques vernissées bleues, blanches ou jaune et verte, rehaussées d'oiseaux, de fleurs et autres motifs inspirés de la nature.

» **Tapis en laine** Aggius et Tempio Pausania possèdent une forte tradition artisanale des tapis en laine à dessins géométriques.

» **Vannerie** Dans le Nord, autour de Castelsardo et à Oristano, les femmes fabriquent toujours des paniers en asphodèle, jonc, osier et feuilles de palmier nain.

» **Masques de fête** Ceux confectionnés dans la région de Nuoro s'apparentent à de véritables œuvres d'art. Intéressez-vous en particuliers aux masques de *mamuthones* à Mamoiada et aux masques de *boes* et de *merdules* à Ottana.

» **Textiles** On emploie encore à Ulussai des métiers à tisser manuels pour confectionner des serviettes, rideaux et couvre-lits uniques en leur genre.

» **Liège** Dans la Gallura, le liège entre dans la fabrication de nombreux objets, des bols décoratifs aux tabourets en passant par les planches à découper.

» **Couteaux de poche** À Pattada et à Arbus, une poignée de maîtres artisans perpétuent la tradition des couteaux à manche de corne.

second a d'ailleurs reçu en 2000 le prix Italo Calvino pour son roman *Diavolì di Nuraiò*.

Mais l'auteur le plus important de la fin du XXe siècle est sûrement Sergio Atzeni (1952-1995). Comme Grazia Deledda, il montre dans ses romans une société qui ne se laisse pas réduire par des idées morales et politiques simplistes. *Il Figlio di Bakunin*, 1991 (Le Fils de Bakounine, La Fosse aux Ours, 2000) dépeint la vie difficile des habitants sardes dans l'après-guerre. Dans l'*Apologo del Giudice bandito*, 1986 (*La Fable du juge bandit*, La Fosse aux Ours, 2001), Atzeni évoque la Sardaigne sous l'occupation espagnole, au XVe siècle.

Artisanat

Comme il sied à une île agricole, la Sardaigne a une longue tradition artisanale derrière elle. Beaucoup d'objets sont encore réalisés à partir de matériaux locaux comme le liège. Créés à l'origine pour un usage quotidien, ils sont aujourd'hui largement destinés à la décoration. Les ferronniers établis autour de Santu Lussurgiu, par exemple, se sont adaptés au marché moderne, des outils agricoles, ils sont passés aux lampes, aux portes et aux sommiers.

Pour un artisanat de qualité à prix raisonnable, préférez les boutiques locales de l'Istituto Sardo Organizzazione Lavoro Artigiano (ISOLA), dont tous les articles s'accompagnent d'un certificat d'authenticité.

La cuisine sarde

Olives et citrons mûrissant au soleil, herbes aromatiques embaumant la brise marine, ricotta préparée par les bergers rentrant des pâturages avec leurs troupeaux, mulets et langoustes fraîchement pêchés... En Sardaigne, les produits du terroir ne sont pas un vain mot.

Le grand attrait de la cuisine sarde réside dans sa belle fraîcheur et son absence de prétention. *Pane carasau* encore chaud, juste sorti du four à bois et arrosé d'un trait d'huile d'olive extra vierge, *antipasti* maison à la saveur authentique ou croustillant cochon de lait rôti à la broche : que peut-on rêver de mieux ? Ajoutez-y la mer ou la montagne en toile de fond et une bouteille de Cannonau ou de Vermentino et l'expérience gastronomique n'en sera que plus inoubliable.

Les Sardes vous diront toutefois que leur cuisine n'est pas aussi simple qu'il y paraît et que sa richesse se cache dans les détails. Aucune autre région d'Italie ne possède par exemple autant de variétés de pains (dont certains s'apparentent à de véritables sculptures), ni de fromages de brebis, comme le typique *casu marzu* ("fromage pourri" grouillant de larves). Et lorsqu'on pense avoir fait le tour de la question, voici les *culurgiones*, sorte de gros raviolis farcis à la ricotta ; les *malloreddus*, gnocchis sardes en forme de coquillage, nappés d'une sauce tomate à la saucisse ; et encore la *fregola*, petites billes de semoule de blé dur, traditionnellement servie avec une sauce tomate aux palourdes. Alors, *Buon appetito !*

Pour un repas de trois plats, vin de la maison inclus

» **€** Moins de 25 €

» **€€** 25-45 €

» **€€€** Plus de 45 €

Une journée à table

Comme la plupart des Italiens, les Sardes prennent rarement le temps de s'asseoir pour la *colazione* (petit-déjeuner) et préfèrent prendre leur

À CHAQUE VILLE SA SPÉCIALITÉ

» **Cagliari** *Burrida*, roussette marinée dans un mélange de noix, d'ail, de vinaigre et d'épices.

» **Gallura** *Zuppa cuata* ou *zuppa gallurese*, gratin substantiel alternant des couches de pain trempé dans du bouillon de bœuf, de viande de mouton et de *pecorino* affiné.

» **Olbia** *Zuppa di cozze* e *vongole* (soupe aillée aux moules et aux palourdes), *ricci* (oursins) et *ortidas* (anémones de mer frites).

» **Barbagia** *Pecora in capoto* ("brebis en manteau"), ragoût de brebis savoureux et copieux.

» **Alghero** *Aragosta alla catalana*, langouste à la tomate et aux oignons.

» **Cabras** *Muggine* (mulet) et *bottarga* (poutargue).

» **Nuoro et l'Ogliastra** *Fiore sardo* ou *pecorino sardo* (fromage de brebis), agneau et cochon de lait, sanglier.

cappuccino accompagné d'un *cornetto* (croissant) au bar. En pleine campagne, les bergers entament leur journée avec un bon morceau de pain et une tranche de fromage.

Le pranzo (déjeuner) demeure un rituel pratiqué par beaucoup de Sardes. Même si les employés ne peuvent pas toujours rentrer chez eux pour déjeuner, la plupart des commerces ferment durant trois ou quatre heures en milieu de journée pour laisser le temps de prendre un repas et de digérer. Un repas complet se compose d'un *antipasto* (hors-d'œuvre), suivi d'un *primo* - en général il s'agit d'une soupe, d'un plat de pâtes ou de risotto - puis d'un *secondo*, c'est-à-dire de la viande ou du poisson. Les insulaires préféreront toujours la viande, servie rôtie ou dans d'épais ragoûts. Pour conclure *alla sarda*, prenez un morceau de fromage et, éventuellement, un *digestivo*, comme un verre de *grappa*. Cela dit, le café-dessert est désormais entré dans les habitudes.

La cena (dîner) était auparavant un repas plus simple. Mais les habitudes évoluent, et de moins en moins de personnes rentrant déjeuner chez elles, le dîner tend progressivement à devenir le repas principal.

Spécialités sardes

Pain quotidien

De bon matin, une agréable odeur de levain se dégage des *panetterie* de quartier, tandis que le boulanger sort du four ses pains tout chauds. Les Sardes tiennent cet humble aliment en haute estime et le déclinent sous des centaines de formes.

Le pain *civraxiu* tire son nom du latin *cibaria* ("farine") et remonte à l'époque où la Sardaigne, sous domination romaine, était le principal fournisseur de blé de l'Empire.

Originaire de la région du Campidano, mais très répandu, le *civraxiu* est une épaisse miche ronde à la croûte croustillante et à la mie blanche et moelleuse. Également courant, la *spianata* ou *spianada* ressemble un peu à la pita moyen-orientale. Dans les snack-bars de Sassari, vous découvrirez le *fainè,* un pain plat à la farine de pois chiche, importé il y a des siècles par les Ligures depuis le nord-ouest de l'Italie et qui est à mi-chemin entre la crêpe et la pizza. Les Espagnols ont introduit dans la cuisine sarde les *panadas,* de délicieuses petites tourtes salées qui peuvent être fourrées de mille façons, aussi bien au mouton ou au porc émincé qu'aux anguilles.

Lors des grandes occasions, telles que mariages et fêtes religieuses, on confectionne un pain appelé *su coccoi*, véritable sculpture ornée de guirlandes de fleurs, de cœurs et d'animaux, presque trop beau pour être mangé.

"PAPIER À MUSIQUE"

Aussi croustillant qu'un cracker, aussi léger qu'une gaufrette et assez fin pour laisser voir le soleil en transparence, le *pane carasau*, surnommé *carta da musica* (papier à musique), est le roi des pains sardes. Présent dans tout l'arrière-pays rural, plus particulièrement dans les régions de la Gallura, du Logudoro et de Nuoro, il est toujours fabriqué artisanalement à base d'ingrédients simples – farine de blé dur, eau et pincée de sel – et cuit deux fois dans un four à bois pour obtenir son fameux croquant. Se conservant bien, il convenait parfaitement aux bergers qui restaient longtemps dans les pâturages.

Frotté à l'huile d'olive et saupoudré de sel, le *pane carasau* devient un en-cas goûteux : le *pane guttiau*. Variante plus riche souvent servie en entrée, le *pane frattau* consiste en un *pane carasau* couvert de sauce tomate, de *pecorino* râpé et d'un œuf mollet.

FROMAGE AUX ASTICOTS, QUI EN VEUT ?

Demandez aux Sardes de vous parler de leur célèbre *casu marzu* ("fromage pourri") grouillant de larves et vous les verrez froncer le sourcil d'un air entendu, pouffer de rire ou bien changer de sujet. Il semble que chacun ait une opinion ou une histoire à raconter à propos du *formaggio che salta* ("fromage qui saute"). Il est plus crémeux et plus goûteux que tous les autres, affirment certains. Il donne la chair de poule et retourne les boyaux, mettent en garde ses détracteurs.

Le processus de fabrication de ce *pecorino* évoque un scénario de film d'horreur, car on y introduit des larves de mouche *piophila casei*, dont les sucs digestifs décomposent les matières grasses, accélérant la fermentation. Un liquide piquant appelé *lagrima* (larme) suinte ensuite du fromage. Lorsqu'ils mangent du *casu marzu*, les initiés le couvrent d'une main afin que les asticots ne leur sautent pas au visage – les bestioles peuvent apparemment faire des bonds de 15 cm. Certains préfèrent asphyxier les larves en enfermant le fromage dans un sac en papier.

Même si vous êtes tenté par cette expérience, il vous faudra de la détermination pour arriver à vos fins. Bien que considéré comme un "produit alimentaire traditionnel" dispensé des réglementations sanitaires de l'Union européenne, ce fromage n'en demeure pas moins interdit à la vente. La difficulté de s'en procurer ne fait d'ailleurs qu'accroître le mystère qui l'entoure. Si vous interrogez les gens sur les lieux où l'on peut en trouver, ils se contentent généralement de vous indiquer d'un geste vague les zones montagneuses. Rendez-vous dans la Barbagia en été où un paysan du cru vous donnera peut-être accès à sa production. Estomacs sensibles s'abstenir.

Antipasti

Savoureux apports du reste de l'Italie, les *antipasti* (hors-d'œuvre) figurent sur presque toutes les cartes sardes, où ils précèdent les *primi* (entrées). L'alléchant *antipasto di terra* réunira le plus souvent pain maison, jambon cru, saucisson fumé, olives et tout un choix de légumes crus, cuits et marinés, notamment des aubergines et des artichauts. Signalons encore les *frittelle di zucchine,* une omelette aux courgettes, aux croûtons de pain et au fromage. Sur le littoral, vous trouverez des *antipasti di mare* ("de la mer"), tels que la *bottarga* (poutargue ou œufs de mulet ou de thon) finement tranchée et arrosée d'un filet d'huile d'olive – la meilleure provenant de la ville de Cabras, située en bordure de lagune –, et la fameuse *burrida* (roussette marinée) de Cagliari.

Le top 5 des restaurants

- » **La Botteghina**, Alghero
- » **Su Gologone**, près d'Oliena
- » **Peschiera Pontis**, Cabras
- » **Pintadera**, Iglesias
- » **Ristorante Gallura**, Olbia

Fromage

La Sardaigne produit du fromage depuis près de 5 000 ans. L'île assure aujourd'hui environ 80% de la production du *pecorino* d'Italie. Les gourmets se délecteront devant la multitude de goûts et de textures, depuis le *pecorino sardo* piquant jusqu'aux variétés fumées – en passant par les fromages de chèvre crémeux (tels que l'*ircano* et le *caprino*), la *ricotta* ou les spécialités fromagères comme le *canestrato,* au poivre en grain et aux herbes.

Le *fiore sardo,* un fromage à la recette séculaire, se mange frais, fumé ou rôti, et ne manque pas de caractère. Il se fabrique traditionnellement avec du lait de brebis, mais les variétés telles que la *fresa* et la *peretta* sont faites avec du lait de vache. Le *caprino* est le plus populaire des fromages de chèvre, tandis que la moelleuse *crema del Gerrei* associe lait de vache et ricotta.

Le *Recueil de la cuisine régionale italienne* (Minerva, 2006) rassemble près de 2 000 recettes, dont quelques-unes des meilleures recettes traditionnelles sardes.

Pâtes

Pour les pâtes comme pour le reste, les Sardes ont une manière bien à eux de faire les choses.

Les *malloreddus,* parfois appelés *gnocchetti sardi*, sont des pâtes denses à base de semoule, en forme de coquillage, parfumées au safran et généralement servies avec une *salsa alla campidanese* (sauce à la tomate et à la saucisse). Autre création exclusivement sarde, la *fregola*, petits billes de pâtes, souvent servie dans des soupes ou des bouillons.

Figurant sur quantité de menus, les *culurgiones* (il y existe plusieurs orthographes) sont des pâtes de style raviolis, généralement fourrés à la ricotta ou au *pecorino* et nappés d'une sauce à la tomate et aux herbes. Les *culurgiones de l'Ogliastra*, tels qu'on les prépare dans la province de Nuoro, sont farcis à la purée de pommes de terre et, parfois, à la viande et aux oignons. On y ajoute un peu de *pecorino*, d'huile d'olive, d'ail et de menthe et on les sert habituellement accompagnés d'une sauce tomate.

Les *maccarones furriaos* sont des bandes de pâtes repliées et surmontées d'une sauce (souvent à base de tomate) et aussi de fromage fondu. Les *maccarones de busa*, qui sont aussi tout simplement appelées *busa*, sont façonnés en enroulant la pâte autour d'aiguilles à tricoter.

Parmi les autres pâtes, vous trouverez aussi des *pillus*, sortes de petits rubans, et des *filindeu*, des nouilles fines comme des fils généralement servies dans les soupes.

Viandes

La plus fameuse des spécialités de viande est le *porceddu* (parfois écrit *porcheddu*). Il est lentement rôti jusqu'à ce que sa peau se craquelle et que la viande soit tendre et fondante, avant d'être déposé sur un lit de feuilles de myrte.

Pour masquer toute trace de leur forfait, les voleurs de cochons faisaient rôtir leur viande enterrée sous un grand feu de joie. Cette technique est connue sous le nom de *su carraxiu*.

L'*agnello* est particulièrement populaire en décembre même si on le cuisine toute l'année. Le *capretto* figure rarement sur les menus, mais on en mange couramment dans les montagnes où il est parfumé au thym.

Citons aussi un mode de préparation traditionnel, devenu rare, appelé *su carraxiu* (littéralement “enterré”), qui consiste à faire cuire lentement la viande, recouverte de myrte, entre deux couches de pierres chaudes, dans un trou creusé dans la terre.

Les Sardes ont également un faible pour le gibier à plumes, le lapin et le sanglier. Une merveilleuse sauce locale *al mirto* accompagne tout plat de viande. Faite avec des myrtes rouges, elle ajoute du piquant.

Poissons et fruits de mer

Comme ils se plaisent à le rappeler, les Sardes sont par tradition *“pastori, non pescatori”* (“des bergers, pas des pêcheurs”). S'il existe une certaine tradition de poissons et de fruits de mer à Cagliari, à Alghero, à Cabras et dans d'autres villes du littoral, la consommation qu'on peut en faire ailleurs résulte d'influences extérieures.

OSEREZ-VOUS GOÛTER CES METS...

- *Casu marzu* – ou *formaggio marcio*, grouillant d'asticots, si vous arrivez à en trouver.
- *Cordula* – Tripes d'agneau grillées, frites ou en ragoût avec des petits pois.
- *Granelle* – Tranches de testicules de veau légèrement frites.
- *Salsiccia* ou *salame di cavallo/d'asino* – Viande de cheval et saucisson d'âne.
- *Tataliu* ou *trattalia* – Un mélange de rognons, de foie et d'intestins cuit en ragoût ou grillé à la broche. Un mets qui se prépare avec du veau, de l'agneau, du chevreau ou du cochon de lait.
- *Zimino russo* – Une sélection d'abats rôtis, généralement de veau, incluant le cœur, le diaphragme, le foie, les rognons et d'autres abats.
- *Zurrette* – Un boudin noir à base de sang de mouton, d'herbes et de fenouil, cuit dans de la panse de brebis.

À CHAQUE VILLE SON DESSERT

Douceurs, tartes, gâteaux, biscuits : la carte des desserts sardes est riche et variée. Aux côtés des classiques de l'île, la liste des spécialités locales semble ne jamais finir.

"Chaque ville possède ses propres recettes", explique Maria Antonietta Goddi. Avec ses trois sœurs et sa mère, la formidable Signora Maurizia, elle dirige le Durke, une pâtisserie traditionnelle dans le quartier de la Marina, à Cagliari. "Par exemple, le *papassino* (de *papassa*, raisin sec) est un dessert préparé dans toute la Sardaigne. Mais il en existe de nombreuses variantes, à Torralba, Benetutti, Bitti et Selargius dans la province de Cagliari. La recette de Selargius utilise de la cannelle et du *vino cotto* (vin cuit)."

Ces variantes reflètent l'histoire d'une région qui a su s'approprier les influences étrangères et les incorporer à ses plats traditionnels. "Dans le centre et le sud de l'île, l'influence arabe est très présente : on utilise beaucoup de fleur d'oranger, de cannelle et de vanille. Au nord, on préfère le *vino cotto* et le *vino selvatico* (alcool d'herbes sauvages). Au centre, on utilise également le *pecorino* pour préparer des *casatinas*, dont le goût est bien plus fort. Ici, à Cagliari, nous utilisons beaucoup de ricotta à laquelle nous ajoutons du safran."

"Et puis il y a le *torrone* (nougat), qui est également confectionné en Sicile. Mais en Sardaigne, il n'y a pas de sucre ajouté : que du miel, des blancs d'œufs, des amandes et des noix."

Pour plus de détails sur le Durke, reportez-vous p. 48.

La grande – et haut de gamme – spécialité locale est la langouste, dont la saison légale s'étend de mars à août. À Alghero, elle est servie avec des tomates et de l'oignon sous le nom d'*aragosta alla catalana*.

Le muggine (mulet) reste le poisson le plus populaire sur la côte d'Oristano, tandis que le *tonno* (thon) abonde autour de l'Isola di San Pietro. La *cassola* est une savoureuse soupe de poisson dont la *zuppa alla castellanese*, spécialité de Castelsardo, ne diffère que par l'usage de la tomate.

Cagliari possède aussi une longue tradition de préparation des poissons qui va de la brème au loup, même si la recette la plus fameuse concerne un poisson local : le *gattucio di mare* (roussette ou chien de mer). Palourdes, coques, poulpe et crabe figurent également aux menus, de même que les anguilles autour des lagunes de Cabras. Vous pourrez également déguster des *orziadas*, des tentacules d'anémones de mer roulés dans de la semoule puis frits, ainsi que des *ricci* (oursins).

Une place pour le dessert

Le chariot de desserts de la Sardaigne s'est toujours limité aux produits naturels que l'on trouve sur l'île. La recette des *amaretti* (biscuits aux amandes), par exemple, est toute simple et ne nécessite que trois ingrédients : des amandes, du sucre et des œufs. Pourtant ces biscuits sont délicieusement légers et moelleux.

Bien qu'il s'agisse d'une recette traditionnelle de Pâques, on peut acheter des *pardulas* (*casadinas* ou *formagelle*, petits gâteaux à pâte croustillante fourrés à la ricotta ou au *pecorino* et parfumés au safran) à d'autres moments de l'année.

D'autres biscuits et pâtisseries sont saisonniers. Les *ossus de mortu* (os de mort) à la cannelle et aux amandes apparaissent le jour de la Toussaint. Après les vendanges, on commence à voir des *papassinos de Vitzi* (biscuits aux amandes et aux raisins de Smyrne) et des *papassinas cun saba*, petits grains de raisin de Smyrne mélangés à des amandes, du miel et des fruits confits et moulés ensemble avec du moût de raisin. Lors des fêtes, vous aurez peut-être l'occasion de manger des *sospiri di*

Ozieri, riches gâteaux ronds à base d'amandes hachées, sucre, miel et citron recouverts d'un glaçage, et des *coffetture*, minuscules paniers de fines écorces d'orange et d'amandes trempés dans du miel.

Le dessert le plus célèbre de l'île reste toutefois le *seadas* (ou *sebadas*). Cette pâtisserie légère et délicieuse (qui ressemble vaguement à un chausson) est fourrée de son, d'écorce d'orange et de ricotta ou de fromage aigre, puis trempée dans du *miele amaro* (miel amer).

Boissons

Café

Si vous vous contentez de commander un *caffè* sans rien préciser, on vous apportera automatiquement un *espresso*, car c'est la forme la plus consommée en Sardaigne. Le *doppio espresso* correspond à une double dose, tandis que le *caffè americano* est allongé d'eau. Le *caffè latte*, considéré comme la boisson du petit-déjeuner, équivaut plus ou moins au café au lait français. Citons aussi le *macchiato* (café noisette) et le *latte macchiato*, un verre de lait chaud additionné d'un peu de café.

VINS SUR INTERNET

Le site www.winecountry.it (en italien et en anglais) donne une présentation détaillée de tous les vins du pays, sardes compris.

Vin

S'ils relèvent d'une tradition millénaire, les vins sardes sont relativement méconnus en dehors de l'Italie, et beaucoup moins renommés que les crus italiens. Toutefois, grâce à une meilleure maîtrise de la forte teneur en alcool, les viticulteurs font évoluer les choses et produisent désormais de plus en plus de vins de qualité, notamment des blancs légers et secs, ainsi que des rouges sophistiqués.

Les régions viticoles les plus réputées sont la Gallura pour les Vermentino blancs, l'Ogliastra, la Baronia, la Barbagia et la Mandrolisai pour les Cannonau rouges, et l'archipel des Sulcis, au sud-ouest, pour les Carignano rouges et rosés.

De manière générale, le prix des vins sardes est très raisonnable, avec des bouteilles de qualité entre 10 € et 15 €. Vous pouvez acheter du vin chez les producteurs ou auprès des *cantine sociali* (coopératives de vignerons). Les *agriturismi* produisent également leur propre vin, qui se révèle souvent très bon.

Le Vermentino, cépage blanc par excellence

Introduit sur l'île au XVIIIe siècle, le cépage Vermentino s'épanouit sur les sols granitiques et sableux du Nord-Est. Le meilleur est le Vermentino di Gallura, l'unique vin de Sardaigne ayant obtenu l'appellation DOCG (Denominazione di origine controllata e garantita). C'est un vin aromatique rafraîchissant qui se boit jeune, en apéritif ou pour accompagner du poisson. Mais le Vermentino n'est pas cantonné à la DOCG de Gallura : le Vermentino di Sardegna, produit dans d'autres parties de l'île, porte l'appellation DOC.

Italian Wines, publié par Gambero Rosso et Slow Food Editore, est le guide annuel (en anglais) des vins italiens. Les producteurs et les appellations sont décortiqués jusque dans leurs moindres détails.

Le Cannonau, pour voir la vie en rouge

Les rouges les plus renommés de l'île sont issus du cépage Cannonau (proche du grenache). Cultivé partout sur l'île, le Cannonau est plus particulièrement présent en montagne, autour d'Oliena et de Jerzu. Il donne un vin riche et puissant, particulièrement bon avec des viandes grillées, et que les Sardes apprécient depuis des siècles.

Vernaccia et Malvasia

Produit depuis l'époque de l'Empire romain sur les plaines alluviales d'Oristano, le Vernaccia est l'un des vins sardes les plus connus. Sous sa robe d'ambre, il se déguste généralement à l'apéritif ou en dessert, pour accompagner des douceurs comme le *mustazzolus*. On dénombre 9 Vernaccia, du blanc sec au vin plus âgé et doux.

Autre vin excellent, la Malvasia (malvoisie) est souvent associée à Bosa et aux collines de Planaragia, son lieu de production, mais elle est également produite autour de Cagliari (Malvasia di Cagliari). Le Malvasia di Bosa est un délicieux vin doux, couleur miel, que l'on trouve facilement dans la région de Bosa.

Liqueurs

Liqueur sucrée et puissante à base de myrte distillé, le *mirto* est la boisson sarde par excellence. En général, c'est un alcool rouge-violet, bien qu'on trouve parfois du *mirto* incolore.

Mais le *mirto* n'est que la partie visible de l'iceberg : les Sardes ont développé différentes eaux-de-vie locales faites à partir d'ingrédients tels que le *corbezzolo* (l'arbouse), la figue de Barbarie ou le basilic. On trouve même une version locale du *limoncello*, cette fameuse liqueur sucrée à base de citron originaire de la côte amalfitaine.

Derrière le nom étrange du *filu e ferru* (fil de fer) se cache un alcool très puissant. Similaire à la *grappa*, il est fait à partir de peaux de raisin distillées et brûle agréablement la gorge. Le *filu e ferru* affiche quelque 40% d'alcool et certaines moutures montent même jusqu'à 60%.

La marque Zedda Piras vend du *mirto* et du *filu e ferru* très convenables.

Pour éviter les taxes, les Sardes fabriquaient illégalement leur propre *acquavita*, baptisée *filu e ferru*. Ce nom curieux possède une origine simple : pour ceux qui souhaitaient en acheter, un fil de fer (le *filu e ferru*) signalait les fermes qui en vendaient.

Au restaurant

Le restaurant de base est la *tavola calda* ("table chaude"), qui propose une cuisine de style cantine. Un repas complet vous sera servi dans une *trattoria* ou au *ristorante*. Les *trattorie* sont de petits établissements familiaux servant des plats locaux à des prix raisonnables. Les *ristoranti* sont plus chics et offrent un plus grand choix, notamment en matière de vins. Presque toujours disponible, le vin de la maison, servi en pichets de 1/4, 1/2 ou 1 litre, coûte entre 5 et 10 € le litre. Certains établissements

DÉGUSTATION DE VIN

On peut certes boire et acheter du vin dans n'importe quelle *enoteca* (bar à vin) de Sardaigne, mais rien ne remplace une vraie séance de dégustation dans une cave ou un domaine viticole. Voici quelques adresses recommandées :

» **Sella e Mosca** (p. 126). Le premier producteur de vin de l'île organise des visites guidées gratuites de son musée. Vous pourrez goûter sur place des Vermentino clairs et gouleyants et des Cannonau rouge rubis au léger arôme de chêne.

» **Cantine Surrau** (voir l'encadré p. 154). D'une architecture remarquablement contemporaine, ce domaine proche d'Arzachena propose des visites guidées, des expositions artistiques et des dégustations. Ne manquez pas ses Cannonau au goût intense et fruité, ni ses Vermentino riches en notes minérales.

» **Cantina del Vermentino** (p. 169). Vente et dégustation de certains des meilleurs Vermentino de la Gallura. **Antichi Poderi di Jerzu** (p. 199). Surnommé la Città del Vino ("cité du vin"), Jerzu vous invite à découvrir ses Cannonau charpentés dans un paysage magnifique.

» **Cantina del Mandrolisai** (voir l'encadré p. 186). Au cœur des collines du Mandrolisa, une *cantina* renommée pour ses rouges robustes.

» **Cantine Argiolas** (voir l'encadré p. 51). Au nord de Cagliari, dans la région de vignobles de Serdiana, ce domaine primé assure des visites guidées et des dégustations.

» **Cantina Santadi** (p. 67). Le plus grand établissement viticole du Sud-Ouest produit des rouges de premier ordre, comme le Roccia Rubia et le Grotta Rossa. Il est possible de réserver la visite en ligne.

CE QU'UN SARDE NE FERA JAMAIS

» Partager la note. Au restaurant, une personne paie pour l'ensemble des convives.
» Boire un cappuccino après le repas ; passé midi, seul l'*espresso* a droit de cité.
» Manger debout (excepté une glace).
» Assaisonner la nourriture sans l'avoir goûtée au préalable.
» Grignoter le pain avant l'arrivée des plats car il sert essentiellement à saucer.

apportent de l'*acqua di rubinetto* (eau du robinet) quand on le leur demande. Les locaux ont toutefois tendance à commander plutôt de l'*acqua frizzante* (eau gazeuse). Tous ces lieux sont non-fumeurs.

Dans les restaurants et les *trattorie*, le *pane e coperto* (pain et couvert) est ajouté au *conto* (addition). Cette taxe varie entre 1 € et 4 €. Le *servizio* (service), de 10% ou 15%, n'est pas toujours inclus : dans ce cas, on s'attend à ce que vous laissiez 10% de pourboire.

Pour découvrir les subtilités de la cuisine sarde, consultez www.mondosardegna.net, qui donne un excellent aperçu des spécialités de chaque région.

Cours de cuisine

La Sardaigne n'est pas aussi bien servie en écoles de cuisine que les autres régions italiennes, mais plusieurs lieux proposent toutefois des cours. C'est le cas de la Cooperativa Gorropu (p. 191) dans les hauts plateaux autour de Dorgali, de l'Hotel Gabbiano Azzurro (p. 211), un complexe hôtelier du front de mer à Golfo Aranci, et de l'Hotel Lucrezia (p. 208), sur les plaines au nord d'Oristano. À la Cantine Argiolas (voir l'encadré p. 51), vous pourrez apprendre à cuisiner des spécialités sardes, telle la *fregola*, et les déguster avec des vins de la propriété.

Foires aux vins et produits du terroir

Les Sardes ont traversé les siècles dans l'isolement rural, portant les traditions locales au rang de véritables fiertés. Ces traditions donnent aujourd'hui lieu à des *sagre*, fêtes dédiées à un produit culinaire. Elles étaient autrefois liées au calendrier agricole. Voici nos préférées :

Sagra del Bogamarì (p. 119). Alghero rend hommage aux modestes *ricci* (oursins) durant plusieurs week-ends de mars.

Sagra degli Agrumi (p. 53). La rustique fête des agrumes de Muravera se déroule le second ou le troisième week-end d'avril.

Sagra del Torrone (p. 184). Tonara, dans la Barbagia di Belvi, met le nougat à l'honneur le lundi de Pâques.

Girotonno (p. 68). À Carloforte, quatre jours de festivités entourent la fameuse *mattanza* (abattage des thons), début juin.

Sagra delle Castagne (p. 19). La fête des châtaignes a lieu dans les localités montagnardes de l'Aritzo le dernier dimanche d'octobre.

Rassegna del Vino Novello (p. 100). Milis accueille, à la mi-novembre, l'une des meilleures foires viticoles de Sardaigne, qui célèbre le vin nouveau.

Sardaigne pratique

Carnet pratique

Alimentation

Dans cet ouvrage, nous avons utilisé la fourchette de prix suivante pour un repas de 3 plats, vin compris :

€	moins de 25 €
€€	25 € à 45 €
€€€	plus de 45 €

Pour plus d'informations sur l'alimentation en Sardaigne, voir la rubrique *Cuisine sarde* (p. 241).

Ambassades et consulats

Ambassades et consulats d'Italie

Voici une liste de missions diplomatiques italiennes à l'étranger. Pour les visas, il faut s'adresser au consulat plutôt qu'à l'ambassade, si les deux instances sont représentées.

Belgique Ambassade (☎02 643 38 54 ou 02 643 38 50 ; www.ambbruxelles.esteri.it ; rue Émile-Claus 28, 1050 Bruxelles) ; Consulat (☎02 543 15 50 ; consitbxl@euronet.be ; rue de Livourne 38, 1000 Bruxelles)

Canada Ambassade (☎613-232 2401 ; www.ambottawa.esteri.it ; 21st fl, 275 Slater St, Ottawa, Ontario K1P 5H9) ; Consulat Montréal (☎514-849 8351 ; www.italconsul.montreal.qc.ca ; 3489 Drummond St, Montréal, Québec H3G 1X6) ; Toronto (☎416-977 1566 ; www.toronto.italconsulate.org ; 136 Beverley St, Toronto, Ontario M5T 1Y5).

France Ambassade (☎01 49 54 03 00 ; www.ambparigi.esteri.it ; 51 rue de Varenne, 75007 Paris) ; Consulat Paris (☎01 44 30 47 00 ; fax 01 45 25 87 50 ; 5 bd Émile-Augier, 75016 Paris) ; Lille (☎03 20 08 15 08 ; fax 03 20 22 82 12 ; consolato.lilla@esteri.it ; 2 rue d'Isly, 59000 Lille) ; Toulouse (☎05 34 45 48 48 ; 13 rue d'Alsace-Lorraine, 31000 Toulouse) ; Marseille (☎04 91 18 49 18 ; 56 rue d'Alger, 13392 Marseille Cedex)

Suisse Ambassade (ambassade ; ☎031 350 07 77 ; ambasciata.berna@esteri.it ; Elfenstrasse 14, 3006 Berne) ; Consulat Genève (☎022-839 6744 ; fax 022-839 67 45 ; 14 rue Charles-Galland, 1206 Genève) ; Lausanne (consulat général ; ☎021 341 12 91 ; rue du Petit-Chêne 29, 1003 Lausanne)

Ambassades et consulats étrangers à Rome

Belgique Rome (☎06 360 95 11 ; Via dei Monti Parioli 49)

Canada Rome (☎06 85 44 41 ; www.international.gc.ca/canada-europa/italy ; Via Salaria 243)

France Rome (☎06 68 60 11 ; www.ambafrance-it.org ; Piazza Farnese 67)

Suisse Rome (☎06 80 95 71 ; Via Barnaba Oriani 61)

Argent

» En Italie, la devise en cours est l'euro (€).

» Il est possible de changer des espèces dans les banques, les bureaux de poste et les bureaux de change. Les banques proposent en général les meilleurs taux, mais n'hésitez pas à vous renseigner car ceux-ci fluctuent considérablement.

» Nous vous déconseillons vivement d'emporter une grosse somme d'argent liquide ; utilisez plutôt une carte bancaire.

» Pour le coût de la vie (p. 14).

Cartes de crédit

» La carte de crédit évite d'avoir sur soi de grosses sommes d'argent et on peut retirer de l'argent à toute heure avec un taux de change souvent plus intéressant.

» Les principales cartes de crédit, Visa, MasterCard, Eurocard, Cirrus et Eurocheque, sont acceptées en Sardaigne. Vérifiez auprès de votre banque, mais la plupart des établissements bancaires facturent environ 3% pour chaque transaction conclue à l'étranger, ainsi que 1,5% pour des retraits en DAB.

» Si votre carte est perdue ou volée, faites opposition en appelant le numéro spécial du service interbancaire

(☎0 892 705 705) qui oriente chaque appel vers le centre d'opposition compétent.

Distributeurs automatiques de billets (DAB)

» Les DAB (ou *bancomat* en italien) sont largement répandus en Sardaigne et sont le moyen le plus simple (et le plus sûr) de se procurer du liquide à l'étranger. La plupart acceptent les cartes Visa, MasterCard, Cirrus et Maestro, mais regardez quand même les logos sur la machine avant d'insérer votre carte. Avant votre départ, vérifiez auprès de votre banque la limite hebdomadaire de retrait ainsi que le taux de commission pour les retraits à l'étranger.

» N'oubliez pas que vous aurez besoin de votre code PIN à quatre chiffres pour utiliser votre carte dans un distributeur en Italie. Si un distributeur rejette votre carte, essayez-en un ou deux autres portant le logo de votre carte de crédit avant d'attribuer le problème à votre carte.

Espèces

» Vous pouvez vous procurer du liquide dans les DAB, vous n'avez donc aucune de raison d'emporter de grosses sommes.

» Lors de vos pérégrinations sur l'île, gardez à l'esprit que les cartes bancaires ne sont pas acceptées partout, notamment dans beaucoup de B&B et de modestes *trattorie* ; vous aurez donc besoin d'espèces pour régler les petites transactions.

Pourboires

» On ne s'attend pas à ce que vous laissiez un pourboire en plus du service, mais si vous êtes particulièrement satisfait de votre repas, rien ne vous empêche d'arrondir la note ou de laisser un supplément de 10%.

» Dans les bars, les Italiens ont pour habitude de laisser leur menue monnaie (0,10/0,20 €).

» Le pourboire n'est généralement pas prévu dans le cas des chauffeurs de taxi mais n'oubliez pas en revanche d'en laisser un aux bagagistes des grands hôtels.

OÙ ?	POURBOIRE D'USAGE
Dans les bars	arrondir à l'euro supérieur
Dans les hôtels (employés de ménage)	1 € par jour
Dans les hôtels (portiers)	1 € à 1,50 € par valise
Au restaurant	facultatif, 10% si vous le souhaitez
taxi	facultatif

Assurances

» Il est vivement recommandé de prévoir une bonne assurance couvrant le vol, la perte des espèces et des papiers d'identité, ainsi que les frais médicaux.

» Certaines polices excluent spécifiquement les activités à risque comme la plongée sous-marine, la moto, le ski et même la randonnée. Lisez bien les petits caractères sur le contrat.

» Assurez-vous que l'assurance couvre le transport en ambulance ou le rapatriement sanitaire d'urgence.

» Renseignez-vous au préalable pour savoir si l'assurance paiera directement les frais médicaux sur place ou vous remboursera au retour.

» Si vous devez vous faire rembourser en rentrant, gardez bien tous les documents nécessaires.

» Régler son billet d'avion par carte de crédit permet souvent d'être assuré (de façon très limitée) en cas d'accident. Renseignez-vous sur les frais que couvre votre carte bancaire.

Bénévolat

Les sites Internet comme www.volunteerabroad.com et www.transitionsabroad.com proposent un choix limité mais intéressant de missions bénévoles en Sardaigne, par exemple dans le domaine de la prévention contre le braconnage visant les oiseaux.

Autres possibilités intéressantes :

World Wide Opportunities on Organic Farms (WWOOF ; www.wwoof.org or www.wwoof.it). Pour travailler dans une petite ferme ou participer à des activités écologiques en lien avec la nature (cueillette des olives, entretien des ruches, des parcelles de potager, aide à la traite, fabrication de fromages, etc.).

Volunteers for Peace (www.vfp.org). Organisation à but non lucratif basée aux États-Unis. Pourra vous mettre en contact avec un projet de bénévolat dans le domaine de l'aide sociale, de la protection de l'environnement, de l'éducation ou des arts.

Cartes de réduction

» Les cartes de réduction donnent droit à de très importantes réductions, et l'on a tôt fait de les rentabiliser.

» Outre le montant de la carte à régler, il faut souvent donner une photo d'identité et prouver son âge à l'aide d'une pièce d'identité.

» Les plus de 60 ans ou 65 ans ont droit à des réductions dans les musées

Climat

Cagliari

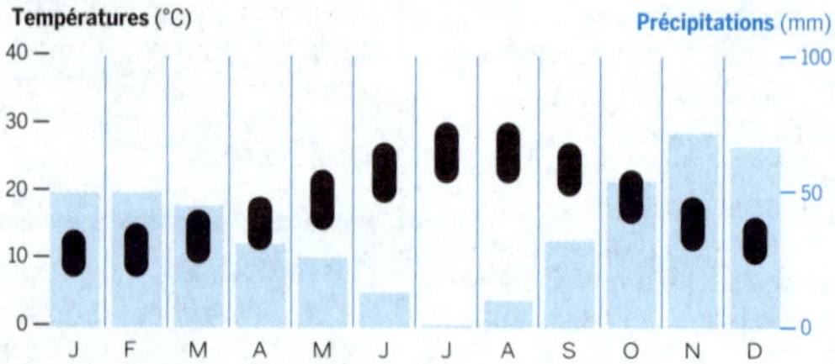

Olbia

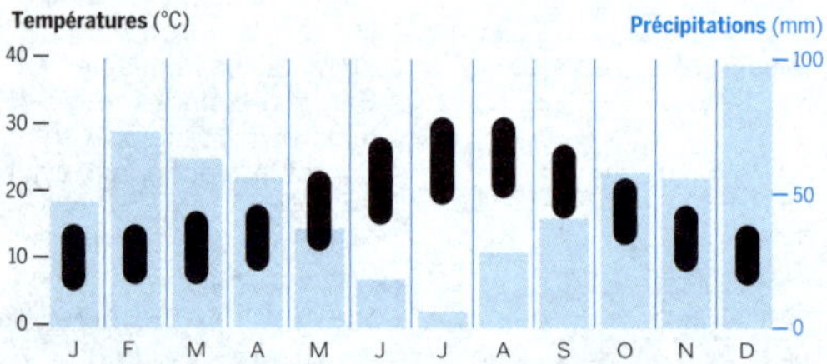

Oristano

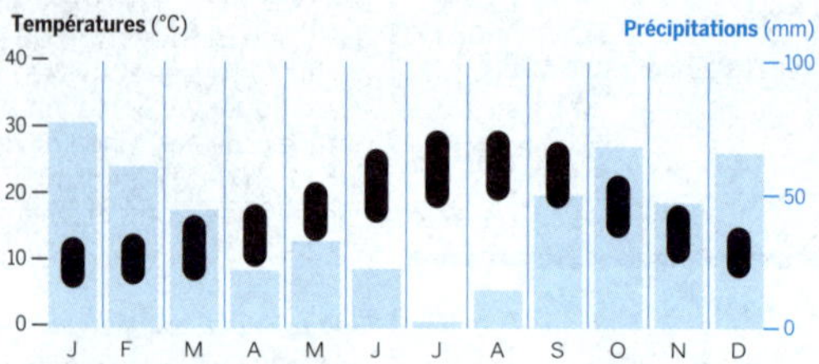

et dans certains transports en commun.

» Une **Carte d'identité internationale des étudiants** (ISIC ; www.isic.org ; 12 €) donne droit à diverses réductions pour l'hébergement, les achats et les musées de Cagliari, Sassari et Nuoro. Une carte équivalente existe pour les enseignants, la **Carte d'identité internationale des professeurs** (ITIC ; www.isic.org ; 12 €), et pour les moins de 26 ans non étudiants, la **Carte jeune internationale de voyage** (IYTC ; www.isic.org ; 12 €).

» Il existe aussi une **Carte jeune européenne** (carte Euro<26 ; www.euro26.org) qui donne droit à de nombreuses réductions dans toute l'Europe. Il n'est pas nécessaire d'être citoyen européen pour s'en procurer une.

» Les cartes pour étudiants sont délivrées par les associations d'étudiants, par les organismes d'auberges de jeunesse ainsi que par certaines agences de voyages spécialisées. À Cagliari, le **Centro Turistico Studentesco e Giovanile** (CTS ; www.cts.it, en italien) est habilité à délivrer des cartes ISIC, ITIC et Euro<26.

Désagréments et dangers

Réputée pour avoir été un pôle de banditisme et d'enlèvements, la Sardaigne est dorénavant une île très paisible. Vous ne risquez guère d'être la cible d'escroqueries ou de délits qui peuvent être commis dans d'autres régions. Agressions, vols à la tire ou surfacturation dans les hôtels sont rares. En résumé, vous ne devriez rencontrer aucun problème pendant votre séjour.

Vols

Le vol est loin d'être un problème majeur en Sardaigne. Pour autant, usez de bon sens !

» Une ceinture renfermant vos documents principaux (passeport, espèces, cartes bancaires) est une bonne idée. Mais pour éviter de piocher dedans en plein jour, prenez un portefeuille dans lequel vous glisserez l'argent de la journée.

» Si vous avez un sac, mieux vaut le porter en bandoulière et ne pas le laisser dépasser côté rue.

» Lorsque vous vous installez en terrasse, ne laissez jamais votre sac sur une chaise près du trottoir ou sans surveillance.

» Et ne laissez pas d'objets de valeur en vue dans votre chambre d'hôtel.

» Autre conseil : ne laissez *jamais* d'objets de valeur dans votre voiture, ni quoi que ce soit d'autre d'ailleurs, et encore moins la nuit. Payer un petit supplément pour garer son véhicule dans un parking surveillé vaut vraiment la peine.

» En cas de perte ou de vol, adressez-vous à la *questura* (police municipale) dans un délai de 24 heures et exigez une déclaration écrite, indispensable pour obtenir un remboursement de la part de votre assurance.

» Vous trouverez les numéros d'urgence dans chaque rubrique de cet ouvrage.

Circulation automobile

Dans l'ensemble, conduire en Sardaigne est moins intimidant que dans les autres régions d'Italie, les Sardes étant assez respectueux du code de la route.

» En revanche, en juillet et en août, la circulation sur nombre de petites routes de Sardaigne peut être pénible, de même que la recherche d'un emplacement de parking.

» Dans les grandes villes, gardez un œil sur ce qui se passe autour de vous, surtout lorsque vous ralentissez pour regarder le nom des rues ou pour chercher une place de parking.

» En tant que piéton, soyez prudent, et ne tentez pas le diable.

Femmes seules

Les Sardes se montrent courtois avec les femmes, et il est peu probable que vous ayez à subir des avances, plus courantes sur le continent. Pour se débarrasser d'un importun, rien de tel que de l'ignorer. Si cela ne marche pas, dites que vous attendez votre *marito* (mari) ou *fidanzato* (fiancé) et éloignez-vous au besoin. Évitez de vous montrer agressive car cela débouche souvent sur une confrontation très déplaisante. En désespoir de cause, adressez-vous à un policier ou aux *carabinieri*.

Évitez de vous promener seule dans les rues désertes et sombres et installez-vous dans un hôtel central, qui soit à courte distance à pied des restaurants où vous irez dîner le soir. Nous déconseillons également l'auto-stop.

Il est sage – et courtois – de s'habiller de façon correcte et sobre dans l'intérieur des terres. Les villageois sont très conservateurs ; d'ailleurs, on voit encore de vieilles femmes vêtues de longues jupes et de châles. Une tenue trop dénudée dans ce contexte paraîtrait choquante.

Douane

» En venant d'un pays de l'UE, vous pouvez entrer en Italie avec 10 litres d'alcool, 90 litres de vin et 800 cigarettes détaxés.

» En provenance d'un autre pays, vous serez limité à 1 litre d'alcool, 2 litres de vin, 50 ml de parfum, 250 ml d'eau de toilette, 200 cigarettes et d'autres biens pour une valeur maximale de 175,50 €.

» Au-delà de cette limite, vous devrez déclarer vos biens et payer des taxes.

» Au départ de l'UE, les citoyens non ressortissants de l'Union pourront réclamer la TVA sur les produits de luxe (consultez le site www.globalrefund.com pour plus d'informations).

» En Italie, vous pouvez apporter jusqu'à 10 000 € en espèces.

Électricité

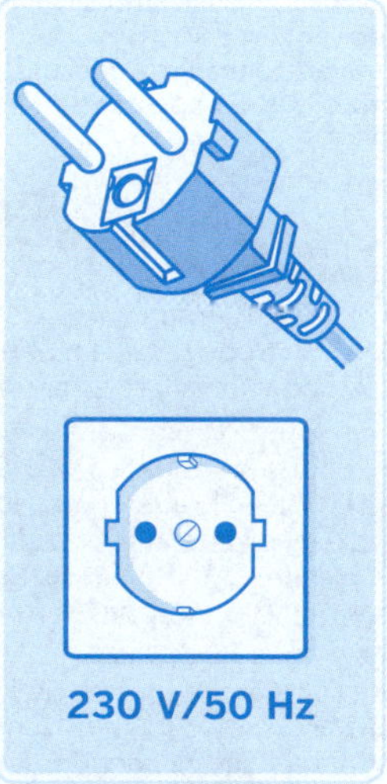

Formalités et visas

» Les ressortissants des pays de l'UE et de la Suisse n'ont besoin que de leur passeport ou de leur carte d'identité pour entrer sur le territoire italien et y séjourner, même s'ils restent sur place plus de 90 jours. Les citoyens des nouveaux États membres de l'UE sont parfois soumis à diverses restrictions pour vivre et travailler en Italie.

» Les citoyens du Canada n'ont pas besoin de visa de tourisme en Italie si leur séjour n'excède pas 90 jours. Pour les séjours plus longs, contactez l'ambassade ou le consulat d'Italie le plus proche et faites la demande de visa longtemps à l'avance car la procédure peut prendre plusieurs mois.

» Les autres voyageurs souhaitant faire du tourisme en Italie doivent se procurer un visa Schengen. Ce visa permet des déplacements illimités dans les 15 pays européens ayant ratifié les accords de Schengen pour une période de 90 jours. Il faut en faire la demande auprès du consulat du premier pays visité, ou du pays qui sera la principale destination du séjour. Ce visa n'est pas renouvelable en Italie. Concernant la prorogation du visa, il faudra entre autres contracter une assurance voyage et rapatriement, et être en mesure de prouver que vous disposez des fonds nécessaires pour subvenir à vos besoins sur place.

» Les visas touristiques ne peuvent être transformés en visas étudiant après l'arrivée sur le territoire. Il existe cependant des visas à court terme pour les étudiants devant passer des examens d'entrée à l'université en Italie.

» Pour plus d'informations sur l'espace Schengen et les demandes de visa, visitez le site www.schengenvisa.cc.

» Théoriquement, tous les visiteurs étrangers doivent s'enregistrer auprès de la police locale dans les 8 jours suivants leur arrivée en Sardaigne. Mais en général, votre hôtel s'en charge pour vous : c'est pour cette raison que l'on vous demandera toujours de présenter votre passeport.

Permis de séjour

» Un *permesso di soggiorno* est nécessaire pour tous les ressortissants hors UE qui restent en Sardaigne plus de trois mois. Vous devez en faire la demande dans les 8 jours suivant votre arrivée en Italie, mais bien peu de voyageurs le font. Les citoyens de l'UE n'ont pas besoin de permis de séjour.

» Pour en obtenir un, il vous faut un passeport en cours de validité marqué d'un tampon avec votre date d'entrée en Italie (ce n'est pas automatique, pensez à en demander un) ; un visa étudiant le cas échéant ; quatre photos d'identité ; une preuve que vous êtes financièrement indépendant (en général, il s'agit d'une lettre d'un employeur ou d'une université) et un timbre fiscal de 14,92 € (*marca da bollo*).

» Vous trouverez des informations à jour sur le site web de la **Polizia di Stato** (www.poliziadistato.it, en italien).

» Des kits regroupant des formulaires de demande sont disponibles dans les principaux bureaux de poste.

Visas étudiants

» Les citoyens des pays non membres de l'UE voulant étudier en Italie doivent demander un visa spécifique à l'ambassade ou au consulat d'Italie de leur pays.

» L'étudiant doit en principe fournir des justificatifs d'inscription et la preuve qu'il peut subvenir à ses besoins.

» Ce type de visa ne couvre que la période d'étude. Il peut être renouvelé en Italie, mais il faudra prouver que vous êtes toujours scolarisé et financièrement indépendant (relevés bancaires à l'appui).

Visas de travail

» Pour travailler en Italie, les ressortissants hors UE doivent obtenir un visa de travail : faites-en la demande auprès de l'ambassade ou du consulat italien le plus proche de chez vous.

» Vous devrez fournir un passeport en cours de validité, une preuve d'assurance santé et un permis de travail.

» Si vous comptez travailler pour une entreprise italienne, c'est à elle de faire les démarches nécessaires en Italie pour obtenir le permis et de vous envoyer les documents requis pour faire la demande de visa.

» Dans les autres cas, adressez-vous au consulat italien de votre pays

Handicapés

La Sardaigne n'est pas très bien équipée pour les voyageurs à mobilité réduite. Peu de musées et monuments, à l'exception du Museo Archeologico Nazionale de Cagliari, ont une rampe d'accès pour fauteuils roulants.

La loi européenne veut que les aéroports fournissent une assistance aux voyageurs avec un handicap : si vous avez

INFOS PRATIQUES

» Les DVD fonctionnent avec le système PAL.

» Les prises les plus courantes (type F, graphique p. 253) ont deux fiches rondes ; le courant est de 230V, 50Hz. On trouve aussi en Sardaigne des prises de type C et de type L (à 3 fiches). Il est facile de se procurer un adaptateur.

» Les deux journaux principaux sont *L'Unione Sarda de Cagliari et La Nuova Sardegna de Sassari* ; il en existe un troisième, *Il Sardegna*. Ces journaux traitent pour l'essentiel des affaires de l'île et prêtent peu d'intérêt aux actualités nationales et internationales. L'été, vous trouverez des journaux en français dans les kiosques de la plupart des centres touristiques, avec généralement un ou deux jours de retard. Hors période estivale, vous ne les trouverez que dans les grandes villes.

» Radio Sardegna et Radiolina sont les stations de radio locales les plus écoutées. Les stations nationales RAI-1, RAI-2 et RAI-3 diffusent émissions de débat, sports, flashs info et musique. Les fréquences ne sont pas les mêmes selon l'endroit où l'on se trouve sur l'île. Le BBC World Service s'écoute sur les ondes moyennes à la fréquence 648kHz et sur 198kHz en grandes ondes.

» Les télévisions locales, telles que Videolina et Sardegna 1, ne sont pas vraiment passionnantes et diffusent des heures d'informations, de football et de danses traditionnelles costumées. Il est possible de regarder les chaînes commerciales Canale 5, Italia 1, Rete 4 et La7, ainsi que les chaînes publiques RAI-1, RAI-2 et RAI-3. La réception n'est pas toujours idéale, notamment pour RAI-2 dans le Sud-Ouest.

besoin d'aide durant votre vol ou à votre arrivée, prévenez votre compagnie aérienne, elle en informera l'aéroport. Les services disponibles dans les deux aéroports de Rome sont indiquées sur le site www.adrassistance.it, en italien.

Si vous avez besoin d'aide pour voyager en train, Trenitalia dispose d'un numéro spécial, ouvert tous les jours en 7h et 21h : ☎199 30 30 60.

L'antenne de l'office du tourisme italien de votre pays d'origine vous fournira toutes les indications sur les associations italiennes d'aide aux handicapés et sur les infrastructures en place en Italie.

Les organismes cités ci-dessous peuvent s'avérer utiles :

Accessible Italy (☎378 0549 94 11 00 en Italie, 39-3486 91 30 64 en dehors de l'Italie ; www.accessibleitaly.com en français et en anglais). Agence basée à Turin spécialisée dans les services aux handicapés en vacances ; entre autres, circuits organisés et location de moyens de transport adaptés.

Associazione Italiana Assistenza Spastici (☎070 37 9101 ; www.aiasnazionale.it, en italien ; Viale Poetto 312, Cagliari). L'association italienne d'assistance aux personnes atteintes de spasticité a une antenne à Cagliari.

En France, l'**APF** (Association des paralysés de France, 17 bd Auguste-Blanqui, 75013 Paris, ☎01 40 78 69 00, fax 01 45 89 40 57, www.apf.asso.fr) peut vous fournir d'utiles informations sur les voyages accessibles. Deux sites Internet dédiés aux personnes handicapées comportent une rubrique consacrée au voyage et constituent une bonne source d'information. Il s'agit de **Yanous** (www.yanous.com) et de **Handica** (www.handica.com).

Heure locale

» La Sardaigne est à l'heure GMT plus une heure en hiver et plus deux heures en été. Le changement d'heure se fait le dernier dimanche de mars et le dernier dimanche d'octobre. Elle se situe dans le même fuseau horaire que la France.

Heures d'ouverture

» En été, dans les zones très touristiques les magasins restent ouverts jusqu'à 23h. La pause de la mi-journée peut durer de 3 à 5 heures.

» Dans les villes principales, la plupart des grands magasins et quelques supermarchés restent ouverts entre 9h (parfois 10h) et 19h30 du lundi au samedi.

» Les magasins d'alimentation ferment le jeudi après-midi pour certains, le lundi matin pour d'autres.

» Les banques ouvrent en général de 8h30 à 13h30 et de 14h45 à 16h30, du lundi au vendredi. La plupart des établissements bancaires sont équipés de DAB acceptant les cartes bancaires étrangères.

» Tous les bureaux de poste ferment au moins 2 heures plus tôt que d'habitude le dernier jour ouvré du mois (le samedi n'étant pas compté comme tel).

» Lorsque les pharmacies sont fermées, elles sont obligées d'afficher une liste des officines ouvertes à proximité.

» Les bars et cafés où se produisent groupes et DJ restent ouverts jusqu'à 1h environ en semaine, et jusqu'à 2h le vendredi et le samedi.

» Les heures d'ouverture des musées, galeries et sites archéologiques sont très variables. En règle générale, les musées sont fermés le lundi, mais de juin à septembre, nombre d'entre eux ouvrent tous les jours. Hors saison, les heures d'ouverture sont restreintes. Quant aux sites ou établissements un peu éloignés, ils ferment carrément. Les horaires d'hiver, lorsqu'ils existent, s'appliquent généralement entre novembre et fin mars/début avril.

» Les heures d'ouverture indiquées ci-après s'appliquent à toutes les rubriques du guide, sauf indication contraire.

ENTREPRISES	HEURES D'OUVERTURE
Banques	8h30-13h30 et 14h45-16h30 lun-ven
Bars	19h-1h lun-sam
Cafés	7h ou 8h-22h ou 23h lun-sam
Discothèques	22h-3h, 4h ou 5h jeu-sam
Pharmacies	9h-13h et 16h-19h30 lun-ven, 9h-13h sam
Postes	8h-18h50 lun-ven, 8h-13h15 sam
Restaurants	Déjeuner 12h-14h30 ou 15h, dîner 19h-22h ou 23h
Commerces	9h-13h et 16h-20h lun-sam

Homosexualité

Tout repose sur la discrétion. Si l'homosexualité est légale (à partir de 16 ans), la Sardaigne ne ressemble en rien à Mykonos, et les mentalités demeurent largement conservatrices. Les démonstrations publiques d'affection peuvent engendrer certains regards, notamment dans les terres. Seules Sassari et Cagliari, les deux plus grandes villes de l'île, semblent vraiment évoluer vis-à-vis de l'homosexualité.

Le **Movimento Omosessuale Sardo** (mouvement homosexuel sarde ; 079 21 90 24 ; www.movimentomosessualesardo.org, en italien ; Via Rockefeller 16/c), basé à Sassari, est la plus grande organisation gay de l'île. **Arcigay** (www.arcigay.it/Sardegna) est une organisation nationale qui peut être pratique.

Très utile, le site www.gayfriendlyitaly.com propose des liens et des adresses de plages et de B&B pour homosexuels en Sardaigne.

Internet (accès)

» Dans cet ouvrage, seuls les hébergements disposant d'un ordinateur que les clients peuvent utiliser pour se connecter à Internet sont signalés par le pictogramme (@) ; le pictogramme (Wi-Fi) signale toute connexion Wi-Fi.

» Le meilleur moyen d'accéder à Internet est de passer par un cybercafé. Vous en trouverez dans tous les grands centres touristiques, et à certains endroits de l'île (ils sont indiqués dans ce guide).

» Ne vous attendez pas à trouver des cybercafés dans les petites villes et les villages. La connexion n'est pas bon marché, autour de 5 €/heure.

» Notez que vous êtes tenu par la loi de montrer vos papiers d'identité dans tout cybercafé.

» De nombreux hôtels proposent des accès Internet, et de plus en plus en Wi-Fi.

» Les opérateurs italiens de télécommunication **Telecom Italia** (www.tim.it, en italien) et **Wind** (www.wind.it, en italien) vendent des abonnements vous permettant d'accéder à Internet via les réseaux de téléphonie mobile. Mais les prix sont assez élevés, à partir de 25 € par mois pendant 12 mois minimum.

Jours fériés

La majorité des Italiens prennent leurs congés annuels en juillet ou en août, quittant les villes pour le climat plus tempéré du bord de mer ou de la montagne. La Sardaigne étant l'une des destinations les plus touristiques de la Méditerranée, l'île est très fréquentée en été.

En juillet et août, des centaines de milliers d'Italiens et de touristes du monde entier débarquent sur l'île, tandis que les habitants des villes sardes prennent quelques jours de congés dans leurs résidences du bord de mer. La plupart des commerces en ville ferment donc pour quelques semaines, généralement autour de *Ferragosto* (Assomption), le 15 août. La Semaine sainte est une autre période de l'année où beaucoup d'Italiens partent en vacances.

Les jours fériés nationaux sont les suivants :

Capodanno (Nouvel An) 1er janvier

Epifania (Épiphanie) 6 janvier

Pasqua (Pâques) Mars/avril

Pasquetta (lundi de Pâques) Mars/avril

Giorno della Liberazione (jour de la Libération) 25 avril.

Festa del Lavoro (fête du Travail) 1er mai

Festa della Repubblica (jour de la République) 2 juin

Ferragosto (Assomption) 15 août

Ognissanti (Toussaint) 1er novembre

Immacolata Concezione (fête de l'Immaculée Conception) 8 décembre

Natale (Noël) 25 décembre

Festa di Santo Stefano (Saint-Étienne) 26 décembre

Offices du tourisme

Il existe beaucoup d'offices du tourisme en Sardaigne, mais la qualité de l'accueil varie considérablement. Dans l'ensemble, le personnel des principaux points d'information des villes touristiques (Alghero, Cala Gonone, Santa Teresa di Gallura, Villasimius) est efficace, serviable et parle anglais.

Outre les offices du tourisme officiels, il existe pléthore d'agences privées qui renseignent les touristes, vendent des séjours et proposent des hébergements. Dans certains cas, elles sont plus utiles que les sources officielles. Nous en avons indiqué quelques-unes dans cet ouvrage.

Vous croiserez peut-être l'Azienda Autonoma di Soggiorno e Turismo (AAST) qui fournit des informations telles que les plans des bus et les horaires des musées, sur certaines villes en particulier. L'Azienda di Promozione Turistica (APT) ou l'Ente Provinciale per il Turismo (EPT) fournissent des informations sur la ville et la région où vous vous trouvez.

» Dans les petites villes et les villages, le bureau d'information est le Pro Loco, géré par la municipalité et dont les ressources sont limitées.

» Les offices du tourisme sont ouverts entre 9h et 12h30 puis de 16h à 18h du lundi au vendredi. Les horaires sont susceptibles de s'étirer en été, lorsque certains bureaux ouvrent le samedi et le dimanche.

» La plupart répondent au téléphone et au courrier.

» Sites Internet utiles :

Sardegna Turismo (www.sardegnaturismo.it). Excellente source d'information sur la Sardaigne.

Office du tourisme italien (ENIT ; www.enit.it). Autre bonne adresse pour se renseigner sur la Sardaigne.

Parcs nationaux

Outre trois parcs nationaux, la Sardaigne abrite deux parcs régionaux et de nombreuses réserves marines. Pour plus de précisions, consultez www.parks.it.

Parco Nazionale del Golfo di Orosei e del Gennargentu (p. 187). Le plus grand parc national de Sardaigne, dans la province de Nuoro, couvre le littoral du Golfo di Orosei ainsi que certains secteurs de la Barbagia et du Supramonte.

Parco Nazionale dell'Arcipelago di La Maddalena (p. 162). Ce parc englobe toutes les îles de cet archipel du Nord-Ouest. L'Isola Caprera, reliée à l'Isola Maddalena par une étroite digue, a son propre statut de réserve naturelle.

Parco Nazionale dell'Asinara (p. 132). Cette superbe côte sauvage au large de la pointe nord-ouest de l'île tient son nom de l'*asino bianco* (âne albinos).

Poste

» La **poste** (☎80 31 60 ; www.poste.it) italienne, et donc sarde, n'est pas la plus efficace au monde, bien qu'elle se soit légèrement améliorée ces dernières années. Malheureusement, la distance qui sépare l'île du continent n'arrange pas les choses.

» Les timbres (*francobolli*) sont vendus dans les postes et bureaux de tabac (*tabacchi* signalés par un T blanc sur fond noir). Le tarif dépendant du poids de la lettre, le montant des timbres achetés dans les *tabacchi* pour un envoi international par avion représente souvent une approximation du prix réel.

Problèmes juridiques

Les autorités policières sont divisées en trois organismes : la *polizia*, en uniforme bleu marine ; les *carabinieri*, en noir avec une bande rouge ; et la *guardia di finanza*, tout de gris vêtus, qui s'occupe de fraude fiscale et de trafic de drogue. Si vous avez le moindre problème, vous aurez probablement affaire à la *polizia* ou aux *carabinieri*. À moins que les *vigili urbani*, la police locale, ne dépose sur votre pare-brise une amende pour stationnement interdit.

Si vous êtes placé en détention sur présomption de délit, les charges à votre encontre doivent vous être signifiées dans les 24h, par écrit ou oral. Vous n'avez pas droit à un appel téléphonique, mais vous pouvez choisir de ne pas répondre aux questions sans la présence d'un avocat. Dans les affaires criminelles, il est possible d'être placé en détention provisoire pendant 2 ans.

En février 2006, le Parlement italien a voté des lois très sévères en matière de drogues. Désormais, aucune distinction n'est faite entre drogues dures et drogues douces, plaçant ainsi le cannabis sur le même plan juridique que la cocaïne, l'ecstasy ou l'héroïne. Si vous êtes arrêté en possession de stupéfiants clairement destinés à la revente, vous encourrez jusqu'à 260 000 € d'amende ou de 6 à 20 ans de prison.

L'alcoolémie autorisée au volant est de 0,05%. Après une série d'accidents meurtriers en 2007, les autorités sont bien moins tolérantes à l'égard de l'alcool.

Santé

On a accès à d'excellents soins dans toute l'île, mais les critères peuvent varier. Dans les pharmacies, on vend des médicaments sans ordonnance pour traiter les maux bénins. Les pharmaciens sauront aussi vous conseiller. Si vous avez besoin de soins plus pointus, ils vous aiguilleront sur les

CARTE EUROPÉENNE D'ASSURANCE MALADIE

La carte européenne d'assurance maladie (http://ec.europa.eu/social), nominative et individuelle, remplace le formulaire E111. Elle assure l'aide médicale d'urgence (mais non le rapatriement sanitaire) aux citoyens de l'Union européenne. Vous devez en faire la demande auprès de votre Caisse d'assurance maladie (comptez un délai d'environ 2 semaines). Vos frais médicaux sont pris en charge dans les mêmes conditions que pour les assurés du pays qui vous accueille.

Les citoyens des autres pays devront vérifier s'il existe ou non des accords de réciprocité concernant la prise en charge des soins médicaux entre leur pays d'origine et l'Italie. Au cas où vous auriez besoin d'une assurance santé, vérifiez qu'elle vous couvre dans les cas les plus graves, par exemple un accident qui nécessiterait un rapatriement sanitaire d'urgence. Renseignez-vous également au préalable pour savoir si l'assurance paiera directement les frais médicaux ou vous remboursera ultérieurement les frais que vous aurez engagés pendant le séjour.

médecins ou centres de soins spécialisés.

Avant de partir

» Pensez à faire un bilan de santé, en particulier si vous souffrez d'une maladie avant le départ, de sorte à vous éviter des déboires ultérieurement.

» Apportez vos médicaments dans leurs emballages d'origine, avec des étiquettes lisibles.

» Avoir sur soi une lettre signée et datée par son médecin, stipulant la maladie dont on souffre et les médicaments que l'on prend (y compris leur nom sous forme de génériques), est une bonne idée.

» Si vous devez transporter des seringues et des aiguilles, munissez-vous d'une lettre de votre médecin expliquant pourquoi elles vous sont nécessaires.

» Si vous partez pour un long séjour, faites un bilan dentaire avant le départ (les soins dentaires coûtent cher en Italie), et emportez la prescription de l'ophtalmologue si vous portez des lunettes ou des lentilles.

Services médicaux disponibles

» Si vous avez besoin d'une ambulance en Sardaigne appelez ☎ 118. En cas d'urgence, rendez-vous directement à la *Pronto Soccorso* d'un hôpital public, où vous pouvez également obtenir des soins dentaires d'urgence.

» La Guardia Medica est un service sur appel téléphonique qui offre une assistance médicale la nuit (20h-8h) le week-end et les jours fériés. Il ne délivre pas de soins, mais peut faire des visites à domicile lorsque cela est absolument nécessaire. Le service est disponible dans la plupart des grandes villes.

Téléphone

Téléphones portables

» L'Italie est l'un des pays où le téléphone mobile est le plus largement employé, et la Sardaigne ne fait pas exception. Même les bergers isolés gardent leur portable à portée de main pour rester en contact avec leur ferme.

» Les téléphones fonctionnent sous le système GSM 900/1800, compatible avec le reste de l'Europe.

» Si vous possédez un GSM bibande ou tribande déblocable (vérifiez auprès de votre opérateur), vous pouvez activer une carte *prepagata* (prépayée) en Italie. Les trois grands opérateurs **TIM** (www.tim.it), **Wind** (www.wind.it) et **Vodafone** (www.vodafone.it) vendent tous des cartes SIM dans leurs boutiques sardes. Pour recharger votre crédit, achetez une *ricarica* (recharge) dans un *tabacchi* ou chez un revendeur agréé. Le prix des appels varie selon votre forfait, mais comptez en moyenne 0,20 € la minute sur les fixes italiens et de 0,50 € à 3 € vers l'Europe et les États-Unis.

» Pensez à prendre une pièce d'identité pour acheter votre carte SIM.

Indicatifs téléphoniques

Il est très facile d'appeler l'étranger depuis la Sardaigne à partir des cabines publiques ou des centres téléphoniques aux tarifs bon marché.

Appeler l'Italie depuis l'étranger Composez l'indicatif de l'international de votre pays, puis le ☎39 (indicatif de l'Italie), et enfin le numéro de votre correspondant. L'indicatif régional fait partie intégrante du numéro en Italie ; vous devez toujours le composer, même si vous appelez au sein de la zone en question.

Appeler à l'étranger depuis l'Italie Composez le ☎00 (code d'accès international), puis l'indicatif du pays, l'indicatif régional (sans le zéro initial s'il y en a un) et le numéro de votre correspondant.

Numéros de téléphones portables Ces numéros ont un préfixe à 3 chiffres tels que 330 ou 339.

Numéros verts Appelés *numeri verdi*, les numéros gratuits commencent en principe par 800.

Indicatifs nationaux Les numéros nationaux commencent par 848 ou 199.

Renseignements ☎1254

Numéros d'urgence Peuvent être composés sans carte depuis les cabines publiques.

Renseignements internationaux Pour demander un numéro hors Italie, composez le ☎11 87 00.

Travailler en Sardaigne

» Les ressortissants de l'Union européenne ont de fait le droit de travailler en Italie, mais peu viennent travailler en Sardaigne.

» Les citoyens des autres pays devront se procurer un permis de travail (difficile à obtenir), délivré sur demande de leur employeur qui devra démontrer que personne en Italie, voire dans toute la zone économique européenne, n'est en mesure d'effectuer le travail en question.

» Il y a des exceptions pour les artistes, les ingénieurs informaticiens et les spécialistes de la traduction.

» Travailler au noir est difficile et risqué.

» Les vendanges et la cueillette des fruits sont les seules activités pour lesquelles le gouvernement ferme les yeux sur le travail non déclaré.

Transports

DEPUIS/VERS LA SARDAIGNE

Entrer en Sardaigne

L'avion est le moyen le plus rapide et le plus simple pour se rendre en Sardaigne. De plus en plus de compagnies à bas coût volent vers la Sardaigne et il est désormais facile trouver un vol direct depuis les grandes villes européennes. Toutefois, la fréquence des vols diminue fortement en hiver, notamment à destination des aéroports d'Alghero et d'Olbia, et une escale sur le continent est souvent nécessaire.

» Si vous arrivez en Sardaigne depuis un pays situé hors de l'Europe, vous devrez probablement changer de vol (voire de compagnie aérienne) en Italie continentale.

» Les vols intérieurs depuis l'Italie continentale sont assurés par plusieurs compagnies internationales, comme Ryanair ou easyJet, ainsi que par les grandes compagnies nationales, Meridiana/eurofly, Air One et Alitalia (ces deux dernières ayant fusionné leurs réseaux depuis avril 2009). Vous pouvez également prendre l'avion à Bergame, Bologne, Brescia, Florence, Naples, Palerme, Parme, Pérouse, Pise, Rimini, Trieste, Turin, Venise et Vérone.

» Embarquer sur un ferry à destination de la Sardaigne est aussi facile que de monter dans un bus. Il est toutefois nécessaire de réserver en haute saison.

» Pour un séjour de trois mois maximum, les ressortissants de l'Union européenne doivent être en possession d'une pièce d'identité (carte nationale d'identité ou passeport) valide. Les voyageurs venant de tout autre pays doivent être munis d'un passeport valide. Même accompagnés de leurs parents, les enfants mineurs doivent également voyager avec un titre d'identité.

» Les ressortissants étrangers à l'UE qui prévoient un séjour longue durée en Sardaigne doivent demander un tampon à la douane, en l'absence de quoi il pourrait être compliqué d'obtenir un *permesso di soggiorno* (permis de séjour).

» Les jeunes de moins de 25 ans (30 ans dans certains pays) qui étudient dans des pays extra-européens ont accès à des tarifs très avantageux à condition de posséder des cartes telles que la carte d'étudiant internationale (ISIC). Sinon quelques agences ou voyagistes spécialisés dans le voyage discount proposent des billets à prix réduits.

Voie aérienne

Pendant la haute saison (de juin à septembre), et lors de fêtes telles que Pâques, les prix peuvent grimper de façon significative.

Aéroports

Les vols en provenance d'Italie et d'Europe desservent les trois aéroports principaux de Sardaigne. Les horaires sont disponibles sur les sites Internet des aéroports.

Elmas (CAG ; ☎070 211 211 ; www.sogaer.it) à Cagliari.

Fertilia (AHO ; ☎079 93 52 82/079 935011 ; www.algheroairport.it). à Alghero, dans le Nord-Ouest.

Aeroporto Olbia Costa Smeralda (OLB ; ☎0789 56 34 44 ; www.geasar.it). À Olbia dans le Nord-Est.

Aéroport d'Arbatax-Tortoli (☎0782 62 43 00 ; www.aeroportotortoliarbatax.it, en italien). À 1,5 km au sud de Tortoli, sur la côte sud-est de l'île, ce petit aéroport accueille en été quelques vols charters.

Depuis/vers la France

Meridiana permet de se rendre depuis Paris à Cagliari (2h10 le vol direct) et à Olbia toute l'année. D'autres vols directs sont proposés une partie de l'année par Transavia (Paris-Olbia) ; Welcome Air dessert Olbia depuis Nice, easyJet et Ryanair vous permettent de gagner Olbia, Cagliari et

Alghero depuis les aéroports de Bâle-Mulhouse-Fribourg EuroAirport, Marseille, Paris-Beauvais et Lyon.

En moyenne, un aller/retour coûte 380 € en basse saison en vol régulier, généralement avec une escale ; les mêmes tarifs peuvent être obtenus en haute saison en s'y mettant plusieurs mois à l'avance. Le vol Paris-Rome dure environ 2 heures (1h30 pour Milan). Depuis Rome, le temps de vol est de 1 heure 05 pour Cagliari, 50 minutes pour Olbia et 2 heures pour Alghero.

Voici quelques adresses d'agences et de transporteurs susceptibles de vous trouver des vols secs pour la Sardaigne :

Air France numéro court 36 54, 0,34 €/min ; www.airfrance.com)

Alitalia Paris (0820 315 315, 0,12 €/min ; www.alitalia.fr ; 69 bd Haussmann, 75008 Paris)

Nouvelles Frontières (réservations et informations au 01 49 20 64 00 ; www.nouvelles-frontieres.fr ; 87 bd de Grenelle, 75015 Paris)

SNCF (numéro court 36 35, 0,34 €/min ; www.voyages-sncf.com)

Thomas Cook 0826 826 777, 0,15 €/min ; www.thomascook.fr ; 38 av. de l'Opéra, 75001 Paris)

Voyageurs du Monde (0892 23 56 56, 0,34 €/min ; www.vdm.com ; La Cité des Voyageurs, 55 rue Sainte-Anne, 75002 Paris)

Certaines agences s'adressent plus particulièrement aux jeunes ou aux étudiants :

OTU/Voyages Wasteels (01 55 82 32 32 agences un peu partout en France)

ISIC Voyages (01 40 49 01 01 ; fax 01 40 49 01 02 ; www.isivoyages.fr ; 2 rue de Cicé, 75006 Paris)

Ces companies *low-cost* permettent également de trouver des vols à prix intéressants vers la Sardaigne :

easyJet (U2 ; 08 26 10 33 20 ; www.easyjet.com)

Meridiana (IG ; 0 899 69 02 40 ; www.meridiana.it)

Ryanair (FR ; 0892 780 210 ; www.ryanair.com)

Jetairfly (JA ; +32 70 22 00 00 ; www.jetairfly.com)

Depuis/vers la Belgique

La compagnie *low-cost* Jetairfly est la seule à proposer un vol direct pour la Sardaigne (Bruxelles-Olbia) de mai à septembre (un aller/retour coûte 250 € environ). Sinon, pour rallier l'île en avion, il vous faudra nécessairement prendre une correspondance. L'aller-retour Bruxelles/Rome (ou Milan) coûte de 140 à 380 € en basse/haute saison sur un vol régulier. Le temps de vol Bruxelles/Rome est d'environ 2 heures.

Airstop (070 23 31 88 ; fax 09/242 32 29 ; www.airstop.be ; 28 rue du Fossé-aux-Loups, 1000 Bruxelles)

Brussels Airlines (027 23 23 45 ; www.brusselsairlines.com)

Connections (070 23 33 13 ; www.connections.be)

Gigatour/Eole (02/227 57 80 ; fax 02/219 90 73 ; 43 chaussée de Haecht, 1210 Bruxelles)

Jetairfly (JA ; 070 22 00 00 ; www.jetairfly.com)

Rayanair (09 02 33 660 ; www.ryanair.com/fr.be) propose la meilleure offre pour les liaisons Charleroi-Rome.

Depuis/vers la Suisse

En été uniquement, easyJet propose des vols directs depuis Genève et Bâle-Mulhouse-Fribourg en direction d'Olbia et Cagliari. Sinon, vous devrez prendre une correspondance à Rome ou à Milan. Vous trouverez des billets Genève/Rome à partir de 100 € ; depuis Zurich, le prix est un peu plus élevé. Le trajet dure 1 heure 30.

easyJet (U2 ; 0900 000 258 ; www.easyjet.com)

Swiss (0848 700 700 ; www.swiss.com)

STA Travel Lausanne (0900 450 402 depuis la Suisse et 058 450 49 20 depuis la France ; fax 058/450 40 64 ; www.statravel.ch)

Depuis/vers le Canada

Alitalia propose actuellement des vols quotidiens entre Rome et Toronto. En été, Air Transat vole en continu entre Montréal et Rome. Air Canada propose également tous les jours des vols Toronto-Rome directs, ou via Montréal ou Francfort, ainsi que des Toronto-Milan via Francfort, Munich ou Zurich. Comptez environ 750/820 C$ pour des vols depuis la côte est/ouest du Canada.

Air Canada (1 888 247 2262 depuis le Canada ; www.aircanada.com)

Air Transat (1 877 872 6728 ou numéro local pour la région de Montréal 514 636 3630 ; www.airtransat.com)

Voyages Campus - Travel Cuts (1 866 832 7564 ; www.travelcuts.com)

Voie maritime

Il existe de nombreuses liaisons entre l'Italie continentale et la Sardaigne. Le trajet en bateau le plus court va de Civitavecchia, à 70 km de Rome, à Olbia, sur la côte nord-est de l'île.

» La traversée peut également s'effectuer depuis d'autres ports, principalement Gênes, Livourne et Naples. Des ferries partent également de Bonifacio et Porto-Vecchio en Corse, ainsi que de Marseille et Toulon (en été), avec parfois des escales à Ajaccio et Propriano. Enfin, Grimaldi Lines (www.grimaldi-lines.com) assure des liaisons entre Barcelone et Porto Torres.

» En Sardaigne, les ports d'arrivée sont Olbia, Golfo Aranci, Palau, Santa Teresa di Gallura et Porto Torres au nord de l'île, Arbatax à l'est et Cagliari au sud.

» Les prix des traversées diffèrent selon la saison, atteignant leur maximum entre juin et septembre – période où il vaut mieux réserver. Les billets s'achètent dans les agences de voyages italiennes ou sur Internet.

» Le site de réservation en ligne www.traghettionline.net permet de réserver n'importe quel ferry en Méditerranée. Son cousin www.traghettionline.com recense toutes les traversées permettant d'accéder à l'île et renvoie vers les sites Internet des compagnies concernées.

Depuis/vers la France

SNCM (☎825 88 80 88 France ; www.sncm.fr) et **CMN La Méridionale** (☎0 810 20 13 20 Marseille ; www.cmn.fr). Ces deux compagnies relient toutes les deux Marseille à Porto Torres (via la Corse). Deux à quatre traversées sont programmées chaque semaine, certains départs se faisant depuis Toulon en juillet et en août. Le voyage dure environ 15 à 17 heures (12h30 depuis Toulon). Une place assise (fauteuil inclinable) coûte 83 € et le passage d'une petite voiture 100 €.

Agenzia Paglietti (☎079 51 44 77 ; fax 079 51 40 63 ; Corso Vittorio Emanuele 19). À Porto Torres, vous pourrez obtenir des informations et des réservations auprès de cette agence.

CORSE

Le voyage entre Bonifacio, à l'extrémité sud de la Corse, et Santa Teresa di Gallura, dans le nord de la Sardaigne, dure 1 heure.

Saremar (☎892 123 depuis l'Italie ; www.saremar.it). Cette filiale de Tirrenia, assure 3 départs par jour en haute saison (2 chaque week-end entre octobre et mi-mars). L'allée simple pour 1 adulte en haute saison coûte 10 €, 34 € pour un petit véhicule. La taxe s'élève à 8 €. Le trajet dure 1 heure.

Sardinia Ferries – Corsica Ferries (☎199 400 500 depuis l'Italie, 0 825 095 095 depuis la France ; www.corsica-ferries.fr). Cette compagnie largue les amarres trois fois par jour entre avril et septembre, et moins fréquemment le reste de l'année. Comptez 10 € pour 1 trajet adulte auxquels s'ajoutent 4,10 € de taxe et 37 € par voiture plus 4,10 € de taxe.

Moby Lines (☎199 30 30 40 depuis l'Italie ; www.mobylines.it). Entre fin mars et fin septembre, cette compagnie effectue 4 traversées par jour. Les billets coûtent entre 9 € et 13,50 €, plus 4,20 € de taxe. Comptez entre 22 à 63 € par voiture plus 2,80 € de taxe.

SNCM (☎08 91 70 18 01 depuis la France, 079 51 44 77 depuis la Sardaigne ; www.sncm.fr). Les ferries qui relient Marseille (France) à Porto Torres font escale dans le port corse de Propriano, et parfois à Ajaccio. Le trajet dure 4 heures. Le trajet simple pour 1 adulte d'un aller simple depuis/vers Propriano coûte 32,30 € et 73,90 € avec une petite voiture ; depuis/Ajaccio comptez 33,70 € par adulte, et 79 € avec un véhicule.

Depuis/vers l'Italie

Les bateaux à destination de la Sardaigne partent des ports italiens de Gênes, Savona, La Spezia, Livourne, Piombino, Civitavecchia, Fiumicino et Naples, ainsi que de Palerme et Trapani en Sicile.

» Le tableau (voir p. 262) donne les tarifs ordinaires des allers simples en haute saison pour une *poltrona* (fauteuil inclinable) pour un adulte.

» Les enfants de 4 à 12 ans payent généralement demi-tarif – et pour une petite voiture de tourisme.

» Vous pouvez réserver des cabines dont le prix varie selon le nombre d'occupants (un à quatre) et la situation (avec ou sans fenêtre).

» La plupart des compagnies accordent des réductions,

ENTRER EN ITALIE PAR LA VOIE TERRESTRE

Les principaux points d'accès à la frontière italienne sont l'autoroute A8 Nice-Vintimille (Vintimiglia), reliée à l'A10 vers Gênes ; le tunnel du Mont-Blanc à Chamonix (France) et le tunnel du Grand-Saint-Bernard en Suisse (SS27), qui rejoignent tous deux l'autoroute A5 pour Turin et Milan ; le tunnel du Saint-Gothard, également en Suisse ; le tunnel de base suisse du Lötschberg, qui relie le tunnel centenaire du Simplon en Italie ; et le col du Brenner en Autriche (A13) qui conduit jusqu'à la A22 vers Bologne.

Les tunnels sont ouverts toute l'année. En hiver, et parfois en automne et au printemps, ils constituent des options plus fiables que les cols de montagne, souvent fermés. Pour la traversée des cols en saison hivernale, équipez votre véhicule de chaînes.

sur les allers-retours notamment.

» Pour les voyages de nuit, si vous préférez les couchettes, il vous en coûtera le double.

Voie terrestre

La Sardaigne est située à 200 km du continent, si bien qu'une fois l'arrivée en avion éliminée, il est impératif d'embarquer sur un ferry (voir ci-dessous).

» À titre indicatif, pour rejoindre la frontière italienne en voiture, comptez environ 700 km depuis Paris, 850 km depuis Bruxelles (en passant par l'est de la France et la Suisse) et 300 km depuis Zurich. Nice est à une trentaine de kilomètres de l'Italie et Grenoble à environ 140 km par le tunnel du Fréjus.

» Si vous allez en Italie en bus, en train ou en voiture, assurez-vous que les pays à traverser n'exigent pas de visa.

Bus

» **Eurolines** (☎0 892 89 90 91 depuis la France 0,34 €/min, 0900 573 747 depuis la Suisse 1,49 CHF/min, 02/274 13 50 depuis la Belgique ; www.eurolines.com), un regroupement de 32 compagnies européennes de bus, circule dans toute l'Europe et possède des bureaux dans les principales villes.

» Les bus en direction de l'Italie s'arrêtent à Ancône, Florence, Rome, Sienne et Venise.

» Le site, disponible en plusieurs langues, contient des informations sur les tarifs, les abonnements et les agences de voyages où vous pouvez réserver vos billets.

LES FERRIES POUR LA SARDAIGNE

Le tableau ci-dessous recense les principales lignes de ferry pour la Sardaigne, la compagnie qui assure la traversée et les détails du trajet. Les tarifs indiqués correspondent à une *poltrona* (fauteuil inclinable) de 2e classe en haute saison. Les enfants âgés de 4 à 12 ans bénéficient d'un demi-tarif ; les moins de 4 ans voyagent gratuitement.

DÉPART	DESTINATION	COMPAGNIE	TARIF (€)	VOITURE (€)	DURÉE	FRÉQUENCE
Civitavecchia	Arbatax	Tirrenia	49	100	10h30	2 par semaine
Civitavecchia	Cagliari	Tirrenia	61	106	14h30	tous les jours
Civitavecchia	Olbia	Moby	63	115	4h30-10h	4 par semaine mi-mars à mai, tous les jours juin à septembre
Civitavecchia	Olbia	SNAV	59	119	7h30	tous les jours
Civitavecchia	Olbia	Tirrenia	45	103	7h	tous les jours
Civitavecchia	Golfo Aranci	Sardinia F	54	inclus	6h45	3 par semaine mi-mars à mai, tous les jours juin à septembre
Civitavecchia	Golfo Aranci+	Sardinia F	79	135	3h30	3 par semaine mi-mars à mai, tous les jours juin à septembre
Fiumicino	Arbatax+	Tirrenia	63	109	4h30	2 par semaine fin juillet à août
Fiumicino	Golfo Aranci+	Tirrenia	63	110	4h	tous les jours fin juillet à août
Gênes	Arbatax	Tirrenia	59	107	18h	2 par semaine
Gênes	Olbia	GNV	95	156	8-10h	tous les jours mi-mai à mi-septembre
Gênes	Olbia	Moby	88	135	10h	tous les jours mi-mai à mi-octobre
Gênes	Olbia	Tirrenia	62	109	13h15	3 par semaine, 5 par semaine juillet à août
Gênes	Palau	Enermar	73	121	11h	5 par semaine juin à septembre

Train

Plus cher que le bus, mais plus rapide et plus confortable, le train vous conduira au port d'embarquement le mieux adapté à votre périple, en général Marseille ou Gênes.

» Gênes est accessible depuis Paris via Milan ou Nice. Pour rejoindre Milan, il vous faudra prendre le train de nuit *Stendhal* depuis la gare de Bercy à Paris, puis un train Intercity vous amènera à Gênes, d'où vous pourrez embarquer sur un ferry en direction d'Olbia, Arbatax ou Porto Torres.

» Autrement, il est possible de prendre un train-couchettes *Train Bleu* depuis Paris-Austerlitz jusqu'à Nice, et de continuer sur un EuroCity vers Gênes.

» Certaines grandes lignes internationales transportent les véhicules privés – une option à considérer pour vous épargner des centaines de kilomètres en voiture.

» Pour vous rendre en Italie, contactez la compagnie ferroviaire du pays de départ :

» **SNCF** (☎36 35 0,34 €/min ; www.sncf.com)

» **SNCB** (☎02 258 28 28 ; www.b-rail.be)

» **CFF** (☎0900 300 300 1,19 CHF /min ; www.sbb.ch)

» Vous pouvez également consulter le site très complet www.seat61.com. Vous y trouverez à peu près tout ce qui est possible de savoir sur les voyages en train en Europe et dans le monde entier.

Voiture et moto

Le réseau des transports publics sardes étant limité, il n'est pas sans intérêt de disposer d'un véhicule.

DÉPART	DESTINATION	COMPAGNIE	TARIF (€)	VOITURE (€)	DURÉE	FRÉQUENCE
Gênes	Porto Torres	GNV	92	155	11h	4 par semaine, tous les jours mi-mai à mi-septembre
Gênes	Porto Torres	Moby	86	132	10h	6 par semaine mi-mai à septembre
Gênes	Porto Torres+	Tirrenia	107	183	10h	tous les jours
Livourne	Golfo Aranci	Sardinia F	53	inclus	10h	tous les jours mars à octobre
Livourne	Golfo Aranci+	Sardinia F	76	133	6h	tous les jours mars à octobre
Livourne	Olbia	Moby	68	124	7-9h	tous les jours
Naples	Cagliari	Tirrenia	54	94	16h15	1 par semaine, 2 en août
Palerme	Cagliari	Tirrenia	€53	93	14h30	1 par semaine
Piombino	Olbia	Moby	65	118	6h30	6 par semaine, tous les jours mi-mai à septembre
Trapani	Cagliari	Tirrenia	52	94	11h	1 par semaine

+ Liaison rapide

Compagnies de ferries

Enermar (☎899 200001 ; www.enermar.it). De Gênes à Palau.

Grandi Navi Veloci (☎010 209 45 91 ; www.gnv.it). De Gênes à Olbia et Porto Torres.

Moby Lines (☎199 303040 ; www.mobylines.it). De Civitavecchia, Gênes, Livourne et Piombino à Olbia ; de Gênes à Porto Torres.

Sardinia Ferries (☎199 400500 ; www.sardiniaferries.com). De Civitavecchia et Livourne à Golfo Aranci.

SNAV (☎081 428 55 55 ; www.snav.it). De Civitavecchia à Olbia.

Tirrenia (☎892123 ; www.tirrenia.it). De Civitavecchia, Naples, Palerme et Trapani à Cagliari ; de Civitavecchia et Gênes à Olbia ; de Civitavecchia, Fiumicino et Gênes à Arbatax ; de Fiumicino à Golfo Aranci ; de Gênes à Porto Torres.

» Louer sur place une voiture ou une moto ne pose aucun problème, mais les prix restent élevés.

» Si vous pouvez voyager avec votre propre véhicule, vous devrez alors choisir un port où embarquer. Les voyageurs venant de France trouveront pratique d'embarquer à Marseille en été.

» Pour un embarquement depuis l'Italie, beaucoup optent pour Gênes, mais si quelques kilomètres supplémentaires ne vous font pas peur, continuez jusqu'à Livourne d'où la traversée est plus rapide.

» Pour ce qui concerne le code de la route et d'autres informations sur la conduite en Sardaigne, reportez-vous en p. 267.

COMMENT CIRCULER

Si possible, vous avez tout intérêt à venir avec votre propre véhicule en Sardaigne. Toutefois, même si parcourir l'île en transports publics est compliqué et demande du temps, cela reste possible. De manière générale, préférez les bus aux trains, qui sont souvent plus lents et nécessitent de faire de longs changements.

Le site www.getaroundsardinia.com (en anglais) fournit des informations utiles pour se déplacer sur l'île sans voiture.

Avion

Étant donné la taille de la Sardaigne, les vols intérieurs ne sont pas forcément la solution la plus pratique. **Meridiana** (☎892928 ; www.meridiana.it) assure toutefois un vol quotidien entre Cagliari et Olbia. Il dure 35 minutes et coûte entre 30 € et 90 €.

Bateau

En hiver, les liaisons sont bien moins fréquentes, renseignez-vous toujours à l'avance. Si vous souhaitez embarquer avec votre véhicule en été, pensez à venir assez tôt : les bateaux se remplissent vite.

» En été, les excursions en bateau, organisées depuis de nombreux ports, permettent de découvrir les coins les plus inaccessibles de la côte sarde.

» L'excursion la plus prisée longe le Golfo di Orosei de Cala Gonone à Santa Maria Navarrese. Vous pourrez aussi découvrir les îles de l'Arcipelago della Maddalena.

» Depuis Porto San Paolo (p. 150), au sud d'Olbia, des bateaux longent la côte et poussent jusqu'à l'Isola Tavolara. D'autres proposent des circuits au départ d'Alghero et de la Peninsula du Sinis.

» Les excursions se font en général à bord d'embarcations à moteur ou de ferries, mais le voilier est une option à ne pas négliger.

» Pour de plus amples informations, reportez-vous au chapitre de chaque destination.

» **Enermar** (☎899 200 001 ; www.enermar.it) et **Saremar** (☎892 123 ; www.saremar.it) relient Palau à l'Isola della Maddalena. L'été, des ferries partent toutes les 15 minutes ; la traversée de 20 minutes coûte 5 € par personne et 13 € pour un véhicule.

» **Saremar** assure jusqu'à 17 jonctions par jour entre Portovesme et Carloforte, sur l'Isola di San Pietro. En été, 9 traversées ont lieu tous les jours entre 7h35 et 20h20.

» **Delcomar** (☎0781 85 71 23 ; www.delcomar.it) assure des traversées chaque soir entre Portovesme et Carloforte sur l'Isola di San Pietro, et entre Carloforte et Calasetta sur l'Isola di Sant'Antioco.

Bus

Le transporteur sarde principal est l'**Azienda Regionale Sarda Trasporti** (ARST ; ☎800 865 042 ; www.arst.sardegna.it, en italien), il assure la plupart des trajets locaux et longues distances. Il gère également quelques chemins de fer privés, à l'image du *trenino verde* (voir ci-contre).

» Chaque grande ville de province possède sa station de bus ARST, située en général dans le centre-ville, sauf à Nuoro. Ces stations peuvent parfois être utilisées par les autres compagnies. Dans les petites localités, les bus interurbains s'arrêtent à la *fermata* (arrêt), dont l'emplacement n'est pas toujours facile à repérer.

» Vous devrez acheter vos billets avant de monter dans le bus, soit à la station, soit dans un café, un *tabacchi*, ou encore dans le kiosque à journaux le plus proche.

» Sur certaines lignes, les liaisons se raréfient ou ne fonctionnent ni le dimanche ni les jours fériés. Pensez-y si vous ne voulez pas rester coincé dans un petit village.

» De nombreuses compagnies privées couvrent les lignes locales et interurbaines, assurant des jonctions entre les petits villages. Il est possible de se rendre à peu près n'importe où sur l'île avec les transports publics, mais il faut s'armer de patience (il n'y a souvent qu'un départ par jour). Toutefois, les bus restent plus fiables que les trains.

En stop

Faire du stop présentant des risques dans n'importe quel pays, nous ne vous le recommandons pas.

» Sachez de plus que les Sardes n'y ont pratiquement

jamais recours et, en conséquence, se méfient des auto-stoppeurs.

» Si vous pratiquez le stop, adoptez une tenue présentable et voyagez léger.

» Indiquez en italien votre destination sur une pancarte.

» Laissez de côté le traditionnel signe du pouce qui, en Sardaigne, est un geste d'insulte...

Train

Parcourir la Sardaigne en train est peut-être long, mais ce n'est ni coûteux ni compliqué.

» Vous trouverez l'*orario* (horaires) sur les panneaux d'affichage de la gare.

» Les *partenze* (départs) et *arrivi* (arrivées) sont clairement indiqués.

» Notez toutefois que les horaires sont à géométrie variable et que les trains circulent bien moins fréquemment le dimanche. Cherchez les horaires *feriale* (jours ouvrables, du lundi au samedi) et *festivo* (dimanche et jours fériés).

» Il n'y a qu'une seule classe dans les trains sardes, la classe unique *regionale*.

» Quelques trains proposent cependant des wagons de 1re classe, qui ne se distinguent des autres que par le prix. Seuls ceux qui aiment payer plus cher les emprunteront.

» Si vous ne voyagez qu'en Sardaigne, inutile d'acheter une carte Eurail or InterRail.

Trenitalia (☎89 20 21 ; www.trenitalia.com) est l'entreprise ferroviaire publique qui gère les quelques chemins de fer sardes. La ligne principale de Sardaigne relie Cagliari et Oristano, et continue jusqu'à Chilivano-Ozieri, où elle se divise en deux branches. L'une se dirige vers Sassari et Porto Torres au nord-ouest, l'autre vers Olbia et Golfo Aranci au nord-est. De nombreux trains passent également par Macomer, avec des liaisons pour Nuoro.

Azienda Regionale Sarda Trasporti ; (ARST ; ☎800 865042 ; www.arst.sardegna.it, en italien). L'ARST gère un réseau limité de petits trains privés à voie étroite (*servizi ferroviari*), ainsi que le *trenino Verde*.

Trenino Verde (☎800 460220 ; www.treninoverde.com, en italien). Ce train touristique de l'ARST circule entre mi-juin et début septembre. Il circule sur quatre lignes : Arbatax-Mandas (avec des liaisons pour le Mandas-Cagliari), Isili-Sorgono, Bosa Marina-Macomer (relié à la ligne Macomer-Nuoro) et Palau-Nulvi (d'où vous pouvez prendre un train Trenitalia pour Sassari) via Tempio Pausania. En termes de transport, le *trenino verde* est très lent et dessert peu de destinations. C'est toutefois un excellent moyen de découvrir la campagne sarde spectaculaire et peu accessible que vous ne verriez probablement pas autrement. La ligne Mandas-Arbatax est particulièrement impressionnante.

Transports locaux

Les grandes villes disposent généralement d'un réseau de bus urbain.

» La plupart du temps, vous n'en aurez pas besoin car les services touristiques, les hôtels, les restaurants et les gares routières sont concentrés dans un périmètre assez restreint.

» Les billets (autour de 1 € le ticket) s'achètent dans les kiosques à journaux, et les *tabacchi* proches des arrêts, ou aux endroits indiqués sur les bus.

» Des navettes relient toujours les aéroports au centre des villes les plus proches.

Voiture et moto

Conduire en Sardaigne est assez reposant. En dehors des grandes villes (Cagliari, Sassari, Olbia notamment), et en basse saison, la circulation pose rarement problème et les conducteurs sont plutôt courtois. Dans certains bourgs, vous croiserez peut-être quelques bandes de jeunes filant en direction des boîtes le samedi soir. Autrement, les troupeaux de moutons et les paysages spectaculaires constituent le seul danger.

» Pour explorer l'île en profondeur, mieux vaut emprunter les *strade provinciali* (P ou SP sur les cartes). Ces axes, parfois de simples routes de campagne, traversent les paysages les plus beaux et donnent accès à de nombreux bourgs et villages.

» La majorité des plus belles plages ne sont accessibles que par des routes de terre.

» La fièvre du deux-roues n'a pas encore contaminé la Sardaigne, même s'il y a un bon nombre de motards autrichiens ou allemands qui parcourent les lacets sinueux de l'île. La moto permet de circuler plus facilement dans les villes et il n'est pas toujours nécessaire de réserver sur les ferries avec une moto.

» Le port du casque est obligatoire.

Automobile-clubs

L'association italienne **Automobile Club d'Italia** (ACI ; www.aci.it) est une excellente source d'informations et fournit une assistance routière 24h/24 ; appelez le ☎803 116 ou le ☎800 116 800 depuis un mobile étranger.

Il n'est pas nécessaire d'être inscrit à l'ACI pour bénéficier de l'assistance, mais il faudra s'acquitter de 100 € à 120 € de frais (supplément de 20% week-end et jours fériés).

Transport de véhicules

Les voitures qui entrent sur le territoire italien doivent obligatoirement posséder une plaque d'immatriculation et une carte grise en règle. Ayez toujours sur vous les papiers du véhicule. Comme en France, un triangle de signalisation et un gilet jaune ou orange sont obligatoires en cas d'accident. Une trousse de premiers secours, un kit d'ampoules de rechange et un extincteur sont également recommandés.

Permis de conduire

Tous les permis de conduire délivrés au sein de l'Union européenne sont reconnus. Si vous venez d'un autre pays, procurez-vous auprès de votre automobile-club national un permis international d'une validité d'un an.

Carburant

Le prix des carburants est élevé en Sardaigne. Comptez 1,15 € par litre pour la *benzina senza piombo* (super sans plomb) et 1 € par litre pour le *gasolio* (diesel). Les stations-service sont nombreuses, que ce soit dans les villes ou en périphérie, ou sur les axes principaux.

Location

Mieux vaut louer son véhicule depuis son pays d'origine. Certaines agences offrent des formules vol + location de voiture à des prix abordables. Toutes les grandes compagnies disposent de bureaux dans les aéroports où vous pouvez retirer votre véhicule au départ et le laisser à la fin de votre séjour.

Voici les agences internationales ou nationales les plus avantageuses :

Avis (☎0820 05 05 05, 0,12 €/min ; www.avis.fr)

Budget (☎0825 00 35 64, 0,15 €/min ou 199 30 73 73 depuis l'Italie ; www.budget.com)

Europcar (☎0825 358 358 depuis la France ou 199 307 030 depuis l'Italie ; www.europcar.fr)

Hertz (☎0825 001 185 depuis la France ; www.hertz.fr)

Italy by Car (☎091 6393120/1/2/3 depuis l'Italie ; www.italybycar.it)

Maggiore (☎199 151 120 depuis l'Italie ; www.maggiore.com)

» Si vous souhaitez louer une voiture pour quelques jours, ou si vous vous décidez une fois sur place, vous trouverez des services de location dans la plupart des stations balnéaires. Toutefois, les principales compagnies internationales ne sont présentes que dans les grandes agglomérations.

» Il existe des restrictions d'âge différentes selon les agences, mais il faut en général avoir plus de 21 ans.

» Si vous avez moins de 25 ans, vous devrez probablement vous acquitter d'un supplément jeune conducteur.

» Une carte bancaire vous sera demandée.

» Vous pourrez louer motos ou scooters dans les endroits les plus touristiques comme Santa Teresa di Gallura et Alghero.

» Beaucoup d'agences exigent une caution substantielle et vous risquez même d'être amené à rembourser une partie du véhicule en cas de vol.

Assurance

» En Italie, l'assurance responsabilité civile et la carte verte d'assurance internationale, que vous obtiendrez auprès de votre assureur, sont obligatoires.

» Votre assureur vous fournira un formulaire européen de déclaration d'accident qui simplifiera les choses le cas échéant.

» Une assurance couvrant les pannes s'avère utile.

État des routes

L'état des routes sardes dépend des reliefs de l'île : une grande partie des routes de montagne ne sont pas bitumées, et il est généralement plus facile de circuler entre le Nord et le Sud qu'entre l'Est et l'Ouest.

» L'artère principale de l'île est l'autoroute deux voies SS131 Carlo Felice, entre Cagliari et Sassari (et jusqu'à Porto Torres), via Oristano et Macomer. Elle se dédouble à Abbasanta et devient la SS131dcn jusqu'à Olbia via Nuoro. Un autre tronçon (la SS130) part de la Carlo Felice vers Iglesias. Une nouvelle extension à quatre voies (SS291) relie Sassari à Porto Torres et, sur une partie du trajet, à Alghero.

» Le long de la côte nord, la SS200 part de Porto Torres, contourne Castelsardo et continue jusqu'à Santa Teresa di Gallura. Depuis Palau, juste à côté, la SS125 (Orientale Sarda) est une autre grande route de l'île qui longe le littoral est jusqu'à Cagliari, au sud.

» Dans l'ensemble, les routes côtières très touristiques sont en bon état, mais étroites et sinueuses.

» En été, vous vous trouverez souvent pris dans les embouteillages, en particulier entre Olbia et Santa Teresa di Gallura.

» À l'intérieur de l'île, les routes sont inégales ; les voies principales, bien entretenues mais étroites, n'en finissent pas de tourner, et les routes secondaires présentent de nombreux nids-de-poule.

» Sortir ou entrer dans des villes comme Cagliari ou Sassari met les nerfs à rude épreuve aux heures de pointe.

» Vous serez également surpris par la quantité de routes pavées qui ne manqueront pas de vous inquiéter – et de vous secouer – lorsque vous roulerez en pleine montagne au volant de votre précieuse voiture de location.

Code de la route

En Sardaigne, la conduite est à droite.

» Sauf indication contraire, vous devez céder la priorité à droite aux croisements.

» La ceinture de sécurité est obligatoire à l'avant comme à l'arrière sous peine d'amende payable sur-le-champ.

» La police effectue occasionnellement des tests d'alcoolémie. Les peines encourues en cas d'accident en état d'ébriété sont lourdes. Le taux d'alcool autorisé dans le sang est de 0,05%.

» La vitesse est limitée à 110 km/h sur les voies rapides (il n'y a pas d'autoroute en Sardaigne), à 90 km/h sur les routes secondaires et à 50 km/h dans les agglomérations. Les amendes pour excès de vitesse suivent les critères de l'UE et sont proportionnelles à l'excès ; elles peuvent atteindre 1 433 € et être accompagnées d'une suspension de permis.

» Depuis 2002, les feux de croisement doivent être allumés nuit et jour sur les voies rapides.

» Pour conduire un deux-roues de moins de 50 cm^3, il faut être âgé de 14 ans minimum mais aucun permis n'est nécessaire. Vous ne pouvez pas transporter de passager ni circuler à plus de 40 km/h. Les engins jusqu'à 125 cm^3 nécessitent d'avoir 16 ans minimum et d'être détenteur au moins d'un permis voiture. Le casque est obligatoire. Au-delà de 125 cm^3, un permis moto est nécessaire.

» Un deux-roues permet d'entrer sans difficulté dans les zones urbaines restreintes au trafic automobile, et la police de la route se montre généralement indulgente avec ceux qui se garent sur les trottoirs. Les motos n'ont pas à garder leurs phares allumés de jour.

Vélo

La Sardaigne se prête bien au vélo : les routes sont peu fréquentées en dehors de la haute saison, les paysages sont splendides et il pleut rarement. Toutefois, il faut tenir compte des reliefs vallonnés (voire montagneux) qui peuvent venir à bout des plus endurants, et de la chaleur en été.

» Il n'est pas compliqué d'apporter son vélo en Sardaigne. Les consignes diffèrent selon les compagnies aériennes, mais la plupart vous demanderont de ranger votre cycle dans un sac ou une boîte spéciale, pédales et guidon démontés et pneus dégonflés. Un supplément de l'ordre de 25 € à 40 € est habituel.

» Embarquer sur un ferry avec votre vélo vous reviendra moins cher, autour de 3 € à 10 €.

» La plupart des trains acceptent les vélos gratuitement.

Voyages organisés

Des tours-opérateurs sont répartis sur toute l'île et proposent toutes sortes de circuits et d'excursions.

Archeo Tours (☎329 764 33 43 ; Via Eleanora D'Arborea, Osini). Cette petite association organise des visites archéologiques et naturelles dans la campagne autour d'Osini et d'Ulassai.

Atlantikà (☎328 972 97 19 ; www.atlantika.it ; Via Lamarmora 195, Dorgali). À Dorgali, cette association de guides propose des activités variées, de la journée de randonnée au canoë et kayak dans le Gennargentu.

Barbagia No Limits (☎078 45 29 06 ; www.barbagianolimits.it ; Via Cagliari 85, Gavoi). Cette agence sportive organise des sorties telles que des explorations de grottes, des circuits en jeep et des cours de survie.

Esedra Sardegna (☎0785 37 42 58 ; www.esedrasardegna.it ; Corso Vittorio Emanuele 64 ; Bosa). Esedra permet d'explorer la région de Bosa et le reste de l'île.

Gallura Viaggi Avventura (☎079 63 12 73 ; c/o Office du tourisme Pro Loco, Piazza Gallura 2, Tempio Pausania). Un petit groupe local qui organise des circuits à pied ou à vélo sur le Monte Limbara.

Mare e Natura (☎393 9850435 ; www.marenatura.it ; Via Sassari 77, Stintino). Offre la possibilité de visiter le Parco Nazionale dell'Asinara.

Sardinia Hike and Bike (☎070 92 43 23 29 ; www.sardiniahikeandbike.com ; Loc Pixina Manna, Pula). Installée sur la côte sud, cette agence propose des itinéraires pour marcheurs et cyclistes de tous niveaux, de la demi-journée au marathon d'une semaine.

» Outre ces organisations spécialisées, vous trouverez des centaines d'agences permettant de faire un tour en bateau dans les eaux sardes, notamment à Alghero, Cala Gonone, Stintino, Santa Maria Navarese et Porto San Paolo.

» Pour obtenir une liste complète des tours-opérateurs avec, éventuellement, leurs spécialités, adressez vous à l'**Office national du tourisme italien** (www.enit.it).

Circuits

Akaoka (☎0825 000 840 et 04 99 53 08 57 ; www.akaoka.com ; Hameau de la Combe, 30440 Saint-Laurent-Le-Minier). Plusieurs séjours au choix mêlant marche à pied et déplacements en voiture, ainsi qu'une formule sportive (kayak de mer, descente de canyons, spéléologie...).

Arts et vie (☎01 40 43 20 21 ; www.artsetvie.com). Séjour culturel sur les traces de la civilisation nuragique. Coordonnées des agences locales sur le site Internet.

Bravo voyages (☎01 45 35 43 00 ; www.bravovoyages.fr ; 5, rue de Hanovre, 75002 Paris). Ce spécialiste du voyage en Italie propose différentes formules pour découvrir la Sardaigne.

Chamina voyages (☎04 66 69 06 09 ; www.chamina-voyages.com) propose des itinéraires d'une semaine à la découverte de la Sardaigne.

Comptoir d'Italie (☎0892 239 339 ; www.comptoir.fr). Des séjours sur mesure.

Images du monde (☎01 44 24 87 88 ; www.images-du-monde.com ; 14 rue Lahire 75013 Paris). Organise différents circuits à travers la Sardaigne.

Nomade Aventures (☎0825 701 702 ; www.nomade-aventure.com). Ce spécialiste du trek propose un séjour de marche autour du Golfo di Orosei.

Voyageurs du Monde (☎0892 23 56 56, 0,34 €/min ; www.vdm.com). Plusieurs séjours et circuits.

Langue

POUR ALLER PLUS LOIN

Indispensable pour mieux communiquer sur place : le **Guide de conversation Italien** de Lonely Planet. Pour réserver une chambre, lire un menu ou simplement faire connaissance, ce manuel permet d'acquérir des rudiments d'italien. Inclus : un minidictionnaire bilingue. Vous pouvez vous le procurer sur le site : www.lonelyplanet.fr/_htm/catalogue/

En Italie, les dialectes régionaux représentent une part importante de l'identité culturelle de nombreuses régions, mais vous n'aurez aucun mal à vous faire comprendre si vous parlez un italien classique, et cela vaut aussi pour la Sardaigne. Les Sardes sont souvent bilingues ; ils parlent avec la même aisance le sarde et l'italien. La prononciation sarde de l'italien est claire et facile à comprendre, même pour qui n'a qu'une maîtrise limitée de la langue.

Voici quelques règles de prononciation. Nous indiquons l'accent tonique en italique. Notez que ai se prononce comme "ail", ay comme "seille", ow comme "aou", dz comme "ds", et qu'on roule le r. Les consonnes sont aussi accentuées. N'hésitez pas à allonger les consonnes doubles, faute de quoi le sens du mot peut en être affecté, comme dans *sonno* *son*·no (sommeil) et *sono* *so*·no (je suis).

QUELQUES EXPRESSIONS DE BASE

Utilisez la troisième personne de la politesse (*Lei* lay) lorsque vous vous adressez à des inconnus, à des représentants de l'autorité ou à des personnes plus âgées. Le "tu" (*tu* tou) peut s'employer avec les gens que l'on connaît ou avec des personnes plus jeunes que soi.

Tous les noms et adjectifs sont masculins ou féminins, il faut donc accorder les articles *il/la* il/la (le/la) et *un/una* oun/*ou*·na (un/une) en genre.

Dans ce chapitre, nous avons opéré la distinction poli/familier et masculin/féminin chaque fois que c'était nécessaire, en l'indiquant comme suit : "poli/fam" et "m/f".

Bonjour.	*Buongiorno.*	bwon·*djor*·no
Au revoir.	*Arrivederci.*	a·ri·vé·*dèr*·tchi
Oui./Non.	*Sì./No.*	si/no
Excusez-moi.	*Mi scusi.* (poli) *Scusami.* (fam)	mi *skou*·zi *skou*·za·mi
Désolé.	*Mi dispiace.*	mi dis·*pya*·tché
S'il vous plaît.	*Per favore.*	pèr fa·*vo*·ré
Merci.	*Grazie.*	*gra*·tsyé
Je vous en prie.	*Prego.*	*prè*·go

Comment allez-vous ?

Come sta/stai ? (poli/fam)	*ko*·mè sta/staï

Bien. Et vous ?

Bene. E Lei/tu ? (poli/fam)	*bè*·né é lay/tou

Comment vous appelez-vous ?

Come si chiama ? poli	*ko*·mé si *kya*·ma

Je m'appelle ...

Mi chiamo ...	mi *kya*·mo ...

Parlez-vous français/anglais ?

Parla/Parli francese/inglese ? (poli/fam)	*par*·la/*par*·li fran·*tchè*·zé/in·*glè*·zé

Je ne comprends pas.

Non capisco.	non ka·*pi*·sko

HÉBERGEMENT

Avez-vous une chambre... ?	*Avete una camera ... ?*	a·*vé*·té *ou*·na *ka*·mé·ra ...
double	*doppia con letto matrimoniale*	*do*·pya kon *lè*·to ma·tri·mo·*nya*·lé

PHRASES ET MOTS CLÉS

Pour vous débrouiller en italien, mariez ces combinaisons simples avec les mots de votre choix :

À quelle heure est (le prochain vol) ?	
A che ora è (il prossimo volo) ?	a ké o·ra è (il pro·si·mo vo·lo)
Où se trouve (la gare) ?	
Dov'è (la stazione) ?	do·vé (la sta·tsyo·né)
Je cherche (un hôtel).	
Sto cercando (un albergo).	sto tchèr·kan·do (oun al·bèr·go)
Avez-vous (une carte) ?	
Ha (una pianta) ?	a (ou·na pyan·ta)
Y a-t-il (des toilettes) ?	
C'è (un gabinetto) ?	tché (oun ga·bi·nè·to)
Je voudrais (un café).	
Vorrei (un caffè).	vo·ray (oun ka·fé)
Je voudrais (louer une voiture).	
Vorrei (noleggiare una macchina).	vo·ray (no·lé·dja·ré ou·na ma·ki·na)
Puis-je (entrer) ?	
Posso (entrare) ?	po·so (èn·tra·ré)
Pourriez-vous (m'aider) ?	
Può (aiutarmi), per favore ?	pwo (a·you·tar·mi) pèr fa·**vo**·ré
Dois-je (réserver une place) ?	
Devo (prenotare un posto) ?	dè·vo (pré·no·ta·ré oun po·sto)

simple	*singola*	sin·go·la
Combien coûte-t-elle ... ?	*Quanto costa per ... ?*	kwan·to kos·ta pèr ...
pour une nuit	*una notte*	ou·na no·té
par personne	*persona*	pèr·so·na

Le petit-déjeuner est-il compris ?
La colazione è compresa ? — la ko·la·tsyo·né è kom·prè·sa

climatisation	*aria condizionata*	a·rya kon·di·tsyo·na·ta
salle de bains	*bagno*	ba·nyo
emplacement de camping	*campeggio*	kam·pe·djo
pension	*pensione*	pèn·syo·né
hôtel	*albergo*	al·bèr·go
auberge de jeunesse	*ostello della gioventù*	os·tè·lo dè·la djo·ven·tou
fenêtre	*finestra*	fi·nès·tra

DIRECTIONS

Où est ... ?
Dov'è ... ? — do·vé ...
Quelle est l'adresse ?
Qual'è l'indirizzo ? — kwa·lè lin·di·ri·tso
Pourriez-vous l'écrire, s'il vous plaît ?
Può scriverlo, per favore ? — pwo skri·vèr·lo pèr fa·vo·ré
Pouvez-vous me montrer (sur le plan) ?
Può mostrarmi (sulla pianta) ? — pwo mos·trar·mi (sou·la pyan·ta)

à l'angle	*all'angolo*	a·lan·go·lo
aux feux	*al semaforo*	al sé·ma·fo·ro
derrière	*dietro*	dyè·tro
loin	*lontano*	lon·ta·no
devant	*davanti a*	da·van·ti a
à gauche	*a sinistra*	a si·ni·stra
près	*vicino*	vi·tchi·no
à côté de	*accanto a*	a·kan·to a
en face de	*di fronte a*	di fron·té a
à droite	*a destra*	a de·stra
tout droit	*sempre diritto*	sèm·pré di·ri·to

ALIMENTATION

Que me conseillez-vous ?
Cosa mi consiglia ? — ko·za mi kon·si·lya
Quels sont les ingrédients de ce plat ?
Quali ingredienti ci sono in questo piatto ? — kwa·li in·gré·dyèn·ti tchi so·no in kwè·sto pya·to
Quelle est la spécialité locale ?
Qual'è la specialità di questa regione ? — kwa·lè la spé·tcha·li·ta di kwè·sta ré·djo·né
C'était délicieux !
Era squisito ! — è·ra skwi·zi·to
Santé !
Salute ! — sa·lou·té
Apportez-moi l'addition, s'il vous plaît.
Mi porta il conto, per favore ? — mi por·ta il kon·to pèr fa·vo·ré

Je voudrais réserver une table pour ...	*Vorrei prenotare un tavolo per ...*	vo·ray pré·no·ta·ré oun ta·vo·lo pèr ...
(deux) personnes	*(due) persone*	(dou·é) pèr·so·né
(huit) heures	*le (otto)*	lè (o·to)

Je ne mange pas (d'/de)...	*Non mangio ...*	non man·djo ...
œufs	*uova*	wo·va
poisson	*pesce*	pè·shé
noix	*noci*	no·tchi
viande (rouge)	*carne (rossa)*	kar·né (ro·sa)

Lexique

bar	*locale*	lo·ka·lé
bouteille	*bottiglia*	bo·ti·lya

petit-déjeuner	*prima colazione*	pri·ma ko·la·tsyo·né
café	*bar*	bar
froid	*freddo*	fré·do
dîner	*cena*	tche·na
carte des boissons	*lista delle bevande*	li·sta dé·lé bè·van·dé
fourchette	*forchetta*	for·ké·ta
verre	*bicchiere*	bi·kyé·ré
épicerie	*alimentari*	a·li·men·ta·ri
chaud	*caldo*	kal·do
couteau	*coltello*	kol·tè·lo
déjeuner	*pranzo*	pran·dzo
marché	*mercato*	mèr·ka·to
menu	*menù*	mé·nou
assiette	*piatto*	pya·to
restaurant	*ristorante*	ri·sto·ran·té
épicé	*piccante*	pi·kan·té
cuillère	*cucchiaio*	kou·kya·yo
végétarien (nourriture)	*vegetariano*	vé·djé·ta·rya·no
avec	*con*	kon
sans	*senza*	sen·tsa

Viande, poisson et fruits de mer

bœuf	*manzo*	man·dzo
poulet	*pollo*	po·lo
canard	*anatra*	a·na·tra
poisson	*pesce*	pè·shé
hareng	*aringa*	a·rin·ga
agneau	*agnello*	a·nye·lo
langouste	*aragosta*	a·ra·gos·ta
viande	*carne*	kar·né
moules	*cozze*	ko·tsé
huîtres	*ostriche*	o·stri·ké
porc	*maiale*	ma·ya·lé
crevette	*gambero*	gam·bé·ro
saumon	*salmone*	sal·mo·né
Saint-Jacques	*capasante*	ka·pa·san·té
fruits de mer	*frutti di mare*	frou·ti di ma·ré
calamar	*calamari*	ka·la·ma·ri
truite	*trota*	tro·ta
thon	*tonno*	to·no
dinde	*tacchino*	ta·ki·no
veau	*vitello*	vi·tè·lo

Fruits et légumes

pomme	*mela*	mè·la
haricots	*fagioli*	fa·djo·li
chou	*cavolo*	ka·vo·lo
poivron	*peperone*	pé·pé·ro·né
carotte	*carota*	ka·ro·ta
chou-fleur	*cavolfiore*	ka·vol·fyo·ré
concombre	*cetriolo*	tché·tri·o·lo
fruit	*frutta*	frou·ta
raisin	*uva*	ou·va
citron	*limone*	li·mo·né
lentilles	*lenticchie*	lèn·ti·kyé
champignon	*funghi*	foun·gui
noix	*noci*	no·tchi
oignons	*cipolle*	tchi·po·lé
orange	*arancia*	a·ran·tcha
pêche	*pesca*	pe·ska
pois	*piselli*	pi·zè·li
ananas	*ananas*	a·na·nas
prune	*prugna*	prou·nya
pommes de terre	*patate*	pa·ta·té
épinards	*spinaci*	spi·na·tchi
tomates	*pomodori*	po·mo·do·ri
légumes verts	*verdura*	vèr·dou·ra

Autres

pain	*pane*	pa·né
beurre	*burro*	bou·ro
fromage	*formaggio*	for·ma·djo
œufs	*uova*	wo·va
miel	*miele*	myè·lé
glace	*ghiaccio*	gya·tcho
confiture	*marmellata*	mar·mé·la·ta
pâtes	*pasta*	pas·ta
huile	*olio*	o·lyo
poivre	*pepe*	pè·pé
riz	*riso*	ri·zo
sel	*sale*	sa·lé
soupe	*minestra*	mi·nès·tra
sauce soja	*salsa di soia*	sal·sa di so·ya
sucre	*zucchero*	tsou·kè·ro
vinaigre	*aceto*	a·tché·to

Boissons

bière	*birra*	bi·ra
café	*caffè*	ka·fè
jus (d'orange)	*succo (d'arancia)*	sou·ko (da·ran·tcha)

Panneaux signalétiques

Entrata/Ingresso	Entrée
Uscita	Sortie
Aperto	Ouvert
Chiuso	Fermé
Informazione	Informations
Proibito/Vietato	Interdit
Gabinetti/Servizi	Toilettes
Uomini	Hommes
Donne	Femmes

lait	*latte*	la·té
vin rouge	*vino rosso*	vi·no ro·so
boisson non alcoolisée	*bibita*	bi·bi·ta
thé	*tè*	té
eau (minérale)	*acqua (minerale)*	a·kwa (mi·né·ra·lé)
vin blanc	*vino bianco*	vi·no byan·ko

URGENCES

Au secours **!**
Aiuto! a·you·to

Laissez-moi tranquille !
Lasciami in pace ! la·sha·mi in pa·tche

Je me suis perdu/e.
Mi sono perso/a. (m/f) mi so·no pèr·so/a

Il y a eu un accident.
C'è stato un incidente. tché sta·to oun in·tchi·dèn·té

Appelez la police !
Chiami la polizia ! kya·mi la po·li·tsi·a

Appelez un médecin !
Chiami un medico ! kya·mi oun mé·di·ko

Où sont les toilettes ?
Dove sono i gabinetti ? do·vé so·no i ga·bi·nè·ti

Je suis malade.
Mi sento male. mi sèn·to ma·lé

J'ai mal ici.
Mi fa male qui. mi fa ma·lé kwi

Je suis allergique à ...
Sono allergico/a a ... (m/f) so·no a·lèr·dji·ko/ a a ...

ACHATS ET SERVICES

Je voudrais acheter ...
Vorrei comprare ... vo·ray kom·pra·ré ...

Je regarde simplement.
Sto solo guardando. sto so·lo gwar·dan·do

Puis-je regarder ?
Posso dare un'occhiata ? po·so da·ré ou·no·kya·ta

Combien cela coûte-t-il ?
Quanto costa questo ? kwan·to kos·ta kwè·sto

C'est trop cher.
È troppo caro/a. (m/f) è tro·po ka·ro/a

Pouvez-vous baisser le prix ?
Può farmi lo sconto ? pwo far·mi lo skon·to

Mots interrogatifs

Comment ?	*Come ?*	ko·mé
Quoi ?	*Che cosa ?*	ké ko·za
Quand ?	*Quando ?*	kwan·do
Où ?	*Dove ?*	do·vé
Qui ?	*Chi ?*	ki
Pourquoi ?	*Perché ?*	pèr·ké

Il y a une erreur dans l'addition.
C'è un errore nel conto. tché ou·nè·ro·ré nèl kon·to

Distributeur automatique	*Bancomat*	ban·ko·mat
poste	*ufficio postale*	ou·fi·tcho pos·ta·lé
office du tourisme	*ufficio del turismo*	ou·fi·tcho dèl tou·riz·mo

HEURE ET DATES

Quelle heure est-il ?
Che ora è ? ké o·ra è

Il est 1 heure.	*È l'una.*	è lou·na
Il est (deux) heures.	*Sono le (due).*	so·no lé (dou·é)
(Une heure) et demie	*(L'una) e mezza.*	(lou·na) é mè·dza
du matin	*di mattina*	di ma·ti·na
de l'après-midi	*di pomeriggio*	di po·mé·ri·djo
du soir	*di sera*	di sé·ra
aujourd'hui	*oggi*	o·dji
demain	*domani*	do·ma·ni
hier	*ieri*	ié·ri
Lundi	*lunedì*	lou·né·di
Mardi	*martedì*	mar·té·di
Mercredi	*mercoledì*	mèr·ko·lé·di
Jeudi	*giovedì*	djo·vé·di
Vendredi	*venerdì*	vé·nèr·di
Samedi	*sabato*	sa·ba·to
Dimanche	*domenica*	do·mé·ni·ka
Janvier	*gennaio*	djé·na·io
Février	*febbraio*	fé·bra·io
Mars	*marzo*	mar·tso
Avril	*aprile*	a·pri·lé
Mai	*maggio*	ma·djo
Juin	*giugno*	jou·gno
Juillet	*luglio*	lou·lio
Août	*agosto*	a·gos·to
Septembre	*settembre*	sé·tèm·bré
Octobre	*ottobre*	o·to·bré
Novembre	*novembre*	no·vèm·bré
Décembre	*dicembre*	di·tchèm·bré

TRANSPORTS

Transports en commun

À quelle heure part ... arrive ?	*A che ora parte/ arriva ... ?*	a ké o·ra par·té/ a·ri·va ...
le bateau	*la nave*	la na·vé

le bus	*l'autobus*	*low*·to·bous
le ferry	*il traghetto*	il tra·*gue*·to
le métro	*la metropolitana*	la mè·tro·po·li·*ta*·na
l'avion	*l'aereo*	la·*é*·ré·o
le train	*il treno*	il *trè*·no

... un billet	*un biglietto ...*	oun bi·*lyè*·to
aller-simple	*di sola andata*	di *so*·la an·*da*·ta
aller-retour	*di andata e ritorno*	di an·*da*·ta é ri·*tor*·no

arrêt de bus	*fermata dell'autobus*	fèr·*ma*·ta dèl *ow*·to·bous
quai	*binario*	bi·*na*·ryo
billetterie	*biglietteria*	bi·lyè·té·*ri*·a
horaire	*orario*	o·*ra*·ryo
gare ferroviaire	*stazione ferroviaria*	sta·*tsyo*·né fè·ro·*vyar*·ya

S'arrête-t-il à ... ?
Si ferma a ... ? si *fèr*·ma a ...
Pouvez-vous me dire quand nous arriverons à ...
Mi dica per favore quando arriviamo a ... mi *di*·ka pèr fa·*vo*·ré *kwan*·do a·ri·*vya*·mo a ...
Je veux descendre ici.
Voglio scendere qui. *vo*·lyo *shèn*·dé·ré kwi

Conduite et vélo

Je voudrais louer un/une ...	*Vorrei noleggiare un/una ...* (m/f)	vo·*ray* no·lé·*dja*·ré oun/*ou*·na ...
4x4	*fuoristrada* (m)	fwo·ri·*stra*·da
vélo	*bicicletta* (f)	bi·tchi·*klè*·ta
voiture	*macchina* (f)	*ma*·ki·na
moto	*moto* (f)	*mo*·to

pompe à vélo	*pompa della bicicletta*	*pom*·pa *dé*·la bi·tchi·*klè*·ta
siège enfant	*seggiolino*	se·djo·*li*·no
casque	*casco*	*kas*·ko

Chiffres

1	*uno*	*ou*·no
2	*due*	*dou*·é
3	*tre*	tré
4	*quattro*	*koua*·tro
5	*cinque*	*tchin*·koué
6	*sei*	séi
7	*sette*	*sé*·té
8	*otto*	*o*·to
9	*nove*	*no*·vé
10	*dieci*	*dié*·tchi
20	*venti*	*vèn*·ti
30	*trenta*	*trèn*·ta
40	*quaranta*	koua·*ran*·ta
50	*cinquanta*	tchin·*kouan*·ta
60	*sessanta*	sé·*san*·ta
70	*settanta*	sé·*tan*·ta
80	*ottanta*	o·*tan*·ta
90	*novanta*	no·*van*·ta
100	*cento*	*tchèn*·to
1000	*mille*	*mi*·lé

mécanicien	*meccanico*	mé·*ka*·ni·ko
essence	*benzina*	bèn·*dzi*·na
station-service	*stazione di servizio*	sta·*tsyo*·né di sèr·*vi*·tsyo

Est-ce la route qui va à ... ?
Questa strada porta a ... ? *kwè*·sta *stra*·da *por*·ta a ...
(Combien de temps) Puis-je me garer ici ?
(Per quanto tempo) Posso parcheggiare qui ? (pèr *kwan*·to *tèm*·po) *po*·so par·ké·*dja*·ré kwi
La voiture/moto est tombée en panne (à ...).
La macchina/moto si è guastata (a ...). la *ma*·ki·na/*mo*·to si è gwas·*ta*·ta (a ...)
J'ai un pneu crevé.
Ho una gomma bucata. o *ou*·na *go*·ma bou·*ka*·ta
Je n'ai plus d'essence.
Ho esaurito la benzina. o è·zow·*ri*·to la bèn·*dzi*·na

AAST – Azienda Autonoma di Soggiorno e Turismo ; office du tourisme local

ACI – Automobile Club d'Italia ; automobile club italien

acqua – eau

agnello – agneau

agriturismo – agrotourisme, hébergement à la ferme, tourisme vert

albergo – hôtel (jusqu'à cinq étoiles)

albergo diffuso – hôtel réparti sur plusieurs sites, en général dans le centre historique d'une ville

alimentari – épicerie

alto – haut

anfiteatro – amphithéâtre

aperitivo – aperitif

aragosta – langouste

ARST – Azienda Regionale Sarda Transporti (Compagnie régionale de bus)

bancomat – DAB (distributeur automatique de billets)

benzina – essence

benzina senza piombo – essence sans plomb

borgo – bourg

bottarga – œufs de mulet pressés ou poutargue

burrida – roussette aux pignons, au persil et à l'ail

calamari – calamar

camera – chambre

campanile – clocher, campanile

cappella – chapelle

capretto – chevreau

carabinieri – gendarmes (voir polizia)

carciofi – artichauts

Carnevale – carnaval ; entre l'Épiphanie et le début du Carême

castello – château

cattedrale – cathédrale

cena – dîner

centro – centre

centro storico – centre historique, vieille ville

chiesa – église

colazione – petit-déjeuner

comune – municipalité, commune ; au Moyen Âge, une ville indépendante, une cité-État

coperto – couvert (au restaurant supplément à payer pour dresser la table)

cornetto – croissant

corso – avenue

cortile – cour intérieure

cotto/a – cuit/e

cozze – moules

CTS – Centro Turistico Studentesco e Giovanile ; l'agence de voyages pour les jeunes et les étudiants

culurgiones – raviolis garnis de fromage et/ou de pomme de terre

cumbessias – hébergements pour les pèlerins que l'on trouve dans les cours entourant les églises de campagne

cupola – coupole, dôme

digestivo – digestif

dolce – gâteau, sucrerie

domus de janas – littéralement "maison des fées" ; tombe du néolithique taillée dans le roc

duomo – cathédrale

ENIT – Ente Nazionale Italiano per il Turismo ; Office national du tourisme italien

enoteca – bar à vin ou marchand de vin

farmacia – pharmacie

festa – fête

fiume – fleuve (ou grande rivière).

fontana – fontaine

formaggio – fromage

fregola – pâtes de blé dur ressemblant à de gros grains de couscous

fritto/a – frit/e

frutti di mare – fruits de mer

funghi – champignons

gasolio – fioul, gazole, diesel

gelateria – glacier

giudicato – province ; à l'époque médiévale, la Sardaigne était divisée en quatre *giudicati* : Cagliari, Logudoro, Gallura et Arborea

golfo – golf

grotta – grotte, caverne

guardia medica – service médical d'urgences

insalata – salade

isola – île

lago – lac

largo – (petite) place

latte – lait

libreria – librairie

lido – partie de plage aménagée

lungomare – front de mer ; promenade

macchia – maquis méditerranéen

malloreddus – quenelles de semoule

mare – mer

mattanza – littéralement "mise à mort" ; pêche annuelle au thon dans le sud-ouest de la Sardaigne

miele – miel

mirto – baie de myrte ; également une liqueur à base de baies de myrte

monte – mont, montagne

muggine – mulet

municipio – hôtel de ville, mairie

muristenes – voir cumbessias

Natale – Noël

nuraghe – tour en pierre de l'âge du bronze

oratorio – oratoire
ospedale – hôpital

palazzo – palais ; grand bâtiment, parfois un immeuble
panadas – chausson salé
pane – pain
panino – sandwich
parco – parc
Pasqua – Pâques
passeggiata – promenade
pasticceria – pâtisserie
pensione – petit hôtel, faisant souvent pension
piazza – place
pietà – littéralement "pitié" ou "compassion" ; sculpture, dessin ou peinture représentant le Christ mort, soutenu par la Vierge Marie
pinacoteca – galerie de peinture, pinacothèque
polizia – police
polpo – poulpe
poltrona – fauteuil ; siège inclinable sur un ferry
ponte – pont
porceddu – cochon de lait
prosciutto – jambon cru
porto – port
pronto soccorso – premiers secours

questura – poste de police

rio – petite rivière
riserva naturale – réserve naturelle
ristorante – restaurant

sagra – fête, foire (généralement dédiée à une spécialité gastronomique, tels que les champignons, le vin, etc.).
saline – salines, marais salants
santuario – sanctuaire, souvent avec une chapelle de campagne
scalette – escalier, passage ou ruelle avec marches
sebadas – beignets à la ricotta
seppia – seiche
servizio – service (supplément pour le)
spiaggia – plage
stagno – étang, lagune
stazione marittima – gare maritime, terminal des ferries
stazzo/u – ferme dans la région de la Gallura
strada – rue, route

tavola calda – restaurant de style cantine
teatro – théâtre
tempio – temple
terme – thermes
tholos – tombe à coupole des *nuraghi*
tomba dei giganti – littéralement "tombe de géant" ; tombe collective monumentale datant de l'époque nuragique
tonnara – ensemble des filets utilisés pour la pêche au thon ; lieu où elle se pratique
tonno – thon
tophet – site funéraire phénicien ou carthaginois sacré où étaient enterrés les enfants
torre – tour
trippa – tripes

via – rue, route
viale – avenue
vicolo – ruelle
vino (rosso/bianco) – vin (rouge/blanc)
vongole – palourdes

zucchero – sucre
zuppa – soupe ou potage

En coulisses

Vos réactions ?

Vos commentaires nous sont très précieux et nous permettent d'améliorer constamment nos guides. Notre équipe lit toutes vos lettres avec la plus grande attention. Nous ne pouvons pas répondre individuellement à tous ceux qui nous écrivent, mais vos commentaires sont transmis aux auteurs concernés. Tous les lecteurs qui prennent la peine de nous communiquer des informations sont remerciés dans l'édition suivante, et ceux qui nous fournissent les renseignements les plus utiles se voient offrir un guide.

Pour nous faire part de vos réactions, prendre connaissance de notre catalogue et vous abonner à Comète, notre lettre d'information, consultez notre site Internet : **www.lonelyplanet.fr**

Nous reprenons parfois des extraits de notre courrier pour les publier dans nos produits, guides ou sites web. Si vous ne souhaitez pas que vos commentaires soient repris ou que votre nom apparaisse, merci de nous le préciser. Pour connaître notre politique en matière de confidentialité, connectez-vous à : **www.lonelyplanet.fr/confidentialite/index.cfm**

À nos lecteurs

Merci à tous les voyageurs qui ont utilisé la dernière édition de ce guide et qui nous ont écrit pour nous faire part de leurs conseils, de leurs suggestions et de leurs anecdotes :
Jean-Pierre Babolin, Céline Capitano, Simon Fayard, Muriel Hernot, David Mounou, Alex Pingenot, Patrice Poyet .

Un mot des auteurs

Kerry Christiani

Mille grazie à Tonino Tosciri et à sa sœur Maria Angela, à Baunei, pour leur amitié et leur perspicacité. Merci aux pros des activités de plein air, Peter et Anne de The Lemon House à Lotzorai, à l'expert en escalade Corrado Conca pour ses conseils sur l'*arrampicata*, ainsi qu'à Maria Antonietta Goddi de chez Durke, à Cagliari, pour toutes ses bonnes idées. J'adresse un merci tout particulier à ma co-auteure Vesna Maric, à mon éditeur Joe Bindloss et à toute l'équipe du bureau de Lonely Planet. Enfin, un immense merci à mon mari et adorable compagnon de voyage, Andy Christiani.

Vesna Maric

Merci à Rafael et Frida d'êtres venus avec moi, et *gracias* à Susana. *Velika hvala* à ma mère pour ses rapports circonstanciés sur ses activités de baby-sitter. Merci également à Joe Bindloss de m'avoir donné l'occasion de travailler pour ce guide, ainsi qu'à Kerry Christiani, qui a œuvré comme auteure coordinatrice avec beaucoup de disponibilité. En Sardaigne, je remercie tous les gens qui m'ont rendu la route plus facile, en particulier Francesca Vanoni Pugni et Carla Cani pour leur extrême gentillesse. Enfin, un grand merci à Alessandra et Simone d'avoir fait tout le trajet depuis la Sicile pour venir me rejoindre. J'adresse aussi une pensée émue à la petite Sveva.

Remerciements

Données des cartes de climat adaptées de Peel MC, Finlayson BL & McMahon TA (2007) 'Updated World Map of the Köppen-Geiger Climate Classification', *Hydrology and Earth System Sciences*, 11, 163344.

Photographie de couverture : Baignade dans les eaux limpides de la Cala Mariolu du Golfo di Orosei. Dallas Stribley/Lonely Planet Images. La plupart des photos de ce guide sont disponibles auprès de notre agence photographique Lonely Planet Images : **www.lonelyplanetimages.com**

À propos de cet ouvrage

» Cette 3e édition française du guide *Sardaigne* est une adapation de la 4e édition du guide *Sardinia* (en anglais), commandée par le bureau de Londres de Lonely Planet. Il a été rédigé par Kerry Christiani et Vesna Maric

» Direction éditoriale
Didier Férat

» Adaptation française
Sophie Senart

» Traduction
Nathalie Berthet et Frédérique Hélion-Guerrini

» Responsable pré-presse
Jean-Noël Doan

» Maquette
Laurence Tixier

» Couverture
Adaptée par Joséphine Cormier pour la version française

» Cartographie
Cartes originales coordonnées par Csanad Csutoros, adaptées en français par Caroline Sahanouk

» Remerciements à
Claude Albert, Rose-Hélène Lempereur, Christiane Mouttet pour leur précieuse contribution au texte. Merci également à Elisabeth Éon pour son travail de préparation du manuscrit anglais et à Sarah Arfaoui pour son intervention en fin de chaîne. Un grand merci à Dominique Spaety pour son soutien attentif et à toute l'équipe du bureau de Paris. Enfin, merci à Clare Mercer, Tracey Kislingbury et Joe Revill du bureau de Londres, ainsi qu'à Darren O'Connell, Chris Love, Craig Kilburn et Carol Jackson du bureau australien.

Index

Références des cartes **en gras**
Références des photos en bleu

D

E

F

G

H

I

J

K

L

INDEX DES ENCADRÉS

Comment utiliser ce guide

Ces symboles vous aideront à identifier les différentes rubriques :

- À voir
- Activités
- Cours
- Circuits organisés
- Fêtes et festivals
- Où se loger
- Où se restaurer
- Où prendre un verre
- Où sortir
- Achats
- Renseignements/ transports

Ces symboles vous donneront des informations essentielles au sein de chaque rubrique :

- Numéro de téléphone
- Horaires d'ouverture
- Parking
- Non-fumeurs
- Climatisation
- Accès Internet
- s Chambre simple
- f Chambre familiale
- Wi-Fi
- Piscine
- Végétarien
- Familles bienvenues
- Animaux acceptés
- dort Dortoir
- d Chambre double
- app Appartement
- Bus
- Ferry
- Métro
- Tramway
- Train
- ch Chambre
- tr Chambre triple
- ste Suite

Les pictos pour se repérer

- Les coups de cœur de l'auteur
- GRATUIT Des sites libre d'accès
- Les adresses écoresponsables

Nos auteurs ont sélectionné ces adresses pour leur engagement dans le développement durable – par leur soutien envers des communautés ou des producteurs locaux, leur fonctionnement écologique ou leur investissement dans des projets de protection de l'environnement.

Légende des cartes

À voir

- Plage
- Temple bouddhiste
- Château
- Église/cathédrale
- Temple hindou
- Mosquée
- Synagogue
- Monument
- Musée/galerie
- Ruines
- Vignoble
- Zoo
- Centre d'intérêt

Activités

- Plongée/snorkeling
- Canoë/kayak
- Ski
- Surf
- Piscine/baignade
- Randonnée
- Planche à voile
- Autres activités

Se loger

- Hébergement
- Camping

Se restaurer

- Restauration

Prendre un verre

- Bar
- Café

Sortir

- Spectacle

Achats

- Magasin

Renseignements

- Poste
- Point d'information

Transports

- Aéroport/aérodrome
- Poste frontière
- Bus
- Téléphérique/ funiculaire
- Piste cyclable
- Ferry
- Métro
- Monorail
- Parking
- S-Bahn
- Taxi
- Train/rail
- Tramway
- Tube
- U-Bahn
- Autre moyen de transport

Routes

- Autoroute à péage
- Autoroute
- Nationale
- Départementale
- Cantonale
- Chemin
- Route non goudronnée
- Rue piétonne
- Escalier
- Tunnel
- Passerelle
- Promenade à pied
- Promenade à pied (variante)
- Sentier

Limites et frontières

- Pays
- Province/État
- Contestée
- Région/banlieue
- Parc maritime
- Falaise/escarpement
- Rempart

Population

- Capitale (pays)
- Capitale (État/province)
- Grande ville
- Petite ville/village

Géographie

- Refuge/gîte
- Phare
- Point de vue
- Montagne/volcan
- Oasis
- Parc
- Col
- Aire de pique-nique
- Cascade

Hydrographie

- Rivière
- Rivière intermittente
- Marais/mangrove
- Récif
- Canal
- Eau
- Lac asséché/salé/ intermittent
- Glacier

Topographie

- Plage/désert
- Cimetière (chrétien)
- Cimetière (autre religion)
- Parc/forêt
- Terrain de sport
- Site (édifice)
- Site incontournable (édifice)

NOTRE HISTOIRE

Une vieille voiture déglinguée, quelques dollars en poche et le goût de l'aventure, c'est tout ce dont Tony et Maureen Wheeler eurent besoin pour réaliser, en 1972, le voyage d'une vie : rallier l'Australie par voie terrestre via l'Europe et l'Asie. De retour après un périple harassant de plusieurs mois, cette expérience formatrice les poussa à rédiger sur un coin de table leur premier guide, *Across Asia on the Cheap*, qui se vendit à 1 500 exemplaires en l'espace d'une semaine. Ainsi naquit Lonely Planet, qui possède aujourd'hui des bureaux à Melbourne, Londres et Oakland, et emploie plus de 600 personnes. Nous partageons l'opinion de Tony, pour qui un bon guide doit à la fois informer, éduquer et distraire.

NOS AUTEURS

Kerry Christiani

Auteure coordinatrice ; Cagliari et le Sarrabus, Olbia, la Costa Smeralda et la Gallura, Nuoro et l'Est

Kerry a entamé son histoire d'amour avec la Sardaigne un été, à la fin de ses études. Rêvant de *dolce vita*, elle s'est alors embarquée pour un grand tour de l'Italie dans une vieille caravane des sixties. Aujourd'hui comme hier, elle reste sous le charme des magnifiques plages de l'île, de ses randonnées en haute altitude et de ses singulières spécialités gastronomiques. Née au Royaume-Uni et vivant en Allemagne dans la Forêt-Noire, Kerry a reçu plusieurs prix pour ses écrits de voyage. Son envie de découverte l'a conduite sur les six continents, et lui a inspiré des articles pour des magazines comme *Lonely Planet* et *Olive* de la BBC. Elle a par ailleurs apporté sa contribution à une vingtaine de guides, dont les guides Lonely Planet *Italie*, *Allemagne*, *Autriche*, *Suisse* et *France*. Vous pourrez en apprendre davantage sur son travail à l'adresse www.kerrychristiani.com.

Vesna Maric

Iglesias et le Sud-Ouest, Oristano et l'Ouest, Alghero et le Nord-Ouest

Les fleurs printanières et les paisibles plages désertes de Sardaigne n'ont fait que renforcer l'amour de Vesna pour les îles méditerranéennes. Pour avoir effectué son périple dans la partie ouest de l'île avec son compagnon et sa petite fille d'un an, elle est sûre d'une chose : les Sardes réservent le plus chaleureux des accueils aux enfants.

Sardaigne
3e édition
Traduit et adapté de l'ouvrage *Sardinia, 4th edition, January 2012*

Dépôt légal Février 2012
ISBN 978-2-81612-079-0
Imprimé par IME (Imprimerie Moderne de l'Est), Baumes-les-Dames, France

FSC www.fsc.org MIXTE Issu de sources responsables FSC® C003309

En Voyage Éditions | un département place des éditeurs